compendio Bildungsmedien

Personal und Führung

Personalmanagement

Theorie und zahlreiche Beispiele aus der Praxis

Marc A. Hermann und Clarisse Pifko

D1728061

Personalmanagement
Theorie und zahlreiche Beispiele aus der Praxis
Marc A. Hermann und Clarisse Pifko

Grafisches Konzept: dezember und juli, Kommunikation und Design (www.dezemberundjuli.ch)
Satz und Layout: Mediengestaltung, Compendio Bildungsmedien
Illustrationen: Oliver Lüde
Druck: Mikro+Repro AG, Baden

Redaktion und didaktische Bearbeitung: Clarisse Pifko

Artikelnummer: 4027
ISBN: 3-7155-9044-0
Auflage: 1. Auflage 2002
Ausgabe: N0082
Sprache: DE

Inhaltsverzeichnis

INHALTSVERZEICHNIS

INHALTSVERZEICHNIS

Vorwort

Das vorliegende Buch vermittelt praxisbezogen und auf verständliche Art Fachwissen aus dem Bereich Personalwesen. Zahlreiche Beispiele und Checklisten veranschaulichen das vermittelte Wissen und ermöglichen dem Leser eine erhöhte Handlungskompetenz im Berufsalltag und im Privatleben.

Das Buch begleitet Sie auf einen Rundgang durch sämtliche Aufgabengebiete des Personalmanagements angefangen bei der Personalplanung, über die Personalsuche bis zum Personalabbau. Es eignet sich als Fach- und Nachschlagewerk für alle, die mit Menschen zusammenarbeiten.

Die Publikation beruht auf der optimalen Kombination zweier Elemente: Auf der einen Seite steht der Autor, Marc A. Hermann, der durch seine berufliche Tätigkeit in der Personalberatung und durch seine langjährige Dozententätigkeit über ein umfassendes Fachwissen verfügt. Auf der anderen Seite bringt Clarisse Pifko als erfahrene Redaktorin von Compendio Bildungsmedien das über viele Jahre erprobte Know-how in der lesernahen Darstellung komplexer Zusammenhänge ein.

In der Reihe «Personal und Führung» ist bereits erschienen: **«Psychologie am Arbeitsplatz»** von Marita Knecht und Clarisse Pifko.

Im Herbst/Winter 2002 werden folgende weitere Titel erscheinen:

Sozialpolitik und Sozialversicherung
Aus dem Inhalt: Staatliche und betriebliche Sozialpolitik, Sozialwesen im betrieblichen Alltag, Personalverpflegung, Mobbing, Sexualität am Arbeitsplatz, gesetzliche Grundlagen der Sozialversicherungen, Friedensabkommen, Gesamtarbeitsverträge, Mitbestimmung, Arbeitnehmer- und Arbeitgeberorganisationen

Recht und Arbeit
Aus dem Inhalt: Personaladministration im engeren Sinn, Personalwesen und EDV, Gehaltswesen, Arbeitsrecht, Lehrlingswesen, internationale Personalarbeit

Zürich, im August 2002

Clarisse Pifko, Redaktorin
Andreas Ebner, Unternehmensleiter

Vorwort des Autors

Heute sind Schlagworte wie Human Resources und Personalmanagement in aller Munde. Das Interesse vieler Leute, in den Personalbereich einzusteigen, ist ungebrochen. Die verantwortungsvolle Aufgabe eines Personalassistenten oder einer Personalleiterin ist sicherlich auch eine der spannendsten, die Sie in einem Unternehmen finden. Oft fehlt es bei InteressentInnen auch nicht an der Fähigkeit, mit Menschen zusammenarbeiten zu können und gemeinsam Ziele zu erreichen. Für viele der Personalverantwortlichen und Führungskräfte sind es die komplexen Zusammenhänge in der Personalarbeit, die Fragen aufwerfen und – im schlechtesten Fall – nicht beantwortet werden können.

In erster Linie ist dieses Buch als Lehrmittel für angehende Personalfachleute gedacht. Aber auch Vorgesetzte, Geschäftsführer von KMU oder an der Personalarbeit Interessierte profitieren vom komprimierten Wissen, das auf den folgenden Seiten weitergegeben wird. Kurz: Dieses Buch ist für alle diejenigen geschrieben, die sich mit Personalmanagement näher befassen möchten. Benutzen Sie es als Hilfsmittel bei der täglichen Arbeit und als Nachschlagewerk zur Vorbereitung auf verschiedenste Situationen.

Ziel dieses Buchs ist, Ihnen die Komplexität der Personalarbeit näher zu bringen und einen Überblick über die verschiedenen Geschäftsprozesse, die sich in der Personalabteilung ergeben, zu verschaffen.

Mein besonderer herzlicher Dank gebührt meiner Frau Sandra, die die Entstehung des Buchs mit viel Verständnis begleitete und sich stets als kritische Leserin verdient machte.

Ich wünsche Ihnen bei der kurzweiligen Lektüre viel Spaß und bei der späteren Umsetzung des Inhalts viel Erfolg!

Basel, im Sommer 2002

Marc A. Hermann

VORWORT DES AUTORS

Teil A   Einführung in das Personalmanagement

1 Der Weg zum modernen Personalmanagement

Das Personalmanagement ist heute in den meisten Unternehmen ein angesehener und gut organisierter Unternehmensbereich. Man hat in den letzten Jahren erkannt, wie wichtig die Mitarbeiter für das Erreichen der Unternehmensziele sind.

Dieses Ansehen hatte die Personalarbeit aber nicht immer. Lange Zeit betrieb man sie nur nebenbei. Personalarbeit war das «Aschenbrödel» unter den betrieblichen Bereichen. Dies lässt sich auch an den früheren Bezeichnungen ablesen: Lohnbüro, Personalverwaltung usw.

In den letzten Jahren wurde die Personalarbeit zunehmend systematisiert. Sie bekam wichtige Impulse von der Führungspsychologie und von neuen Erkenntnissen über Unternehmensführung, die den Mitarbeiter stärker ins Zentrum rücken. Personalarbeit hat dadurch an Ansehen gewonnen, sie ist zugleich aber auch anspruchsvoller geworden. Dieser Wandel kommt auch in der Bezeichnung des Fachs zum Ausdruck: Heute wird überwiegend von Personalmanagement oder Human Resource Management und nicht mehr von Personalwesen oder Personalwirtschaft gesprochen. Damit wird betont, dass es sich bei Personalmanagement um einen Teil des gesamten Managements eines Unternehmens handelt; und zwar um den Teil, der sich mit der Ressource Personal beschäftigt.

Wie hat sich das Personalmanagement seit den Anfängen der Unternehmensführung entwickelt und welche Stellung hat es heute?

1.1 Die Entwicklung des Personalmanagements

Die Zeit der autoritären und **patriarchalischen Betriebsführung** in den Anfängen der Industrialisierung war geprägt durch die Vorbilder der Menschenführung, wie sie im Heer und in der Verwaltung des absolutistischen Staates üblich waren. Der Fabrikherr fühlte sich als souveräner Fürst in seinem Reich, d. h. im Unternehmen. Führungsmittel war überwiegend der Befehl. Die Arbeiter akzeptierten dies, da sie keine andere Behandlung kannten.

Ein Personalmanagement gab es daher nicht. Anwerbung, Bezahlung und Entlassung der Arbeiter waren Sache des Fabrikherrn. Dabei achtete er vor allem darauf, für den bezahlten Lohn eine möglichst gute Arbeitsleistung zu erhalten. Am Wohlergehen der Arbeiter war er in der Regel wenig interessiert.

Auch in der Zeit der **«wissenschaftlichen Betriebsführung»** zu Beginn des 20. Jahrhunderts war die Rolle des Personalbereichs unbedeutend. Wissenschaftlich heißt sie, weil die Arbeit systematisch analysiert und rationalisiert wurde. Durch systematische Organisation der Arbeitsabläufe, vor allem durch starke Arbeitsteilung, durch gezielte Auswahl geeigneter Arbeitnehmer und durch materielle Anreize konnte man erstaunliche Leistungssteigerungen bewirken. Ziel der wissenschaftlichen Betriebsführung war die Leistungssteigerung durch optimale physikalische Arbeitsbedingungen. Man suchte z. B. nach der besten Reihenfolge der einzelnen Tätigkeiten, nach den besten Werkzeugen, nach dem besten Pausenrhythmus – immer mit Blick auf die Steigerung der Leistung. Die menschliche Arbeit wurde also wie das Funktionieren einer Maschine unter rein technischen, physischen und ökonomischen Gesichtspunkten beurteilt. Daher brauchte es auch keine Personalabteilung. Sachverständige für Rationalisierung und Arbeitsorganisation lösten die Probleme.

Diese betont mechanistische Einschätzung des arbeitenden Menschen wurde zu Beginn der dreißiger Jahre durch neue Erkenntnisse abgelöst.

Es wurde festgestellt, dass die Leistung der Menschen nicht nur von den äußeren Arbeitsbedingungen beeinflusst wird, sondern ebenso von **psychischen und sozialen Faktoren**. Damit begann eine neue Ära der Betriebsführung, die Zeit der **«Human Relations»**.

Die wesentlichen neuen Erkenntnisse waren:

- Der Beruf und die Arbeitsbeziehungen sind ein zentraler Bestandteil der sozialen Welt und der Lebensgestaltung des einzelnen Menschen.
- Der Wunsch nach Anerkennung, Sicherheit und Zugehörigkeit ist für die Leistungsbereitschaft wichtiger als die Höhe des Lohns.
- Diese Bedürfnisse werden nur befriedigt, wenn der Mensch in seiner Arbeit einen Sinn erkennen und an ihrer Gestaltung mitwirken kann.
- Arbeit erfüllt wichtige soziale Bedürfnisse. Kontakt ist daher eine wichtige Komponente der Arbeitszufriedenheit. Ausschlaggebend sind vor allem die Beziehungen zu Vorgesetzten und Kollegen.

Damit bekamen Fragen der Personalführung Auftrieb. Die Betreuung und Förderung der Mitarbeiter wurde zu einer zentralen Aufgabe. Neben der Leistung begann auch die Zufriedenheit der Mitarbeiter eine Rolle zu spielen.

> Aktive, gestaltende Personalarbeit wurde erst möglich, als man erkannte, dass Arbeitsverhältnisse für den einzelnen Mitarbeiter und auch für das Unternehmen mehr beinhalten als den Austausch von Arbeitsleistung und Entgelt.

1.2 Die heutige Bedeutung des Personalmanagements

Unternehmen und Mitarbeiter sind gleichwertige Partner, die sich in ihren Zielen aufeinander abzustimmen haben, die aufeinander hören und Konflikte konstruktiv miteinander lösen.

Die Einstellung zum Mitarbeiter hat sich geändert und führte zu einer aktiven Auffassung der Personalarbeit.

1.2.1 Welche Faktoren charakterisieren das Personalmanagement heute?

Die wachsende Notwendigkeit, Mitarbeiter- und Unternehmensinteressen zusammenzuführen

Früher ging man davon aus, dass physische und soziale Bedürfnisse zur Leistung motivieren. Dann erkannte man, dass Mitarbeiter ganz unterschiedliche Individualziele haben und dass es für den Arbeitserfolg unerlässlich ist, Mitarbeiter- und Unternehmensziele aufeinander abzustimmen, und zwar immer wieder, dass dieses Abstimmen also ein Prozess ist.

Die zunehmende Bedeutung des Mitarbeiters als «produktiver Faktor»

Das Wissen um die große Bedeutung eines qualifizierten Mitarbeiterstamms für Erfolg und Wachstum eines Unternehmens hat sich heute durchgesetzt. Der Mitarbeiter wird als **«produktiver Faktor»** angesehen, dessen Leistung gewonnen (Personalbeschaffung), erhalten (Personalbetreuung) und gesteigert (Personalentwicklung) werden muss.

Veränderte Wertvorstellungen über das Wesen des Menschen haben zusammen mit qualitativen und quantitativen Verknappungstendenzen sowie einem steigenden Anteil der

Personal- an den Gesamtkosten zur stark zunehmenden Bedeutung des Personalbereichs geführt.

Steigende Personalkosten

Die Personalkosten stiegen in den letzten Jahren kontinuierlich an. Das Personalmanagement hat dadurch an Gewicht im betrieblichen Entscheidungsprozess gewonnen.

Aber nicht nur die direkten Personalkosten (Gehälter und Löhne), auch die **Personalzusatzkosten** sind gestiegen und spielen eine immer größere Rolle. Dieser «unsichtbare Lohn» (Arbeitgeberanteile zur gesetzlichen Sozialversicherung, bezahlte Abwesenheitszeiten, Ferien bzw. Urlaub, Lohnfortzahlung bei Krankheit, Gratifikationen, Dienstaltersprämien, die Finanzierung der Weiterbildung usw.) hat seit der Nachkriegszeit ständig zugenommen. In Klein- und Mittelbetrieben sind die Nebenkosten erheblich stärker gestiegen als in Großunternehmen.

Der Anteil der Personalkosten an den Gesamtkosten der erzeugten Güter und Leistungen ist in den letzten Jahrzehnten stetig angestiegen. Dabei zeigt sich eine bemerkenswerte Besonderheit der Personalkosten, nämlich die Kostenremanenz: Es ist im Personalbereich in der Regel aus vertraglichen und/oder rechtlichen Gründen viel schwieriger, Kosten zu senken, als in anderen Unternehmensbereichen, selbst wenn Produktion und Absatz zurückgehen.

Bewusstseinswandel der Mitarbeiter

Führungskräfte verbringen heute einen großen Teil ihrer Arbeitszeit damit, Bedingungen zu schaffen, unter denen ihre Mitarbeiter gern arbeiten. Die Fachliteratur bietet dazu eine unübersehbare Zahl von Modellen zur Motivation, zur Konfliktsteuerung usw. an. Das veränderte Selbstbewusstsein und Rollenverständnis der Mitarbeiter erfordert bessere und differenziertere Methoden als früher. Was sind die Ursachen dieses Wandels?

- Die **Hochkonjunktur** der Nachkriegszeit führte zu einer **Personalknappheit** in allen Branchen und Berufen.
- Dadurch veränderte sich der Arbeitsmarkt grundlegend. Die Unternehmen warben intensiv um qualifizierte Mitarbeiter, diese gewannen an **Selbstbewusstsein.**
- Die beträchtlichen Einkommenssteigerungen, die staatliche Sozialpolitik und die Möglichkeit, in einem anderen Unternehmen relativ leicht einen vergleichbaren Arbeitsplatz zu finden, befriedigten das Bedürfnis nach **materieller Sicherheit.**
- Dafür traten die **psychischen und sozialen Bedürfnisse** stärker ins Bewusstsein. Mitarbeiter fordern heute mehr Information, Entscheidungsfreiheit und bessere Chancen beruflichen Fortkommens.
- Der gestiegene Wohlstand und die zunehmende Rationalisierung der Arbeit führten auch zu einem höheren **Stellenwert der Freizeit;** die frühere Haltung «Leben, um zu arbeiten» wird von einem neuen Bewusstsein abgelöst, das sich etwa so ausdrücken lässt: «Mehr Selbsterfüllung in der Arbeit und mehr Freizeit zur Befriedigung weiterer Bedürfnisse.»

- Die **politischen Parteien** begannen sich stärker für den Arbeitnehmer zu interessieren, der Einfluss der Gewerkschaften und der Arbeitnehmervertretungen nahm zu.

Gesellschaftspolitische Veränderungen

Unternehmen werden heute nicht mehr nur unter ökonomischen Gesichtspunkten betrachtet. Die Gesellschaft, die Parteien, Gewerkschaften und die Medien fragen zunehmend auch nach ihrer sozialen Verantwortung. Wie weit tragen sie zum sozialen Fortschritt bei? Damit stehen nicht nur die Produkte im Blickpunkt der Öffentlichkeit, sondern auch die Methoden der Betriebsführung und die Frage, inwieweit die Gesellschaft durch die Unternehmen Vorteile hat.

Die Notwendigkeit, sich auf eine rasch wandelnde Umwelt einzustellen

Die Jahre der Rezession und Stagnation haben die Unternehmen gezwungen, ein Instrumentarium zu schaffen, mit dem sie rasch und wirkungsvoll auf die sich ändernden Wirtschaftsbedingungen reagieren können. Dazu gehört eine weitsichtige Personalpolitik. Sie soll gewährleisten, dass jederzeit die notwendige Anzahl von Mitarbeitern in der erforderlichen Qualität zur Verfügung steht. Das bedeutet, dass Personalbeschaffung, Mitarbeiterförderung, aber auch Personalabbau sorgfältig geplant werden.

Die Tatsache der qualitativen Personalknappheit

Die Automatisierung der Produktion und der stetige Einzug immer besserer, schnellerer Elektronik nimmt dem Menschen Routinetätigkeiten mehr und mehr ab. Es werden zunehmend hoch qualifizierte und gut geschulte Spezialisten benötigt.

Es besteht ein wachsender Bedarf nach höher qualifizierten Arbeitskräften, die Führungsaufgaben und Aufgaben in der Organisation und im Management, in Forschung und Entwicklung, in der Betreuung und Beratung übernehmen können. Der Bedarf an solchen qualifizierten Arbeitskräften wird durch das Angebot nicht gedeckt.

Das Personalmanagement muss hier im Rahmen der Personalentwicklung tätig werden und die Mitarbeiter rechtzeitig auf neue **Anforderungen vorbereiten.**

Internationalisierung der Märkte

Das Personalmanagement bleibt auch von der Zunahme der internationalen Verflechtungen und der Globalisierung der Märkte nicht unberührt. Den Unternehmen stellen sich Fragen zur Organisation des Auslandsengagements, zur Steuerung und Kontrolle der ausländischen Tochterunternehmen, zu ausgewählten Unternehmensfunktionen wie dem internationalen Marketing oder der internationalen Steuerpolitik usw. Dadurch wird das Personalmanagement komplexer:

- Es muss sich beispielsweise mit der Auswahl, Vorbereitung, Betreuung und Reintegration von Auslandsmitarbeitern auseinander setzen.
- Unterschiedliche rechtliche Regelungen in den verschiedenen Ländern müssen bekannt sein (z. B. Arbeitsvertragsrecht, Sozialversicherungsrecht).
- Kulturelle Besonderheiten müssen in das Personalmanagement einfließen; insbesondere in die Personalführung.

1.2.2 Wer führt die Personalaufgaben durch?

Personalmanagement findet nicht nur in der Personalabteilung statt, sondern auch bei den Führungskräften der verschiedenen Funktionsbereiche (Produktion, Marketing, Rechnungswesen usw.).

[1-1]   Wer führt die Personalaufgaben aus?

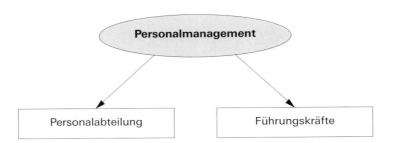

Wo welche Aufgaben erledigt werden, ist eine Frage der **Kompetenzverteilung** zwischen der Personalabteilung und den Führungskräften eines Unternehmens. Es ist zum einen denkbar, dass das Personalmanagement hauptsächlich **in der Personalabteilung** stattfindet. Diese löst dann Fragen der Personalbedarfsbestimmung, realisiert die Personalbeschaffung und -entwicklung, übernimmt wichtige Aufgaben in der Personalfreisetzung usw. Dieses Modell verlangt eine ausgeprägte Fachkompetenz in der Personalabteilung. Es können aber auch die meisten Aufgaben auf die **Führungskräfte** und ein Teil auf die Geschäftsleitung verteilt werden. Voraussetzung ist eine breite Professionalität in allen Fragen des Personalmanagements auch bei den Führungskräften und der Geschäftsleitung. Keines der beiden Modelle ist grundsätzlich besser als das andere; jedes Unternehmen muss seine Entscheidung individuell treffen.

Die **Personalarbeit** hat sich von der ausführenden Personalverwaltung zu einem komplexen und **selbständigen Tätigkeitsbereich** entwickelt. Höhere Erwartungen der Mitarbeiter an die Personalführung, ein stärkerer Leistungsdruck auf die Unternehmen sowie veränderte Anforderungen an die Arbeit (mehr Kreativität und Kooperation, weniger Routine), gestiegene Personalkosten und die Internationalisierung und die Globalisierung der Märkte haben gemeinsam zu dieser Entwicklung beigetragen. Heute ist der Personalbereich ein selbständiger Unternehmensbereich mit umfassender Verantwortung.

Personalmanagement findet sowohl in der Personalabteilung, als auch in der Geschäftsleitung und bei den einzelnen Führungskräften statt.

1.3 Der Beitrag des Personalmanagements zum Unternehmenserfolg

Das Personalmanagement ist heute in den meisten Unternehmen ein selbständiger Bereich, der zum Unternehmenserfolg genauso beiträgt wie die anderen Bereiche. Worin besteht konkret sein Beitrag?

1.3.1 Die Ziele des Personalmanagements

PERSONALABTEILUNG   BEWERBER   GESCHÄFTSFÜHRUNG

DIE PERSONALABTEILUNG GEWINNT IMMER MEHR TERRAIN

Die **personalwirtschaftlichen Ziele** gliedern sich in den unternehmenspolitischen Gesamtzusammenhang ein und dienen der Erreichung der Unternehmensziele. Sie sind somit direkt vom Unternehmenszweck abhängig und gleichzeitig Ausdruck des in einem Unternehmen verwirklichten Menschenbildes.

Oberstes Sachziel des Personalmanagements ist, zum richtigen Zeitpunkt und am richtigen Ort die quantitativ und qualitativ geeigneten personellen Kapazitäten bereitzustellen, die notwendig für den betrieblichen Leistungsprozess sind.

In einer ersten Grobgliederung können dabei wirtschaftliche und soziale Ziele unterschieden werden. Sie dienen dazu, das oberste Sachziel zu erfüllen, und haben instrumentalen Charakter.

Wirtschaftliche Ziele

Wichtigstes wirtschaftliches Ziel und Ausdruck des ökonomischen Prinzips ist, unter gegebenen Bedingungen eine möglichst hohe Arbeitsleistung zu erreichen (= Ergebnisorientierung) bzw. eine vorgegebene Leistung mit dem minimalen Einsatz an Arbeit und Kosten (= Kostenorientierung) zu garantieren. Dabei wird ausschließlich auf das Leistungsergebnis geachtet (= ökonomische Effizienz). Wirtschaftliche Ziele sind also:

- Minimierung der Kosten des Gesamteinsatzes im Personalbereich (z. B. durch das Nutzen von Rationalisierungseffekten).
- Minimierung der indirekt vom Personal abhängigen Kosten (z. B. Ausschuss).
- Optimierung des Mitarbeiterpotenzials und somit der erzielbaren Produktion durch Schaffung und Nutzung von Verbesserungsmöglichkeiten der Leistungsbereitschaft und der Leistungsfähigkeit.

Soziale Ziele

Den auf die Arbeitsleistung ausgerichteten wirtschaftlichen Zielen stehen die sozialen Ziele gegenüber, deren Erfüllung steigende Arbeitszufriedenheit bei den Mitarbeitern bewirkt. Die soziale Effizienz eines Unternehmens wird durch das Ausmaß der Bedürfnisbefriedigung bei den Mitarbeitern bestimmt. Dazu gehört z. B.:

- Sicherung des Arbeitsplatzes
- Bestmögliche Gestaltung der Arbeitsbedingungen (z. B. Arbeitsplatzgestaltung, Arbeitsschutz, Ergonomie)
- Kooperative Führungskonzepte
- Mitbestimmung der Mitarbeiter
- Förderung der Mitarbeiter durch Aus- und Weiterbildung, Laufbahnplanung etc. (Personalentwicklung)

Soziale und wirtschaftliche Ziele im Personalbereich ergänzen sich teilweise. Nicht immer geht aber die Erhöhung der Arbeitsleistung mit steigender Arbeitszufriedenheit einher. Und doch sind beide Zielkategorien zu berücksichtigen, denn nur im Zusammenwirken von ökonomischer und sozialer Effizienz kann ein Unternehmen langfristig überleben und seine Existenz sichern.

1.3.2   Die Funktionen des Personalmanagements

Leistung ermöglichen

Der administrative Aspekt, der früher im Vordergrund stand, tritt heute zurück. Verwaltung ist zwar notwendig, aber nicht die Hauptsache; sie muss daher so rationell wie möglich abgewickelt werden. Moderne EDV-gestützte Verfahren der Lohnabrechnung und Informationsverwaltung stehen dafür zur Verfügung.

Im Mittelpunkt der Arbeit steht der Mitarbeiter. Das Unternehmen ist nur leistungsfähig, wenn die verschiedenen Aufgaben von Mitarbeitern mit entsprechender Ausbildung und Leistungsbereitschaft erfüllt werden, wenn es also gelingt, die individuellen mit den betrieblichen Zielen in Einklang zu bringen.

Leistung steigern

Das Übereinstimmen der betrieblichen mit den individuellen Zielen genügt aber nicht, das wäre zu statisch. Personalarbeit ist auch darauf gerichtet, die Leistungen der Mitarbeiter und damit die Produktivität zu steigern. Die menschliche Leistung hängt vom Wissen, Können und Wollen (Motivation) des Einzelnen ab. Darum müssen Systeme entwickelt werden, die diese Komponenten unterstützen. Dazu gehören Systeme zur gerechten Gehaltsfindung, zur Aus- und Weiterbildung, zur Personalentwicklung und zur Führung. Ferner sind durch Transparenz von Aufgaben und Anforderungen, durch Informationen und Förderung der Mitarbeiter ungenutzte Potenziale freizulegen.

Führung organisieren

Führung ist notwendig, um in einem komplexen Unternehmen zielorientiert zusammenzuarbeiten. Von der Führungsorganisation, der Besetzung der Führungspositionen und den Führungsmitteln hängt die Wettbewerbsfähigkeit des Unternehmens wesentlich ab.

Führungskräfte sind verantwortlich für Leistung und Kreativität in ihrem Bereich. Sie sollten daher nach der Fähigkeit ausgewählt werden, Mitarbeiter für die Unternehmensziele zu begeistern. Durch klare Strukturen, Nachwuchsplanung und Führungstraining muss der im Unternehmen gültige Führungsstil entwickelt und durchgesetzt werden. Das Personalmanagement kann dazu entscheidend beitragen, indem es im Rahmen seiner Personalpolitik Führungsrichtlinien entwickelt und einführt.

Zukunft sichern

Die Sicherung der Zukunft ist eine wichtige Unternehmensaufgabe. Zum strategischen Ziel, langfristig erfolgreich am Markt zu bleiben, hat der Personalbereich seinen Beitrag zu leisten, indem er alle seine Maßnahmen in ein Planungskonzept einbringt und damit die Ressource Personal für die Entwicklung des Unternehmens gewährleistet. Das schließt mit ein, dass er sich mit gesellschaftlichen Veränderungen befasst, die technische Entwicklung und die Bewegungen auf dem Arbeitsmarkt sowie politische Strömungen beobachtet und berücksichtigt. Da personelle Anpassungsmaßnahmen häufig nur mit großer Vorlaufzeit möglich sind, ist rechtzeitige Planung nötig.

Das Personalmanagement leistet heute seinen eigenen aktiven **Beitrag zum Unternehmenserfolg,** indem es Bedingungen schafft, unter denen die Mitarbeiter bereit sind, nachhaltig hohe Leistungen zu erbringen. Seine Hauptinstrumente sind: eine sorgfältige **Personalplanung,** eine systematische **Förderung** und **Weiterbildung** und eine überzeugende **Personalführung.**

2   Die Aufgaben des Personalmanagements

Unter Personalmanagement verstehen wir die Summe aller Maßnahmen und Einrichtungen, die den einzelnen Mitarbeiter und seinen Arbeitsplatz, aber auch die Zusammenarbeit mit anderen betreffen. Personalarbeit wird nicht isoliert in der Personalabteilung verrichtet, sie durchzieht das ganze Unternehmen und regelt einen Großteil der Beziehungen unter den Mitarbeitern sowie zwischen ihnen und den organisatorischen Strukturen.

Die folgende Grafik zeigt die Aufgaben des Personalmanagements:

[2-1]   Die Aufgaben des Personalmanagements

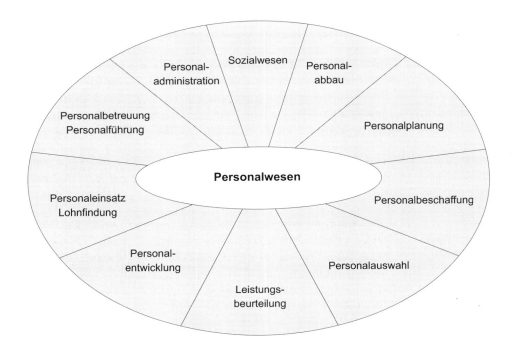

In den folgenden Abschnitten erhalten Sie einen Überblick über die Aufgaben des Personalmanagements.

2.1   Personalplanung

Personalplanung beginnt mit der Ermittlung und Analyse der Ausgangslage. Dazu zählen die tatsächlichen Gegebenheiten im Personalbereich, die Bedürfnisse des Unternehmens und der Mitarbeiter und die unternehmensexternen Einflussfaktoren. Daraus wird die systematische Gliederung in die Personalbereichspläne abgeleitet, die untereinander und mit der Unternehmensplanung abgestimmt werden. Mit der Wahl der Mittel und Verfahren im Planungsprozess, dem Planungshorizont und dem Revisionszyklus wird der formale Rahmen der Personalplanung gesetzt.

Die Personalplanung berechnet, wie viele Mitarbeiter mit welchen Qualifikationen für die Erfüllung künftiger Aufgaben benötigt werden. Personalplanung legt also nicht nur Zahlen, sondern auch qualitative Kriterien fest. Letzteres wird immer schwieriger, weil sich die Anforderungen an Mitarbeiter immer schneller ändern und die Planung immer langfristiger wird.

Man kann die Personalplanung in drei Unterbereiche gliedern.

[2-2]   Die drei Bereiche der Personalplanung

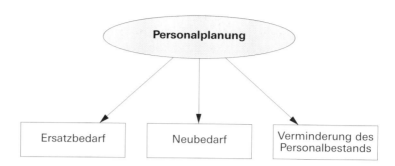

Ersatzbedarf entsteht durch Kündigungen, Beförderungen oder Pensionierungen.

Der Personalplaner muss einen exakten Überblick über die Altersstruktur der Belegschaft, die Fluktuation und die Fehlzeiten haben. Die Planung des Ersatzbedarfs erstreckt sich auf einen überschaubaren Zeitraum, z. B. ein Jahr. Die Nachfolgeplanung für Führungspositionen muss längerfristig angelegt sein, da hier Einarbeitungszeiten hinzukommen. Personalentwicklungspläne umfassen daher oft einen Zeitraum von fünf Jahren.

Neubedarf kann durch Erweiterung der Produktion, Einsatz neuer Anlagen, Intensivierung bestimmter Aufgaben, wie z. B. Verkaufsaußendienst, oder durch veränderte Arbeitsbedingungen (mehr Urlaub, kürzere Arbeitszeiten) entstehen.

Der Personalneubedarf wird häufig durch größere Investitionsvorhaben bestimmt, die sich über einen längeren Zeitraum erstrecken. Entsprechend langfristig muss die Personalplanung sein und entsprechend schwierig sind die künftigen qualitativen Anforderungen einzuschätzen.

Beispiel

Die Gründung einer Filiale im Ausland bedeutet, dass eine Belegschaft mit den erforderlichen Fach- und Sprachkenntnissen und vertraut mit der Organisation des Unternehmens aufgebaut wird. Das dauert 1 1/2 bis 3 Jahre. Hier wird auch das Zusammenspiel mit anderen Funktionen deutlich: Qualitative Personalplanung zieht Maßnahmen der betrieblichen Aus- und Weiterbildung nach sich.

Eine **Verminderung des Personalbedarfs** kann durch Rationalisierungen, Umstrukturierungen oder Stilllegung von Betriebsteilen nötig werden.

Die **Personalplanung** ist ganz besonders auf eine gute Zusammenarbeit und auf rechtzeitige Informationen aus allen Unternehmensbereichen angewiesen. Sie muss den Personalbedarf dieser Bereiche prüfen, ihn nach **quantitativen** und **qualitativen** Anforderungen bewerten und in einem zeitlich fixierten **Gesamtpersonalplan** koordinieren. Personalplanung steht so in enger Wechselwirkung zu den Plänen der anderen Unternehmensbereiche und ist ein wichtiger **Teil der Unternehmensplanung.**

2.2   Personalbeschaffung

Es ist Aufgabe der Personalbeschaffung, die Personalbedarfspläne zu realisieren, d. h. die vorgesehene Anzahl von Mitarbeitern mit den notwendigen Qualifikationen zum geplanten Zeitpunkt bereitzustellen. Dazu stehen grundsätzlich zwei Wege offen:

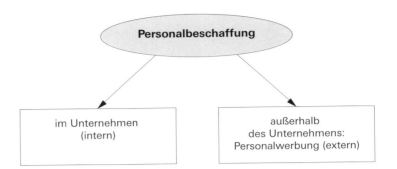

A   Interne Beschaffung

- Einstellen von Lehrlingen nach der Berufsausbildung
- Versetzung aus einer anderen Tätigkeit
- Beförderung von Mitarbeitern

Die interne Beschaffung benutzt häufig das Mittel der innerbetrieblichen Stellenausschreibung, z. B. Inserat in der Hauszeitung, Mitteilung am Anschlagbrett, Flugblätter.

Die interne Personalbeschaffung wird heute personalpolitisch gefördert. Ihre Vorteile: Mitarbeiter bekommen die Chance, sich im Unternehmen weiterzuentwickeln und werden dadurch zu besonderen Leistungen angespornt; die Einarbeitungszeiten sind in der Regel kürzer, die Stärken und Schwächen der Kandidaten genau bekannt. Dennoch darf interne Beschaffung nicht zum Dogma werden. Neue Mitarbeiter können sehr wertvoll sein; mit ihnen kommen neue Ideen und Erfahrungen in das Unternehmen, die die Zusammenarbeit beleben können und der betrieblichen Routine («Betriebsblindheit») entgegenwirken.

B   Externe Beschaffung

Nicht immer kann ein Unternehmen offene Positionen aus den eigenen Reihen besetzen. Das kann daran liegen, dass sich kein interner Mitarbeiter für die offene Stelle interessiert oder dass keiner die erforderliche Qualifikation hat. In diesem Fall muss man extern werben. Vom Personalfachmann wird erwartet, dass er den Arbeitsmarkt beobachtet und die verschiedenen Beschaffungskanäle kennt, konkret, dass er

- wirksame Stellenanzeigen entwerfen kann und sie in den geeigneten Medien platziert,
- gegebenenfalls einen Personalberater einschaltet und gezielt mit ihm zusammenarbeitet,
- andere Maßnahmen, z. B. Plakatwerbung, Handzettel usw., zweckmäßig einsetzt,
- persönliche Kontakte zu Hochschulen, Fortbildungsinstituten usw. pflegt,
- etwas von Public Relations versteht.

Je knapper Arbeitskräfte sind und je spezieller die gesuchten Qualifikationen, desto kreativer muss die Personalwerbung sein. Ihr Erfolg wird dabei wesentlich durch das Ansehen gestützt, das ein Unternehmen in der Öffentlichkeit genießt. Öffentlichkeitsarbeit wird künftig an Bedeutung gewinnen und gehört zum weiteren Bereich der Personalwerbung.

Neues Personal von außen bedeutet «frisches Blut» durch neue Ideen und einen anderen Erfahrungshorizont. Das kann den Wettbewerb in den eigenen Teams beleben und damit die Leistung verbessern. Neueinstellungen tragen aber auch Risiken in sich:

- Risiko der falschen Auswahl von Mitarbeitern
- Teure und u. U. lange Einarbeitungszeiten

- Schwierigkeiten, die neuen Mitarbeiter in das Unternehmen zu integrieren
- Enttäuschung der vorhandenen Mitarbeiter über zu wenig Aufstiegschancen

Personalbeschaffung erfordert den kreativen Einsatz verschiedener Methoden, um die benötigte Anzahl geeigneter Mitarbeiter zu gewinnen. Interne Beschaffung eröffnet bewährten Mitarbeitern berufliche Chancen und ist als Leistungsansporn wertvoll; externe Beschaffung kann neues Potenzial und neue Ideen in den Betrieb bringen.

2.3   Personalauswahl

Die ursprüngliche Aufgabe der Personalauswahl bestand darin, für eine bestimmte Aufgabe den am besten geeigneten Mitarbeiter zu finden. Heute geht es oft eher darum, die Fähigkeiten und Vorstellungen eines Bewerbers zu erfassen und dann die für ihn geeignete Aufgabe zu finden. Dieser Aspekt der Einsatzberatung stammt aus der Zeit der Hochkonjunktur, als die Zahl der Bewerber klein war und man keine große Auswahl von gut qualifizierten Bewerbern hatte, sondern Mitarbeiter beruflich und persönlich entwickeln musste. Die Funktionen Aus- und Weiterbildung und Personalentwicklung haben seitdem ein größeres Gewicht.

Bei der Personalauswahl geht es im Wesentlichen darum, die Fähigkeiten, die Persönlichkeit und die Entwicklungsmöglichkeiten von Bewerbern und Mitarbeitern realistisch zu beurteilen, um sie dann mit dem Anforderungsprofil einer bestimmten Aufgabe in Einklang zu bringen. Die Frage der Eignung bleibt im Brennpunkt, d. h. nicht der absolut Beste wird gesucht, sondern der für eine Aufgabe Geeignetste.

Es gibt kein Auswahlverfahren, das sichere Entscheidungen garantiert. Meistens werden daher verschiedene Methoden kombiniert:

- Prüfung der Bewerbungsunterlagen nach Form und Inhalt
- Interview als differenzierte Möglichkeit, die Persönlichkeit des Bewerbers zu erfassen
- Gruppengespräche
- Tests, die die fachliche Eignung oder die Persönlichkeitsstruktur zeigen
- Eignungsuntersuchungen
- Graphologische Gutachten
- Assessment-Center – hauptsächlich für die Auswahl von Führungskräften

Das **Assessment-Center** ist ein Verfahren zur Auswahl von Bewerbern und zur Einschätzung von zu befördernden Mitarbeitern. Die zu Beurteilenden werden zu einer Gruppensitzung eingeladen, die meist aus 4–6 Personen besteht. Sie erhalten Aufgaben, die gemeinsam gelöst werden müssen, oder sie sollen sich an einer Diskussion beteiligen. Beobachter, in der Regel Führungskräfte, beurteilen dann die Kandidaten. In einer weiteren Phase können auch Einzelinterviews durchgeführt werden.

Grundsätzlich gilt: Je höher die Anforderungen der zu besetzenden Position sind, desto sorgfältiger soll die Auswahl sein. Die Beurteilung des Bewerbers im Rahmen des persönlichen Vorstellungsgesprächs oder Interviews hat dabei eine zentrale Bedeutung.

Die Vorauswahl der Kandidaten ist in der Regel Sache der Personalabteilung, die endgültige Auswahl hingegen erfolgt in Zusammenarbeit mit der Fachabteilung, für die der Bewerber gesucht wird. Dieses Vorgehen hat sich bewährt; es zeigt einmal mehr die kooperativen Aufgaben des Personalmanagements.

Bei der Personalauswahl muss die Personalfachfrau die Fähigkeiten und das voraussichtliche Verhalten eines Bewerbers realistisch beurteilen und mit den Anforderungen einer bestimmten Position in Einklang bringen.

2.4 Leistungsbeurteilung

Eine regelmäßige Leistungsbeurteilung zählt zu den wichtigsten Instrumenten der Mitarbeiterführung. Fast alle Entscheidungen, die ein Vorgesetzter treffen muss, setzen eine realistische Beurteilung der Leistungsfähigkeit, der Leistungsbereitschaft und der Entwicklungsfähigkeit seiner Mitarbeiter voraus.

Es gibt verschiedene Beurteilungssysteme, Sie werden sie in einem späteren Kapitel kennen lernen. Hier wollen wir uns nur mit der Frage beschäftigen, was die Leistungsbeurteilung bringt und wem sie nützt.

A Nutzen für die Mitarbeiter

Die Leistungsbeurteilung hilft dem Mitarbeiter, die eigene Leistung richtig einzuschätzen; er hat das Recht zu wissen, welche Leistung von ihm verlangt wird, wo seine Stärken und Schwächen liegen und wie er an sich weiterarbeiten kann. Die Informationen darüber erhält er in erster Linie durch die Beurteilung seines Vorgesetzten. Dabei ist wichtig, dass nicht die Person des Mitarbeiters beurteilt wird, sondern nur seine Leistung und die am Arbeitsplatz geforderten Verhaltensweisen.

B Nutzen für das Unternehmen

Fehlleistungen und Schwächen der Mitarbeiter werden deutlich, aber auch Ansatzpunkte zur gezielten Leistungsverbesserung und Leistungsreserven. Durch Anerkennung werden Mitarbeiter angespornt, durch sachliche Kritik lässt sich ihr Verhalten korrigieren. – Wichtige Personalentscheidungen, wie der Einsatz von Mitarbeitern, Aus- und Weiterbildungsmaßnahmen, Beförderungen oder Entlohnungen, basieren auf der Leistungsbeurteilung.

C Nutzen für die Führungskräfte

Die Beurteilung ist Anstoß und Verpflichtung zugleich, sich intensiv mit dem Mitarbeiter zu beschäftigen. Sie macht den Vorgesetzten auf Leistungsreserven aufmerksam, sie legt auch mögliche Missverständnisse und Spannungen zwischen seinen Mitarbeitern und ihm offen. Das Klima der Zusammenarbeit wird sachlicher.

Die Leistungsbeurteilung ist ein wesentlicher Teil der Führungsaufgabe. Es entsteht Klarheit über die Anforderungen und die Möglichkeiten des Mitarbeiters. Wichtig ist, dass der Vorgesetzte das Ergebnis seiner Beurteilung mit dem Mitarbeiter offen und fair bespricht. Er muss seine Eindrücke und Beobachtungen zu diesem Zweck objektiv festhalten, so dass sie einer kritischen Nachprüfung standhalten.

Gute Beurteilungssysteme verbinden die Analyse des Leistungsstands (die eigentliche Beurteilung) mit einer Zielvereinbarung zwischen dem Vorgesetzten und dem Mitarbeiter. Beurteilen darf sich also nicht mit dem Feststellen des Ist-Zustands begnügen, sondern muss auch zukunftsorientiert sein. Diese Zielvereinbarungen sind dann der Maßstab für die künftigen Beurteilungen.

Welche Aufgaben hat die Personalabteilung im Zusammenhang mit der Leistungsbeurteilung? Sie wirkt bei der Auswahl und Einrichtung des Systems mit, sie macht Vorgaben für seine Handhabung, sie sorgt dafür, dass die Vorgesetzten dafür geschult und vorbereitet werden, sie legt einheitlich fest, wann Beurteilungen durchgeführt werden, und sie überwacht diese auf Richtigkeit und Qualität. Die Vorgesetzten leiten die Qualifikationen an die Personalabteilung weiter; hier können Tendenzen, z. B. tendenziell zu strenge oder einseitige Beurteilungen, mit den betreffenden Vorgesetzten erörtert werden. Die Personalabteilung kann auch Vergleiche durchführen, sie kann z. B. die Austritte in einer Abteilung und die Leistungsbeurteilung analysieren.

Eine systematische Leistungsbeurteilung ist für das Unternehmen, die Mitarbeiter und die Vorgesetzten wichtig. Verbindet man die Analyse des Leistungsstands mit Zielvereinbarungen so wird die Leistungsbeurteilung zu einem der wichtigsten Führungsinstrumente.

2.5 Personalentwicklung

Die Personalentwicklung umfasst alle Maßnahmen, mit denen die Qualifikation der Mitarbeiter verbessert werden soll. Sie dient sowohl dem Mitarbeiter als auch dem Unternehmen. Der Mitarbeiter wird in seinen fachlichen und persönlichen Fähigkeiten gefördert und ist dadurch seinen Aufgaben besser gewachsen; seine Arbeitszufriedenheit steigt. Dies wirkt sich positiv auf das Leistungsergebnis aus und nützt daher auch dem Unternehmen.

Nach den **Hauptanwendungsgebieten unterscheidet man drei Arten:**

- Arbeitsstrukturierung
- Berufliche Aus- und Weiterbildung
- Laufbahnplanung

A Arbeitsstrukturierung

Die Qualifizierung erfolgt über die Arbeitsinhalte. Der Arbeitsprozess soll so gestaltet werden, dass die Motivation und Zufriedenheit der Mitarbeiter steigt. Es gibt Maßnahmen auf der individuellen Ebene und solche auf der Gruppenebene.

B Maßnahmen auf der individuellen Ebene

Hier gibt es drei Modelle:

- job rotation (Aufgabenwechsel)
- job enlargement (Aufgabenerweiterung)
- job enrichment (Arbeitsbereicherung)

C Maßnahmen auf der Gruppenebene

Hier können folgende Modelle angewendet werden:

- Teilautonome Arbeitsgruppen (die eine abgeschlossene Aufgabe von Anfang bis Ende ausführen)
- Qualitätszirkel (Gruppen von Mitarbeitern, die freiwillig zusammentreffen, um Probleme im eigenen Arbeitsbereich zu besprechen und Lösungen zu finden)

D Berufliche Aus- und Weiterbildung

Sie hat in den letzten Jahren ständig an Bedeutung gewonnen – aus zwei Gründen:

- Organisatorische Änderungen und technische Innovationen führen zu neuen und qualitativ hohen Anforderungen an die Mitarbeiter. Das Unternehmen ist daran interessiert, seine Leistungsfähigkeit zu erhalten und zu steigern. Daher ist es nötig, dass die Mitarbeiter ihr Wissen und ihre Fähigkeiten laufend den neuen Gegebenheiten anpassen. Nur so kann der technische Fortschritt genutzt und die Wettbewerbsfähigkeit des Unternehmens gestärkt werden.
- Das Interesse der Mitarbeiter erschöpft sich nicht darin, durch Arbeit den Lebensunterhalt zu verdienen. Arbeit und Beruf sind ein zentraler Teil ihres Lebens, der zur persönlichen Entfaltung beitragen soll. Das Unternehmen muss diesem Anspruch Rechnung tragen und die berufliche und fachliche Entwicklung nach Kräften unterstützen.

Es ist also eine wichtige Aufgabe der beruflichen Bildung, die Interessen des Unternehmens mit den Wünschen der Mitarbeiter in Einklang zu bringen. Sie ist keine soziale Leistung, sondern eine betriebswirtschaftliche Notwendigkeit. Ihre Maßnahmen müssen wirtschaftlich und in ihrem Erfolg kontrollierbar sein.

Die Verantwortung für die Aus- und Weiterbildung der Mitarbeiter ist Teil der Führungsverantwortung. Das Personalmanagement unterstützt die Vorgesetzten bei dieser Aufgabe und bietet im Rahmen seines Dienstleistungsauftrags Instrumente und Maßnahmen an.

E Laufbahnplanung

Sie umfasst alle Maßnahmen zur Beseitigung von Ausbildungslücken beim Mitarbeiter und zur Ausnutzung von ungenutztem Potenzial und Wünschen der Mitarbeiter. Sie ist ein Prozess, bei dem die Interessen des Unternehmens und der Mitarbeiter in Einklang gebracht werden.

In manchen Unternehmen gibt es **standardisierte Laufbahnmodelle** für die berufliche Entwicklung. Die individuelle Laufbahnplanung muss immer die persönliche Situation des Mitarbeiters berücksichtigen.

Im Laufbahngespräch klären der Mitarbeiter, der Vorgesetzte und eine Fachperson aus der Personalabteilung ab, welche Laufbahn für den Mitarbeiter geplant werden soll.

Unter Personalentwicklung versteht man alle Maßnahmen, mit denen die Qualifikation der Mitarbeiter verbessert wird. Es gibt drei Arten:

- Arbeitsstrukturierung
- Berufliche Aus- und Weiterbildung
- Laufbahnplanung

Bei der **Arbeitsstrukturierung erfolgt die Qualifizierung über die Arbeitsinhalte. Es gibt dabei Maßnahmen auf der individuellen und auf der Gruppenebene.**

Berufliche Aus- und Weiterbildung liegen im Interesse des Unternehmens und der Mitarbeiter. Sie sind ein wichtiges Instrument der Personalarbeit und unterstützen andere Bereiche wie die Personalplanung oder die Personalbeschaffung. Schulung soll nie Selbstzweck sein, sondern muss sich an den unternehmens- und personalpolitischen Zielen ausrichten.

Die **Laufbahnplanung** strebt die Beseitigung von Ausbildungslücken beim Mitarbeiter und die Ausnutzung von ungenutztem Potenzial und Wünschen der Mitarbeiter an.

Gute Laufbahnmodelle bieten dem Mitarbeiter Entwicklungsmöglichkeiten im Unternehmen. Es gibt standardisierte Modelle; es sollten aber immer die persönlichen Fähigkeiten des Mitarbeiters beachtet werden.

2.6 Personalbetreuung

A Personalbetreuung

Dazu gehört ein breiter Fächer von Maßnahmen mit zwei Schwerpunkten:

- Bewusste Gestaltung der Beziehungen zwischen Mitarbeiter und Unternehmen
- Hilfestellung bei Pannen und Schwierigkeiten

Gute Kontakte zu Kollegen, Vorgesetzten und zur Organisation fördern die Identifikation und damit Leistung und Arbeitszufriedenheit. Früher hat sich das Personalmanagement wenig um diese Zusammenhänge gekümmert, heute werden die Beziehungen im Unternehmen bewusst gestaltet. Beiträge, die es dazu in eigener Regie leistet, sind:

- Einführungsveranstaltungen für neue Mitarbeiter, die einen Überblick über Aufgaben, Ziele und Stellung des Unternehmens vermitteln
- Geplante und kontrollierte Einarbeitung der neuen Mitarbeiter an ihrem Arbeitsplatz
- Einzelne Personalsachbearbeiter bestimmten Mitarbeitergruppen zuordnen, damit diese sich in allen Fragen an einen ihnen bekannten Betreuer wenden können (Referentensystem)
- Regelmäßige Kontakte zwischen Betreuer und der ihm anvertrauten Gruppe
- Rechtzeitige und umfassende Information der Mitarbeiter über Änderungen im Unternehmen und Fragen, die ihren Arbeits- und persönlichen Interessenbereich betreffen
- Programme zur Beratung und Integration von Problemgruppen, wie Alkoholkranke, Behinderte usw.
- Programme zur Mitwirkung der Mitarbeiter im Unternehmen, wie Vorschlagswesen, Qualitätszirkel, Organisationsentwicklung usw.

Über seinen Bereich hinaus leistet das Personalmanagement in seiner Dienstleistungsfunktion auch seinen Beitrag zu grundsätzlichen Fragen der Führung und Organisation:

- Es wirkt mit beim Entwickeln verbindlicher Richtlinien für die Mitarbeiterführung, den Führungsgrundsätzen.
- Es unterstützt die Führungskräfte in ihrer Aufgabe durch Förderung ihrer Qualifikation, Information und Schulung.
- Es führt Führungsinstrumente ein, wie Beurteilungs- und Lohnsysteme, Gesprächstechniken usw.
- Es berät die Führungskräfte bei speziellen Führungsproblemen.
- Es überwacht, ob die Führungsrichtlinien eingehalten und die Führungsinstrumente auch eingesetzt werden.
- Es beobachtet die Reaktionen der Mitarbeiter auf die praktizierte Führung.

> Personalbetreuung ist die bewusste Gestaltung der sozialen Beziehungen im Unternehmen. Der Beitrag der Führungskräfte ist dabei von zentraler Bedeutung; es ist die Aufgabe des Personalmanagements, sie darin wirkungsvoll zu unterstützen.

2.7   Personalorganisation

Zwei Fragen müssen im Unternehmen stets beantwortet werden, wenn die Leistungen auf einem hohen Niveau gehalten werden sollen:

- Wie gestaltet man die betriebliche Organisation, damit die Mitarbeiter in den einzelnen Abteilungen und im Gesamtunternehmen reibungslos und effizient zusammenarbeiten?
- Wie kann man die Anforderungen eines Arbeitsplatzes analysieren und bewerten, so dass eine gerechte und objektiv fundierte Bezahlung möglich wird?

Damit sind zentrale Fragen des Personaleinsatzes und der Lohnfindung angesprochen, die oft unter dem Oberbegriff «Personalorganisation» zusammengefasst werden. Die Kompetenz dafür liegt nicht zwingend beim Personalmanagement. Personalorganisation ist oft ein Teilbereich der technischen oder der Organisationsabteilung; das Mitwirken des Personalmanagements an den Entscheidungen muss dann aber sichergestellt sein.

Zu den Aufgaben der Personalorganisation gehört die Einordnung der Mitarbeiter in bestimmte Arbeitsgruppen und in den Betriebszusammenhang, dann auch in Arbeitsabläufe; ferner die Gestaltung von Arbeitsplatz und Arbeitsumgebung bis hin zur Anordnung von Maschinen, Mobiliar usw. Welche Grundsätze dabei wegleitend sind, ist eine personalpolitische Entscheidung.

Die Hilfsmittel der Personalorganisation sind:

- Arbeitsstudien
- Stellenbeschreibungen
- Arbeitsplatzbeschreibungen
- Anforderungsprofile
- Stellenpläne

Damit lassen sich Arbeitsplätze bzw. die dort gestellten Anforderungen (körperliche, geistige, persönliche) bewerten und vergleichen. Die Arbeitsbewertung ist in vielen Unternehmen zur Grundlage der Lohnfindung geworden – zuerst im gewerblichen Bereich, heute zunehmend auch in der Verwaltung. Sie erlaubt, gleichwertige Arbeitsplätze in einem Lohn- und Gehaltssystem gleich einzustufen.

Damit ein Lohnsystem als gerecht empfunden wird, muss es aber noch weitere Größen einbeziehen:

- Die Anforderungen des Arbeitsplatzes (Arbeitsbewertung)
- Die Leistung des Mitarbeiters (Leistungsbeurteilung)
- Soziale Gegebenheiten (Alter des Mitarbeiters, Kinderzahl, Dauer der Betriebszugehörigkeit)

Jedes Entgeltsystem muss periodisch überprüft und der Entwicklung des Arbeitsmarkts angepasst werden; nur so bleibt ein Unternehmen konkurrenzfähig und kann qualifizierte Mitarbeiter anziehen und halten.

Eine klare Personalorganisation – Beschreibung der einzelnen Aufgaben und ihrer Anforderungen – schafft die Grundlagen für einen rationellen Personaleinsatz und eine verbindliche Arbeitsbewertung. Darauf lässt sich eine transparente und als gerecht empfundene Lohnordnung aufbauen.

2.8   Betriebliches Sozialwesen

Auch eine moderne betriebliche Sozialpolitik dient der Leistungsfähigkeit des Unternehmens. Das wird erreicht, wenn die Mitarbeiter die sozialen Leistungen des Unternehmens kennen und sie als zeitgemäß und ihren Bedürfnissen angepasst empfinden. Eine ausgewogene Sozialpolitik vermittelt den Mitarbeitern Sicherheit und Zufriedenheit. Sie ist damit auch ein Mittel, um die Fluktuation zu verringern. Mit welchen Fragen beschäftigt sich das betriebliche Sozialwesen?

- Wie kann und soll die staatliche Sozialpolitik durch betriebliche Leistungen ergänzt werden?
- Welche Kosten sollen für freiwillige Sozialleistungen aufgebracht werden – absolut und im Verhältnis zu den gesamten Personalaufwendungen?
- Wie soll das Paket von Sozialleistungen zusammengesetzt sein, damit es modernen Anforderungen entspricht und von den Mitarbeitern als überzeugende betriebliche Leistung angesehen wird?
- Wann muss das Unternehmen auf Entwicklungen in der Öffentlichkeit reagieren und soziale Leistungen verändern oder erweitern?
- Wie erläutert man den Mitarbeitern Sinn und Zweck der Sozialleistungen, z. B. was der Betrieb und was sie selbst dazu beizutragen haben?

Grundsätzlich sind die Arbeitnehmer heute durch die staatliche Sozialversicherung gut gegen die Risiken von Krankheit, Unfall und Ende der Erwerbsfähigkeit im Alter geschützt. Der Gedanke der Fürsorge ist in den Hintergrund getreten. Heute sind andere Bedürfnisse aktuell, z. B. eine umfassende Altersversorgung, gute Freizeiteinrichtungen oder eine Vermögensbeteiligung.

Wichtig ist, dass die Sozialpolitik eines Unternehmens auf klaren Richtlinien aufbaut, allen gleiche Rechte einräumt, aber auch Spielraum für individuell angepasste Maßnahmen gibt.

Das Hauptanliegen der betrieblichen Sozialpolitik ist heute das Wohlbefinden, die Sicherung des Wohlstands und die Integration der Mitarbeiter in das Leben im Betrieb. Schwerpunkte der betrieblichen Sozialpolitik sind: Altersversorgung, Vermögensbildung, Gesundheit, Freizeit und Verpflegung. Die betrieblichen Leistungen ergänzen die staatliche Sozialpolitik und unterstützen die private Vorsorge.

2.9 Personaladministration

Personalverwaltung war früher die Hauptaufgabe des Personalmanagements. Heute ist sie in zunehmendem Maß die Grundlage personeller Maßnahmen und unterstützt damit die anderen Funktionen des Personalmanagements.

Was gehört zu den Aufgaben einer modernen Personalverwaltung?

A Administrative Tätigkeiten

Darunter fallen alle Tätigkeiten im Zusammenhang mit der Einstellung, der Beschäftigung von Mitarbeitern und der Beendigung von Arbeitsverhältnissen. Dazu gehören:

- das Bearbeiten von Bewerbungen (Terminkontrollen, Zwischenbescheiden, Absagen usw.),
- das Ausfertigen von Arbeitsverträgen,
- das Verwalten von Personalakten,
- Lohn- und Gehaltszahlungen,
- das Ausstellen von Arbeitszeugnissen,
- Pflege der Statistiken im Personalmanagement, z. B. Krankenstand, Fluktuation usw.

B Einhaltung der Gesetze

Genauso wichtig ist es, die in Gesetzen, Gesamtarbeitsverträgen oder Betriebsvereinbarungen festgelegten Bestimmungen bei allen personellen Maßnahmen einzuhalten. Gemeint sind die vielen arbeitsrechtlichen, steuerrechtlichen und sozialversicherungsrechtlichen Vorschriften.

C Informationsquelle

Personaladministration begleitet die Personalarbeit aber nicht nur, sie liefert auch Datenmaterial, das als Entscheidungshilfe und Überwachungsinstrument wichtig ist. Mit Statistiken und Indikatoren, z. B. Entwicklung des Krankenstands, der Fluktuation usw., lassen sich Schwachstellen erkennen oder getroffene Personalmaßnahmen überprüfen. Die elektronische Datenverarbeitung eröffnet dazu neue Möglichkeiten. Sie erledigt viele aufwändige Routinearbeiten, wie die Lohn- und Gehaltsabrechnung, sie speichert fast unbeschränkt Daten in ihrer Datenbank und liefert sicher und transparent alle gewünschten Statistiken und Übersichten.

Verwaltungsaufgaben fallen in allen Bereichen der Personalarbeit an. Es ist die Aufgabe der Personalabteilung, sie rationell und genau zu erledigen, und trägt zu ihrem Image bei.

Darüber hinaus liefert eine effiziente Personalverwaltung Informationen, die für andere Funktionen des Personalmanagements Entscheidungsgrundlage sind: Statistiken und Kennzahlen.

Teil B   Personalplanung

3   Einleitung

Zuerst wollen wir drei grundlegende Fragen klären:

- Was ist Planung?
- Was ist Personalplanung?
- Welche Bedeutung hat Personalplanung heute?

A   Planung

Sie ist die gedankliche Auseinandersetzung mit der Zukunft. Indem Sie planen, greifen Sie einen bestimmten Ausschnitt der Wirklichkeit heraus, dessen Zukunft Sie interessiert. Planen hat zudem nicht nur mit Zukunft zu tun; Gegenwart und Vergangenheit sind ebenso daran beteiligt. Die realistische Einschätzung von Vergangenheit und Gegenwart ist die Grundlage der realistischen Einschätzung der Zukunft.

Planung beschäftigt sich also mit bestimmten Planungsinhalten, die sie aus Erfahrung (Vergangenheit) und Überblick (Gegenwart) in die Zukunft hinein entwickelt. Der Planungsinhalt wird dabei immer im Zusammenhang mit seinen wichtigsten Einflussfaktoren gesehen. Im Personalbereich sind dies die Entwicklung des Arbeitsmarkts, die Einführung neuer Technologien, die Entwicklung von Absatzmärkten usw.

B   Personalplanung

Sie hat dafür zu sorgen, dass der künftige Personalbedarf **quantitativ** und **qualitativ** fassbar und sichtbar wird.

Die Praxis der Personalplanung ist recht kompliziert, weil

- die Personalplanung mit den anderen Teilplänen abgestimmt werden muss,
- kurzfristige, mittelfristige und langfristige Pläne aufgestellt und koordiniert werden müssen,
- immer wieder neu entschieden werden muss, welche Zielgruppen besondere Sorgfalt verdienen und
- die Einflussfaktoren auf Mensch und Arbeit vielfältig und wechselnd sind.

Die Personalplanung steht in enger Wechselwirkung mit den Plänen der anderen Unternehmensbereiche. Sie ist ein wichtiger Teil der Unternehmensplanung. Das sehen Sie deutlich in der folgenden Abbildung.

[3-1] Die Teilgebiete der Unternehmensplanung

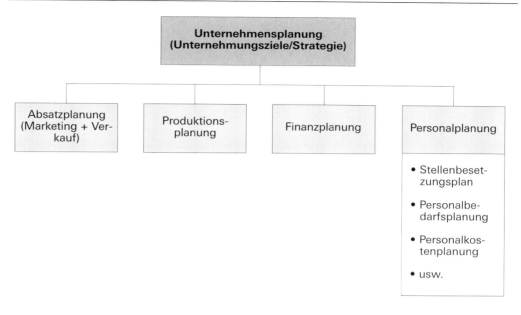

C   Bedeutung der Personalplanung

Keine Personalplanung zu betreiben, bedeutet ein immer größeres Risiko für die Zukunft. Warum?

- Das Einstellen eines Mitarbeiters ist eine Entscheidung, deren finanzielle Bedeutung oft unterschätzt wird. Die Qualität dieser Entscheidung leidet, wenn man ungeplant und unvorbereitet, unter Zeitdruck entscheiden muss.
- Ohne Personalplanung sind kurzfristige Personalengpässe und langfristig Qualifikationslücken zu befürchten.
- Ohne Personalplanung vergibt man die Chance, Mitarbeiter auf künftige Aufgaben vorbereiten zu können.
- Andere Personalfunktionen wie Aus- und Weiterbildung, Berufsbildung und Personalförderung können nur auf der Grundlage einer systematischen Personalplanung zielorientiert ausgeübt werden.
- Ad-hoc-Entscheidungen im Personalbereich schaden dem Betriebsklima.

Planung bedeutet die gedankliche Auseinandersetzung mit der Zukunft. Man berücksichtigt dabei die Erfahrungen aus der Vergangenheit und geht von der Gegenwart aus. Die **Personalplanung** beschäftigt sich mit der quantitativen und qualitativen Planung des künftigen Personalbedarfs. Sie ist für das Unternehmen wichtig, indem sie hilft Personalengpässe und Qualifikationslücken zu vermeiden.

4   Das System der Personalplanung

Personalplanung bedeutet zuallererst, den Bedarf an menschlicher Arbeit zu klären. Dass dabei die Wesensmerkmale des Menschen – seine Begeisterungsfähigkeit z. B. –berücksichtigt werden müssen, ist selbstverständlich, aber auch schwierig. Das Einbeziehen qualitativer Aspekte in die Planung bereitet vor allem methodische Schwierigkeiten und verursacht zusätzliche Kosten.

4.1   Personalplanung und Unternehmensplanung

Unternehmensplanung soll die Existenz des Unternehmens langfristig sichern. Sie verarbeitet dabei Fragestellungen, die mit dem Leitbild, den Wertvorstellungen und Verhaltensgrundsätzen, der Identität des Unternehmens, den langfristigen Unternehmenszielen z. B. Marktposition, Wachstum, Diversifikation, Grenzen der Abhängigkeit von Dritten, und den Strategien zur Erreichung dieser Ziele zu tun haben.

Es ist wichtig, dass der Personalplaner aufmerksam die Entwicklungen und Wirkungen der Unternehmensplanung verfolgt; er muss den Zusammenhang zwischen Unternehmensplanung und Personalplanung verstehen.

Von Interesse ist für ihn vor allem, was bestimmte Inhalte der Unternehmensplanung für die Personalarbeit und damit für die Personalplanung bedeuten können. Wenn ein Unternehmen ein Leitbild erstellt, z. B. «King of Carpet» im internationalen Teppichbodenmarkt, bedeutet das für die Personalplanung, dass ein sehr hohes Qualifikationsniveau angestrebt wird.

Werden bestimmte Wertvorstellungen und Verhaltensgrundsätze in der Unternehmenspolitik betont, so muss neben den anderen Planungen auch die Personalplanung sicherstellen, dass diese im Umgang mit den Mitarbeitern, bei der Planung ihres Einsatzes und ihrer Entwicklung berücksichtigt werden. Die langfristigen Unternehmensziele enthalten die qualitativen und quantitativen Ziele für eine lange Zukunft. An dieser Zukunft baut der Personalbereich wesentlich mit. Er hilft, einen Teil dieser Ziele zu realisieren, und sollte deshalb auch an den grundsätzlichen Entscheidungen der Unternehmensstrategie beteiligt werden.

Die Personalplanung muss auf alle anderen **Teilpläne** und die gesamte **Unternehmensplanung** abgestimmt sein. Sie kann meist erst einsetzen, wenn die übrigen Teilpläne im Grundriss festgelegt sind. Zuständig für die **Koordination** ist eine zentrale Planungsstelle oder die Geschäftsleitung selbst. Eine wirksame Personalplanung muss der vergangenen Entwicklung und der gegenwärtigen Situation Rechnung tragen **(Kontinuität)**, in sich **plausibel** und mit den Zielen der anderen Teilpläne vereinbar sein und sichtbar dazu beitragen, das übergeordnete **Gesamtziel** zu erreichen.

Eine gute Personalplanung sollte nicht nur stellenorientiert sein, sondern auch **ganzheitliche Qualitäten,** wie Kooperationsbereitschaft, Qualitätsbewusstsein usw., im Auge haben.

Die allgemeinen Ziele der Personalplanung werden durch **Teilpläne** in wichtigen Bereichen der Personalarbeit realisiert. Wichtige Teilpläne sind: der Aus- und Weiterbildungsplan eines Unternehmens, der Personalbeschaffungsplan und der Personalentwicklungsplan. Ferner gehören zur Personalplanung immer auch Aussagen über die Kostenentwicklung im Personalbereich. Die Personalabteilung muss die Entwicklung der Personalkosten verfolgen und ihre Struktur kennen, damit die Kostenwirkungen von Personalentscheidungen jederzeit realistisch eingeschätzt werden können.

Die **Personalplanung** muss sich an der **Unternehmensplanung ausrichten.** Da der personelle Sektor ein wichtiger Aspekt fast aller unternehmerischen Fragestellungen ist, sollte das Personalwesen in die Unternehmensplanung einbezogen werden. Die Ziele der Personalplanung werden durch Teilpläne in wichtigen Bereichen der Personalarbeit umgesetzt.

4.2 Arten der Personalplanung

Man unterscheidet drei Arten von Personalplanung:

- Quantitative Personalplanung
- Qualitative Personalplanung
- Personaleinsatzplanung

A Quantitative Personalplanung

Sie beinhaltet folgende Aufgaben:

- Sicherstellen, dass der quantitative Personalbedarf, gegliedert nach relevanten Zielgruppen, X Jahre, Monate, Wochen, Tage im Voraus erkennbar ist. Zielgruppen sind vor allem bestimmte Berufsgruppen wie Meister, Vorarbeiter, Facharbeiter, Verkäufer
- Sicherstellen, dass für definierte, wichtige Stellen der Nachfolgebedarf und mögliche Nachfolger X Jahre vorher erkennbar sind
- Frühzeitiges Erfassen von anderen quantitativen Veränderungen (wie Personalabbau)

B Qualitative Personalplanung

Sie sorgt dafür, dass veränderte Anforderungen von einzelnen Stellen oder Bereichen (Qualität) rechtzeitig erfasst werden. Das bedeutet auch, die Anforderungen der Zukunft deutlich zu machen, z.B. mehr konzeptionelles Denken für Verkäufer, EDV-Wissen für Führungskräfte. Daraus ergeben sich Zielsetzungen für die Personalentwicklung und die Schulung. Eine gute qualitative Personalplanung ist auch Voraussetzung dafür, dass sich Anforderungen von Stellen und Qualifikationen von Mitarbeitern gleichzeitig entwickeln können.

C Personaleinsatzplanung

Ihre Aufgaben sind folgende:

- Dazu beitragen, dass ungenützte Fähigkeiten der Mitarbeiter erkannt und eingesetzt werden
- Sicherstellen, dass genug Zeit für die Personalsuche vorhanden ist
- Sicherstellen, dass vorhersehbare Einflüsse wie Urlaub, Abwesenheit wegen Militärdienst, Fehlzeiten usw. in der Produktionsplanung und in anderen Teilplänen berücksichtigt werden
- Sicherstellen, dass die Folgen einschneidender Ereignisse (Großauftrag, Auftragsschwund) personell abgefangen und die daraus resultierenden Personalkosten schnell erfasst werden können
- Ermitteln der künftigen Personalkosten für bestimmte Zeiträume; Festlegen von Bandbreiten (maximale, minimale, wahrscheinliche Kostenentwicklung)
- Prioritäten festlegen, um im Fall von notwendigen Senkungen von Personalkosten die relativ günstigsten Möglichkeiten ausschöpfen zu können, auch im Hinblick auf Konflikte zwischen kurz- und langfristiger Planung sowie sachlichen und menschlichen Aspekten

- Damit vermeiden helfen, dass Entlassungen und Einstellungen unabgestimmt erfolgen
- Einwandfreie Zeitvergleiche ermöglichen, um damit Entwicklungen im Personalbereich erkennen zu können und sie als Planungsgrundlage zu nutzen

Wenn Sie sich diese möglichen Aufgaben der Personalplanung näher ansehen, fällt Ihnen sicher auf, dass der Grad der Einflussnahme und der Verantwortlichkeit verschieden ist. «Sicherstellen» bedeutet verantwortliche Einflussnahme ohne Einschränkung; «beitragen zu» eine mit anderen geteilte Verantwortung. Der Dienstleistungscharakter der Personalplanung kommt damit deutlich zum Ausdruck.

Man unterscheidet drei Arten von Personalplanung:

1. Erfassen der zahlenmäßigen Entwicklung des Personalbedarfs: **quantitative Personalplanung**
2. Klären, wie sich Anforderungen und Anforderungsarten künftig entwickeln werden: **qualitative Personalplanung**
3. Planen des Personaleinsatzes (wer? wann? wo? wozu?): **Personaleinsatzplanung**

Man kann auch sagen: Die Personalplanung ist dafür verantwortlich, die **Informationen** aus dem **Betrieb** und aus der **Umwelt** so **auszuwerten,** dass sie die Entwicklung des Personalbedarfs für einen größeren Zeitraum quantitativ und qualitativ möglichst exakt abschätzen und ausweisen kann. Je genauer man weiß, welche Mitarbeiter man wann brauchen wird, umso besser kann man die vorhandenen einsetzen und bei Bedarf neue hinzugewinnen.

4.3 Quantitative Personalplanung

In der Literatur wird die quantitative Personalbedarfsplanung oft so behandelt, als wäre sie in sich einheitlich. In der Praxis sieht es oft anders aus. Die Methoden der Personalplanung variieren, je nachdem, ob die Zahl der Stellen, deren Veränderungen und Besetzungsmöglichkeiten zu planen sind, grundsätzlich unabhängig von der Auftragslage sind (Fixkostenbereich), oder ob sie in direkter Beziehung zur Auftrags- und Auslastungslage stehen (Proportionalbereich).

A Personalplanung im Fixkostenbereich

Hier ist die Zahl der benötigten Stellen meist genau im Voraus planbar. Die folgenden Listen zeigen beispielhaft, wie man den quantitativen Personalbedarf erfassen kann.

[4-1]   Die quantitative Personalplanung im Fixkostenbereich

①	②	③	④ = ② − ③
Gegenwärtiger Bestand an Stellen	Zugang im Planungszeitraum (Stellen)	Abgang im Planungszeitraum (Stellen)	**Bedarf für Personalzuwachs bzw. -abbau am Ende des Planungszeitraums**
			Anmerkung: ① + ④ = ⑤ = geplanter Bestand

①	②	③	④	⑤ = ① − ② − (③ − ④)
Erkennbarer Gesamtbedarf am Ende des Planungszeitraums	Gegenwärtiger Bestand an Stellen	Zugang im Planungszeitraum	Abgang im Planungszeitraum	**Bedarf für Personalzuwachs bzw. -abbau**

Das erste Beispiel zeigt eine zukunftsbezogene Fortschreibung des Ist-Zustands; dabei werden geplante Zu- und Abgänge an Stellen einkalkuliert. Das zweite Beispiel geht von einer Planzahl für die Zukunft aus, die aus anderen Planungsgrößen (Absatzplanung, Organisationsplanung usw.) abgeleitet ist, und berücksichtigt dann bereits feststehende Zu- und Abgänge. Die eigentliche Planungsgröße steht rechts.

In den beiden bisherigen Beispielen wurden nur die organisatorischen Veränderungen im Planungszeitraum berücksichtigt. Im folgenden Beispiel werden außerdem Personenzu- und -abgänge einkalkuliert, die bereits feststehen. Zugänge dieser Art können sein: Rückkehr aus dem Ausland, aus dem Militärdienst, nach langer Krankheit, bereits entschiedene Einstellung nach der Berufsausbildung. Abgänge sind die bekannten Fluktuationsgründe: Kündigung, Pensionierung usw.

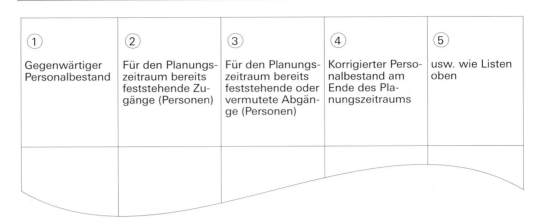

Die Aussagekraft der quantitativen Personalplanung steigt erheblich, wenn man sie nicht nur für alle Stellen im Fixkostenbereich durchführt, sondern nach **Zielgruppen von Stellen und Personen aufgliedert.** Folgende Aufteilungen sind empfehlenswert:

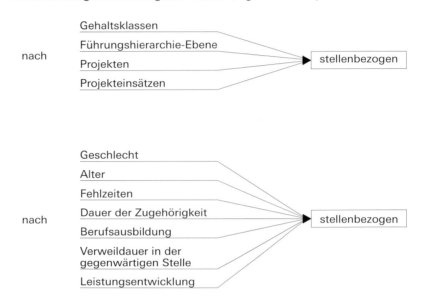

Jedes Unternehmen muss durch eine Rangordnung solcher Merkmale entscheiden, welche es für die wichtigsten hält. Je sorgfältiger man nach verschiedenen Merkmalen **aufschlüsselt,** desto genauer kann man die Entwicklung des Personals in wichtigen Punkten und im Zeitvergleich sichtbar machen. Oft weiß man dabei noch nicht, welche Gesichtspunkte in Zukunft besondere Aussagekraft haben werden. Trotzdem ist das Wissen um die bisherige Entwicklung für alle personellen Entscheidungen und auch für personalpolitische Überlegungen von großer Bedeutung: Je besser man die Einflussfaktoren und die Potenziale kennt, umso wirkungsvoller kann man eine gezielte Politik betreiben. Wer z. B. personalpolitische Maßnahmen gegen krankheitsbedingte Fehlzeiten und Fluktuation treffen will, braucht dazu eine Menge personalplanerischer und personalstatistischer Informationen.

Quantitative Personalplanung im **Fixkostenbereich** geht von den **Stellen** oder den **Personen** in einem Bereich aus. Ausgangspunkt der Planung ist der jetzige Stand oder ein geplantes Soll. Die **Differenz** zwischen dem Soll-Bedarf und den Zu- und Abgängen im Planungszeitraum ergibt den **künftigen Personalbedarf.** Diese Größen lassen sich in relativ einfachen Listen erfassen.

Sind alle Stellen geplant, lohnt sich die **Aufschlüsselung** nach wichtigen Zielgruppen; Entwicklungen und die Wirkungen bestimmter Maßnahmen lassen sich so exakt verfolgen.

B Personalplanung im proportionalen Personalkostenbereich

Der Personalbedarf ist hier direkt abhängig von der Auftragslage und der Auslastung. Beispiel: Die Zahl der benötigten Mitarbeiter in der Endmontage hängt direkt von der Auftragslage ab. Man plant daher nicht nach Stellen, sondern nach Arbeitsstunden, -tagen usw., vgl. Liste unten.

[4-3]   Liste für die quantitative Personalplanung bei proportionaler Kostenberechnung

①	②	③ = ① : ②	④	⑤	⑥ = ③ · ④ · ⑤
Notwendige Zahl an Arbeitsstunden bezogen auf den Planungszeitraum und eine bestimmte Stellen-/Mitarbeitergruppe	Zur Verfügung stehende Arbeitstage im Planungszeitraum	Durchschnittlicher Personalbedarf im Planungszeitraum	Korrekturfaktor Fluktuation	Korrekturfaktor Fehlzeichen	**Korrigierter durchschnittlicher Personalbedarf im Planungszeitraum**

Diese Art der Planung setzt voraus, dass man die Auslastung für den Planungszeitraum und die Beziehung zwischen Auslastung und benötigten Arbeitsstunden genau kennt. Mit der normalen Stundenzahl pro Tag kann man die Zahl der benötigten Arbeitstage pro Jahr und damit die Zahl der Mitarbeiter für die betreffende Gruppe von Stellen leicht errechnen. Die **Korrekturfaktoren für Fehlzeiten und Fluktuation** ergeben sich aus Erfahrungswerten und Prognosen. Der Planungsbedarf ergibt sich aus der Differenz zum gegenwärtigen Bestand – wie im Fixkostenbereich.

Im **proportionalen Personalkostenbereich** wird mit **Zeiteinheiten** – Stunden, Tagen, Wochen – geplant. Die **Differenz** zwischen geplantem und gegenwärtigem Zeitaufwand ergibt den **Planungsbedarf.**

Bei den immer flexibler werdenden Arbeitszeitregelungen wird es zunehmend sinnvoller, mit Arbeitsstunden als Zeiteinheit zu planen.

4.4   Qualitative Personalplanung

Mit der quantitativen Eingrenzung des künftigen Personalbedarfs ist die Personalplanung noch nicht erledigt. Ebenso wichtig sind die qualitativen Aspekte - alles, was mit Anforderungen von Stellen und mit Qualifikationen von Mitarbeitern zu tun hat. Stellen sind nichts Statisches, sie verändern sich häufig in ihren Schwerpunkten.

Die Zahl möglicher Änderungen ist theoretisch sehr groß. Denken Sie z. B. an Veränderungen in den verschiedenen Anforderungsbereichen: Einschränkung im einen Bereich, Anreicherung in einem anderen, z. B. weniger fachliche Anforderungen, dafür mehr persönliche, weil die Führungsverantwortung zunimmt.

Beispiel

Ereignis

Durch den Kauf einer Tochtergesellschaft in Frankreich muss der technische Leiter des bisher nur im deutschen Sprachraum tätigen Unternehmens neue Aufgaben übernehmen.

Folgen für den Arbeitsplatz der Sekretärin

Auf die Sekretärin kommen neue Aufgaben zu: Reisevorbereitungen; Telefongespräche, Korrespondenz, Gästebetreuung in französischer Sprache.

Information an den Personalbereich

1.   aus eigenem Antrieb durch den technischen Leiter (unsicher)
2.   durch ein formalisiertes Meldewesen
3.   durch die regelmäßigen Anfragen des Personalplaners betreffend Änderungen

Eine Kombination aus 2. und 3. bringt maximale Sicherheit.

Verarbeitung der Information

- Überprüfen und Planen des Bildungsbedarfs (hier: französische Sprache)
- Überprüfen der Bewertung der Stelle, gegebenenfalls neue Einstufung im Stellenbesetzungsplan
- Korrektur der geänderten Informationen im Personalinformationssystem und in der Personalplanung (bei EDV-Eingabe in die entsprechenden Dateien)

Qualitative Personalplanung bedeutet das regelmäßige Erfassen von **Veränderungen im Anforderungsprofil** einer Stelle. Durch Aufschlüsselung der Anforderungen (z.B. fachliche und persönliche) ist eine systematische Erfassung möglich.

Bei jeder Änderung muss überprüft und entschieden werden, ob organisatorische oder mitarbeiterbezogene **Maßnahmen** notwendig sind.

4.5 Personaleinsatzplanung

Planen ist die Vorstufe der Realisierung. Der Personaleinsatz ist die Realisierung der Personalplanung. Sie ist primär Sache der Fachabteilungen; die Personalabteilung unterstützt sie dabei durch gezielte Maßnahmen. Jede Personalkraft muss über den Personaleinsatz in ihrem Unternehmen Bescheid wissen. Daher wird hier auf die damit zusammenhängenden Fragen eingegangen.

Mit dem Schlagwort «Der richtige Mensch am richtigen Platz» kann man das Ziel der Personaleinsatzplanung umschreiben. Auf der Grundlage des geplanten Personalbedarfs werden für die künftig gestellten Anforderungen die notwendigen Mitarbeiter mit den entsprechenden Qualifikationen geplant.

Eine allgemein gültige **Technik der Personaleinsatzplanung** gibt es nicht, weil es zu verschiedene Arten des Personaleinsatzes gibt. Man muss sich vergegenwärtigen, was das übergeordnete Ziel ist: die Bereitstellung optimal qualifizierter Mitarbeiter. Ein wichtiger Punkt ist dabei die Sorge dafür, dass eine bestimmte Arbeit die Entwicklungsmöglichkeiten der Mitarbeiter nicht zu stark hemmt und damit Potenziale zerstört.

Ziel eines langfristig befriedigenden Personaleinsatzes ist es, nicht nur die betreffende Stelle optimal zu besetzen, sondern Mitarbeitern damit auch die Möglichkeit zur **optimalen beruflichen Entwicklung** zu bieten.

Ausgangspunkt der Personaleinsatzplanung ist die Frage: **Was** (welche Aufgabe, welche Tätigkeit?) muss in einem bestimmten Zeitraum erledigt werden?

Die **praktische Personaleinsatzplanung** ist kurzfristiger und dezentraler als die Planung des Personalbedarfs. Sie wird meist vom Vorgesetzten durchgeführt, denn nur dieser kann auf kurzfristige Änderungen der Auftragslage oder der Personalkapazität schnell genug reagieren. Das Personalwesen stellt dafür den Informationsrahmen und die Planungshilfsmittel zur Verfügung und hilft bei Bedarf durch Maßnahmen wie Personalaustausch oder Beschaffung von Ersatzkräften mit.

> Bei der **Personaleinsatzplanung** geht es um die exakte Nutzung und **Steuerung der Personalkapazität.** Sie erfolgt **kurzfristiger** und **dezentraler** als die Bedarfsplanung.

4.6   Teilgebiete der Personalplanung

Aus den drei Hauptbereichen – quantitative und qualitative Personalplanung und Personaleinsatzplanung – ergeben sich weitere personalplanerische Aufgaben, die hier nur aufgezählt werden:

- **Personalbeschaffungsplanung:** Hier werden Ziele und Maßnahmen, Schwerpunkte und Prioritäten der Personalbeschaffung erarbeitet.
- **Berufsausbildungsplanung:** Hier geht es um die Planung von Ausbildungsstellen nach Berufsbildern, Auswahlkriterien und Anzahl.
- **Personalentwicklungsplanung:** Hier werden Ziele und Maßnahmen zur Entwicklung künftig notwendiger Qualifikationen festgelegt, z.B. Planung der betrieblichen Schulung, Trainingsprogramme usw.
- **Nachfolgeplanung:** Hier geht es um die Planung von Nachfolgern für bestimmte wichtige Stellen.
- **Führungskräfteplanung:** Im Kern ist die Führungskräfteplanung eine Nachfolgeplanung im Führungsbereich. Je höher die Positionen in der Hierarchie angesiedelt sind, desto wichtiger ist die Frage der Nachfolge und desto langfristiger muss die Planung sein – weil der Zeitaufwand für die Entwicklung zum Nachfolger in der Regel zunimmt. Die Planung des Führungsnachwuchses ist für jedes Unternehmen wichtig und sollte in mittleren und großen Unternehmen gesondert, eben als Planungsteilgebiet, durchführt werden.
- **Verweildauerplanung:** Die optimale Verweildauer in einer bestimmten Stelle wird festgelegt, um diese z.B. für Nachwuchsleute frei zu machen.
- **Personalkostenplanung:** s. nächstes Kapitel.
- **Vorruhestandsplanung,** d.h. Planung und Vorbereitung auf die Pensionierung.

Besonderheiten des Unternehmens können weiteren Planungsbedarf mit sich bringen, z.B. die Planung von Praktikanteneinsätzen, der Rotation von Mitarbeitern, des Auslandeinsatzes, der Rückkehr aus dem Ausland usw. All das sind personelle Veränderungen, die rechtzeitig geplant werden müssen.

4.7   Personalkostenplanung

Personalplanung hat immer auch mit Kostenplanung zu tun.

Die Kostenplanung stellt fest, wie viele Kosten insgesamt anfallen, welche Arten von Kosten anfallen, welche Kosten in den einzelnen Kostenstellen zu verantworten sind und welche Kostenbelastungen auf die einzelnen Kostenträger (Produkte) entfallen. Die Personalkosten sind aus dieser Sicht ein Bündel von Kostenarten unter anderen, deren Bedeutung sich aus dem Anteil an den Gesamtkosten ergibt …

Was hat die Personalabteilung dazu beizutragen? Zunächst ist zu klären, welche Kostenarten überhaupt zu den Personalkosten gehören.

Personalkosten im engeren Sinn sind die Löhne und Gehälter.

Die Löhne und Gehälter sind in jedem Fall die wichtigste Bezugsgröße und die maßgebliche Kostenart. Dabei ist mit den Bruttobeträgen zu rechnen.

Personalkosten im weiteren Sinn umfassen außer den Löhnen und Gehältern auch die Lohnnebenkosten, d. h. alle Kostenarten, die zusätzlich für die im Unternehmen arbeitenden Menschen aufgewendet werden.

Zu den **Lohnnebenkosten** gehören:

- Die gesetzlich vorgeschriebenen Sozialleistungen wie der Arbeitgeberanteil an die Sozialversicherung
- Alle anderen Sozialleistungen, von den Ferien über die Bezahlung krankheitsbedingter Abwesenheit bis zur betrieblichen Altersversorgung und den Zuschüssen zum Personalrestaurant.
- Die Kosten der betrieblichen Bildungsarbeit und Personalentwicklung
- Die Kosten des Personalwesens: fixe Kosten für die Mitarbeiter im Personalwesen, Inseratkosten, Sachkosten für das Personalwesen usw.

Wenn geklärt ist, aus welchen Kostenarten die Personalkosten bestehen, muss die Struktur der Personalkosten geklärt werden. Mit welchen Faktoren muss das monatliche Grundeinkommen multipliziert werden, damit alle weiteren Einkommensbestandteile berücksichtigt sind? Eine einfache Aufgliederung ist:

Bruttolöhne	=	100 %
Unvermeidliche Lohnnebenkosten	=	X %
Freiwillige und entscheidungsabhängige Lohnnebenkosten	=	Y %
Lohnkosten einschließlich Lohnnebenkosten	=	(100 + X + Y) %

Mit einer Berechnungsformel lassen sich die künftigen Personalkosten einigermaßen realistisch planen. Mit einer Aufschlüsselung in Faktoren hat die Personalabteilung die wichtigen Informationen in der Hand, die die Kostenplanung braucht. Diese verlangt z. B. Vorhersagen über:

- die mutmaßlichen Lohnerhöhungen in den kommenden Jahren,
- die Entwicklung der Sozialversicherungsbeiträge,
- Aussagen über die Entwicklung aller Personalkostenarten – ob sie unverändert bleiben oder ansteigen und gegebenenfalls in welchem Ausmaß.

Die Aufschlüsselung kann nach Bedarf erfolgen. Zum Beispiel kann es von Interesse sein zu wissen, was ein Arbeitsplatz in der Produktion, was einer in der Verwaltung kostet. Das ist eine wichtige Größe bei der Planung von neuen Arbeitsplätzen oder bei Sparbedarf zur Kostensenkung.

Die **Einkommensentwicklung** ist in Zusammenarbeit mit den Vorgesetzten (Kostenstellenverantwortlichen) zentral durch die Personalabteilung zu planen. Damit geplant werden kann, werden Entscheidungen über Lohnerhöhungen sehr oft nur einmal im Jahr getroffen. Ein bewährtes Vorgehen bei der Personalkostenplanung ist, dass die Unternehmensleitung ein bestimmtes Budget für individuelle Einkommensverbesserungen (z. B. ∫ % der Einkommenssumme) bestimmt. Innerhalb dieses Rahmens kann die Fachabteilung dann entscheiden, ohne dass ungewollte Kostenüberschreitungen entstehen.

Wie bei allen Teilplänen, ist auch die Planung der Kosten und innerhalb der Kostenplanung die Planung der Personalkosten einem **Koordinationsprozess** unterworfen. Die Teilpläne gelten so lange als vorläufig, bis sicher ist, dass das angestrebte, für die Existenz des Unternehmens notwendige Ergebnis plausibel und realistisch geplant ist. Es kann durchaus sein, dass Zwischenabstimmungen auch die quantitative Personalplanung infrage stellen und Personalabbau notwendig wird. Umgekehrt kann sich herausstellen, dass die geplanten Ziele nicht mit dem geplanten Personal erreichbar erscheinen und somit eine mengenmäßige Aufstockung notwendig ist.

Die Personalplanung muss das Informationsmaterial für die **Personalkostenplanung** zur Verfügung stellen. Dazu gehören:

- Erfassen der **Personalkosten** einschließlich der Nebenkosten
- Aufschlüsselung der **Kostenarten**
- **Prognosen** über deren Entwicklung

Sie trägt damit wesentlich zur Kostenplanung des Personalbereichs bei; außerdem soll sie die Kostenwirkungen von Personalentscheidungen rasch abschätzen können und selbst sinnvolle Ausgaben und Einsparungen vorschlagen.

4.8 Zeitraum, Zeithorizont

Wie bei anderen Planungen unterscheidet man auch in der Personalplanung zwischen kurzfristiger, mittelfristiger und langfristiger Planung. Dabei sind folgende Zeitvorstellungen üblich:

kurzfristig	bis zu 12 Monate
mittelfristig	1 Jahr bis 2–5 Jahre
langfristig	2–5 Jahre bis 5–20 Jahre

Eine nützliche Form der **kurzfristigen** Planung ist die rollende Monatsplanung. Das ist eine Planung, bei der man kontinuierlich und unabhängig vom Kalenderjahr immer 12 Monate im Voraus plant. Die Planung auf der Grundlage des Kalenderjahres (1. Jan.–31. Dez.) oder eines im Kalender festgelegten Planungsjahres (z. B. 1. Okt.–30. Sept.) hat den Nachteil, dass die geplante Zeit im Lauf des Jahres schwankt. Im Januar sind 12 Monate vorgeplant, im August nur noch fünf. Bei der rollenden Planung sind immer 12 Monate im Voraus geplant.

Mit welchen Inhalten beschäftigen sich die verschiedenen Planungszeiträume und welche Richtwerte sind für sie verbindlich?

Planungszeitraum	Richtwerte, Ziele	Planungsinhalte im Personalbereich
Langfristig	Allgemeine Unternehmensgrundsätze, Unternehmensziele, Strategien	Grundsätze der Personalpolitik, Personalstrategien und Grundsätze zu jedem Teilbereich des Personalwesens
Mittelfristig	Operative Unternehmensplanung untergliedert in Funktionsbereiche und Teilpläne	Personalbedarfsplanung, Planung der Personalentwicklung, Schulung, Führungskräfteplanung usw.
Kurzfristig	Operative quantitative Pläne	Personalbedarfsplanung und Personaleinsatzplanung. Maßnahmenpläne für alle Teilbereiche des Personalwesens. Jahresziele für Personalbeschaffung, Schulung usw.

Jedes Unternehmen muss eine klare Entscheidung darüber treffen, welcher Planungshorizont für welche Pläne gelten soll. Allgemeine Regeln gibt es nicht, aber Tendenzen, zum Beispiel: Je höher das Qualifikationsniveau, desto länger der Zeithorizont für die Personalbedarfsplanung.

Die folgenden **Beispiele** zeigen, wie die Inhalte kurz-, mittel- und langfristiger Personalplanung konkret formuliert werden können:

Langfristig – Grundsätze der Personalpolitik

Beispiele

- Nachwuchs möglichst aus den eigenen Reihen rekrutieren
- Die betroffenen Mitarbeiter in Personalentscheidungen einbeziehen
- Lernzeit ist Arbeitszeit

Langfristig – Personalstrategien

Beispiele

- Aufbau von Führungsnachwuchs für das Ausland
- Nutzung aller Möglichkeiten zur Flexibilisierung der Arbeitszeit
- Nutzung aller Möglichkeiten zur Einführung von Leistungslohn
- Systematische Nachwuchsförderung von jungen Akademikern mit Führungsbegabung

Mittelfristig – Personalbedarfsplanung

Beispiele

- Beschaffungsbedarf nach Zielgruppen aufschlüsseln
- Freisetzungsbedarf nach Zielgruppen ordnen
- Sorgfältige Nachfolgeplanung im Führungsbereich

Kurzfristig – Personalbedarfsplanung und -einsatzplanung

Beispiele

- Monatliche Planung des Einstellungsbedarfs
- Wöchentliche Planung des Personaleinsatzes für die vorhandenen Arbeitskräfte

Die Kernfrage bei Entscheidungen über den Zeithorizont ist die Frage nach der **Verknüpfung der Planungen mit verschiedenen Fristen.** Als Leitsatz ist wichtig: Da die Personalplanung der Unternehmensplanung und den anderen Teilplänen nachgeordnet ist, darf ein langfristiger Personalplan erst dann als Grundlage für kurzfristige Personalplanung verwendet werden, wenn er mit den übergeordneten Plänen abgestimmt ist.

Planung funktioniert nur, wenn das Planen selbst zeitlich streng geplant wird. Jede Planungsaktivität muss mit **verbindlichen Endterminen** im Kalender verankert sein. Nur wenn diese im Jahreskalender vermerkt sind, wirken sie verbindlich. Dabei muss auch Zeit für **Querabstimmungen** eingeplant werden.

Aus der **langfristigen Personalplanung** lassen sich die mittel- und kurzfristigen Pläne ableiten. Der Personalbedarf, die Personalentwicklung und Schulungsmaßnahmen sollten **mittelfristig** (auf 1–5 Jahre), Personaleinsatz, Beschaffung, Schulung usw. **kurzfristig** (1 Jahr im Voraus) und wenn möglich rollend geplant werden.

4.9 Instrumente

Die Instrumente der Personalplanung sind vor allem für kleinere Unternehmen Formulare oder Checklisten, mit denen die wichtigen Informationen erfasst werden. Größere Unternehmen verwenden spezielle Software. Jedes Unternehmen sollte seine eigenen Instrumente entwickeln, die seiner Struktur entsprechen.

Eine gewisse Vereinheitlichung ist sicher notwendig. Aber auch Einfachheit und Übersichtlichkeit sind wichtige Anforderungen.

Wir behandeln in der Folge drei Instrumente der Personalplanung:

- Die Personalplanungskarte
- Die Personalentwicklungsübersichten
- Das Personalinformationssystem

4.9.1 Die Personalplanungskarte

Die klassische Personalplanungskarte–heute sehr oft durch Software ersetzt–ist ein einfaches und wirkungsvolles Planungsinstrument). Sie ist ein gutes Beispiel dafür, wie eine Vielzahl personalplanerischer Aspekte (stellen- und personenbezogene, vergangenheits- und zukunftsbezogene Daten) mit einer einfachen, manuell geführten Datei bewältigt werden kann.

Betrachten Sie dazu das folgende **Beispiel:**

[4-4]   Beispiel einer Personalplanungskarte

Firma:
Planungskarte

1. Stelle (Ist-Zustand)

Stellenbezeichnung: ....

Stellenwertgruppe: ....

Rang: ....

Bewertungszeile: ....

Bewertungsprofil: ....

3. Persönliche Daten des Stelleninhabers

Name: ....

Vorname: ....

Geburtsdatum: ....

Besetzungsbeginn: ....

2. Entwicklungsperspektiven der Stelle

Neue Stelle? ....

Neue Aufgaben? ....

Wegfallende Aufgaben? ....

Neue Einordnung? ....

Stelle fällt weg, wann? ....

4. Besetzung der Stelle (Ist-Zustand)

Leistungsbeurteilungsergebnisse:

	a	b	c	d	e	f
2000						
2001						
2002						
2003						

5. Die künftige Besetzung der Stelle

Bei sofortiger Besetzung		Bei geplanter Besetzung zum		Bei Besetzung zum Pensions alter	
x		x		x	
xx		xx		xx	
xxx		xxx		xxx	
extern		extern		extern	
Frei-wer-dende Stelle	Beset-zung	Frei-wer-dende Stelle	Beset-zung	Frei-wer-dende Stelle	Beset-zung

Qualifikationslücken: ....

Übereinstimmung Anforderungen/Fähigkeit:

....

Nicht genutzte Fähigkeiten: ....

Versetzungsabsichten: ....

Fluktuationstendenz: ....

Anmerkungen: ....

a) Welche Entwicklung des Stelleninhabers in der gegenwärtigen Stelle ist anzustreben?

....

....

b) Was soll darüber hinaus vorgesehen werden?

....

....

x = Platzhalter

xx = Besetzung nach Vorbereitung

xxx = Besetzung ohne Vorbereitung

4.9.2　Die Personalentwicklungsübersichten

Die Personalentwicklungsübersichten sind ein einfaches und sehr nützliches Instrument der Personalplanung.

[4-5]　　　Beispiel einer Personalentwicklungsübersicht

Erfüllte und angestrebte Kriterien / Zielgruppe	Einkommensstufe erreicht/angestrebt	Leistungsentwicklung positiv erreicht/angestrebt
Müller	K 5	positiv
Meier	K 4, K 5 vorgesehen	entwicklungsfähig
Schwarz	K 3	stagnierend

Übersichten dieser Art zeigen bestimmte Entwicklungen. Man kann sie für jede Zielgruppe im Unternehmen erstellen und wichtige Merkmale auswählen, um den Ist-Zustand festzuhalten und den Soll-Zustand zu planen.

Als Zielgruppen kommen vor allem Führungskräfte, im eigenen Unternehmen ausgebildete Lehrlinge, neue Mitarbeiter, bestimmte Altersgruppen, bestimmte Hierarchie-Ebenen in Betracht und als Planungsmerkmale die Entwicklung der Leistungen, Aufstieg und Einkommensentwicklung.

4.9.3　Das Personalinformationssystem

Das Personalinformationssystem (PIS) ist ein System, das eine vollständige und geordnete Erfassung, Speicherung, Verwaltung, Sortierung und Auswertung aller Informationen über die Mitarbeiter einschließlich des Sozialwesens und der Arbeitsplätze ermöglicht.

Es hat das Ziel, einen großen Teil der Informationen, die für die Beurteilung und Steuerung von Personalprozessen notwendig sind, zu liefern.

Personalinformationssysteme sind meist Bestandteil eines betrieblichen Gesamtinformationssystems, mit dem sie vernetzt sind und Daten austauschen. Der Vorteil liegt in einer Vereinheitlichung des Datenbestands sowie einer erhöhten Aussagekraft von Daten, die aus verschiedenen Bereichen kombiniert wurden.

Die Daten für die Personalplanung müssen **übersichtlich und ökonomisch** erfasst werden. Oft genügen einfache Formulare; in vielen Unternehmen wird zur Verarbeitung die EDV eingesetzt.

Wir haben drei Instrumente kennen gelernt:

- Personalplanungskarte
- Personalübersichten
- Personalinformationssystem

Die **Personalplanungskarte** ist eine einfache Datei, die stellen- und personenbezogene Daten der Vergangenheit und der Zukunft enthält.

Personalentwicklungsübersichten sind ein Diagnose- und Steuerinstrument für ganze Zielgruppen und einzelne Mitarbeiter. Die Erfüllung angestrebter Ziele lässt sich damit sehr gut überwachen.

Das **Personalinformationssystem** ermöglicht die vollständige Erfassung, Verwaltung und Auswertung aller Informationen über die Mitarbeiter.

4.10 Weitere Ansatzpunkte der Personalplanung

Bisher wurden der quantitative und qualitative Personalbedarf als Ansatzpunkte der Personalplanung besprochen. In diesem Kapitel ist das Interesse an der beruflichen Entwicklung des Mitarbeiters der Ansatzpunkt der Personalplanung.

A Planung von Personalentwicklungsstellen

Personalentwicklungsstellen geben dem Stelleninhaber die Chance, besonders viel zu lernen.

Beispiele

Stellen für Organisatoren und Revisoren im kaufmännischen Bereich, für Konstrukteure im technischen Bereich, für Trainer im Vertriebsbereich, aber auch Assistentenstellen und Ähnliches.

Es ist wichtig, gezielt solche Stellen zu schaffen und die Verweildauer generell durch grundsätzliche, personalpolitische Entscheidungen oder individuell durch Vereinbarung festzulegen und ihre Besetzung systematisch zu planen.

Die Zeit, die ein Mitarbeiter in einer solchen Stelle zu durchlaufen hat, wird im Stellenplan und im Stellenbesetzungsplan vermerkt. Die Personalplanung sorgt dafür, dass die Stellen für neue Nachwuchsleute freigemacht werden, sobald die vorgesehene Zeit abgelaufen ist.

B Lebenslauforientierte Personalplanung

Die lebenslauforientierte Personalplanung ist ein besonders stark am Menschen orientierter Planungsansatz. Man geht nicht von den Veränderungen in einer Stelle aus, sondern von den Veränderungen im Berufsweg des Mitarbeiters. An diesem Ansatz ist die Prozessorientierung methodisch interessant. Prozesse wie die bisherige berufliche Entwicklung im Unternehmen oder auch der Prozess des Älterwerdens werden personalplanerisch begleitet. Die Möglichkeiten für personalplanerisch sinnvolle Fragestellungen sind weit gespannt. Hier ein paar Beispiele:

- Wie entwickelt sich die Laufbahn von Ausgebildeten (Facharbeitern) nach der Ausbildung?
- Wie entwickelt sich das Einkommen von Frauen nach der Heirat?
- Wie entwickelt sich das Einkommen von Führungskräften in den letzten 10 Jahren vor dem Ruhestand?
- Wie entwickelt sich die Fluktuation von Jungakademikern 10 Jahre nach ihrer Einstellung?

Die Antworten auf solche Fragen ermöglichen es, den Werdegang bestimmter Zielgruppen zu analysieren und bei Personalentscheidungen zu berücksichtigen.

Drei Ansatzpunkte sind personalplanerisch besonders wichtig:

- Das **Lebensalter:** In bestimmten Lebensabschnitten, z.B. zu Beginn der Berufslaufbahn oder am Ende, aber auch in der Mitte, etwa nach einer längeren Aufstiegsphase ist grundsätzlich zu überlegen, wo ein Mitarbeiter beruflich steht und wohin er sich noch entwickeln kann.
- Die **Dauer der Zugehörigkeit zum Unternehmen** oder zu einer Stelle: Auch hier ist in bestimmten Abständen zu prüfen, welche weitere Entwicklung für Mitarbeiter und Unternehmen sinnvoll ist.
- Der **Zeitraum nach bzw. vor bestimmten Ereignissen,** z.B. Bestehen einer Fachprüfung: Sie sind oft Anlass für neue Planungen.

Das Lebensalter die Dauer der Zugehörigkeit bzw. das Eintrittsdatum und das Datum der Übernahme der gegenwärtigen Funktion sind in den Stammdaten jeder Personalakte bzw. im Personalinformationssystem enthalten. Hält man zusätzlich noch bestimmte Ereignisse fest (Auslandeinsatz, Militärdienst, Änderung des Familienstands, Bestehen einer Prüfung, Entwicklung der Leistung über eine bestimmte Grenze), so erhält man eine einfache und gut nutzbare Informationsgrundlage für personalpolitische und sozialpolitische Aktivitäten und deren Planung.

Die Planung der persönlichen Laufbahn kann ganz individuell oder bis zu einem gewissen Grad genormt erfolgen. Manche Unternehmen haben **Musterlaufbahnpläne** entwickelt, z.B. Banken für die Spezialisierung und Entwicklung ihrer Nachwuchsleute. Geeignete Bewerber können eine bestimmte Laufbahn wählen und durchlaufen dann ein durchdachtes Programm von Schulungskursen und auch praktischer Ausbildung z.B. job rotation auch in Auslandfilialen, die sie zu ihrem Laufbahnziel bringen. Solche Musterpläne kommen vor allem in Großunternehmen vor. Mittlere Unternehmen können die berufliche Zukunft ihrer Mitarbeiter individuell planen.

Mit wichtigen Mitarbeitern (Fachspezialisten, Vorgesetzten) werden oft langfristige und sehr **individuelle Laufbahnpläne** entwickelt – in enger Zusammenarbeit mit dem Mitarbeiter selbst, seinem Vorgesetzten und dem Personalverantwortlichen. Das Unternehmen kann so gute Leute halten und eine langfristige Personalplanung realisieren; der Mitarbeiter seinerseits bekommt die Möglichkeit, sein Potenzial voll einzusetzen. Bei der lebenslauforientierten Personalplanung geht es darum, Bedürfnisse frühzeitig, regelmäßig, vollständig und gegliedert zu erfassen. Die daraus resultierenden Maßnahmen, wie Vorruhestandsberatung, Vorsorgeuntersuchungen, bestimmte Trainingsangebote, Fördergespräche und Laufbahnpläne, aber auch finanzielle Zuwendungen lassen sich so genauestens planen.

Impulse für die Personalplanung kommen nicht nur aus dem Unternehmen, sondern auch aus dem Interesse an der beruflichen Entfaltung der Mitarbeiter. Bestimmte **Daten und Abschnitte in einer Laufbahn** oder auch besondere persönliche Konstellationen sollten zu **Standortbestimmungen** und daraus abgeleiteten **Maßnahmen** führen. Mit dieser Form der Personalplanung werden Unternehmens- und Mitarbeiterinteressen optimal realisiert.

4.11 Qualitätsmerkmale der Personalplanung

Wahrscheinlich können Sie sich erinnern: Wenn man sich vor Klassenarbeiten einen wirklich erstklassigen, durchdachten Spickzettel gemacht hat, brauchte man diesen gar nicht mehr, weil die Sache dadurch klar geworden war. Diesen Effekt hat die Planung im Allgemeinen und die Personalplanung im Besonderen. Planen heißt: sich und andere zwingen, sich mit den zur Verfügung stehenden Informationen gemeinsam auseinander zu setzen.

Als Nebenprodukt oder als wichtiges Hauptergebnis schafft der **Prozess des Planens** ein jeweils **neues, gemeinsames Bewusstsein**.

Eine überperfektionierte Personalplanung schränkt diesen Prozess ein, weil es nur noch darauf ankommt, die Planungsschritte schematisch einzuhalten – auf Kosten des engagierten Mitdenkens. Planung auf dem Papier bedeutet noch nicht viel. Entscheidend ist der Prozess des Erarbeitens und dann der Prozess der Nutzung.

Die Qualität der Personalplanung kann anhand von folgenden Kriterien erfüllt werden:

A Kontinuität

Wird die Personalplanung regelmäßig durchgeführt, können Zeitvergleiche gemacht werden. Regelmäßig heißt: zu bestimmten Zeitpunkten im Jahr, in festgelegten Abständen...

Beispiel

Wie hat sich der Bestand an Facharbeitern in den letzten drei Jahren entwickelt? Wie verhält sich dazu der Bedarf an ungelernten Arbeitskräften?

B Entscheidungsorientierung

Beeinflusst die Personalplanung die Entscheidungen im Unternehmen? Wird sie als Entscheidungsgrundlage benutzt?

Beispiel

Führt ein bereits sichtbarer Personalengpass zu Neueinstellungen oder zu Personalverschiebungen?

C Rechtzeitigkeit

Macht die Personalplanung bevorstehende Probleme frühzeitig sichtbar? Sinnvoll ist sie nur, wenn sie den Ereignissen voraus ist!

Beispiel

Führt eine zu erwartende relativ starke Erhöhung der Löhne dazu, dass Rationalisierungsprojekte für die lohnintensivsten Produkte eingeleitet werden?

D Praxisnähe und Servicecharakter

Ist die Personalplanung für die Fachabteilungen vor Ort nützlich? Erfüllt sie ihre Dienstleistungsfunktion für die einzelnen Unternehmensbereiche? Die Personalplanung erfüllt nur Servicecharakter, wenn sie den Führungskräften die Daten liefert, die diese wirklich brauchen. Es genügt nicht, die Entwicklungen der Vergangenheit sichtbar zu machen. Den Praktiker vor Ort interessieren konkrete Fragen wie:

- Wie kann ich kurzfristige Engpässe überbrücken?
- Wie können meine Mitarbeiter kurzfristig neue Arbeitsmethoden lernen? Wie viel Arbeitszeit beansprucht dies?

E Flexibilität

Ist die Personalplanung integrierter Teil eines Personalinformationssystems, so dass grundsätzlich jede wichtige, auch unvorhergesehene Frage schnell beantwortet werden kann?

Es kommt dabei nicht darauf an, jederzeit jede Fragestellung und jede Entwicklung zu planen. Aber die Basisinformationen zur Beantwortung wichtiger Fragen müssen verfügbar sein.

F Wirksamkeit

Ist die Personalplanung getragen von einer verbindlichen Personalpolitik? Ist sie Selbstzweck oder Mittel zum Zweck, im Unternehmen akzeptiert oder nicht akzeptiert?

Ein gutes Personalplanungssystem muss folgende Kriterien erfüllen:

- Kontinuität
- Entscheidungsorientierung
- Rechtzeitigkeit
- Praxisnähe und Servicecharakter
- Flexibilität
- Wirksamkeit

5 Controlling im Personalbereich

In vielen Unternehmen wird Controlling mit Kontrolle gleichgesetzt. In einem modernen, unternehmerisch orientierten Verständnis ist Controlling wesentlich mehr. Zum Controlling gehört:

- Als Erstes, die für das Unternehmen wichtigen **Abweichungen** der wirklichen Entwicklung von der geplanten **sichtbar** zu machen – unbestechlich und unerbitterlich. Abweichungen werden dann besonders deutlich, wenn sie nicht nur von Jahr zu Jahr, sondern kumuliert über längere Zeiträume erfasst werden. Erst dadurch kann man temporäre Abweichungen von tendenziellen Entwicklungen unterscheiden.
- Zum Controlling gehört weiter, dass es die **notwendigen Informationen** für wichtige Entscheidungen, die getroffen werden müssen, zur Verfügung stellt.
- Eine weitere Aufgabe des Controllings besteht darin, die **Folgen** von ins Auge gefassten **Entscheidungsalternativen** aufzuzeigen.
- Schließlich muss das Controlling **unternehmerische Alternativen** zur Gestaltung der Zukunft entwickeln können.

> Planung ohne Controlling ist sinnlos.

Das gilt auch für den **Personalkostenbereich.** Stärker als bei anderen Kostenarten neigen Führungskräfte dazu, mit spontanen Lohnerhöhungen oder Zusagen von anderen Vergütungen Anerkennung zu geben und neue Anreize zu schaffen, die langfristig oft Belastungen mit sich bringen und das Erwartungsniveau der Mitarbeiter unnötig anheben. Im Bereich der Personalkosten braucht es daher besonders klare Grenzen und eine besonders straffe Kontrolle.

[5-1]   Die Aufgaben des Controlling im Personalbereich

Controlling-Funktion	Personalorientiertes Controlling
Abweichungen sichtbar machen	Für die Überwachung von Plan-Ist-Abweichungen im Personalbereich sollte die Personalabteilung verantwortlich sein. Es geht darum, alle wichtigen Abweichungen zu verfolgen - im Kostenbereich, bei der quantitativen und qualitativen Planung, bei der Planung von Schulungsmaßnahmen, Beförderungen usw. Aus den Abweichungen lernt man und kann die neue Planung gestalten.
Entscheidungsrelevante Informationen zur Verfügung stellen	Diese Funktion betrifft sowohl die quantitativen Daten als auch die qualitative Einschätzung interner und externer Entwicklungen z.B. Arbeitslosigkeit, Hochschulabgänger, Arbeitsmarktsituation, Wertewandel.
Folgen von Entscheidungen sichtbar machen	Beispiele: Welche Folgen hätte die Einführung flexibler Arbeitszeit? Was bedeutet ein Einstellstopp langfristig?
Unternehmerische Alternativen entwickeln	Beispiele: Einführung von Provisionssystemen oder Gewinnbeteiligung, neue Organisation nach Sparten (Schaffung von Profit-Centers).

- Alle Soll-Ist-Abweichungen im Bereich Personalkosten müssen monatlich und kumulativ für zwölf Monate sichtbar gemacht werden.
- Personelle Entscheidungen dürfen nicht ohne Mitwirkung des Personalbereichs getroffen werden.

Controlling ist im Kern eine unternehmerische Aufgabe, durch die sichergestellt werden soll, dass wichtige Entwicklungen im Sinn der Unternehmenspolitik verlaufen. Normalerweise ist der Zeithorizont 2 bis 3, höchstens 5 Jahre – also relativ kurz. Von **strategischem Controlling** spricht man erst, wenn man Zielvorstellungen für einen Zeitraum von 5 Jahren und mehr mit der wirklichen Entwicklung vergleichen kann. Ein langfristiges, strategisch ausgerichtetes Personal-Controlling muss sich dabei auf die wichtigsten Steuergrößen konzentrieren:

- Entwicklung der Lohnnebenkosten
- Anteil der gesamten Lohnkosten an den Gesamtkosten
- Wertschöpfung pro Mitarbeiter
- Aufstiegsquote aus den eigenen Reihen

Ein personalorientiertes Controlling soll die **Plan-Ist-Abweichungen** im Personalbereich verfolgen, die **Wirkungen von Personalentscheidungen** realistisch einschätzen helfen und **Impulse für personalpolitische Maßnahmen** geben.

6 Personalkennzahlen und Statistiken

Grundsätzlich erfordert jede betriebliche Maßnahme eine Kontrolle ihrer Ergebnisse. Das gilt auch für das Personalmanagement. Sein Beitrag zum Unternehmensziel muss beurteilt werden.

Die Schwierigkeit liegt darin, dass sich die meisten Personalmaßnahmen auf Menschen beziehen und ihre Ergebnisse sich daher nicht direkt rechnerisch ermitteln lassen. Das Messen der Qualität des Betriebsklimas zum Beispiel oder der Effizienz der Zusammenarbeit erweist sich als äußerst schwierig. Die Abläufe der Administration sind dagegen einfach zu prüfen. Der Beitrag des Personalmanagements zur Mitarbeiterführung und zur Produktivität lässt sich aber mithilfe betrieblicher Kennzahlen und ihrer Analyse verfolgen. Wichtige **Kennzahlen** sind:

- Höhe und Struktur der **Personalkosten:** Die Personalabteilung hat ein Personalkostenbudget zu entwerfen, das als wesentlicher Bestandteil in die betriebliche Plankostenrechnung eingeht. Dazu gehört auch der Entwurf einer marktgerechten und systematischen Lohnordnung. Die Qualität der Personalarbeit zeigt sich hier im Soll-Ist-Vergleich bzw. im Vergleich mit anderen Unternehmen der Branche. Wie realistisch war die Planung? Wie liegen die Personalkosten im Vergleich mit ähnlichen Unternehmen? Das sind wichtige Anhaltspunkte für die Beurteilung der Kostenplanung. Ein weiterer wichtiger Hinweis ist der Anteil der leistungsbezogenen Lohnbestandteile; er zeigt, wie stark Leistung honoriert und damit gefördert wird. Auch die Flexibilität des Personaleinsatzes spiegelt sich in den Kostenbestandteilen, im Anteil der Überstundenvergütungen, Aushilfen, Teilzeitentlohnung usw. Die Personalkosten können auch Hinweise auf die Fluktuation geben: Neue Mitarbeiter sind teuer; viele Neueinstellungen wirken sich aus. Auch die Lebens- und Dienstalterstruktur prägt die Personalkosten; die Lohnsprünge bei langjährigen Mitarbeitern sind in der Regel kleiner als bei jungen, die ihre Laufbahn aufbauen.
- **Fluktuationsziffern** zeigen, wie viele Mitarbeiter welcher Abteilung und Gruppen das Unternehmen verlassen. Höhe und Veränderung der Fluktuation können ein Indiz sein für Störungen in der Zusammenarbeit, schlechte Arbeitsbedingungen usw. Austrittsinterviews müssen helfen, die Schwachstellen herauszufinden.
- Auch der **Krankenstand** kann ein Hinweis auf betriebliche Schwächen sein, die man untersuchen muss. Wegen der hohen Kosten müssen Absenzen aufmerksam beobachtet werden.

- Die **Qualität der Leistung:** Sie kann durch Aus- und Weiterbildung verbessert werden. Das Ideal liegt darin, aus einer großen Zahl von gut ausgebildeten Mitarbeitern möglichst viele Fach- und Führungspositionen intern durch Versetzung und Beförderung zu besetzen. Im Grundsatz gilt: Je besser es gelingt, das Prinzip «Aufstieg vor Einstieg» zu realisieren, umso besser dürften die Identifikation der Mitarbeiter und ihre Leistungsbereitschaft sein und als umso erfolgreicher kann man das betriebliche Bildungssystem beurteilen.
- **Freie Positionen,** besonders im **Führungsbereich,** sollten nahtlos in erforderlicher Qualität besetzt werden können. Das setzt exakte Stellenbesetzungspläne (Wann wird wer pensioniert?), Informationen über die Unternehmensplanung (z. B. neue Niederlassungen) und ein ausgefeiltes Planungs- und Förderungssystem voraus, mit dem geeignete Nachwuchsleute rechtzeitig herangebildet werden.

Früher war es so, dass man solche Kennzahlen beobachtete und dann auf ungünstige Veränderungen reagierte. Heute setzt sich mehr und mehr die Erkenntnis durch, dass im Rahmen der Unternehmenspolitik spezielle Ziele für die Personalarbeit formuliert werden müssen, für deren Realisierung das Personalmanagement die Verantwortung trägt. Die Kennziffern dienen vor allem dazu, die Wirkungen der getroffenen Maßnahmen zu messen. Sie werden also als Indikatoren für grundlegende betriebliche Probleme und für die Erfolgskontrolle von Personalmaßnahmen benutzt.

Diese stärkere Zielorientierung und die regelmäßige Kontrolle sind ein weiterer Aspekt des gestiegenen Stellenwerts der Personalarbeit.

Die heutige zielorientierte Auffassung von Personalarbeit erfordert eine regelmäßige **Kontrolle** ihres Beitrags und eine sorgfältige **Analyse ihrer Ergebnisse. Kennzahlen** sind wertvolle Kontrollinstrumente. Im Personalmanagement sind dies z. B. die Höhe und Struktur der Personalkosten, die Fluktuationszahlen oder der Krankenstand.

7 Personalabbau

Einer Stagnation kann sich im Personalbereich auf verschiedene Arten auswirken:

- Manche Unternehmen legen personalpolitisch fest, dass **nur noch frei werdende Posten durch Neueinstellungen besetzt** werden.
- Andere Unternehmen bauen bei etwa gleich bleibender Produktion und Wertschöpfung die Zahl der Mitarbeiter durch Rationalisierung ab. Sie formulieren personalpolitisch, dass der **Personalabbau aus der natürlichen Fluktuation** heraus bewältigt werden soll, so dass niemand gegen seinen Willen, d. h. durch betriebsbedingte Kündigung, entlassen werden muss.
- Bei einer dritten Gruppe stagnieren **Teilbereiche,** während andere Teilbereiche florieren. Hier versucht man, im Rahmen des Möglichen einen Ausgleich zu schaffen und Entlassungen zu vermeiden. Die enorm gestiegene Spezialisierung der Mitarbeiter und die gesunkene Bereitschaft zum Umzug (Mobilität) stehen dieser Politik allerdings oft im Weg.
- **Entlassungen** sind daher nicht immer zu vermeiden. Man kann hier im Grund nur entscheiden, ob man marktwirtschaftlich denkt und relativ früh klare Verhältnisse schafft oder ob man Entlassungen aus sozialen Gründen so weit wie möglich in die Zukunft schiebt, in der Hoffnung, dass es wieder besser wird.

Beispiel

Denken Sie an den zu schnellen Aufbau eines Unternehmens, das Filialen eröffnet und Mitarbeiter einstellt, um am Markt präsent zu sein. Innerhalb von wenigen Monaten wird die finanzielle Kostenstruktur die Einnahmen überholen. Geschäftsschließungen und Kündigung von Mitarbeitern sind die Folge.

Stagniert ein Unternehmen, so zeigt die Personalbedarfsplanung einen Personalbedarf mit negativen Vorzeichen: den **Freisetzungsbedarf.** Liegt dieser in einem mittelfristigen Zeithorizont, sollte man dies nicht isoliert bekannt machen, sondern verbunden mit konkreten Vorstellungen über die künftige Entwicklung und die geplanten Maßnahmen. Nur so kann man den sonst unvermeidlichen Gerüchten vorbeugen und qualifiziertere Arbeitskräfte von einer Kündigung abhalten. Ein Krisen- oder **Sanierungsmanagement** muss eingesetzt werden, das die Situation im Griff hat. Die Absatz- und Kostenstrategien werden überprüft und geändert; dies bringt meist auch Änderungen in der Organisationsstruktur und damit auch in den Grundlagen der Personalplanung mit sich.

Ist ein Unternehmen in einer so schlimmen Lage, dass es wirtschaftlich nicht mehr handlungsfähig ist, so nimmt der Personalfreisetzungsplan die Form des **Sozialplans** an, d.h. soziale Entscheidungskriterien rangieren vor wirtschaftlichen. Es geht jetzt primär darum, wirtschaftliche Nachteile für die Mitarbeiter, wenn sie sich schon nicht abwenden lassen, zu mildern oder auszugleichen. Das geschieht z.B. durch Abfindung im Fall von Kündigungen.

Die Personalplanung hat in kritischen Situationen die Aufgabe, **frühzeitig** klar zu machen, dass **Personal abgebaut** werden muss und welche **Maßnahmen** dazu sinnvoll sind:

- Einstellungsstopp
- Übernahmestopp von Ausgebildeten
- Überstundenverbot
- Vorruhestandsregelungen
- Kurzarbeit
- Betriebsbedingt einzelne Kündigungen
- Sozialplan
- Outplacement

8 Grundbegriffe der Personalplanung

Die wichtigsten Begriffe und Mittel, mit denen der Personalplaner täglich zu tun hat, sind im Folgenden zusammengefasst.

8.1 Stelle, Stellenplan und Stellenbesetzungsplan

Die Stelle ist die kleinste organisatorische Einheit in der Organisationsstruktur eines Unternehmens.

Am deutlichsten sichtbar wird die Stelle im Organigramm, dem Abbild der Organisationsstruktur des Unternehmens:

[8-1]   Schematische Darstellung von Stellen im Organigramm

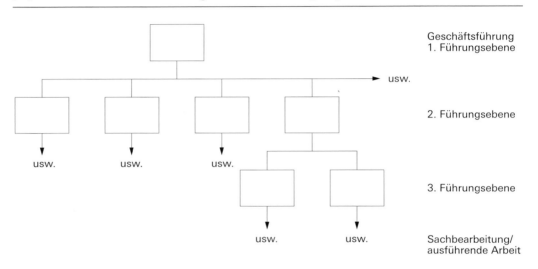

Die Stelle lässt sich genau definieren. Dies erfolgt in der **Stellenbeschreibung.** Sie liefert folgende Informationen:

- Bezeichnung der Stelle
- Aufgaben: kurze Beschreibung der Aufgaben
- Verantwortung: Aufgaben, für die der Stelleninhaber verantwortlich ist
- Kompetenzen: Zuständigkeiten und Befugnisse des Stelleninhabers
- Hierarchische Stellung: Bezeichnung der Stellung in der Organisationsstruktur des Unternehmens (Vorgesetzter, Unterstellte)
- Stellvertretung

[8-2]   Muster einer Stellenbeschreibung

Stellenbezeichnung: Leiter Kundendienst Eintritt: 01.09.2002	Stelleninhaber Name: Georg Hartmann Vorgänger: Michael Werner
Position: Abteilungsleiter Abteilung: Kundendienst	Vorgesetzte: Sandra Amm Leiterin Marketing Vertreterin: Jessica Mohr

Genereller Aufgabenkreis, Zielsetzung		
Telefonische Betreuung von Kunden, Führung von zur Zeit 5 Personen, Unterstützung bei Marketingkampagnen, Sicherstellung statistischer Daten, kompetente und zuverlässige Vertretung des Unternehmensbilds gegen außen und innen.		
Tätigkeiten, Aufgaben	**Priorität**	**Anteil Arbeitszeit**
Telefonische Betreuung in allen Bereichen des Kundenkontakts	1	40 %
Vorbereitung und Unterstützung von Marketingkampagnen	1	25 %
Erstellen und Auswerten von statistischen Daten	2	15 %
Schulung und Instruktion von MitarbeiterInnen	2	10 %
Mithilfe bei Kunden- und Marktreports	3	10 %
Vorgesetzter, Mitarbeiter, wichtige Kontaktpersonen		
Name, Vorname	Aufgabe, Funktion	Bemerkungen
Fünf unterstellte MitarbeiterInnen	Entgegennahme von Kundentelefonen	
Sandra Amm, Marketingleiterin	Vorgesetzte	
Werbeassistentin Jessica Mohr	Support bei Marketingkampagnen	
Stellenbeschreibung erstellt von:	Sandra Amm	
Eingesehen von:	Georg Hartmann	
Datum:	05.08.2002	

Üblicherweise hat eine Stelle einen Stelleninhaber. Wenn das so ist, müssen die Zukunft der Stelle und die Zukunft des Stelleninhabers, jedenfalls so lange er an der Stelle bleibt, als Einheit geplant werden. Diese Einheit kann so eng sein, dass man zwischen Stelle und Mensch gar nicht mehr trennt. Aus der Stelle «Pförtner im Hauptwerk» wird im Bewusstsein aller die Stelle «Karl Müller». Das hat seine Nachteile und Gefahren. Manche Stellen, die während vieler Jahre oder gar Jahrzehnten vom gleichen Mitarbeiter besetzt wurden, sind nach den Neigungen ihres Inhabers umfunktioniert worden. Hier muss die Personalplanung Klärung bringen. Oft werden solche Stellen auch ausgehöhlt; sie existieren zwar noch als Stelle, aber ihr Inhalt ist geschwunden, z.B. durch Einsatz von EDV. Geht ihr Inhaber in Pension, muss die Stelle untersucht und neu definiert, vielleicht auch aufgehoben werden.

Es kommt immer häufiger vor, dass **mehrere** Mitarbeiter für eine Stelle zuständig sind. Beim **Jobsharing** teilen zwei Stelleninhaber die gesamte Arbeitszeit einer Stelle unter sich auf; auch bei kleinen Teams mit **teilautonomer Arbeitsgestaltung** (wer macht innerhalb einer vorgegebenen Aufgabe wann was?) ist eine Stelle mit mehreren Menschen besetzt. Ferner ist es oft Tradition, gleichartige Tätigkeiten an der Basis, z.B. Lagerarbeiter, nicht in einzelne Stellen zu gliedern oder bestimmte Stellen z.B. die Stelle der Sekretärin zur Stelle des Chefs, nicht extra auszuweisen. Alle diese Details muss man kennen, wenn man im konkreten Fall planen will.

ORGANISATIONSFEHLER BEIM JOB-SHARING

Der **Stellenplan** ist das Verzeichnis aller Stellen.

Genau genommen handelt es sich nicht um einen Plan im Sinn einer zukunftsbezogenen Information. Der Stellenplan enthält u. a. folgende Informationen:

- Stellennummer
- Stellenbezeichnung
- Rang- bzw. Funktionsebene
- Kennzeichnung, ob es sich um eine nur einmal vorkommende (Singulärstelle) oder um eine mehrmals vorkommende Stelle handelt
- Zeitpunkt, wann die Stelle eingerichtet wurde
- Zeitpunkt der letzten Überprüfung der Stellen- bzw. Tätigkeitsbeschreibung
- Information über Anforderungsprofil und Gehaltseinstufung

Vom **Stellenbesetzungsplan** spricht man, wenn zusätzlich Informationen über den Stelleninhaber enthalten sind:

- Name, Geburtsdatum, Eintrittsdatum, Beginn der Stellenbesetzung
- Leistungsgrad
- Familienstatus

Auch hier handelt es sich nicht um einen Plan.

Die **Stelle** ist die kleinste organisatorische Einheit im Unternehmen. Sie wird in der **Stellenbeschreibung** definiert und enthält folgende Informationen:

- Bezeichnung der Stelle
- Aufgaben
- Verantwortung
- Kompetenzen
- Hierarchische Stellung
- Stellvertretung

Im **Stellenplan** sind alle Stellen verzeichnet. Der **Stellenbesetzungsplan** liefert zusätzliche Informationen über den Stelleninhaber.

8.2 Organisationsstruktur und Organigramm

Die **Organisationsstruktur** ist durch die Organisationsform, den Dezentralisierungsgrad, die Tiefe und die Breite der Organisation gekennzeichnet. Man unterscheidet heute vor allem zwei Formen der Organisation: die eindimensionale, funktionale Organisation und verschiedene Formen der mehrdimensionalen Organisation mit zentralen Funktionen wie Rechnungswesen, Einkauf oder Personalwesen und Sparten, die nach Produktbereichen, Projekten oder Regionen organisiert, ja eventuell bis zu einer Matrixorganisation gegliedert sind, so dass eine Stelle mehreren Vorgesetzten unterstellt sein kann, die je für einen definierten Bereich zuständig sind. Wie immer eine Organisation aufgebaut ist, eine Änderung bedeutet in jedem Fall einen tiefen Eingriff. Die gesamte Personalplanung muss wieder neu anfangen und zunächst mit einem nur kurzfristigen Zeithorizont arbeiten.

Das **Organigramm** stellt die Organisationsstruktur eines Unternehmens bis hin zum kleinsten Element, der Stelle, grafisch dar. Es enthält mehr Informationen als der Stellenplan und kann mit Hilfe der EDV als Grundlage einer integrierten Organisations- und Personalplanung sehr viel besser genutzt werden, als dies früher geschah. Das Organigramm umfasst alle Stellen, alle Ebenen der Hierarchie und gibt alle organisatorischen Bezüge wieder.

Wir zeigen Ihnen in der Folge ein Beispiel für eine eindimensionale und für eine Spartenorganisation.

[8-3]   Einlinienorganisation

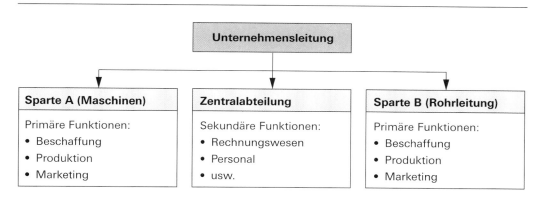

[8-4]   Spartenorganisation

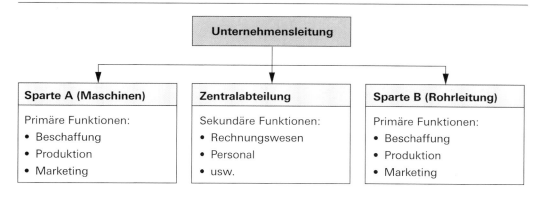

Die Organisationsstruktur des Unternehmens wird im Organigramm dargestellt. Die Organisationsformen entstehen je nach Regelung der Stellenbildung oder der Art der Unterstellung.

Man unterscheidet eindimensionale oder mehrdimensionale Organisationsformen.

8.3 Anforderungsprofil und Qualifikationsprofil

Es ist der Traum der Personalverantwortlichen, Mitarbeiter und Vorgesetzten: dass Stelle und Mensch, Anforderungen und Qualifikationen zueinander passen, im Gleichgewicht sind und bleiben. Aber sowohl der Mensch und seine Qualifikationen wie auch die Stelle und ihre Anforderungen sind Elemente dynamischer Systeme, die dauernd in Bewegung sind und sich nur künstlich (durch Bürokratie) oder gar nicht bändigen und synchronisieren lassen.

Die Anforderungen einer Stelle ergeben sich aus der **Stellenbeschreibung.** Sie definiert eine bestimmte Aufgabe als Teil der Gesamtzielsetzung. Die Anforderungen sind objektive, sachliche Größen im Gegensatz zur Leistung oder Qualifikation, die personenbezogene Größen sind.

8.3.1 Anforderungsarten

Es ist wichtig, verschiedene Anforderungsarten zu unterscheiden. Man kann dabei verschieden vorgehen. Oft werden nur zwei – fachliche und persönliche Anforderungen - unterschieden. Im Folgenden einen Vorschlag für eine Vierereinteilung:

[8-5]   Die Anforderungsarten

Anforderungs-arten ⟍ Merkmale	**Fachkompe-tenz** Fachliche Anforderung	**Methoden-kompetenz** Methodenanforderungen	**Sozialkompe-tenz** Kommunikative Anforderungen	**Ich-Kompe-tenz** Anforderungen an die Persönlichkeit
Muss-Kriterien	z.B. Beherrschung von zwei Fremdsprachen für einen Korrespondenten	z.B. Beherrschung einer bestimmten Programmiertechnik	z.B. Erfahrung mit Gruppen, Einfühlungsvermögen	z.B. Ausgeglichenheit in kritischen Situationen
Kann-Kriterien	z.B. Erfahrung mit Textsystemen	z.B. hohe Lernfähigkeit	z.B. Erfahrung im Umgang mit jungen Mitarbeitern	z.B. Geduld mit schwierigen Mitarbeitern

Zur **Fachkompetenz** gehören Fähigkeiten und Kenntnisse, die mit der Berufsausbildung zusammenhängen. Dort wird definiert, was jemanden zum Fachmann qualifiziert.

Zur **Methodenkompetenz** gehören Fähigkeiten, die das «Wie?», die Arbeitsweise betreffen z.B. die Gestaltung von Denkprozessen, die Art der Informationsverarbeitung und der Arbeitsgestaltung usw.

Zur **Sozialkompetenz** gehört der Umgang mit Menschen – als Vorgesetzter, in der Zusammenarbeit mit Kollegen und anderen Abteilungen, aber auch in der Art, wie jemand mit seinen Vorgesetzten zurechtkommt, wie er mit Kunden umgeht usw.

Zur **Ich-Kompetenz** gehört die Art, wie jemand mit sich selbst umgeht; es geht um persönliche Eigenschaften wie Stabilität, Selbstbeherrschung, Ausgeglichenheit, Emotionalität usw.

Personalplanung heißt, personelle Veränderungen in der Zukunft frühzeitig sichtbar zu machen, um mit zweckmäßigen Maßnahmen darauf reagieren zu können. Die vier Anforderungsarten sind ein gutes Mittel für dieses Sichtbarmachen, weil sie helfen, jede Art von Arbeitsanreicherung (job enrichment, job enlargement) und auch von Arbeitseinschränkung zu prognostizieren. job enrichment bedeutet die Übernahme zusätzlicher und anspruchsvollerer Aufgaben, z. B. von Sachbearbeitungsaufgaben für eine Sekretärin. Job enlargement bedeutet die Übernahme von weiteren Tätigkeiten des gleichen Qualifikationsniveaus, z. B. statt nur Bestellungen zu erledigen, auch die Abrechnungen durchzuführen.

Auch für die Analyse der **Qualifikationen,** die ein Stelleninhaber mitbringen muss, sind die vier Kompetenzbereiche wertvoll. Schauen Sie sich dazu das Anforderungsprofil unten an. Es empfiehlt sich, nicht zu viele Anforderungen aufzulisten, sondern sich auf die wirklich wichtigen zu konzentrieren.

Die fünfstufige Skala rechts zeigt die Gewichtung innerhalb der Anforderungen der Stelle. Die Marketing-Assistentin, die hier gesucht wird, muss vor allem realistisch, kommunikationsbegabt und verlässlich sein. In das Anforderungsprofil können auch die Qualifikationen verschiedener Bewerber eingetragen werden. Daraus wird ersichtlich, welcher den gestellten Anforderungen am nächsten kommt.

Anforderungsprofil «Marketingassistentin»	++	+	0	-	--
Fachliche Anforderungen					
Fachkenntnisse auf Hochschulniveau (Betriebswirtschaft und Marketing)		x			
Mehrjährige Erfahrung Konsumgüter	x				
Systematisches Denken		x			
Beweglichkeit	x				
Intuition für Neues		x			
Kritisches Urteil		x			
Realitätsbezug	x				
Methodische Anforderungen					
Kenntnis der Marketingmethoden	x				
Selbständige Arbeitsweise		x			
Fähigkeit zur Synthese		x			
Entdecken neuer, auch unkonventioneller Lösungen		x			
Soziale Anforderungen					
Kontaktfähigkeit mit Mitarbeitern aller Stufen	x				
Verhandlungsgeschick	x				
Durchsetzungskraft				x	
Persönlichkeit (Ich-Kompetenz)					
Vielseitigkeit		x			
Pioniergeist			x		
Begeisterungsfähigkeit		x			
Verlässlichkeit	x				

8.3.2   Kriterien bei der Erstellung des Anforderungsprofils

Bei der Erstellung eines Anforderungsprofils ist es nützlich, wenn man sich folgende Punkte überlegt:

A   Ziel und Zweck der Position

- Wie sieht das gewünschte Endprodukt oder die gewünschte Dienstleistung aus?
- Welche internen Kontakte sind involviert?
- Welche externen Kontakte sind involviert?
- Welche Konsequenzen hat eine schlechte Arbeitsleistung/Totalversagen?

B   Die tatsächlichen Aufgaben des Mitarbeiters

- Worin liegen die täglichen Aufgaben?
- Welches sind die wichtigsten Pflichten?
- Wie oft sind diese Pflichten zu erfüllen?

C   Fähigkeiten auf zwischenmenschlicher Ebene – Sozialkompetenz

* Welche Fähigkeiten im Umgang mit Menschen sind erforderlich, damit der Kontakt zu anderen funktioniert?

D   Fähigkeiten auf persönlicher Ebene – Persönlichkeitskompetenz

* Wie wichtig ist die persönliche Einstellung?
* Ist ein besonders gepflegtes Äußeres erforderlich?

E   Fachliche Fähigkeiten – Fachkompetenz

* Welche fachlichen Kenntnisse erfordert die Funktion?
* Welche Ausbildung erfordert die Funktion?
* Wie viele Jahre Berufspraxis erfordert die Funktion?
* Verlangt die Stelle sehr genaues Arbeiten?
* Ist logisches oder stark argumentativ ausgerichtetes Denken gefragt?
* Welche fachlichen Fähigkeiten sind unverzichtbar?

F   Anwendungen der Fachkenntnisse – Methodenkompetenz

Welche Fähigkeiten in Bezug auf die Anwendung der fachlichen Kenntnisse sind erforderlich?

G   Welches sind die kritischen Leistungsfaktoren?

Um die kritischen Leistungsfaktoren zu bestimmen, sammeln Sie die typischen kritischen Vorfälle der Position. Ein einfaches Beispiel: Telefonzentrale, zwei Telefone klingeln (das sind bestimmt Kunden am Telefon) und zwei Kunden stehen da und wollen eine Auskunft.

Aus diesen typischen kritischen Vorfällen erarbeiten Sie die kritischen Leistungsfaktoren.

H   Welches Entwicklungspotenzial ist gewünscht?

Welche Potenziale benötigt der Bewerber, um die Position auch in Zukunft erfolgreich besetzen zu können? Grundlage dafür sind die Anforderungen auf Grund der unternehmerischen Zielsetzungen.

I   Formale Jobkriterien

* Wie lautet die direkt vorgesetzte Stelle?
* Gibt es unterstellte Stellen? Wenn ja, welche?
* Gibt es eine Vertretung, wenn ja, wen?
* Erfolgt eine Vertretung durch die StelleninhaberIn?
* Welche Entscheidungen liegen im Verantwortungsbereich des/der StelleninhaberIn – Kompetenzen?
* Wie sehen die allgemeinen Arbeitsbedingungen aus (Ort, Arbeitszeit etc.)

J   In welcher Gehaltsstufe steht die Funktion?

Die Gehaltsstufe wird in einem Rahmen angegeben, der durch die Personaldirektion im Voraus zu genehmigen ist.

8.3.3   Potenzialbeurteilungen

Man kann die Anforderungsprofile auch den Vorgesetzten zur Potenzialbeurteilung ihrer Mitarbeiter geben. Sie tragen dann ihre Beurteilung ein; die Aufteilung zwingt sie zu einer differenzierten Auseinandersetzung.

Für die Personalplanung sind **Potenzialbeurteilungen** außerordentlich wichtig. Man analysiert dabei die momentane Leistung und beurteilt die Entwicklungsfähigkeit des Mitarbeiters in der Zukunft.

[8-7]   Potenzialbeurteilung

Potenzialbeurteilung							
1. Wie war die Leistungsentwicklung in den letzten Jahren?							
....							
2. Welche Position könnte der Mitarbeiter aus Ihrer Sicht in ca. zwei Jahren wahrnehmen? Ebene..Fachrichtung							
3. In welches Personalentwicklungsprogramm soll der Mitarbeiter aufgenommen werden?							
....							
4. Beurteilung des Verhaltens und der Entwicklung:							
Mit der Beurteilung bringen Sie zum Ausdruck, wie der gegenwärtige Stand ist. Indem Sie die Beurteilung mit einem Pfeil eintragen, bringen Sie zum Ausdruck, wie sich das Verhalten auf diesem Gebiet entwickelt. ↗ → ↘							
Merkmale	1	2	3	4	5	6	7
Leistungsverhalten							
1. Arbeitseinteilung							
2. Zielgerichtete Initiative							
3. Ausdauer und Belastbarkeit							
4. Umstellungsbereitschaft und -fähigkeit							
5. Einsatzbereitschaft							
6. Realisierungsvermögen							
Sozialverhalten							
7. Bereitschaft zur Hilfeleistung							
8. Fairness und gegenseitige Achtung							
9. Selbststeuerung							
10. Einfühlungsvermögen							
11. Überzeugungskraft und Verhandlungsgeschick							
12. Konfliktlösungsfähigkeit							
13. Offenheit							
14. Darstellungsfähigkeit und rhetorische Fähigkeit							
Denk- und Lernfähigkeit							
15. Analytisches Denken							
16. Kreative Intelligenz							
17. Lernbereitschaft							
18. Lernfähigkeit							

5. Was spricht gegen die Aufnahme in ein Personalentwicklungsprogramm?

....

6. Was spricht für die Aufnahme in ein Personalentwicklungsprogramm?

....

An jede Stelle werden unterschiedliche Anforderungen gestellt. Wir haben vier Anforderungsarten genannt: Fachkompetenz, Methodenkompetenz, Sozialkompetenz und Ich-Kompetenz. Die Potenzialbeurteilung liefert Informationen über die Leistung des Mitarbeiters und über seine Entwicklungsfähigkeit.

Teil C   Personalsuche

Bei der Personalsuche oder Personalbeschaffung geht es darum, die vorhergesehene Anzahl von Mitarbeitern mit den notwendigen Qualifikationen zum geplanten Zeitpunkt bereitzustellen.

Wir bringen zunächst eine Grafik zum Ablauf der Personalsuche und werden die einzelnen Begriffe im Verlauf dieses Kapitels besprechen.

Der Ablauf der Personalsuche

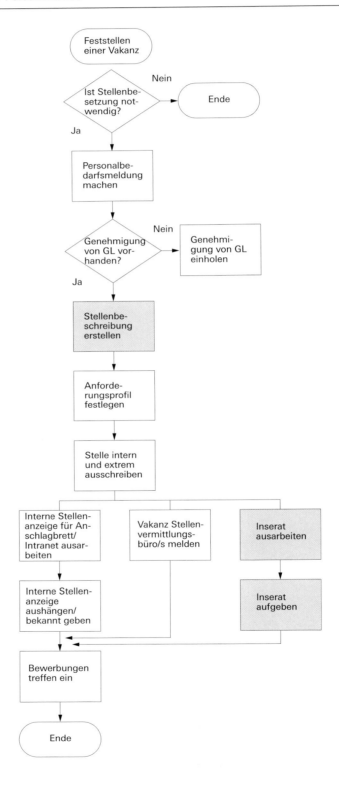

9 Arten der Personalsuche

Die Personalplanung stellt fest, wie viele Mitarbeiter mit welcher Qualifikation im Unternehmen wann gebraucht werden. Nicht alle Stelle lassen sich durch eigene Mitarbeiter besetzen. Sehr oft entsteht auch ein **Neubedarf** an Personal. Die nötigen Informationen entnimmt man den in der Personalbedarfsermittlung ausgearbeiteten Dokumenten für die zu besetzende Stelle (z.B. Anforderungsprofil). Sie dienen den für die Personalsuche Zuständigen als Vorgabe, zusammen mit ergänzenden Angaben zum Gehaltsrahmen. Ziel ist es, den Personalbedarf so zu decken, dass die Anforderungen mit den Fähigkeiten der ausgewählten Bewerber übereinstimmen.

In den meisten Unternehmen wird eine PC-Eingabemaske für die **Personalanforderung** verwendet. Daraus können zusätzliche Informationen abgelesen werden, z.B.:

- Handelt es sich um einen Ersatz- oder einen Neubedarf?
- Wer hat den Bedarf ausgelöst?
- Welcher Linienvorgesetzte ist für die vorzunehmende Einstellung verantwortlich?
- Welche Personalsuchmaßnahmen sind zu ergreifen?
- Welche Kosten sind für die Personalsuche budgetiert?
- Wann ist die Stelle frühestens/spätestens zu besetzen?
- In welcher Höhe bewegt sich der Gehaltsrahmen?

Dieses Formular wird dann während der Personalsuche gebraucht, um darauf den Ablauf festzuhalten, die Bewerber zu vermerken, wichtige Termine und – nicht zuletzt – die Kosten der Suche zu notieren. Mit der Einstellung des geeigneten Bewerbers wird die Personalanforderung dann als erledigt zu den Personalakten gelegt. Elektronische Personalinformationssysteme dämmen in den meisten Unternehmen die Papierflut ein und helfen bei der Systematisierung der Personalsuche.

Die Personalanforderung ist der Auftrag, eine offene Stelle durch interne oder externe Maßnahmen der Personalsuche zu besetzen.

Grundsätzlich unterscheidet man zwischen interner und externer Personalsuche. Die erste richtet sich an Mitarbeiter im Unternehmen, die an einer Veränderung interessiert sind; die zweite richtet sich an den externen Arbeitsmarkt.

9.1 Interne Personalsuche

Sie hat den Vorteil, dass Leistung und Verhalten der Bewerber besser beurteilt werden können, Motivation durch gezielte Karriereperspektiven entsteht, ein schnelleres Einarbeiten in die neuen Aufgaben möglich ist und die Kosten für die Personalsuche niedrig gehalten werden können.

Interne Personalsuche besteht vor allem aus Versetzungen von Mitarbeitern. Unter einer **Versetzung** versteht man das Zuweisen eines neuen Arbeitsbereichs gleicher oder anderer Hierarchiestufe (= horizontale oder vertikale Versetzung) an einen Mitarbeiter. Versetzungen sind immer dann zweckmäßig, wenn damit das quantitative und qualitative Personaldefizit an einem Ort durch die Auflösung einer Personalüberdeckung an einem andern Ort ausgeglichen werden kann. Häufiger entsteht jedoch durch eine Versetzung eine Unterdeckung am alten Ort, die dann wieder ausgeglichen werden muss. Aber auch in solchen Fällen können Versetzungen begründet sein; dann nämlich, wenn

- der Personalbedarf für die frei werdende Stelle leichter gedeckt werden kann
- die Bedarfsdeckung der beiden Stellen unterschiedlich dringlich und wichtig ist

- dadurch die Vorteile der internen Personalsuche genutzt werden können. Diese Vorteile sind in der folgenden Übersicht aufgeführt:

[9-1]   Die Vorteile der internen Personalsuche

Vorteile der internen Personalsuche	
aus ökonomischer Sicht	aus sozialer Sicht
• Geringeres Risiko, weil die Kenntnisse und Fähigkeiten der Mitarbeiter bekannt sind • Schnelleres Einarbeiten in die neue Aufgabe, weil bereits erworbene Erfahrungen und Kontakte genutzt werden können • Im Regelfall schnellere Durchführung der Personalsuche • Geringere Kosten für die Suche	• Motivation der Mitarbeiter durch Karrieremöglichkeiten • Mitarbeiter empfinden eine höhere Arbeitsplatzsicherheit • Veränderungsbedürfnisse der Mitarbeiter können berücksichtigt werden

Offene Stellen werden intern ausgeschrieben. Als **Werbeträger** kommen in Frage:

- Anschläge am schwarzen Brett
- Stellenausschreibungen als Beilage zur Werkszeitschrift
- Stellenangebote in der Hauszeitung
- Ausschreibung der Stelle im Internet oder Intranet
- Direktansprache

Grundsätze der internen Personalsuche:

- In der Ausschreibung soll die Stelle **klar und sachlich** umschrieben werden; der Bewerber soll auch Auskunft über Verantwortungsbereich und Entwicklungsmöglichkeiten bekommen (Transparenz).
- **Jeder** Mitarbeiter muss sich über den internen Stellenmarkt informieren können.
- Die Personalabteilung muss sich mit jedem Mitarbeiter, der sich intern bewirbt, **sorgfältig** auseinander setzen. Kann er nicht berücksichtigt werden, muss die Entscheidung wenn irgendwie möglich in einem persönlichen Gespräch erörtert werden. Frustrationen durch bürokratisch-unpersönliche Absagen sollten unbedingt vermieden werden. Jeder Bewerber, auch der interne, ist ein Werbeträger, der zum guten oder schlechten Ruf der Personalabteilung beiträgt.
- Von der Art, wie interne Bewerbungen abgewickelt werden (zügig, zuvorkommend, sorgfältig), hängt es auch ab, wie interessiert die eigenen Mitarbeiter langfristig an der internen Personalbeschaffung sind.
- Bei hoch qualifizierten und spezialisierten Tätigkeiten ist es oft nicht möglich, interne Nachfolger zu finden. Es ist Aufgabe der Personalplanung zu klären, **welche Stellen** von vornherein externe und welche von vornherein interne Nachfolger haben sollen. In diesem Zusammenhang ist auch über die Politik zu entscheiden, ob man eher internen Nachwuchs oder Nachwuchs von außen anstrebt.

9.2   Externe Personalsuche

Die externe Personalsuche hat das Ziel, für das Unternehmen neue Mitarbeiter zu finden. Für die externe Personalsuche stehen verschiedene Wege zur Verfügung. Sie reichen von der Personalsuche über die Arbeitsämter und private Arbeitsvermittler bis hin zu Stellenanzeigen. Man kann auch eine **Beratungsfirma** mit der Personalsuche beauftragen. Diese übernimmt dann die Personalwerbung, trifft eine Vorauswahl und stellt die in Frage kommenden Bewerber vor.

Bei der externen Personalsuche kann man verschiedene Mittel und Werbeträger einsetzen. Das bekannteste Instrument sind **Inserate** in regionalen und überregionalen Tages- oder Wochenzeitungen, in Fachzeitschriften und im Internet auf der eigenen Homepage oder bei einem Stellen-Portal.

Das Inserat entspricht im Grund der internen Stellenausschreibung, nur mit dem Unterschied, dass es sich nach außen richtet.

Neben dem Personalinserat gibt es noch viele andere **Möglichkeiten** der externen Personalwerbung:

- Gezielte persönliche **Ansprache** (mündlich oder schriftlich) einzelner Bewerber oder Meinungsbildner, z.B. Hochschullehrer, die unter ihren Assistenten potenzielle Mitarbeiter haben
- Davon zu unterscheiden ist die gezielte **Abwerbung,** die unfair ist. Trotzdem wird sie praktiziert. Es gibt eine Berufsgruppe von Headhuntern, die darauf spezialisiert sind, hoch qualifizierte Kräfte gezielt abzuwerben
- Kontinuierliche **Kontaktpflege** mit Lehrern, Hochschulprofessoren, Berufsberatern, Personalberatern usw.
- Laufende Kontakte mit Arbeitsämtern und Stellenvermittlungen
- Allgemeine Kontaktgespräche mit Schulen, Hochschulen, auf Tagungen und Kongressen.
- **Public-Relations** (PR)-Aktivitäten, wie «Tag der offenen Tür», Messeaktionen usw., die das Unternehmen mit der Öffentlichkeit in Kontakt bringen
- Die Gestaltung von Personalprospekten und Firmenbroschüren als Teil eines **PR-Gesamtkonzepts.** Man kann darin sogar Stellenangebote formulieren. Gezieltes Versenden dieser PR-Broschüren an interessante Personen und Institutionen schafft oft wertvolle Kontakte
- Dia-Serien und Filme über bestimmte Berufe und das Unternehmen, die an **Schulen** usw. gezeigt werden
- Personalinserate in Vorlesungsverzeichnissen, Universitätshandbüchern, Karriereratgebern usw.
- Beilagen zu Zeitschriften, Handbüchern usw.
- Plakate an Werktoren, in Schulen und Hochschulen, öffentlichen Verkehrsmitteln, an Anschlagtafeln usw.
- Postwurfsendungen an die Bevölkerung in der Region
- Stellenangebote in der Kinowerbung

Wir haben damit die wichtigsten Möglichkeiten der externen Personalwerbung aufgezählt. Der Kreativität und Findigkeit sind praktisch keine Grenzen gesetzt. Kleinere Unternehmen werden sich in ihren Aktivitäten stärker auf ihre Region beziehen, während Groß-unternehmen globaler werben müssen. Ihre Mittel sind größer, aber auch ihr Wirkungsfeld für Public-Relations-Aktivitäten ist weiter gesteckt.

Die Langzeitwirkung von PR darf nicht unterschätzt werden. Wichtig ist dabei ein klares **Gesamtkonzept für alle PR-Aktivitäten.** Prägnante Grundaussagen sollen das Unternehmen in der Öffentlichkeit profilieren, Einblicke gewähren und Vertrauen schaffen.

PR und Kontaktpflege mit interessanten Stellen und Personen. PR und Kontaktpflege sind der Boden, auf dem gezielte Maßnahmen wie Personalinserate oder persönliche Anfragen gedeihen.

Die Grafik enthält die Mittel der internen und externen Personalsuche und ihre Vor- und Nachteile.

Beschaffungs-Methoden	Vorteile	Nachteile
Intern		
Mitarbeiterbrief	Kürzere Einarbeitung	Wenig Vergleiche möglich
Schwarzes Brett	Betriebl. Lohnniveau = stabil	Betriebsblindheit
Hauszeitung	Motivation der Mitarbeiter	Kein Werbeeffekt
Versetzung/Beförderung	Betriebl. Umfeld ist vertraut Kostengünstig	Konkurrenzkampf
Extern		
Inserate	Großer PR-Effekt	Kostenintensiv
(Media-Mix)	Breite Streuung Mehr Auswahl	Alibibewerbungen Aufwändige Selektion
Beratungsfirma	Zeit (Vorselektion)	Erfolgshonorar/teuer
Gezielte Ansprache (Lehrkörper, Einzelpersonen)	Preisgünstig, Anforderungsprofil i. O.	Wenig Auswahl evtl. nicht sofort verfügbar
Headhunting	Zeit (Vorselektion), Qualitäten der Bewerber sind bekannt	Teuer und genießt keinen besonders guten Ruf
Kontaktpflege (Schulen, Berufsberater etc.)	Imagefördernd	nicht geeignet bei dringenden Besetzungen
PR-Aktivitäten (Tag der offenen Tür etc.)	Imagefördernd	Nicht geeignet bei sofortigen Besetzungen Kostenintensiv
Fernsehen/ Radio		Sehr teuer
Internet	Verbreitung zunehmend	Oft nicht transparent, Streuverlust
Plakate/Postwurf		aufwändige Selektion
RAV	Anforderungsprofile sind bekannt Kostenlos	Qualität der Kandidaten oft fragwürdig Leistungsdruck der Berater

Bei der **internen Personalsuche** wendet man sich an die Mitarbeiter im Unternehmen. Durch Versetzungen können geeignete Mitarbeiter gewonnen werden.

Bei der **externen Personalsuche** sucht man geeignete Mitarbeiter ausserhalb des Unternehmens. Dabei können verschiedene Mittel und Werbeträger verwendet werden. Die Personalsuche wird durch ein positives Image des Unternehmens als Arbeitgeber erleichtert.

10 Die Formulierung des Personalinserats

Eine Fachfrau für Personalfragen soll gute Personalinserate entwerfen können, sie sollte sich in Fragen der Personalwerbung sicher fühlen. Personalinserate kosten Geld, und dieses Geld sollte möglichst gut investiert werden. Personalinserate werden nicht nur von Stellensuchenden gelesen, sie machen das Unternehmen immer auch für die Öffentlichkeit sichtbar; diese Wirkung auf ein breites Publikum dürfen Sie nicht dem Zufall überlassen.

Bei der Formulierung eines Inserats sollten folgende Punkte beachtet werden:

A Im Zentrum steht der Bewerber

Personalinserate wenden sich an zukünftige Mitarbeiter und sollten ihr Interesse für das Unternehmen und die offene Stelle wecken. Viele Inserate sind blass, gesichtslos, trocken und angebotsorientiert, so dass kein Bewerber darin seine berufliche Chance sieht, sich angesprochen fühlt und das Gefühl bekommt «Hier möchte ich arbeiten». Hier sprechen nicht Menschen zu Menschen, das Inserat ist ein Monolog über Funktionen, Umsatzzahlen etc. Solche Inserate ohne Profil führen nicht zum Ziel. Ein gutes Inserat ist bewerberorientiert. Es macht auch eine erste Auseinandersetzung zwischen der angebotenen Position und den Erwartungen des Bewerbers möglich. Diese Auseinandersetzung soll realistisch, konstruktiv sein, d. h. der Bewerber soll intuitiv erfassen, ob die ausgeschriebene Aufgabe zum ihm passen könnte – oder auch nicht. Beides ist wichtig. Er soll sich – in seinem und im Interesse des Unternehmens – nicht für eine Aufgabe bewerben, die für ihn nicht in Frage kommt.

Personalinserate, die sich an Menschen und nicht an Positionsinhaber wenden, in denen Menschen und nicht Firmen oder Spitzenunternehmen sprechen, sind «automatisch» menschlich.

Die beiden folgenden **Beispiele** zeigen den Unterschied zwischen einem gesichtslosen und einem ansprechenden Inserat:

Als führendes Bauunternehmen suchen wir einen

Außendienstprofi

Wir bieten:
• selbständiges Arbeiten
• Festanstellung und Provision
• solide Einarbeitung
• Entscheidungsbefugnisse

Wir erwarten:
• Kenntnisse der Baubranche
• exakte Arbeitsweise
• Verhandlungsgeschick

Ihre Bewerbungsunterlagen senden Sie bitte an ...

Medien-Direktvertrieb AG

Wir sind die Nr. 1 im Direktvertrieb multimedialer Produkt-
systeme. Mit laufend neuen Ideen und bahnbrechenden
Produkten schaffen wir Märkte und setzen Maßstäbe.

Um diese rasante Entwicklung voranzutreiben, bieten wir
VERKAUFSTALENTEN eine einzigartige Perspektive.

Ob als JUNGER WILDER oder

Als ALTER HASE – die GUTEN VERKÄUFER brauchen wir
alle!

Unser besonderes Angebot: Sie arbeiten in Ihrem Heimat-
kanton in einem hoch motivierten und erfahrenen Team.
Spielraum für Selbstentfaltung und Spaß an der Arbeit sind
für uns selbstverständlich. Durch eine 2-jährige Ausbildung
in unserer Schule sind Sie sofort erfolgreich. Sie erzielen ein
überdurchschnittliches Einkommen.
Wenn Sie Freude am Umgang mit Menschen haben, ziel-
strebig und fleißig sind, sollten Sie uns sofort kennen lernen. Dann sind Sie in unserem Team genau richtig!
Medien-Direktvertrieb AG…

B   Das gute Personalinserat ist informativ

Das gute Personalinserat ist menschlich und zugleich informativ. Es gibt dem Bewerber
alle Informationen, die er für seine erste Entscheidung braucht: Die Informationen sind
klar, wahr und wenn nötig umfassend (Kaderstelle z. B.). Sie sind bewerberorientiert ausgewählt und abgefasst.

C   Effiziente Personalinserate haben eine auswählende Wirkung

Das Inserat soll ansprechen, informieren, aber auch filtern. Ein gutes Inserat zieht nicht
möglichst viele, sondern möglichst viele geeignete Bewerber an. Gehalt und Klarheit der
Information sind der Filter.

Die auswählende Wirkung des Inserats ist aus folgenden Gründen wichtig:

- Die nächste Phase (Durchsicht und Bearbeitung der eingegangenen Bewerbungen)
  wird abgekürzt. Sie gewinnen Zeit und sparen dadurch Kosten.
- Absagen lösen immer negative Gefühle beim Bewerber aus (von feiner Enttäuschung
  bis zur Verärgerung). Wenn sich viele ungeeignete Bewerber melden, hinterlassen Sie
  viele enttäuschte Bewerber. Sie werden keine guten Imageträger für Ihr Unternehmen
  sein.

D   Erfolgreiche Inserate sind optisch gut gestaltet

Die grafische Aufmachung soll Aufmerksamkeit wecken, das Inserat nicht untergehen lassen. Sie soll aber auch ansprechen und mit der Botschaft des Inserats übereinstimmen.
Äußere Form und innerer Gehalt sollen zu einer Einheit verschmelzen.

E   Zum Erfolg gehört auch die richtige Medienplanung

Inserate müssen in den geeigneten Zeitungen und Fachzeitschriften erscheinen, um ihr Zielpublikum zu erreichen. Die Planung und Streuung ihres Erscheinens in den Medien ist wichtig.

Wir werden uns im Folgenden mit diesen Fragen beschäftigen.

Gute Personalinserate sind auf den Bewerber ausgerichtet. Sie sprechen ihn als Mensch an. Sie sind informativ, filtern die geeigneten Bewerber von der Masse der Bewerber und sind grafisch gut gestaltet. Sie müssen im geeigneten Medium platziert werden.

11　Die Funktion des Personalinserats

Man kann das Personalinserat als Gesprächsanfang sehen. Das entspricht am ehesten der Auffassung einer kooperativen Personalpolitik, die den Mitarbeiter – auch in der frühen Phase als Bewerber – als Partner behandelt. Gespräche finden immer auf zwei Ebenen statt: auf der Sach- und Beziehungsebene. Es werden Informationen ausgetauscht, gleichzeitig klingen aber auch Wertvorstellungen und Gefühle an, also ganz Persönliches. Wir empfinden es als gelungene Kommunikation, wenn die beiden Ebenen sich decken, das heißt, wenn die Informationen glaubwürdig sind, mit dem übereinstimmen, was zwischen den Zeilen gesagt wird. Genauso ist es mit dem Personalinserat: Es soll den Bewerber auf der Sach- und auf der Beziehungsebene erreichen, es soll ihn informieren, aber auch den persönlichen Kontakt zu ihm herstellen und ihn motivieren.

Wir beginnen mit der Sachinformation. Was muss ich dem Bewerber im Inserat mitteilen, was interessiert ihn? Und wie teile ich es ihm am besten mit?

11.1　Welche Informationen interessieren den Bewerber? (Sachebene)

Das Bedürfnis nach Information ist ein Grundbedürfnis des Menschen. Wen man sorgfältig informiert, nimmt man ernst. Einfühlende und gründliche Information ist damit auch ein Ausdruck persönlicher Wertschätzung. Genau das wollen wir mit der Information im Personalinserat erreichen. Im Grund lassen sich Sach- und Beziehungsebene also gar nicht scharf voneinander trennen, denn durch die Art, wie ich etwas sage, durch die Auswahl der Information sage ich immer auch etwas über mich selbst aus. Jede noch so sachbezogene Mitteilung trägt ein Stück Selbstoffenbarung in sich.

Aus der Personalplanung kennen wir alle wichtigen Daten über die neu zu besetzende Stelle. Wir haben die Stellenbeschreibung, in der die eigentliche Arbeit umschrieben ist, in der die Verantwortung und ihre Grenzen abgesteckt sind und das Verhältnis zu anderen Aufgaben, Arbeitsplätzen und Abteilungen geregelt ist; wir kennen die organisatorische Einordnung (über- und untergeordnete Stellen); wir wissen Bescheid über die beruflichen Voraussetzungen, Ausbildung und Erfahrungshintergrund, die vom Stelleninhaber verlangt werden. Aus Gesprächen mit Vorgesetzten kennen wir auch die ganz besonderen Erfordernisse, z.B. besondere Schwierigkeiten im dortigen Team, die hohe Anforderungen an die Verträglichkeit und Belastbarkeit des Bewerbers stellen, oder besondere Organisationsbegabung, die an den neuen Leiter gestellt wird, der eine Abteilung erst aufbauen und daher speziell Pioniergeist mitbringen muss. Kurz: Wir kennen das Anforderungsprofil des Bewerbers. Je genauer wir das Anforderungsprofil kennen, umso klarer werden unsere Informationen sein und desto effizienter das Personalinserat.

Nehmen wir also an: Sie haben alle Informationen über die zu besetzende Stelle. Jetzt kommt die Frage: Welche Informationen gebe ich wie an den Bewerber weiter?

Verwenden Sie dabei folgende **Checkliste:**

[11-1] Checkliste für das Verfassen eines Personalinserats

Checkliste wichtiger Informationen für das Personalinserat

1. Das Unternehmen – «Wir sind...»

Firmenname und –anschrift, Branche, Leistungsprogramm (Produkte, Dienstleistungen), Entwicklung des Unternehmens (Traditionen), Bedeutung des Unternehmens insgesamt bzw. einzelner Leistungsbereiche (Umsatz, Marktanteile), Größe (Mitarbeiterzahl), Rechtsform, Besitzerverhältnisse (Konzernzugehörigkeit, Familienbetrieb), Kapitalkraft, Ertragskraft, Zukunftsaussichten, Unternehmens- bzw. Führungsphilosophie, Betriebsklima, Standort (z. B. auch Verkehrs- und Schulverhältnisse, Freizeitwert).

2. Die zu besetzende Position «Wir suchen...»

Positionsbezeichnung, funktionale und hierarchische Eingliederung, Tätigkeitsmerkmale, Aufgabenbeschreibung, Leistungsziele bzw. Leistungsstandards, Grad der Selbständigkeit, Kompetenzen, Entwicklungsmöglichkeiten, soziale Struktur im Umfeld der Position (Vorgesetzte, Kollegen, Mitarbeiter), Führungsstil im entsprechenden Bereich, Gründe für die Stellenausschreibung.

3. Die Anforderungen an den Stelleninhaber – «Wir erwarten...»

Kenntnisse und Fertigkeiten (Ausbildungsrichtung und – niveau), gewünschte Erfahrungen, erforderliche bzw. erwünschte Eigenschaften in Bezug auf Leistungs – Kooperations- und Führungsverhalten, Alter (z. B. Mindest- oder Höchstalter), Geschlecht, Nationalität, erforderliche bzw. erwünschte Einstellungen und Haltungen, besondere Belastbarkeit (z. B. für Schichtdienst, Reisetätigkeit, Auslandaufenthalte), Eignung der Position für besondere Gruppen (z. B. Schwerbehinderte).

4. Das Anreizsystem der ausgeschriebenen Position bzw. des Unternehmens «Wir bieten...»

Höhe bzw. Größenordnung des Lohnes, Erfolgsbeteiligung, Sozialleistungen (vor allem besondere), Fortbildungsangebote, Aufstiegsmöglichkeiten, Urlaubs- und Arbeitszeitregelungen (z. B. gleitende Arbeitszeit), Modernität der Fertigungs- bzw. Büroeinrichtungen, Image des Unternehmens, Hilfe bei der Wohnungssuche, Firmenwagen.

5. Bewerbermodalitäten – «Ihre Bewerbung...»

Bewerbungsart (schriftliche, persönliche, telefonische Kontaktaufnahme), Bewerbungsweg (direkt oder indirekt über Chiffreadresse oder über Personalberater), erforderliche Bewerbungsunterlagen, Bewerbungssicherung (Sperrvermerke, vertrauliche Behandlung usw.), Ansprechperson bzw. – abteilung,

---

Nicht auf alle Punkte der Checkliste muss immer eingegangen werden. Konzentrieren Sie sich auf das Wichtige und für das Gespräch mit dem Bewerber Interessante. Die Checkliste verschafft Ihnen das Rohmaterial, sie ist eine Gedächtnisstütze, damit Sie nichts vergessen. Wählen Sie bewusst daraus aus!

Übernehmen Sie nicht die Formel «wir suchen ...», «wir bieten ...» und zählen dann auf. Packen Sie die wichtigen Informationen in ein Gespräch über die Firma und die zu besetzende Position ein. Lebendig, menschlich, ansprechend. Oft suchen gerade qualifizierte Leute keine Stelle, sie blättern nur im Inseratenteil. Wenn sie dann auf ein Inserat stoßen, das sie besonders anspricht, kommt es doch zu einer Bewerbung.

Wir wollen nun die einzelnen Informationsbereiche näher anschauen und Beispiele dafür bringen. Es sind Bereiche, die in jedem Personalinserat zur Sprache kommen müssen: das Unternehmen, die Aufgabe, die Anforderungen und die Leistungen des Unternehmens.

11.1.1 Informationen über das Unternehmen

Der Bewerber möchte erfahren, wer Sie sind, welche Produkte Sie herstellen und welche Dienstleistungen Sie anbieten. Er will aber auch wissen, wie groß das Unternehmen ist, welche Bedeutung es in seiner Branche hat. Er interessiert sich für die Unternehmenspolitik, die Firmenphilosophie, die Entwicklung in den letzten Jahren, für Niederlassungen, Schwesterfirmen, neue Projekte und Zukunftsaussichten.

Der Bewerber möchte ein **Gesamtbild** und zugleich die **Besonderheiten,** das Charakteristische, kennen lernen, z. B. eine besonders fortschrittliche Personalpolitik, eine aggressive Marktstrategie, besondere Produktionsmethoden oder ausgeprägtes Qualitätsbewusstsein. Der Text kann durch Abbildung eines bekannten Produkts verstärkt werden – auch das ist eine Informationsmöglichkeit. Es ist wichtig, das Unternehmen so klar wie möglich vorzustellen, denn jedes Firmenimage spricht eine bestimmte Gruppe von Bewerbern an. Und genau diese Gruppe ist für uns interessant.

Was aber, wenn es nichts Besonderes zu sagen gibt? Oder wenn das Unternehmen allgemein bekannt ist und nicht vorgestellt werden muss. Ein sehr bekanntes Unternehmen muss nicht zwingend näher vorgestellt werden. Auch hier sind aber Aussagen möglich, die den Bewerber interessieren, z. B. über die Personalpolitik. Wichtiger ist jedoch die Beschreibung der Position, der Abteilung, in der der Bewerber arbeiten wird.

Verzichten Sie bei der Beschreibung auf Floskeln und Klischees. Ein gutes Betriebsklima und kooperativer Führungsstil sind keine zugkräftigen Argumente mehr. Vor allem sollten sie sich aus dem Ton des Inserats ergeben und nicht sonderlich erwähnt werden müssen.

Und nun einige **Beispiele,** wie man sich dem Bewerber vorstellen kann; zuerst einige blasse, profillose Aussagen:

«Führendes, international tätiges Unternehmen sucht ...»

«Wir sind eine fortschrittliche und bedeutende Unternehmung auf dem Gebiet der Revision und Beratung ...»

Hier sprechen nicht Menschen zu Menschen. Wie soll sich der Leser angesprochen fühlen? Wie soll er sich seinen neuen Arbeitgeber vorstellen können? Stellen Sie sich auf natürliche, direkte Art vor, zum Beispiel so:

«Mit über 30 000 Mitarbeitern gehören wir heute weltweit zu den führenden Unternehmen der Nachrichtentechnik. Vor 10 Jahren hatten wir noch 20 000 Mitarbeiter. In diesen Zahlen drückt sich die wachsende Bedeutung unserer Techniken aus, aber auch die in die Zukunft gerichtete Dynamik unseres Unternehmens...»

11.1.2   Informationen über Position und Arbeitsfeld

Das Unternehmen ist der große Rahmen, die Position der eigentliche Bereich, für den sich der Bewerber interessiert. Die Information über die Aufgabe sollte das Kernstück des Personalinserats sein.

Die eigentliche Aufgabe sollte so dargestellt sein, dass der Bewerber sie sich lebendig und farbig vorstellen kann. Blasse Funktionsbeschreibungen erfüllen diesen Zweck nicht. Geben Sie **präzise Informationen,** stellen Sie aber auch die **Bedeutung der Aufgabe** im Gesamtablauf, z. B. der Abteilung, dar: Fügen Sie vielleicht Zahlen hinzu, z. B. über Umsatz oder Produktion. Oder beschreiben Sie einen typischen Tagesablauf.

Beschreiben Sie die mit der Aufgabe verbundene **Verantwortung, die Kompetenzen des Bewerbers** – auch wenn sie begrenzt sind; sie interessieren ihn zentral. Jeder Mensch wünscht sich ein Minimum an Freiraum und Entscheidungsmöglichkeiten.

Erwähnen Sie dann die **Entwicklungsmöglichkeiten** – wie kann sich der Bewerber seine Zukunft vorstellen? Kann er sich weiterbilden? Kann er zum Spezialisten werden? Oder aufsteigen? Steht das Unternehmen ihm bei der Planung dieser Laufbahn bei? Ist es an seiner beruflichen Entwicklung interessiert? – All das sind Fragen, die den Bewerber interessieren – und motivieren.

Erklären Sie auch, warum die Position neu besetzt werden muss. Ist es eine neu geschaffene Position? Oder wird der Stelleninhaber pensioniert oder versetzt/befördert?

Wieder einige **Beispiele,** zuerst eher schlechte:

«Gesucht Revisor. Sie verfügen über ...»

«Wir suchen in unser Ärzteteam eine freundliche Sekretärin. Wir stellen uns eine junge ...»

Das sind nur Aufzählungen von Stellen, unter denen sich ein Bewerber wenig vorstellen kann. Er hat nicht das Gefühl, seine Zeit und Energie sinnvoll und befriedigend einsetzen zu können.

In den nun folgenden Beispielen kann er eher beurteilen, ob die ausgeschriebene Position zu ihm passt, denn er bekommt ein konkretes Bild, mit dem er sich innerlich auseinander setzen kann:

«Cost Accounting Analystin – ist die Frau, die den «undichten Stellen» im Betrieb nachgeht und untersucht, wo und warum übermäßige Kosten entstehen. Sie ist eine Art Detektivin, die von der Fabrikation und vom Rechnungswesen viel versteht, zwei Wissensgebieten, die selten in einer Person vereint sind.»

«Marketing-Spezialist. Sie sind für alle Fragen des Marketing-Mix verantwortlich. Sie analysieren den Markt, entwerfen Distributions-Konzepte und planen Markteinführungen. Sie erstellen Abweichungsanalysen und führen Budget-Simulationen durch.»

11.1.3 Informationen über die Anforderungen

Verschwenden Sie den teuren Platz nicht für vage, nichts sagende Formulierungen (dynamische Persönlichkeit, selbständige Sekretärin), sondern skizzieren Sie das gewünschte Mitarbeiterprofil. Auf welche Eigenschaften kommt es Ihnen vor allem an? Und warum sind sie wichtig – warum legen Sie besonders Wert auf Organisationstalent, Belastbarkeit, Vielseitigkeit?

Beispiel

«Sie brauchen einen ‹Riecher› für interessante neue Artikel und den sich ständig ändernden Markt. Sie müssen aber auch in der Lage sein, aufgrund von vorhandenen Unterlagen systematisch zu arbeiten und Ihre Mitarbeiter anzuleiten.»

Trennen Sie bei den fachlichen Anforderungen zwischen dem, was obligatorisch ist, und dem, was wünschbar wäre.

Wir haben uns bereits im Teil über die Personalplanung im Kapitel 8.3 mit den Anforderungen beschäftigt. Lesen Sie das Kapitel nochmals durch, wenn Sie sich nicht mehr daran erinnern.

11.1.4 Informationen über die Leistungen des Unternehmens

Erwähnen Sie hier nur das Besondere. Das Gehalt z.B. nur, wenn es wirklich Spitze ist. Überschätzen Sie die Wirkung finanzieller Leistungen auf den Bewerber nicht. Befriedigung in der Arbeit durch größere Selbständigkeit, mehr Spielraum, Verantwortung, interessantere Aufgaben und Arbeitsinhalte sind ebenso wichtige Motive für einen Stellenwechsel wie geringfügige materielle Besserstellung. Wichtig: Differenzieren Sie nach Bewerbergruppen; Angelernte haben in diesem Bereich andere Bedürfnisse als Akademiker oder Führungskräfte. Das trifft auch auf die Sozialleistungen zu. Gute Sozialleistungen sind heute eine Selbstverständlichkeit. Sie namentlich aufzuzählen, wirkt z.B. in einem Inserat für Führungskräfte kleinkrämerisch. Die Erwähnung einer besonders großzügigen Politik in diesem Bereich genügt.

Ein gutes Personalinserat gibt anschaulich klar und wahr Auskunft über

- das Unternehmen,
- die Aufgabe,
- die Anforderungen und
- die betrieblichen Leistungen.

Die Informationen sind bewerberorientiert ausgewählt und dargestellt. Mit einer lebendig beschriebenen Aufgabe kann sich der Bewerber intensiver und differenzierter auseinander setzen, weil nicht nur sein Intellekt, sondern die gesamte Persönlichkeit angesprochen ist.

11.2 Wie kann der Bewerber emotional angesprochen werden? (Kontakt- und Motivationsebene)

Vielleicht haben Sie den Informationsteil intuitiv so gestaltet, dass der Bewerber darin nicht nur «tote» Informationen bekommt, sondern in der angebotenen Aufgabe seine neue berufliche Chance sieht. Nicht immer gelingt das aber auf Anhieb. Wir wollen uns darum speziell mit der Frage beschäftigen: Wie erreiche ich den Bewerber auch emotional?

Das Inserat sollte **wichtige Bedürfnisse** des Bewerbers ansprechen.

Menschliches Handeln wird aus der Tiefe der Bedürfnisse und Triebe gesteuert; sie sind der Antrieb für alles, was wir tun. Wir versuchen immer, bestimmte Bedürfnisse zu befriedigen. Die Hoffnung auf Erfüllung bisher unbefriedigter Bedürfnisse ist auch der Grund für Stellenwechsel.

Gute Inserate sind also mehr als gut zusammengestellte und klug formulierte Informationen. Sie haben ein **Leitthema,** einen Schwerpunkt. Dieser Schwerpunkt sind oft die Bedürfnisse, die in der neuen Aufgabe befriedigt werden können. Wichtige menschliche Bedürfnisse, die durch die Aufgabe befriedigt werden können, sind das beste Leitthema eines Personalinserats.

Es gibt große **individuelle Unterschiede.** So gibt es den Typ des ausschließlich sachinteressierten Spezialisten, der mehr an der Lösung, z. B. technischer Probleme, als an menschlichen Belangen interessiert ist und oft auch kein besonders starkes Kontaktbedürfnis hat. Und es gibt den Gegentyp, der die ständige Anregung von anderen braucht, der mit Vorliebe im Team arbeitet und nur so voll leistungsfähig ist.

Der Aufstiegswille, der das Motiv vieler Stellenwechsel ist; der Wunsch zu lernen, sich weiterzubilden, zum Spezialisten zu werden oder besonders viel Neues zu erleben; und ganz wichtig: das Bedürfnis nach Sinn in irgendeiner Form. Jeder Mensch hat dieses Bedürfnis, etwas Sinnvolles zu leisten. Nur ein Rädchen im anonymen Getriebe zu sein, ist nicht reizvoll. Jeder möchte seinen individuellen Beitrag leisten, auch wenn er noch so klein ist, und darin anerkannt werden.

Fragen Sie sich, was die zu besetzende Stelle einem Menschen im Idealfall bieten bzw. welche Bedürfnisse der ideal geeignete Mitarbeiter darin verwirklichen kann. Wenn Sie das im Auge haben, werden Ihre Inserate ein Leitthema haben. Sie werden genau das sagen, was wichtig ist, was der Bewerber wissen will und was geeignete Bewerber motiviert.

Gute Inserate haben ein Leitthema. Oft sind das die Bedürfnisse, die durch die neue Aufgabe befriedigt werden.

Beim Verfassen des Inserats sollte man überlegen, welche Bedürfnisse mit der neuen Aufgabe erfüllt werden können.

12 Die Gestaltung des Inserats

12.1 Der Ton

Das Gedruckte im Inserat entspricht den Wörtern und Sätzen, die in einem Gespräch ausgetauscht werden. In jedem Kontakt – und Inserate sind eine Form der Kontaktnahme – fließt aber noch mehr zwischen den Partnern; der Austausch findet nicht nur auf der rationalen, sondern auch auf der **emotionalen Ebene** statt. Wir achten auf die **Signale** auf dieser Ebene meist sehr genau (wenn auch unbewusst), denn letztlich kommt es immer darauf an zu wissen, was das für ein Mensch ist, mit wem wir es zu tun haben. Je besser wir den anderen als Mensch erkennen, umso eher vertrauen wir ihm.

Der **Stil** übermittelt viel Emotionales. Mit Stil ist gemeint: wie ich mit dem Bewerber spreche, ob ich überhaupt zu ihm spreche, ob ich mich in seine Situation, seine Bedürfnisse, Erwartungen einfühlen kann. Die sprachlichen Mittel spielen dabei eine Rolle – ob ich mich mehr in Begriffen oder in einer lebendigen Sprache ausdrücke, ob die Sätze einfach und klar sind oder undurchsichtig und verschachtelt, ob ich treffende und aussagekräftige Bilder verwende. Auf den «guten» Stil kommt es nicht an, sondern auf Lebendigkeit und Unmittelbarkeit. Sie sollten alles weglassen, was floskelhaft ist und nur das stehen lassen, was etwas aussagt.

Auch die äußere Aufmachung des Inserats – Größe, Schriftwahl, Layout usw. – bestimmen den Gesamteindruck. Wir werden darüber später noch sprechen. Wichtig: Grafische Aufmachung und Gehalt sollen harmonieren.

Freundliche Ansprache und ein einfacher, anschaulicher Stil tragen zum guten Ton eines Inserats bei.

12.2 Die Headline

Die Schlagzeile oder Headline ist das Erste, was der Bewerber liest, aber oft das Letzte in der Arbeit am Inserat. Die Headline sollte so etwas wie das **Konzentrat des Ganzen** sein und sich aus all den gedanklichen Prozessen ergeben, die während des Inseratschreibens ablaufen. Die Headline soll nicht weit hergeholt, künstlich oder unnatürlich sein, sie soll zum übrigen Inserat passen. Sie soll Aufmerksamkeit wecken und den Bewerber ansprechen. Text und Headline sollen aus einem Guss sein.

Die Headline kann das **Leitthema** des Inserats enthalten, eine Zusammenfassung wichtiger Argumente sein, einen besonderen Aspekt hervorheben und betonen – sie kann aber auch etwas ganz Eigenständiges sein, das verblüfft, erheitert, nachdenklich macht. Im Frühjahr eignet sich z. B. «Alles neu macht der Mai». Schlagzeilen lassen theoretisch viel Raum für kreative Gestaltung, für Unkonventionelles, für Humor, auch für Effekte. Aber nicht immer ist es sinnvoll, um jeden Preis originell zu sein. Oft ist eine sachliche und informative Schlagzeile wirkungsvoller. Das hängt letztlich von den Adressaten ab, die man erreichen will, und vom Geist, der im eigenen Unternehmen herrscht. So wäre es falsch, mit allen Mitteln eine besonders originelle Headline zu kreieren, wenn der Stil des Unternehmens konventionell und brav ist. Glaubwürdigkeit und Wahrhaftigkeit sollten der verantwortungsvollen Personalfachkraft wichtiger sein als kurzlebige Effekte; sie zahlen sich auch nie wirklich aus. Also lieber eine schlichte und glaubwürdige Schlagzeile als eine gesuchte, die nicht überzeugt, die z. B. spannungslos und langweilig ist, wie: «Lieben Sie die Herausforderung?» – «Möchten Sie mehr Verantwortung?»

Gut ist die folgende Headline, die zum übrigen Inserat passt; sie ist sachlich und doch ansprechend, mit ihr wird der Dialog mit dem Bewerber eingeleitet:

«Eine außergewöhnliche Karriere beginnt immer mit dem Entschluss zu handeln!»

 «Wir suchen nicht den Mann, der Stricke zerreißt – nein, er muss mitziehen können» – für eine heikle Vorgesetztenaufgabe im Verkauf.

«Können Sie die reine Luft verkaufen?» – für einen Verkäufer von Luftfilteranlagen eines amerikanischen Tochterunternehmens.

Die Headline soll die Aufmerksamkeit des Bewerbers wecken. Sie enthält oft ein Leitthema. Eine schlichte, aussagekräftige und glaubwürdige Headline ist besser als eine originelle, die ihre Wirkung verfehlt.

12.3   Das Vorgehen beim Verfassen

Zürcher Werbefachleute haben schon vor Jahren wertvolle Hilfen entwickelt, mit denen Inserate werbewirksam gestaltet werden können. Sie haben die Zauberformel von **AIDA** und **GIULIO** erfunden.

AIDA

A = **A**ufmerksamkeit (Das Inserat soll auffallen)

I = **I**nteresse (Es soll neugierig machen)

D = **D**rang (Es soll Wünsche wecken)

A = **A**ktion (Es soll dazu verführen, sich zu bewerben)

GIULIO

G = **G**laubwürdigkeit (Der Inhalt muss ehrlich sein)

I = **I**nformation (Es soll nicht zu viel und nicht zu wenig informieren)

U = **U**nverwechselbarkeit (Die Inserate einer Unternehmung sollen einheitlich sein)

L = **L**esbarkeit (Es soll verständlich verfasst sein)

I = **I**dentität (Der Bezug zur Unternehmung sollte vorhanden sein)

O = **O**ptik (Die Größe und Gestaltung sollen ansprechen)

Urteilen Sie nun selbst, auf welche Inserate Sie sich lieber bewerben möchten:

Wir sind ein kleines, fortschrittliches Fabrikationsunternehmen und suchen dringend **MECHANIKER** Tüchtige Berufsleute können bei uns viel verdienen ...	Unsere Arbeitsräume sind hell und freundlich und wir legen Wert auf Sicherheit und Sauberkeit. In unserem kleinen Team fehlt ein **MECHANIKER** der gerne selbstständig arbeiten und beruflich vorwärts kommen möchte. Wir geben Ihnen die Chance ...

Die Arbeit des **Inseratentwurfs** lässt sich in vier Phasen gliedern:

1. **Ideen sammeln:** Erwarten Sie nicht, ein Spitzeninserat in einem Zug entwerfen zu können, sondern beginnen Sie, Ideen zu sammeln. Notieren Sie alle Sachinformationen auf einem Block und auf separaten Blättern Sätze, Gedanken, auch nur Satzfetzen oder Bruchstücke, die Ihnen einfallen. Schreiben Sie auch Ideen auf, die Sie nicht gut finden (damit sie Ihre Gedanken nicht blockieren).
2. **Schwerpunkte finden:** Sichten Sie das zusammengetragene Material und stellen Sie sich dann den gesuchten Idealbewerber in Gedanken vor (Phantombild). Ordnen Sie ihm das gesammelte Material zu, suchen Sie in Gedanken nach einem Leitthema – was könnte für ihn besonders wichtig sein? Was ist für die Aufgabe charakteristisch?
3. **Skizze:** Machen Sie jetzt einen ersten Entwurf, eröffnen Sie das Gespräch mit dem Bewerber, sagen Sie ihm, worum es geht, warum Sie sich an ihn wenden usw. Schreiben Sie spontan und ohne Selbstkritik auf, was Ihnen einfällt. Der Entwurf kann zu lang, zu eintönig, zu extrem in der Formulierung sein – das macht nichts.
4. **Ausarbeiten:** Arbeiten Sie den Entwurf jetzt mit Hilfe der AIDA oder der GIULIO-Formel und anhand eigener selbstkritischer Fragen aus: Habe ich die Aufgabe treffsicher erfasst? Stimmen die Proportionen im Inserat oder herrscht ein Aspekt unberechtigt vor, z. B. Information oder Motivation? Legen Sie den Entwurf dann weg und schauen Sie ihn am nächsten Tag mit neuen Augen an. Geben Sie ihn vielleicht auch einem Kollegen und fragen Sie ihn nach seinem Eindruck.

Es hilft auch, sich von den Ideen anderer inspirieren zu lassen. Es ist deshalb eine gute Idee, den Inseratenteil von Zeitungen laufend zu lesen und eine eigene Inseratensammlung anzulegen, in der man immer wieder blättern kann. Auch aus schlechten Beispielen lässt sich lernen – wie man es nicht machen soll.

Beim Verfassen von Inseraten helfen die beiden Formeln AIDA und GIULIO. Der Inseratenentwurf lässt sich in vier Phasen gliedern:

- Ideen sammeln
- Schwerpunkte finden
- Skizzieren
- Anhand der AIDA- und GIULIO-Formeln ausarbeiten

12.4   Die grafische Gestaltung

Die grafische Gestaltung ist ein Element, das dem Inserat Profil und Eigenart verleihen kann. Sie setzt optische Akzente, sie kann wesentlich zur Unverwechselbarkeit und Lesbarkeit des Inserats beitragen und auf ihre Art die Aufmerksamkeit des Lesers wecken. Die Grafik soll auf den Bewerber und den Inhalt des Inserats abgestimmt sein. Das heißt: eine nüchterne typografische Gestaltung eignet sich für sachbezogene, leistungsorientierte Inserate. Für eine Modezeichnerin oder einen Verkäufer von Orientteppichen gibt es hingegen mehr Spielraum in der grafischen Gestaltung.

Schauen wir uns nun die verschiedenen Aspekte der grafischen Gestaltung an.

A Größe des Inserats

Sie soll der Bedeutung der Position, eventuell dem Marktwert des gesuchten Mitarbeiters entsprechen. Orientieren Sie sich auch am Format, das andere Firmen wählen. Ein Inserat muss nicht immer sehr groß sein, um sich von den anderen hervorzuheben. Großzügigkeit im Format kann sich aber lohnen. Ein einmal erschienenes Inserat von einer Viertelseite bringt häufig eine bessere Resonanz als mehrmaliges Erscheinen in kleinem, unscheinbarem Format. Eine besondere typografische Gestaltung braucht in der Regel etwas mehr Platz, oder umgekehrt: Ein größeres Format gibt Ihnen mehr Spielraum für eine besondere Gestaltung. Die Größe kann aber Mängel des Aufbaus und der Textgestaltung niemals ausgleichen! Die Wahl des Formats hängt also von verschiedenen Faktoren ab, die gegeneinander abgewogen werden müssen, und ist letztlich Erfahrungs- und Gefühlssache.

B Schriftwahl und Layout

Das Spiel mit verschiedenen Schrifttypen und Schriftgrößen ist unerschöpflich. Jede Schrift hat ihren eigenen Charakter – es gibt sachliche, nüchterne, verspielte, heitere Schriften, solche, die altmodisch oder modern wirken usw.

Neben der Schriftwahl muss man sich für das Layout entscheiden. Dabei geht es darum, wie groß die Schriften von Headline und Text zu sein haben, wie sie optimal angeordnet werden, wie viel weißer Raum dazwischen steht und wie die einzelnen Abschnitte optisch gegliedert sind.

Es gibt oft **mehrere gute Varianten,** nicht nur eine richtige. Wählen Sie diejenige aus, die Sie vor allem aus der Optik des Bewerbers und im Vergleich mit der Aussage des Inserats für die beste halten.

Sie können das Inserat selber gestalten oder diese Arbeit vom Layouter der Zeitung machen lassen. In diesem Fall müssen Sie den Text mit genauen Angaben versehen und Originalvorlagen wie Fotos, Grafiken oder Logos mitschicken. Verlangen Sie ein Gut zum Druck, damit Sie noch Änderungen machen können, bevor das Inserat in Druck geht.

C Grafiken

Zeichnungen, Abbildungen (von Menschen, Werkstücken, Gebäuden usw.), Signete usw. sind ein weites Feld, um Ideen zu entwickeln und den Informationswert oder die emotionale Ansprache zu unterstreichen.

Die grafische Gestaltung ist ein Element, das dem Inserat Profil und Eigenart verleihen kann.

Im Einzelnen müssen die Größe des Inserats, Schriftwahl und Layout und die Verwendung von Grafiken festgelegt werden.

13 Die Wahl der richtigen Werbeträger

Werbeträger sind die Informationskanäle, mit denen die Werbemittel zum Adressaten gebracht werden können. Die wichtigsten Werbeträger sind:

- Zeitungen und Zeitschriften
- Radio, Fernsehen
- Plakatwände
- Der Postversand für Prospekte
- Das Telefon für den Telefonverkauf
- Der PC für das digitale Einkaufen zu Hause
- Kinos für Werbefilme

Über welche Zeitungen und Zeitschriften (Medien) erreichen wir unser Zielpublikum? Um das entscheiden zu können, müssen wir das Zielpublikum der verschiedenen Zeitungen und Zeitschriften kennen. Aber auch die Bedarfssituation im Betrieb ist ausschlaggebend.

13.1 Die zeitliche Streuung der Inserate

Wir müssen grundsätzlich zwei Situationen unterscheiden:

- Ein bestimmter Mitarbeiter muss kurzfristig gefunden werden.
- Es werden neue Mitarbeiter auf längere Sicht gesucht.

Im ersten Fall müssen die Inserate in relativ kurzen zeitlichen Abständen in der Tages- und Fachpresse erscheinen.

Im zweiten Fall kann stufenweise vorgegangen werden. Mit einem relativ kleinen Einsatz wird der Markt abgetastet. Wenn sich die geeignete Person nicht meldet, kann auf anderem Weg weitergesucht werden.

Den größten Leserkreis kann man durch die **Wochenendausgaben** ansprechen. Es ist aber günstig, an einem Wochentag ein zusätzliches Inserat zu platzieren. Dabei ist es nicht erwiesen, dass einzelne Tage besser sind als andere. Es gibt Zeitungen, die an gewissen Tagen einen besonders umfangreichen Stellenteil aufweisen, der von Stellensuchenden speziell studiert wird. Die Montagsausgaben können für gewisse Berufsgruppen wegen Sportnachrichten und -kommentaren für Stellenangebote, die sich an junge Männer richten, eine tendenziell bessere Resonanz auslösen. Bei den Wochenzeitungen hat die Praxis gezeigt, dass Stellenangebote, die in der 3. und 4. Woche des Monats zur Einschaltung kommen, ein größeres Echo haben.

Die Ferien- und Weihnachtszeit sind ungünstige Jahresperioden für Personalinserate. Am Jahresende sind in den meisten Firmen die Beförderungen und Gehaltserhöhungen aktuell. Die Mitarbeiter sind dadurch nicht für einen Stellenwechsel offen.

13.2 Wie orientiert man sich über die Eignung von Werbeträgern?

Bevor man sich für einen Werbeträger entschließt, sollte man klären, welches Zielpublikum er hat.

Übersichten über alle existierenden Presseorgane finden Sie in Nachschlagewerken. Sie erfahren daraus, welche Leute welche Zeitungen lesen, wie das Image einer Zeitung ist, wo sie erscheint, welche Auflagen sie hat, welche Fachzeitschriften es für bestimmte

Berufssparten gibt, ferner alle technischen Details über Inseratekosten, Termine für die Aufgabe eines Inserats usw.

Es ist deshalb wichtig, dass Sie sich durch das Lesen verschiedener Blätter und Fachzeitschriften selbst einen Überblick verschaffen.

13.3   Tageszeitung oder Fachzeitschrift?

Prinzipiell gilt:

Eine Tageszeitung hat eine breitere Streuung; die Fachzeitschrift spricht einen spezifischen Leserkreis an.

Ein Sachbearbeiter muss über eine Tages- bzw. allgemein orientierte Wochenzeitung angesprochen werden. Ein spezialisierter Ingenieur hingegen ist eher durch ein Inserat in einer Fachzeitschrift erreichbar, das er vermutlich regelmäßig zu Weiterbildungszwecken liest. Er wird – selbst wenn er seine Stelle nicht unbedingt wechseln möchte – auch einen Blick in den Stellenteil tun.

Wenn Fachleute gesucht werden, sollte neben Inseraten in den Tageszeitungen also immer auch in den entsprechenden Fachzeitschriften inseriert werden. Inserate in Fachzeitschriften werden nach denselben Gesichtspunkten formuliert wie solche in Tageszeitungen. Dem informativen Teil muss besondere Beachtung geschenkt werden, da sich die Fachfrau – mehr als beispielsweise eine Sachbearbeiterin – aus sachbezogenen Gründen für eine neue Stelle entschließt.

13.4   Mediamix

Darunter versteht man die bestgeeignete Kombination verschiedener Werbeträger. Der eine liest seine Regionalzeitung nur sehr oberflächlich, nutzt aber dafür die Sportzeitung sehr intensiv oder umgekehrt. Wiederum andere reservieren sich mehrere Stunden am Wochenende für das Zeitungslesen und haben dann die nötige Ruhe, um sich mit den während den letzten Tagen eingetroffenen Wochen- und Tageszeitungen auseinander zu setzen. Sie sehen, wie unterschiedlich die Schwerpunkte im Nutzungsverhalten Ihrer Zielpersonen bei den gedruckten Medien liegen. Nur durch **Kombination verschiedenartiger Zeitungsarten** (Tages- und Wochenzeitungen) haben Sie also die Gewissheit, dass der Grossteil Ihrer Zielpersonen überhaupt die Chance hat, von Ihrem Angebot Kenntnis zu nehmen. Es ist deshalb sinnvoll, von Anfang an ein Anzeigenpaket von z.B. 4 Titeln zu wählen und das Inserat mit einer Streuung von 10 Tagen erscheinen zu lassen.

Wenn in verschiedenen Medien inseriert wird, sollte das **Erscheinen der Inserate sorgfältig abgestimmt** werden. Legen Sie einen nicht zu großen Zeitabschnitt (4–8 Wochen) fest und streuen Sie darin. Die Inserate in den verschiedenen Medien unterstützen sich gegenseitig und führen zu einer Verdichtung Ihrer Präsenz. Zur Planung und auch Kostenkontrolle eignet sich ein **Mediaplan.**

1. Quartal 200x

Feinplanung Inserate 200x

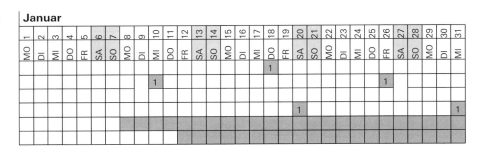

Januar

**Regionalzeitung
Tageszeitung
Wochenzeitung
Fachzeitschrift
eigene Homepage
Internet-Plattform**

Verfolgen Sie die Inserate der Konkurrenz aufmerksam. Überlegen Sie, wie Sie sich gegen die Konkurrenz abgrenzen können – durch andere Argumente, andere grafische Aufmachung, eventuell andere Medienwahl.

Die Medienwahl hängt davon ab, ob **kurzfristig** oder langfristig Personal gesucht wird. Sucht man kurzfristig Personal, muss die zeitliche Streuung dicht sein; man sucht vor allem in Tages- und Wochenzeitungen. Werden Mitarbeiter **langfristig** gesucht, kann man zeitlich länger streuen und den Markt zunächst abtasten.

Tageszeitungen haben eine breite Streuung, **Fachzeitungen** richten sich an einen besonderen Leserkreis.

Der **Mediamix** ist die Kombination verschiedener Werbeträger.

14 Das Electronic Recruiting

Electronic Recruiting (E-Recruiting) ist der vollständige, elektronisch unterstützte Personal-rekrutierungsprozess von der erstmaligen Stellenausschreibung, über die Abwicklung der Online-Bewerbung, der Kandidatensuche und -selektion bis hin zur Einstellung des neuen Mitarbeiters.

VERGLEICHENDES ELECTRONIC RECRUITING

14.1 Ausgangslage

Heute ist das Internet auch im Personalbereich nicht mehr wegzudenken. Sicherlich haben Sie bereits eine Stellenbörse auf dem Internet aktiv besucht, sei dies ein Stellen-Portal oder aber eine Angebotsseite eines interessanten oder Ihres eigenen Arbeitgebers.

Die Qualitätsunterschiede der verschiedenen Unternehmen, die ihre offenen Stellen im Internet präsentieren, sind teilweise beträchtlich. Von der wenig informativen bis zur detaillierten Homepage werden Sie alles finden. Haben sich vor zwei oder drei Jahren nur «PC-Freaks» über das Internet beworben, hat sich das Bild in der Zwischenzeit rasch gewandelt. Bis heute ist die Zahl der Online-Bewerbungen rasant gestiegen und steigt wei-ter. Online-Bewerbungen gibt es praktisch bei allen Berufsarten.

Das Medium Internet und die mit ihm verbundene Dynamik sind innovativ, es ergeben sich neue Prozesse, es erzielt eine enorme Breitenwirkung und hat eine vielfältige Darstellungs-möglichkeit.

14.2 Ziele

Das E-Recruiting steht erst am Anfang seiner Entwicklung. Derzeit hat die isolierte Stellen-ausschreibung und allenfalls die Online-Bewerbung noch die Vorherrschaft.

Hauptziele sind:

- die Schaffung von Mehrwert für Personalverantwortliche, Vorgesetzte und auch aktu-elle und potenzielle Mitarbeiter,
- die Optimierung der Prozesse mit Hilfe des Systems,
- ein optimaler Informationsfluss auf allen Ebenen und
- das Einsparen von Kosten.

TEIL C PERSONALSUCHE

Teilziele wie eine hohe Standardisierung der Abläufe, den dadurch verminderten Aufwand von administrativen Tätigkeiten und das automatische Controlling sind teilweise bereits erreicht.

Durch die Effizienzsteigerung in der Personalarbeit ergibt sich eine höhere Flexibilität, eine verbesserte Reaktionsgeschwindigkeit, eine Verkürzung der Abwicklungszeiten sowie eine qualitative Verbesserung der Daten und Informationen.

Die qualitative Verbesserung der Personalleistungen ermöglicht eine (interne) Personalberatung und verringert die Personaladministration auf ein Minimum. Qualitätsstandards in der täglichen Personalarbeit können eingehalten und überprüft werden; die Folge ist eine Konzentration auf wertschöpfende Aktivitäten, z.B. die Rekrutierung und Selektion von Bewerbern oder die Betreuung von bestehenden Mitarbeitern.

14.3   Zukunft

Mit Sicherheit wird sich dieses Medium in der nahen Zukunft noch weiter entwickeln, damit die eigentlichen Ziele einer prozessorientierten E-Business-Lösung erreicht sind:

- Eine schnelle, effiziente Rekrutierung von geeigneten Bewerbern
- Das Aufbereiten einer (Bewerber-)Datenbank
- Nutzung des Personalmarketings und der Personalentwicklung
- Abgleich von vorhandenen Vakanzen mit vorhandenen Bewerbern (Matching)
- Komplettes Bewerbermanagement
- Integration von Bewerbungsmethoden (z.B. Online-Tests)
- Vollständige Vertragserstellung

Externe und interne Bewerber können sich für eine Vakanz aktiv bewerben. Man bezeichnet dies als **CV-Posting;** es ermöglicht **internen Mitarbeitenden** ihren Lebenslauf auf dem **Intranet** zu veröffentlichen, um von einem Benutzer z.B. dem Abteilungsleiter einer anderen Abteilung oder vom Personalverantwortlichen angeschrieben zu werden. Mit Vorteil wird hier die Möglichkeit gegeben, den Lebenslauf so weit wie möglich anonym zu behandeln. Somit wird der interne, unter Umständen weltweite Stellenmarkt transparenter. Das Unternehmen erkennt Entwicklungspotenzial bei bereits vertrauten Personen. **Externe Mitarbeiter** verschicken ihre Lebensläufe über das **Internet.**

Im Folgenden zeigen wir Ihnen eine Online-Bewerbung. Nach dem Versand der Daten über das Internet muss mit dem Kandidat Kontakt aufgenommen werden.

[14-1]   Beispiel einer Online-Bewerbung

Bewerbung als:	
Name:	
Vorname:	
Straße:	
PLZ/Ort:	/
Telefon P:	Telefon G:
E-Mail:	

Auch beim Erstellen der **Online-Bewerbung** gelten die grundlegenden Regeln, die wir bereits beschrieben haben. Schreiben Sie den Text genauso, wie Sie es im Printmedium veröffentlichen würden. Es ergeben sich jedoch einige mediumsspezifische Ergänzungen.

Um nur einige zu nennen, können dies zum Beispiel sein: Erfassungsdatum, Ausschreibungsstatus, Genehmigungs-Informationen, Filteraktivitäten (Ausschreibung intern/-extern, Dauer der Ausschreibung) u.v.a.m.

14.4   Kriterien

Das E-Recruiting wird durch folgende Kriterien beurteilt:

- Auffindbarkeit
- Darstellung und Navigation
- Informationsgehalt
- Interaktivität
- Sicherheit und Technik

Die Seite sollte schnell und einfach auffindbar sein. Wichtig ist vor allem, dass man auf der Homepage einen direkten und gut erkennbaren Hinweis (Link) findet, der auf Stellenangebote verweist.

Die Darstellung und Bedienerfreundlichkeit soll für den Benutzer attraktiv sein. Die Seite muss logisch, **übersichtlich und zweckdienlich gegliedert** sein und schnell bedient werden können.

Dem **Informationsgehalt** sollten Sie eine zentrale Bedeutung beimessen! Bieten Sie möglichst umfangreiche und breite Informationen über das Unternehmen im Allgemeinen und den Personalbereich im Speziellen an. Sprechen Sie Ihre virtuellen Besucher zielgruppenorientiert an, um den verschiedenen Ansprüchen der potenziellen Arbeitnehmer gerecht zu werden.

Den direkten **Dialog** mit den verschiedenen Zielgruppen erreichen Sie über die **Interaktivität** als medienspezifisches Instrument des Internets. Man versteht darunter den Dialog zwischen Computer und Benutzer. Der Benutzer gibt zum Beispiel bei Tests die Antworten auf die Fragen ein und der Computer gibt an, ob diese richtig sind oder nicht. Schöpfen Sie die technischen Möglichkeiten aus und erstellen Sie ein logisches Online-Bewerbungsformular (für eine aktuelle offene Stelle, aber auch als Spontanbewerbung) und ermöglichen Sie den Zugang zu Mailinglisten für Newsletters etc …

Mit **Sicherheit und Technik** sind einerseits die technischen Standards gefragt, jedoch auch der vom Gesetzgeber geforderte Persönlichkeitsschutz. Wenn Sie offene Stellen anbieten, auf die sich Interessierte melden können (Online-Bewerbung), sollten Sie dafür sorgen, dass die technischen und betriebsinternen Prozesse die Anforderungen an eine sichere Bewerbung erfüllen. Eine sichere Übermittlung durch ein Sicherheitszertifikat sowie eine klare und transparente Beschreibung, wie die Daten gespeichert, verarbeitet und evtl. bearbeitet sowie allenfalls zu einem späteren Zeitpunkt wieder gelöscht werden, sind unabdingbar.

Um ein E-Recruiting – vor allem intern mittels Intranet – einzuführen, sind die Unterstützung des Managements und eine enge Zusammenarbeit und gute Kommunikation zwischen Personalabteilung und den Informatikverantwortlichen erforderlich.

14.5   Informationssicherheit

Die **Sicherheit** ist immer abhängig von der Art des Geschäfts, der Firmenkultur, der Risikobereitschaft und dem Schadenspotenzial, das ein Unternehmen bietet. Der Schutzbedarf im E-Recruiting ist an hohe Anforderungen gestellt. **Bedrohungen** können sein:

Diskcrash, Systemausfall, Viren, Trojaner, Bedienungsfehler, Rache- oder Sabotageakte, Werkspionage oder ganz natürlich Feuer und Wasser.

Die Angaben des Bewerbers in einem Online-Formular müssen zumindest bei der Übertragung **verschlüsselt** werden. Im Intranet sollten nur Befugte Zugriff auf die Informationen haben. Grundlage jeder Bewerbung ist das Vertrauen, das durch die gewährleistete Sicherheit entsteht. Die Folge davon ist eine Nachvollziehbarkeit des Informationsflusses (der Daten) und gegenüber dem Bewerber eine Gewährleistung dieser Nachvollziehbarkeit. Wichtig für Sie als Benutzer, aber auch für den Bewerber ist, dass z. B. die Frage «welches Dokument war wann wo» beantwortet werden kann.

Die konkreten Bedrohungen im elektronischen Rekrutierungsprozess sind vor allem auf die Menschen selbst zurückzuführen. Menschen sind unvollkommen und machen Fehler. Das Sicherheitsbewusstsein sollte gefördert und Schulungen auf diesem Gebiet durchgeführt werden. Denn spätestens bei Nachlässigkeit des Anbieters wird die Bedrohung real; vertrauliche Daten werden nicht mehr verschlüsselt und sind für jeden frei zugänglich. Die Sicherheitsvorkehrungen sollten dennoch Spontankontakte von potenziellen Bewerbern oder jedem anderen Besucher nicht behindern.

14.6 Headhunting

Man spricht von Headhunting, wenn Personalberater Führungskräfte ansprechen, die bei anderen Unternehmen beschäftigt sind, um sie für das beauftragende Unternehmen zu gewinnen.

DIE ZEITEN DER ARBEITSLOSIGKEIT SIND VORBEI.

Die Nachfrage nach ausgewiesenen Fach- und Führungskräften und Spezialisten, die über fundiertes Fachwissen, ausgeprägte Sozialkompetenz, kulturelle Sensibilität sowie internationale Erfahrung verfügen, ist groß. Firmen wollen nicht lange auf geeignete Führungskräfte warten. Die Unternehmen brauchen den Spezialisten heute, nicht morgen. Die traditionellen **Executive-Search-Unternehmen** (Personalsuche-Unternehmen) können hier unter Umständen **zu langsam** sein. Sie benötigen im Schnitt drei Monate, bis sie einen geeigneten Kandidaten gefunden haben.

Bei der Personalberatung, die mit dem Internet arbeitet, ist das anders. Die **Rekrutierungsfrist** von geeigneten Kandidaten wird durch den optimalen Einsatz des Internets drastisch **verkürzt**. Angebot und Nachfrage können via Internet schneller ermittelt werden als bei der klassischen Vermittlung. Die Schnelligkeit bei der Auftrags-Abwicklung verhindert, dass ein Bewerber wegen der langen Wartezeiten bei der Konkurrenz unterschreibt, oder

der Auftraggeber in der Zwischenzeit einen anderen Kandidaten verpflichtet. Außerdem ist das Internet ein günstiges, **internationales und jederzeit verfügbares Medium.**

Der **Kandidat** kann **selber aktiv** werden und muss nicht mehr auf den Anruf eines Executive Search Beraters warten. Zuerst erfolgt die **Registrierung in der Datenbank der Online-Personalberatung.** Alle nötigen Informationen gibt der Kandidat in einen Fragebogen auf der Internet-Seite ein. Ein Personalberater überprüft beim Vorliegen einer offenen Position, ob ein vorhandenes Profil mit einer offenen Managementposition übereinstimmt. Wenn ein passendes Angebot besteht, nimmt er Kontakt mit dem Bewerber auf und leitet dann seine Unterlagen an das Unternehmen weiter.

Die **letzte Beurteilung** und die abschliessenden Interviews gehören aber immer noch zu den Teilen der **Executive-Search-Beratungsleistung,** die nicht der Maschine oder dem elektronischen Pfad anvertraut werden können. Die neuen Medien und technischen Möglichkeiten können die Vorgänge unterstützen und beschleunigen, nicht aber ersetzen. Noch immer sind die unmittelbare Begegnung und das persönliche Gespräch zwischen Berater und Kandidaten zentraler Bestandteil der Beratertätigkeit. Der richtige Mix aus anzeigengestützter, Direkt- und Internetsuche führt schließlich zum Erfolg.

14.7   Fazit

Die Möglichkeiten des Internets sind noch lange nicht ausgeschöpft. Die Zeitung bleibt weiterhin Medium Nr. 1 für Stellenausschreibungen, das E-Recruiting auf dem heutigen technischen Stand kann lediglich als Ergänzung angesehen und benutzt werden. Wenn Sie davon Gebrauch machen, sollten Sie prozessorientiert vorgehen und die eingehenden Bewerbungen auf deren Qualität und Quantität laufend überprüfen, damit Sie Ihr Angebot zielgruppenorientiert auf dem neuesten Stand halten können. Die Hemmschwelle für einen Bewerber sich online zu bewerben, ist sehr oft niedriger als bei der schriftlichen Bewerbung. Das Internet ist zudem weltweit zugänglich und Bewerbungen aus der ganzen Welt sind durchaus möglich.

Beim E-Recruiting läuft die ganze Personalrekrutierung elektronisch ab. Sie umfasst die Stellenausschreibung, die Abwicklung der Online-Bewerbung, die Kandidatensuche und -auswahl und die Einstellung des neuen Mitarbeiters. Es eignet sich für die externe und die interne Personalsuche. Eine gute Homepage sollte folgende Kriterien erfüllen:

- Auffindbarkeit: leicht auffindbar
- Darstellung und Navigation: logisch, übersichtlich und zweckdienlich gegliedert; schnell
- Informationsgehalt: umfangreiche Informationen über Unternehmen und Personalbereich
- Interaktivität: Dialog von Benutzer und Computer sollte möglich sein
- Sicherheit und Technik: technische Standards und Persönlichkeitsschutz müssen gewährleistet sein

Headhunting – das Abwerben von Führungskräften – wird durch den Einsatz des Internets schneller, günstiger und international.

15   Erfolgskontrolle

Wie jede Maßnahme, so sollte auch die Personalwerbung in ihren Wirkungen überprüft und optimiert werden. Wir zeigen an einem Beispiel wie eine systematische Erfolgskontrolle durchgeführt werden kann. Es gibt noch andere Möglichkeiten. Entscheidend ist, dass der Erfolg von Inseraten überhaupt erfasst und für künftige Maßnahmen ausgewertet wird.

Man kann dabei in zwei Phasen vorgehen:

- Kodieren der Daten
- Auswerten der erfassten Daten

Wir zeigen das Vorgehen anhand eines Beispiels in den folgenden Abschnitten.

15.1   Kodieren der Daten

Um herauszufinden, welche Bewerber über welche Medien erreicht wurden, bekommt jede Bewerbung und jeder Eintritt einen Kode. Dieser Kode «Anlass zur Bewerbung» sieht wie folgt aus:

01	Auf eigene Veranlassung mündlich
02	Auf eigene Veranlassung schriftlich
03	Besondere Aktionen
04	Schreiben und Stellengesuche
05	Aufgrund von Vermittlung durch Außenorganisationen
06	Stellenvermittlungen
07	Aufgrund von Vermittlung durch ein Arbeitsamt
08	Aufgrund von Vermittlung durch Schulen (Professoren und Lehrer)
09	Aufgrund von Vermittlung durch Betriebsangehörige
10–15	Reserve
16–99	Aufgrund von Inseraten in Zeitungen
100–110	Internet, Stellenbörsen
111	Internet, eigene Homepage
115	Intranet

Dabei erhält jedes Medium – Tageszeitungen, Wochenzeitungen, Fachzeitschriften, HR-Portal, eigene Homepage usw. – eine eigene Kode-Nummer zugeteilt. Die Nummern 16–99 decken insgesamt die Gruppe der Bewerbungen bzw. Eintritte aufgrund von Inseraten ab.

Damit wir feststellen können, welche Zeitungen für welche Berufsgruppen am wirksamsten sind, werden neben den Zeitungen, die Anlass zur Bewerbung waren, auch die Berufe der Bewerber erfasst.

Im gleichen Arbeitsgang kann man auch das Resultat der Werbebemühungen festhalten, indem man die Bewerbungen wie folgt kodifiziert:

0	Eingestellt
1	Keine Einsatzmöglichkeit
2	Ausländer, nicht einstellbar
3	Zu alt
4	Gesundheitliche Gründe

5   Ungenügende Qualifikation

6   Gesperrt

7   Zu teuer

8   Unsere Offerte zu spät

9   Hat verzichtet

15.2   Auswertung der erfassten Daten

Jedes Stelleninserat bekommt eine Kennziffer, z. B. 18/11/60. Die erste Ziffer dient internen Zwecken, die zweite steht für den Beruf, die dritte für die Zeitung, in der das Inserat erscheint.

Da die Kennziffer in der Bewerbung als Referenz immer angegeben wird, wissen wir genau, in welcher Zeitung der Bewerber das Inserat gelesen hat.

Für jede Bewerbung werden die Daten erfasst; in der Regel per EDV, je nach Umfang der Daten.

Ein wichtiger Punkt sind auch die Kosten, die sich ebenfalls erfassen lassen, und zwar pro Position und pro Kennziffer.

Mit diesen Daten können periodisch verschiedene Auswertungen durchgeführt werden.

Aus Zusammenstellungen lassen sich differenzierte Schlüsse über die **Werbewirksamkeit** bestimmter Zeitungen für bestimmte Berufsgruppen und Positionen ziehen. Der Einsatz von Personalinseraten kann damit exakter und wirtschaftlicher gesteuert werden.

Der **Werbeerfolg** von langfristigen PR-Aktionen, Betriebsführungen usw. ist hingegen nur mit gezielten Interviews erfassbar. Vor allem müssen die Beweggründe der Bewerber herausgeschält werden. Beim Einstellungsgespräch sollten solche Gesichtspunkte berücksichtigt werden; sie können wichtige Hinweise für die Gestaltung der Gesamtwerbemaßnahmen für die Zukunft geben.

Die Maßnahmen der Personalsuche müssen überprüft werden. Man kann dabei Kodes für die Daten festlegen und die Daten danach anhand der Kodes auswerten.

16 Personalsuche durch externe Fachleute

16.1 Die Zusammenarbeit mit Werbefachleuten

Jede Personalfachperson sollte selbst wirksame Personalinserate verfassen können. Manchmal gibt es aber besonders heikle Aufgaben, die man mit Vorteil dem Spezialisten delegiert; mit seiner besonderen Erfahrung kann er Lösungen entwickeln, die uns nicht möglich sind. So gibt es **Werbeleute mit Erfahrungen in Personalwerbung,** die ein besonderes anspruchvolles Inserat geschickter formulieren können als wir. Allerdings ist es wichtig, dass der Stil des Inserats den Gegebenheiten von Unternehmen und Aufgabe entspricht. Es hat keinen Sinn, ein originelles Inserat in die Zeitung zu setzen und die geweckten Erwartungen dann nicht erfüllen zu können. Der Stil des Inserats muss dem Stil des Hauses angepasst sein. Setzen Sie sich also mit dem Spezialisten zusammen und informieren Sie ihn gründlich.

16.2 Die Zusammenarbeit mit Personalberatern

Ein anderer wichtiger Spezialist ist der **Personalberater** oder eine Personalberatungsfirma. Sie übernehmen alle Arbeiten im Zusammenhang mit der Besetzung einer Position: Inserat entwerfen, Mediaplanung, Bewerberauswahl. Die Zusammenarbeit mit einem Personalberater empfiehlt sich, wenn der Firmenname aus branchen- oder hausinternen Gründen verschwiegen werden muss oder wenn man den mit der Auswahl verbundenen Aufwand delegieren möchte. Vor allem Führungspositionen und andere exponierte Positionen (Forschung, Verkauf) kommen für diesen Weg in Frage.

Das Unternehmen kann damit eine **größere Zahl von Bewerbern,** z.B. auch bei der unmittelbaren Konkurrenz, ansprechen. Und es kann sich durch einen spezialisierten und erfahrenen Fachmann beraten lassen. Die Bewerber ihrerseits schätzen diese Möglichkeit der **Kontaktnahme und Information über einen Vertrauensmann:** Ihre Bewerbung bleibt streng vertraulich, sie können sich problemlos wieder zurückziehen; sie werden durch einen Dritten neutral informiert und können von diesem auch beraten werden; Sie laufen nicht Gefahr, sich bei der eigenen Firma zu bewerben.

Auf alle Fälle ist der Weg über den Personalberater sinnvoller als die Aufgabe eines **Chiffre-Inserats.** Chiffre-Inserate werden immer seltener, weil Ihre Nachteile überwiegen, vor allem weiß der Bewerber nicht, mit wem er es zu tun hat, und muss fürchten, dass er sich beim eigenen oder einem befreundeten Unternehmen bewirbt. Der quantitative Erfolg von Chiffre-Inseraten ist daher gering: Chiffre-Inserate werden oft verwendet, um Unruhe im Betrieb zu verhindern, wenn z.B. eine Position ausgeschrieben wird, die noch besetzt ist. Oder weil man die Konkurrenz nicht alarmieren will. In diesen Fällen ist der Weg über eine Personalberatungsfirma aber günstiger.

Man kann bestimmte Aufgaben bei der Personalsuche an Fachleute delegieren. **Werbeleute mit Erfahrung in der Personalwerbung** können zum Beispiel beim Texten eine Inserats behilflich sein.

Das Delegieren der Personalsuche und -auswahl an einen **Personalberater** kann aus Diskretionsgründen sehr sinnvoll sein. Meist geht es dabei um höhere Führungsaufgaben

Teil D   Personalauswahl

17 Die Grundlagen der Personalauswahl

A Anforderungsprofil

Das Ziel der Bewerberauswahl ist es, den Bewerber zu finden, der zum **Anforderungsprofil** einer bestimmten Position am besten passt. Die Auswahl bezieht sich also immer auf bestimmte Anforderungen und muss mit der Klärung dieser Anforderungen beginnen. Wir haben das Anforderungsprofil bereits im Kapitel über die Personalplanung besprochen. Sie erinnern sich sicher noch an die vier Arten von Anforderungen Fach-, Methoden, Sozial- und Ich-kompetenz.

In der Praxis hat es sich als hilfreich erwiesen, die Anforderungen in einem individuellen Anforderungsprofil festzuhalten und zu gewichten. Sie bekommen damit einen differenzierten Beurteilungsmaßstab. Zudem werden Sie noch mal gezwungen, sich jede Anforderung zu überlegen. Was ist wirklich wichtig, worauf kommt es an?

Das Auswahlverfahren ist nichts anderes als ein **Vergleich des Aufgabenprofils** (Anforderungen und Stellenbeschreibung) mit dem Persönlichkeitsprofil der Bewerber. Aus der Gegenüberstellung werden Abweichungen deutlich sichtbar.

Klare Vorstellungen der Anforderungen sind nicht nur für den Auswahlprozess unerlässlich. Auch für das Gespräch mit dem Bewerber müssen wir genau Bescheid über die zu besetzende Aufgabe wissen.

Neben dem Anforderungsprofil liefert uns die Stellenbeschreibung wichtige Informationen.

B Stellenbeschreibung

Wie wir bereits im Teil B über die Personalplanung im Kapitel 8.1 gesehen haben, werden in der Stellenbeschreibung die Aufgaben einer Stelle und die entsprechenden Kompetenzen und Verantwortungen schriftlich geregelt. Die Stellenbeschreibung bildet so die Basis für die Rekrutierung, die Aufgaben- und Kompetenzenregelung, das Schreiben von Arbeitszeugnissen und die Qualifikationen. Mit dieser Grundlage kann auch der Ausbildungsbedarf oder das Potenzial von Versetzungen ermittelt werden.

Auch der Bewerber soll wissen, was im Einzelnen am Arbeitsplatz gefordert wird. Manche Unternehmen verschicken zu diesem Zweck Stellenbeschreibungen; die Bewerber können sich so damit auseinander setzen und sich auf das Vorstellungsgespräch vorbereiten.

Wichtig ist auch, im Voraus zu klären, wer über die Einstellung eines bestimmten Bewerbers entscheidet. Zwei häufige Möglichkeiten sind:

- Bei der Besetzung einer Führungsposition sind alle Vorgesetzten und der Personalleiter zuständig.
- Bei ausführenden Aufgaben hat der künftige Vorgesetzte das letzte Wort; alle anderen am Einstellungsprozess Beteiligten beraten ihn.

Bei der Personalauswahl geht es darum, den Bewerber zu finden, der das Anforderungsprofil und die Stellenbeschreibung am besten erfüllt. Das Anforderungsprofil lässt sich in die vier Anforderungsarten: Fach-, Methoden-, Sozial- und Ich-kompetenz untergliedern.

18   Die Vorauswahl

Sie haben Inserate in Zeitungen und Zeitschriften aufgegeben, interne Anschläge und Mitteilungen gemacht und so für eine frei werdende Position eine Reihe von Bewerbungen erhalten. Mit dem Eingang von Bewerbungen können Sie bei Insertionen in einem Lokalblatt nach wenigen Tagen, in regionalen und überregionalen Zeitungen innerhalb von 14 Tagen rechnen. Warten Sie nicht, bis keine Bewerbung mehr eingeht, sondern bestätigen Sie jedes Schreiben mit einem **Zwischenbescheid.**

Der Zwischenbescheid kann schematisch abgefasst werden, soll aber aufmunternd und freundlich klingen und gewissermaßen eine Fortsetzung der Anzeige sein.

18.1   Erste Auswahl

Bei der ersten Durchsicht der Bewerbungen fallen Ihnen gleich die überdurchschnittlich guten und die eindeutig nicht geeigneten auf. Die offensichtlich ungeeigneten Bewerber, jene, die entweder zu alt oder zu jung sind, deren beruflicher Werdegang nicht den gestellten Anforderungen entspricht oder deren Gehaltswünsche das vorgesehene Budget weit übersteigen, werden als Erstes ausgeschieden. Erledigen Sie die Absageschreiben rasch, damit der Kandidat weiß, woran er ist.

Jeder **abgewiesene Bewerber** soll als Dank für seine Mühe einen höflichen Brief bekommen.

Der Wortlaut des Absageschreibens sollte nicht allzu stark standardisiert sein, sondern individuell auf die Bewerbung eingehen. Einem Bewerber, der beispielsweise eine unverhältnismäßig hohe Gehaltsforderung gestellt hat, dürfen Sie ohne weiteres mit der Begründung absagen, «dass seine Gehaltsvorstellungen mit dem für die ausgeschriebene Stelle vorgesehenen Salär nicht in Einklang zu bringen sind». Wenn der Erfahrungshintergrund eines Kandidaten den Anforderungen der Position nicht entspricht, können Sie dies so formulieren: «Die Aufgabe eines Verkaufsassistenten in unserer Firma setzt gründliche Kenntnisse im Kunststoffsektor voraus. Eine Einführung ohne Vorkenntnisse ist in nützlicher Frist nicht möglich. Daher möchten wir uns auf Bewerber konzentrieren, die solche Erfahrungen bereits mitbringen. Wir bedauern, aus diesen Gründen nicht näher auf Ihre Kandidatur eingehen zu können …»

Es empfiehlt sich, die Bewerbungsschreiben ausgeschiedener Kandidaten aufzubewahren, damit man später auf sie zurückgreifen kann. Um Übersicht zu haben, gliedern Sie am besten schon Ihre **Vorwahl** nach folgenden drei Gesichtspunkten:

Der Bewerber ist

- für die ausgeschriebene Stelle geeignet,
- nicht für die ausgeschriebene, aber für eine andere Stelle im Unternehmen geeignet,
- nicht geeignet.

Die Bewerbungsunterlagen müssen an den Bewerber zurückgeschickt werden.

18.2 Sichten der geeigneten Bewerbungen

Das erste Sieben beruht auf relativ oberflächlichen Vergleichen. Beim näheren Prüfen der Bewerbungen fallen Ihnen auch **feinere äußere Unterschiede** zwischen den einzelnen Bewerbungsschreiben auf: Manche sind sehr sauber und übersichtlich aufgebaut; die Beilagen wie Lebenslauf, Foto, Zeugniskopien, sind gut geordnet und vollständig; andere sind so ausführlich, dass die wichtigen Informationen untergehen usw. Ein einfaches Formular hilft Ihnen, den ersten Eindruck zu systematisieren:

Bewerber	Ausbildung	Branchenkennt-nisse	Verkaufserfah-rung	Gesamtein-druck
Herr Fischer	Gut	Anfänger	1 Jahr	Unauffällig
Herr Kunz	Gut	Umfassend	4 Jahre	Sehr gut

Die Spalten können beliebig erweitert werden, je nach Fragestellung und Position.

Sind Bewerbungen eingegangen, deren Informationswert zu einer Vorentscheidung nicht ausreicht, können Sie den betreffenden Bewerbern einen Brief schicken, in dem Sie diese bitten, die fehlenden Unterlagen zum Vorstellungsgespräch mitzubringen.

18.3 Vorauswahl und Bewerbungsformular

Das Beispiel auf der folgenden Seite zeigt, wie man ein Bewerbungsformular gestalten kann. Wichtig ist, dass die Fragen sich auf Bereiche beschränken, die wichtig für die Tätigkeit sind. Zu viele Fragen erschweren die Übersicht und erwecken den Eindruck des Ausfragens.

[18-1]   Beispiel eines Bewerbungsformulars

Bewerbung

Name: .... Vorname: ....

Adresse: .... Wohnort: ....

Telefon privat:.................................... Geschäft: ....

Geburtsdatum:.................................... Zivilstand: ....

Heimatort: .... Staatsbürgerschaft: ....

Beruf der Frau (des Mannes): _____

Alter und Beruf der Kinder:

_____

_____

_____

Ausbildung

Besuchte Schulen:

Art der Schule	Ort	Dauer	Abschluss

Fachausbildung:

Institution	Ort	Dauer	Abschluss

Besondere Kenntnisse:

Sprachen	mündlich	in Wort und Schrift

Weitere Kenntnisse:

_____

_____

Beruflicher Werdegang:

Dauer	Name des früheren Arbeitgebers	Tätigkeit

Ein Beispiel für eine Online-Stellenbewerbung haben wir bereits im Kapitel C über die Personalsuche gebracht.

18.4 Telefonische Vorauswahl

Falls Sie sehr unter Zeitdruck stehen, können Sie die Ihnen fehlenden Informationen auch telefonisch einholen. Bei Führungskräften und Spezialisten wird man diesen Weg nicht wählen; in bestimmten Fällen kann er aber sogar mehr aussagen als der Fragebogen. Bei einem Vertreter beispielsweise können Sie gleich seine Stimme, Diktion und Schlagfertigkeit beurteilen, Faktoren, die im Umgang mit Kunden entscheidend sind. Die Angaben tragen Sie am besten in einen Bewerbungsbogen ein.

Sobald Sie die Grundinformationen zusammengetragen haben, können Sie sich ein genaueres Bild der fachlichen Eignung der verschiedenen Kandidaten machen. Die am besten geeigneten ziehen Sie in die engere Wahl und versuchen nun, auch ihre persönlichen Qualifikationen zu beurteilen. Von drei fachlich ungefähr gleich gut qualifizierten Bewerbern möchten wir ja den persönlich am besten qualifizierten engagieren.

Diejenigen Bewerber, die nicht in die engere Wahl kommen, benachrichtigen Sie durch einen persönlichen Brief, dem Sie die Bewerbungsunterlagen beifügen. Bemühen Sie sich, den Bewerber über die Gründe der **Absage** zu informieren. Er soll verstehen können, warum die Aufgabe für ihn nicht in Frage kommt. Wenn Sie das erreichen, fühlt er sich nicht zurückgesetzt und behält ein positives Bild Ihres Unternehmens. Erzeugen Sie in ihm Gefühle der Frustration oder des Verletztseins, so übertragen sich diese fast sicher auf das Unternehmen. Frustration vermeiden Sie, wenn Sie den Bewerber ernst nehmen, die Absagegründe möglichst offen darlegen und in einem freundlichen Ton schreiben – also nicht abweisend, barsch oder schematisch.

Alle Bewerber sollten einen **Zwischenbescheid** erhalten. Bei der ersten Durchsicht der Bewerbungen scheiden die nicht geeigneten Bewerber aus. Diese sollten einen freundlichen **Absagebrief** erhalten, aus dem die Gründe der Absage ersichtlich sind. Die fachlich gut qualifizierten Bewerber kommen in die **nähere Auswahl.** Nun muss der persönlich am besten geeignete Bewerber ausgewählt werden.

19   Die indirekten Beurteilungsmethoden

Bewerber, die in die engere Wahl gelangt sind, müssen beurteilt werden. Es geht dabei um die **Einstufung und Bewertung ihrer persönlichen Eigenschaften** in Bezug auf ein bestimmtes Anforderungsprofil, nicht um eine gesamtmenschliche Wertung.

Eine gute Beurteilung unterscheidet nicht einfach zwischen «gut» und «schlecht», geeignet und ungeeignet, sondern erfasst die Fähigkeiten und die Eigenart eines Bewerbers möglichst genau und differenziert.

Dies setzt eine bestimmte Einstellung des Beurteilers voraus: Offenheit und die Bereitschaft, Sympathien und Antipathien, Meinungen und subjektive Ansichten abzulegen und vielleicht mehrmals zu revidieren. Nur so können Sie der Persönlichkeit des Bewerbers einigermaßen gerecht werden.

Bei der Beurteilung des Bewerbers verwendet man Beobachtungsmaterial aus zwei Quellen:

- Die Bewerbung: Sie ist der Ausdruck der Persönlichkeit des Bewerbers. Die Analyse der Bewerbung zeigt (indirekt) wichtige Charaktereigenschaften.
- Das persönliche Gespräch: Darin kommen die Persönlichkeit und die Eigenart des Bewerbers unmittelbar (direkt) zum Ausdruck.

Bei der Beurteilung der Bewerber kann man sich auf die **Bewerbung** als indirektes Mittel und auf das **persönliche Gespräch** als direktes Mittel abstützen.

Wir beginnen mit den indirekten Beurteilungsmethoden, mit der Beurteilung des Bewerbungsschreibens.

19.1   Die Beurteilung des Bewerbungsschreibens

Man kann die Bewerbung als ersten Auftrag ansehen, den der Kandidat für die neue Firma zu erledigen hat.

Das Inserat enthält eine Reihe von Anforderungen sachlicher und formaler Art, die der Bewerber erfüllen muss: Formulieren eines Lebenslaufs, Zusammenstellen der Zeugniskopien usw.

Fragen Sie sich: Wie hat sich der Bewerber mit diesen Aufgaben auseinander gesetzt? Erfüllt er sie oder setzt er sich mehr oder minder über sie hinweg?

Bei Stellen, die in erster Linie Auftragstreue erfordern, ist es sehr ungünstig, wenn der Bewerber diesen ersten Anforderungen nicht nachkommt. Bei Führungskräften und Positionen, die Initiative und besondere Kreativität erfordern, kann eine gewisse Eigenwilligkeit eher in Kauf genommen werden.

19.1.1   Die formale Analyse

Schon auf den ersten Blick können Sie die äußere Form und Aufmachung eines Bewerbungsschreibens beurteilen.

Seien sie aber vorsichtig mit Ihrem Urteil und ziehen Sie keine voreiligen Schlüsse. Rund zwei Drittel der Bewerbungsschreiben sind unauffällig. Sie entsprechen den Grunderfordernissen: Das Schreiben soll klar, sauber und nicht zu lange sein und alle für den Leser wichtigen Informationen enthalten.

Eine neutrale, unauffällige Bewerbung lässt ohne weitere Hinweise keine direkten Schlüsse auf die Persönlichkeit des Schreibers zu.

Anders ist die Situation beim verbleibenden Drittel von Bewerbungen, die in irgendeiner Weise vom Durchschnitt abweichen. Zuerst stellen wir fest, ob es eine Abweichung in positiver oder in negativer Richtung ist.

A   Positive Abweichungen

- Die Informationen sind besonders **prägnant und klug geordnet.** In diesem Fall darf auf besondere Intelligenz, Sinn für Systematik usw. geschlossen werden.
- Die Gestaltung der Bewerbung fällt durch besonderes **grafisches Geschick** auf. Schlüsse auf ästhetisches Empfinden, evtl. auch Übersicht, besondere intellektuelle Begabung (je nach Art der Gestaltung) sind hier möglich.
- Die Bewerbung hat eine gelungen **eigenwillige und originelle äußere Form.** Auch hier sind Schlüsse auf die entsprechenden Eigenschaften möglich.

Eine positiv vom Durchschnitt abweichende Bewerbung erlaubt positive Rückschlüsse auf den Bewerber.

Seien sie jedoch vorsichtig mit den übersorgfältig aufgemachten Bewerbungen, bei denen der Aufwand in keinem Verhältnis zur Situation steht. Es gibt Bewerber, die ganze «Bücher» mit Bewerbungsunterlagen schicken, versehen mit Familienwappen und Inhaltsverzeichnis, damit sich der Leser in den zahlreichen Unterlagen noch zurechtfinden kann. Die Abweichung vom Durchschnitt ist hier nur scheinbar positiv. Da solche Bewerbungen am Ziel vorbeischießen und der Bewerber die Relation zwischen seiner Person und der vakanten Stelle offenbar verkennt, entsteht ein eher negativer Eindruck.

B   Negative Abweichungen

Auch hier gibt es verschiedene Gruppen. Die Bewerbung ist:

- **unordentlich:** Gleichgültigkeit, eine unzuverlässige Arbeitsweise, soziale Unangepasstheit, Opposition gegen die Normen usw. können die Ursache sein.
- **weitschweifig und zu lang:** Egozentrik, Unbeholfenheit, aber auch Ehrgeiz, Übergewissenhaftigkeit, mangelnder Sinn für das Wesentliche und Naivität können sich darin ausdrücken.
- **protzig:** Manchmal werden auffällige Familienwappen und ein teurer Briefkopf verwendet oder das Papier hat eine deutlich bessere Qualität als üblich usw. Prestigedenken, Selbstüberschätzung, Ehrgeiz, verbunden mit Egozentrik stellen sich gern so dar.
- **auffällig, aber geschmackvoll, evtl. sogar künstlerische Aufmachung:** es kann sich um eine Person mit Sinn für Repräsentation, Gewandtheit usw. handeln. Ausschlaggebend ist stets die Qualität. Am negativsten sind auffällige und missglückte Gestaltungen.
- **trocken und karg:** Ausdruckshemmung, Angst, den Leser zu stark zu beanspruchen, mangelnde Gewandtheit, aber auch Arroganz usw. können sich dahinter verbergen.

Sie sehen, wie **vielfältig die Motive** sein können. Wenn es nicht genug Anhaltspunkte für eine sichere Deutung gibt, müssen Sie in der Interpretation zurückhaltend sein. Warten Sie ab, bis weiteres Material dazukommt und Sie die wirklichen Motive erkennen können. Es ist besser, eine Vermutung als solche stehen zu lassen, als sich voreilig und falsch festzulegen.

Eine negativ vom Durchschnitt abweichende Bewerbung kann auf negative Eigenschaften des Bewerbers hinweisen, muss es aber nicht. Schlussfolgerungen sollten erst gezogen werden, wenn mehrere Anzeichen in die gleiche Richtung weisen.

Bei der formalen Analyse beurteilt man die **äußere Form der Bewerbung. Positiv vom Durchschnitt abweichende Bewerbungen,** die z.B. gut geordnet oder besonders gestaltet sind, erlauben positive Rückschlüsse auf den Bewerber. Bewerbungen können auch **negativ vom Durchschnitt abweichen,** wenn sie zum Beispiel unordentlich oder weitschweifig sind. Sie können auf negative Eigenschaften des Bewerbers hinweisen.

19.1.2 Die inhaltliche Analyse

Inhaltlich sollte das Bewerbungsschreiben folgende **drei Anforderungen** erfüllen:

- an das Inserat anknüpfen, z.B. durch Erwähnung der ausgeschriebenen Position, der darin erwähnten Entwicklungsmöglichkeiten usw.,
- die wichtigsten Informationen über den Bewerber enthalten,
- seine Motive für die Bewerbung darlegen und sein Interesse an einem gemeinsamen Gespräch bekunden.

Rund zwei Drittel der Bewerbungen gehen auf diese Punkte ein. Das restliche Drittel geht eigene Wege, und hier stellt sich wieder die Frage, ob in positiv überzeugender Form oder mit negativer Wirkung.

A Positive Abweichungen

Dazu zählen kluge und gewandt formulierte Begründungen für einen Stellenwechsel, geschicktes Verbinden der im Inserat verlangten Anforderungen und der eigenen Fähigkeiten usw.

Hier sind positive Schlüsse auf Überlegenheit, Intelligenz und persönliches Format des Bewerbers erlaubt. Ein recht gutes Beispiel ist das folgende Bewerbungsschreiben:

B Negative Abweichungen

- Der **Bewerber preist sich auf plumpe Art und Weise an.** Er spricht über seine persönlichen Qualitäten und das Prestige früherer Positionen, ohne sachlich Einblick in seine Erfahrung zu geben. Oft handelt es sich hier um prestigebezogene Karrierereiter mit wenig Sachinteresse. Die eigene Position ist ihnen wichtiger als aufgabenbezogenes Engagement.
- **Wichtiges und völlig Unwichtiges** wird miteinander **vermischt,** so dass sich der Leser der Bewerbung kein präzises Bild machen kann.
- Es gibt auch eine **servile (unterwürfige) Bewerbungsart:** Der Bewerber bemüht sich in allzu bescheidener Form um die offene Aufgabe und beteuert immer wieder, alle seine Fähigkeiten voll und ganz und immer in den Dienst der Firma zu stellen. Sie finden diese Bewerbungsart oft bei Angestellten, die einen autoritären Führungsstil gewohnt sind. Es kann sich aber auch eine allgemein ängstliche, unsichere Wesensart dahinter verstecken oder Berechnung und verdeckter Opportunismus.

Wichtig ist, dass Sie das Eigenartige, **Charakteristische wahrnehmen** und mit Vorsicht interpretieren. Wenn Sie glauben, ein «Symptom» weise in eine bestimmte Richtung, merken Sie es sich und warten Sie ab, ob weitere hinzukommen und Ihre Vermutung bestätigen – oder widerlegen.

Aufgrund eines einzigen Anzeichens dürfen Sie noch keine Schlüsse ziehen. Erst mehrere Anzeichen in derselben Richtung erlauben Rückschlüsse auf bestimmte Persönlichkeitszüge des Bewerbers.

Die Bewerbung muss immer in Beziehung zur Position gesetzt werden, um die sich der Kandidat bewirbt. An die Bewerbung eines Verkaufsdirektors legen wir also andere Maßstäbe als an die eines Meisters oder Werkstattchefs. Wenn sich der neue Meister etwas ungeschickt bewirbt, fällt dies viel weniger ins Gewicht als beim Verkaufsleiter. Die Maßstäbe und Beurteilungskriterien werden mit wachsender Verantwortung der Position strenger.

Das Bewerbungsschreiben sollte inhaltlich **drei Anforderungen** erfüllen:

- Anknüpfung an das Inserat
- Liefern von Informationen über den Bewerber
- Erklärung der Motive für die Bewerbung

Es kann besonders klug und gut formuliert sein oder negativ von den anderen Bewerbungen abweichen, indem sich der Bewerber zum Beispiel anbiedert oder ein wirres Bild hinterlässt.

19.1.3 Die Beurteilung des Stils

Der Stil ist ein Spiegel des Typus; in ihm offenbart sich, was der Bewerber von sich selbst hält und wie er von den anderen gesehen werden möchte.

Es gibt **viele Stilarten.** Bei der Beurteilung sollte man folgende **drei Gesichtspunkte** beachten:

- Logischer Aufbau,
- Geistige Differenziertheit,
- Sprachlicher Ausdruck.

A Logischer Aufbau

Er zeigt die **Denkart eines Bewerbers:** Achten Sie darauf, ob die Bewerbung sinnvoll gegliedert ist und die Gedanken logisch entwickelt und systematisch aufgebaut werden. Ist das Bewerbungsschreiben auch äußerlich richtig unterteilt (Absätze an den richtigen Stellen), sind die Sätze klar, folgerichtig und prägnant?

Es gibt verschiedene **Stilarten,** die jeweils Hinweise auf die Denkweise geben:

- anschaulich-konkret oder begrifflich-abstrakt
- intuitiv oder analytisch
- spontan und naiv oder reflektierend-kritisch
- locker bis großzügig oder exakt bis pedantisch
- gefühlsbestimmt oder sachgebunden
- weitschweifig und ausführlich oder knapp und konsequent

B Geistige Differenziertheit

Sie bedeutet **Sinn für feine Unterschiede** und Bedeutungsnuancen, Gedankenreichtum und Lebendigkeit der Gedanken, auch geistige Selbständigkeit und Einfallsreichtum verbunden mit Kritikfähigkeit und Scharfsinn. Bei der Beurteilung helfen folgende **Kriterien:**

- einfallsreich, lebendig, originell oder karg, passiv, phantasielos, wirklichkeitsfremd
- geistreich, stellungnehmend, wertend oder reproduktiv, schematisch, unkritisch
- selbständig, selbstkritisch, geistig aktiv oder einseitig, farblos, unreif, oberflächlich

C Sprachlicher Ausdruck

Er gibt vor allem Hinweise auf das **Bildungsniveau des Schreibers.** Darüber hinaus sind aber auch Schlüsse auf seine Persönlichkeit (Temperament, Ausdrucksfähigkeit usw.) möglich. Vom Sprachstil kann oft auf den Lebensstil, vom Schreibtyp oft auf den Persönlichkeitstyp geschlossen werden.

Versuchen Sie folgende Fragen zu beantworten:

- Schreibt der Bewerber konkret oder abstrakt?
- Schreibt er vorwiegend im Aktiv – also lebendig und spontan oder im Passiv?
- Wie ist der Satzbau: verschachtelt, einfach, überladen?
- Benutzt er häufig Modewörter und Klischeeausdrücke?
- Deutet sein Wortschatz auf Vorstellungsgabe hin?

Der Stil, in dem die Bewerbung geschrieben ist, lässt Rückschlüsse über den Bewerber zu. Man sollte den Stil nach drei Gesichtspunkten beurteilen:

- Logischer Aufbau
- Geistige Differenziertheit
- Sprachlicher Ausdruck

19.2 Das Foto und sein Aussagewert

Viele Unternehmen verlangen zusammen mit den Bewerbungsunterlagen ein Foto. Dies ist aus arbeitsrechtlicher Sicht nur zulässig, wenn das Aussehen bei einer Tätigkeit eine wichtige Rolle spielt – z.B. bei einem Model oder Mannequin.

Wenn Sie ein Foto **interpretieren,** müssen Sie bedenken, dass manche Menschen fotogen sind und auf Fotografien markanter wirken, als sie es in Wirklichkeit sind. Umgekehrt gibt es Menschen, die auf Fotos weniger intelligent und interessant erscheinen als im persönlichen Kontakt. Es ist daher unerlässlich, den Bewerber persönlich kennen zu lernen.

Die **Art der Kleidung** spricht für das Lebensniveau (Kultur) und die Lebenseinstellung eines Bewerbers. Leider ist auf Passfotos nicht mehr zu sehen als ein Brustbild. Aber die Krawatte (dezent oder ausgefallen, ordentlich oder schlampig gebunden), das Anzugdessin (unauffällig, konservativ oder hochmodisch), formelle oder legere Bekleidung, die Form der Brille, der Haarschnitt – alle diese Teilaspekte ergeben oft einen charakteristischen Gesamteindruck.

Ein Foto darf nur verlangt werden, wenn die äußere Erscheinung bei der zu besetzenden Stelle eine wichtige Rolle spielt. Es muss mit Vorsicht beurteilt werden und ersetzt das persönliche Gespräch nicht. Die vom Foto gewonnenen Eindrücke können dann kritisch mit den Beobachtungen während des Gesprächs verglichen werden.

19.3 Die Analyse des Lebenslaufs

Der Lebenslauf ist das Kernstück jeder Bewerbung. Er zeigt die Gesamtentwicklung eines Bewerbers. Mit etwas Einfühlungsvermögen und Erfahrung gibt er dem Beurteiler auch Aufschluss über Dynamik, Leitmotive und die besonderen Lebensumstände eines Bewerbers.

Der Lebenslauf sollte folgende **Angaben** enthalten:

* Vorname, Name
* Adresse
* Geburtsdatum, Geburtsort
* Familienstand
* Schulische Ausbildung
* Berufliche Ausbildung
* Prüfungen
* Berufliche Tätigkeiten
* Berufliche Fähigkeiten
* Weiterbildung

Wir können verschiedene **Karrieremuster** unterscheiden:

A Die konventionelle, programmgemäße Karriere mit stufenweisem Aufbau

Die Stellenwechsel sind nicht häufig, aber jede neue Aufgabe ist der früheren in Verantwortung und Prestige überlegen.

Diese Art Lebenslauf ist in der Überzahl und stammt von **ehrgeizigen, soliden Mitarbeitern,** die sich ihren Weg nach oben Schritt um Schritt erarbeiten. Sie zeichnen sich meistens durch Fleiß und Zielstrebigkeit aus. Aufgrund ihrer konstanten Entwicklung kann man eine ziemlich sichere Prognose für die Zukunft machen.

B Die forcierte Laufbahn

Sie ist eine abgeänderte Form des konventionellen Karrieretyps und drückt sich in **übergroßem Ehrgeiz** aus. Mit konsequenter Beharrlichkeit werden Aufstiegsmöglichkeiten wahrgenommen. Oft erfolgen die Stellenwechsel rasch aufeinander oder der Bewerber drängt sich innerhalb einer Firma nach oben.

Der steile Anstieg solcher Karrieren kann auf überdurchschnittlichen Fähigkeiten basieren, z.B. wenn ein Hochbegabter von seinem Arbeitgeber entdeckt und gefördert wird.

Wichtig ist, ob der Bewerber überdurchschnittliche Fähigkeiten hat oder ob es sich um Ellbogentaktik, d.h. Aufstieg um jeden Preis, handelt. Beim Einstellen solcher Bewerber ist genau zu klären, ob die Entwicklungsmöglichkeiten der Stelle mit den Ambitionen des Bewerbers in Einklang stehen. Herrscht in diesem Punkt nicht von Anfang an Klarheit, so kann es bald zu Unzufriedenheit und unter Umständen zu einem Stellenwechsel kommen.

C   Die Blitzkarriere

Sie ist durch einen **plötzlichen steilen Aufstieg** gekennzeichnet. Die Entwicklung kann vorher flach und unauffällig verlaufen oder einen konventionellen Ablauf zeigen. Äußere Ursache für eine Blitzkarriere sind glückliche Konstellationen, die der betreffenden Person volle Entfaltungsmöglichkeiten bieten. Von innen her müssen überdurchschnittliche Begabungen dazukommen. Auch ein noch so glücklicher Zufall führt nicht zur Blitzkarriere, wenn die entsprechenden Fähigkeiten fehlen.

Beispiel

Ein intelligenter, junger Bankangestellter in einer mittleren Führungsposition muss eines Tages ein Projekt durchführen, weil sein Chef erkrankt ist. Er setzt sich überlegen durch und zeigt Fähigkeiten, die in seiner jetzigen Position nicht zum Ausdruck gekommen sind. Sein tüchtiger Vorgesetzter stand ihm im Weg. Von nun an verläuft seine Laufbahn steil und führt ihn rasch in Spitzenpositionen.

Die Prognose dieses Karrieretyps ist recht schwierig. Von den Fähigkeiten hängt es ab, ob er sich noch weiterentwickelt oder in eine Phase der Stabilisation eintritt.

D   Die sprunghafte Karriere

Sie zeigt **unregelmäßige, oft auch unmotivierte Ausschläge.**

Es können sich Pionierpersönlichkeiten, Eigenwillige, Originelle im positiven und negativen Sinn, aber auch Pechvögel dahinter verbergen. Oft bewirken überdurchschnittliche Fähigkeiten die Höhepunkte der Karriere. Oft fehlen aber wichtige Eigenschaften, um die vorhandenen Anlagen voll zum Ausdruck zu bringen.

E   Die geknickte Karriere

Sie verläuft bis zu einem bestimmten Punkt «normal» und zeigt dann eine **auffallende Richtungsänderung.** Es gibt zwei Formen:

- Die Karriere beginnt mit einem gesunden Aufstieg, erreicht aber nach einer Weile ihren Plafond.
- Es kann sich um einen Bewerber handeln, der sich mit großem Einsatz und Willen bis zur Grenze seiner Fähigkeiten emporgearbeitet hat, oder aber um einen Begabten, der sich in seiner jetzigen Position nicht mehr weiterentwickeln kann.
- Die Karriere zeigt einen normalen Anstieg, der von einem bestimmten Punkt aus deutlich steiler wird.
- Meist handelt es sich um Persönlichkeiten, die sich erst in einer bestimmten Arbeitsatmosphäre entfalten oder sich für eine Aufgabe so begeistern können, dass sie daran wachsen. Der Anstieg ist im Unterschied zur Blitzkarriere weniger steil und besser in den Gesamtablauf integriert. Bei beiden Verläufen muss untersucht werden, welches die Motive für die plötzliche Stagnation bzw. den Aufstieg sind. Nur dann kann eine einigermaßen gültige Prognose für die Zukunft gemacht werden.

F   Lebensläufe ohne Dynamik und ohne Entwicklung

Angst und mangelnde Durchsetzungskraft, geringe Fähigkeiten oder auch Indifferenz gegenüber beruflichem Aufstieg lassen die Laufbahn stagnieren.

Bei der Beurteilung des Lebenslaufs sind **Schicksalsschläge** wie Unglücksfälle, Krankheiten, Todesfälle, finanzielle Einbußen usw. und ihre Verarbeitung durch den Bewerber besonders aufschlussreich. Was den einen Menschen in Verbitterung und Resignation stürzt, kann für den anderen der Impuls zu einem Neubeginn sein. Hier können wesentliche Veranlagungen zum Ausdruck kommen, vor allem Belastbarkeit, innere Standfestigkeit und seelische Regenerationskraft. Menschen, die sich nach einem Schicksalsschlag auffangen und ihr Leben neu gestalten, beweisen Willenskraft, Durchsetzungsfähigkeit und Dynamik. Jene, die in Resignation verfallen, sind aber nicht unbedingt schwache Persönlichkeiten; oft sind sie sehr sensibel und beeindruckbar und werden von den Problemen «erdrückt».

Das sorgfältige Studium des Lebenslaufs sagt viel über die **Leistungsfähigkeit,** die Begabungen und z. T. auch die Persönlichkeit, z. B. das Temperament, eines Bewerbers aus. Oft ist auch die persönliche Lebensleitlinie – seine Leitmotive – erkennbar, die sein Verhalten von innen her bestimmt, z. B. Idealismus, Helferwillen, eine betonte Freiheitsliebe, Streben nach Einfluss und Macht, Interesse an materiellen Vorteilen, Sachbezug, sich einer Aufgabe unterordnen, Sicherheitsstreben usw.. Vieles ist zurechtgelegt, manchmal kommen auch Vertuschungen vor. Es ist Sache des Einfühlungsvermögens herauszuspüren, was echt und glaubwürdig ist und wo kosmetisch korrigiert wurde. Im Gespräch kann darauf dann noch besonders eingegangen werden.

Auf **Lücken** im Lebenslauf ist dabei besonders zu achten. Passen die Aufgaben zeitlich nahtlos zueinander oder wird etwas verschwiegen? Lücken müssen den Leser zu Fragen veranlassen. Die Antworten dazu sind oft aufschlussreicher als die geschriebenen Angaben.

Die Analyse des Lebenslaufs zeigt nicht nur den beruflichen Werdegang, sondern lässt Schlüsse auf wesentliche Eigenschaften des Bewerbers zu.

Man erkennt

- aus welchem sozialen Umfeld ein Bewerber kommt,
- wie er mit seinen Anlagen umgeht,
- welche Leitmotive sein Verhalten bestimmen.

Es gibt **verschiedene Arten** von Lebensläufen. Die Karriere kann konventionell mit stufenweisem Aufbau verlaufen oder forciert, blitzartig, sprunghaft, geknickt oder ohne Dynamik sein.

19.4   Die Analyse des Stellenwechsels

Wie sind Stellenwechsel zu interpretieren? Häufige Wechsel werden oft negativ beurteilt. Seien Sie mit Pauschalurteilen auch hier vorsichtig und berücksichtigen Sie das Alter des Bewerbers, die Branche und die Firmen, in denen er gearbeitet hat, ferner die Konjunkturlage. Nur so sind realistische Schlüsse möglich. In jungen Jahren ist die Fluktuation stärker als nach Dreißig. Die Zeit zwischen 20 und 30 ist in der Regel eine Phase, in der Erfahrungen gesammelt, der Drang nach Neuem befriedigt und allmählich Übersicht gewonnen wird. Mit zunehmendem Alter nimmt die Fluktuation dann ab, und die Zeitspannen zwischen den einzelnen Stellenwechseln werden länger.

Nicht nur die Zeit, die an einer Stelle verbracht wurde, spielt eine Rolle, sondern auch die **Art des Wechsels:** Ist der Kandidat aufgestiegen, hat er sich z. B. von unbekannten Firmen zu angesehenen emporgearbeitet oder hat er an Boden verloren? Vorsicht aber auch hier: Ein scheinbarer Abstieg in eine kleinere Firma kann durchaus positiv sein, wenn der Bewerber damit bewusst ein Ziel verfolgt, z. B. bessere Entfaltung, größere Selbständigkeit und mehr unternehmerisches Handeln als in einem Großunternehmen möglich sind.

Versuchen Sie, aufgrund der Gesamtbewerbung und dann im Vorstellungsgespräch die Hintergründe, die **Motive für Stellenwechsel** zu verstehen. Erst dann können Sie die Persönlichkeit eines Bewerbers und seinen Werdegang wirklich erfassen. Merken Sie sich generell:

- In jungen Jahren sind häufigere Wechsel normal, später können die verschiedensten Motive dazu führen
- Äußere Gründe, wie Studium eines Kindes, Krankheitsfall in der Familie usw.
- Persönliche Ziele: Neues anpacken wollen, Pioniergeist, Wunsch nach einer Denkpause (Reise, Hausbau) usw.

Nicht immer sind Egoismus und mangelnde Betriebstreue der Grund.

Häufige Stellenwechsel im fortgeschrittenen Alter können auf eine Überschätzung der eigenen Fähigkeiten und auf Anpassungsschwierigkeiten hinweisen, die zu Disharmonien mit Vorgesetzten, Kollegen und Kunden führen. Klären Sie die Gründe mit Fingerspitzengefühl ab.

[19-1]   Positionen eines Lebenslaufs und dessen Aussagen

Positionen	Inhaltliche Angaben und Beispiele
Allgemeine Informationen	Alter, Geschlecht, Familienstand, Adresse, Kontaktinformationen
Herkunftsfamilie	Größe, sozialer Status, Beruf und Ausbildung der Eltern
Familie	Größe, Anzahl der Kinder, Beruf und Ausbildung des Partners
Schulischer Werdegang	Lieblingsfächer, Leistungen, Stärken und Schwächen
Ausbildung	Ausbildungswahl, Schwerpunkte, Gründe für Fehlleistungen, Kongruenz mit den übrigen Unterlagen und der von Ihnen ausgeschriebenen Stelle
Arbeit/Berufserfahrung	Besondere Kenntnisse, Gründe für die Arbeitsplatzwahl, Häufigkeit und Zeitverlauf der Arbeitsplatzwechsel, konkreter Tätigkeitsbeschrieb, stichwortartige Kernpunkte der gesammelten Erfahrungen
Freizeit und Interessen	Hobbys, außerberufliches Engagement, soziale Aktivitäten
Selbsteinschätzung	Besondere Stärken und Schwächen, Verbesserungsmöglichkeiten, Gründe für Fehlschläge
Ziele und Pläne	Persönliche Ziele und Aktivitäten, Ziele für die Kinder, Beurteilung der Zukunft und zu erkennende Grundhaltung

Bei der Analyse der Stellenwechsel müssen die Zeit, die Art und die Motive des Wechsels beurteilt werden.

19.5 Die Bewertung der Zeugnisse

19.5.1 Zeugnisse über Ausbildungsabschlüsse

Zeugnisse können als Ergänzung der vielen subjektiven Angaben in einem Lebenslauf sehr wertvoll sein. Voraussetzung ist allerdings, dass sie wirklich objektive Aussagen machen. Das ist nicht immer der Fall.

Die **Zeugnisnote** ist kein absolutes Leistungskriterium, da das Niveau von Klassen und Ausbildungsstätten stark variiert und die menschliche Subjektivität an der Notengebung wesentlich beteiligt ist. Mit Vorsicht lassen sich dennoch Rückschlüsse auf individuelle Begabungen ziehen, vor allem, wenn man Note und Fach zueinander in Beziehung bringt.

Ganz allgemein bedeutet ein Zeugnis mit **guten Noten,** dass der Bewerber sich Anforderungen stellen und diese erfüllen kann. Es bedeutet auch, dass er sich an eine Ordnung, ein System anpassen kann und diesbezüglich auch in einem Unternehmen keine Schwierigkeiten haben dürfte. Mittelmäßige Noten haben wenig Aussagekraft. Schlechte Noten können verschiedene Ursachen haben, die näher untersucht werden müssen.

Nehmen Sie Zeugnisnoten nicht als sicheren Gradmesser für Intelligenz und Begabung.

Wir kennen alle den ehemaligen Musterschüler, der in der Praxis versagt, und den mittelmäßigen Schüler, der sich erst an den Herausforderungen des Lebens entwickelt. Nicht einmal die Abschlusszeugnisse von (Fach-)Hochschulen geben objektiv Auskunft über die effektiven Leistungen und Begabungen und ermöglichen daher kaum eine Prognose für das zukünftige Verhalten und den (erwarteten) Leistungserfolg.

19.5.2 Zeugnisse über Arbeitsverhältnisse

Mitarbeiter haben das Recht, jederzeit vom Arbeitgeber ein Zeugnis zu verlangen. Jederzeit heißt, dass ein Zeugnis nicht nur am Ende, sondern auch während eines Arbeitsverhältnisses («Zwischenzeugnis») oder danach noch verlangt werden kann. Die Verjährungsfrist beträgt zehn Jahre. Einen Grund für einen Zeugniswunsch braucht es nicht.

Ein vollständiges Arbeitszeugnis macht **Angaben** über:

- Dauer der Beschäftigung,
- Art der Tätigkeit,
- Beurteilung der erbrachten Leistung,
- Beurteilung des persönlichen Verhaltens im Team und mit Vorgesetzten,
- den Grund des Ausscheidens.

Aus der **Dauer des Arbeitsverhältnisses** lässt sich u.a. erkennen, inwieweit der Bewerber Zeit hatte oder sich genommen hat, um die Aufgaben kennen und beherrschen zu lernen. Fachliche Verlässlichkeit und Vertrauenswürdigkeit lassen sich daraus ableiten. Daten über den Ausscheidungstermin geben Aufschluss über das Einhalten der Kündigungsfristen oder außergewöhnliche Abgangstermine. Näheres dazu ist im Vorstellungsgespräch zu erfragen.

Im zweiten Abschnitt eines ausführlichen Arbeitszeugnisses wird meistens die **Tätigkeit des Bewerbers** beschrieben. Vergleichen Sie, ob die Angaben mit denen des Lebenslaufs übereinstimmen und ob die verschiedenen Anstellungen einen aufsteigenden, konstanten oder sprunghaften Verlauf zeigen.

Am wichtigsten ist das Studium der **Beurteilung der Leistungen und des Verhaltens durch den Arbeitgeber.** Hier gibt es für den Leser viele Anregungen für Fragen im Vorstellungsgespräch. Äußert es sich zu den Leistungen und zum Verhalten? Wird die Beziehung zu Arbeitskollegen, Vorgesetzten und Untergebenen (und gegebenenfalls Kunden) bewertet? Erwähnt es alle Eigenschaften und Fähigkeiten, die für einen Mitarbeiter, eine Mitarbeiterin wesentlich sind?

Da Zeugnisse grundsätzlich positiv formuliert werden, ist **wichtig, was nicht im Zeugnis steht.** Negativ ist z. B. Schweigen über das Verhalten einer Arbeitskraft oder die Führungsqualitäten eines leitenden Angestellten. Obwohl die Beurteilung der Arbeitgeber uneinheitlich und ohne vergleichbare Klassifizierung erfolgt, kann der geübte Leser doch oft wertvolle Hinweise auf Leistungsstärken oder -schwächen und besonders ausgeprägte Verhaltensweisen erkennen.

Seien Sie damit vorsichtig, denn Sie können nicht wissen, ob der Verfasser des Zeugnisses einen Kode anwandte oder ob er frei formulierte und meint, was er sagt. **Kodieren** bedeutet eine Nachricht (Arbeitszeugnis) mit Hilfe eines Kodes verschlüsseln oder in eine andere sprachliche Form bringen. Die beim Kodieren verwendeten Kodes gehören zu einem System, das dem eingeweihten Leser (Personalchefs, Vorgesetzte) anzeigt, was (verschlüsselt) ausgesagt werden möchte. Es gibt Vorgesetzte, die behaupten, noch nie Kodierungen verwendet zu haben. Sie glauben daran, dass es solche gar nicht gibt. Diese Ausrede kann durch unzählige Publikationen widerlegt werden. Moderne Vorgesetzte halten sich an das Gesetz und nehmen den im Obligationenrecht Art. 330a festgehaltenen gesetzlichen Auftrag wahr, Leistung und Verhalten der im Arbeitszeugnis zu qualifizierenden Angestellten zu beschreiben. Ein allfälliges Auslassen der Leistung und/oder des Verhaltens im Arbeitszeugnis verletzt die Vollständigkeit und die Klarheit. Ein solches Weglassen kommt für eingeweihte Führungskräfte einer Kodierung gleich und bedeutet, hier war die Leistung so schlecht, dass keine Worte mehr gefunden werden konnten.

Auch der Stimmungsgehalt eines Zeugnisses – nüchtern, herzlich, tief anerkennend usw. – ist nicht immer ein eindeutiger Anhaltspunkt; oft drückt er persönliche Sympathie aus und ist kein objektiver Gradmesser. Setzt er sich aber in einer Zeugnisserie fort, wächst sein Aussagewert.

Allgemein ist es heute Brauch, ungünstige Tatsachen nicht direkt anzusprechen, sondern durch Weglassen oder vorsichtige Formulierung nur anzudeuten. Arbeitszeugnisse sollten immer **wohlwollend** sein und das berufliche Fortkommen der Arbeitnehmer nicht unnötig erschweren. Es besteht aber nicht grundsätzlich ein Anspruch auf ein «gutes» Zeugnis.

Negative Äußerungen sind zulässig, sofern sie wahr sind und wesentlich für die Leistung oder das Verhalten des Angestellten. Ein Arbeitgeber, der seiner austretenden Mitarbeiterin ein allzu schönfärberisches Zeugnis ausstellt, beispielsweise eine Unterschlagung verschweigt, kann gegenüber einem künftigen Arbeitgeber schadenersatzpflichtig werden.

Damit wird der Wert von Zeugnissen fragwürdig; der Text wird beliebig interpretierbar. Zwischen den Zeilen steht oft mehr als im Text selber. Manche Zeugnisse sind wahre Muster der **Umschreibungskunst.** Sie sagen nur Gutes oder gar nichts. Wenn bestimmte Qualifikationen, die ein Bewerber in dieser Position haben musste, weder lobend noch sonst wie erwähnt werden, kann man annehmen, dass sie mangelhaft oder gar nicht vorhanden waren. Solche Beurteilungslücken sollten durch Rückfragen beim Verfasser des Zeugnisses geklärt werden. Die Fairness gebietet es, den Bewerber um Zustimmung zu fragen. Oft ist es mehr der Ton, der die eigentliche Wertung wiedergibt, und nicht die Aussage.

Beachten Sie folgende Punkte, wenn Sie ein Zeugnis isoliert betrachten

- Ein Zeugnis qualifiziert stets nicht nur den Arbeitnehmer, sondern auch den Aussteller des Zeugnisses.
- Interpretationen sind mit Vorsicht anzugehen und sollten im Rahmen des Gesamtbildes und mit anderen Zeugnissen vorgenommen werden.
- Ist das Zeugnis fehlerfrei und mindestens in großen Teilen sprachlich korrekt formuliert?
- Ist die Darstellung sauber und übersichtlich?
- Bestehen keine widersprüchlichen Aussagen oder Beurteilungen?
- Ist die Struktur mindestens ansatzweise gegeben resp. werden alle folgenden oder die meisten Elemente erwähnt:
    - Personalien
    - Stellung im Betrieb
    - Funktion
    - Fachwissen
    - Leistung
    - Verhalten
- Schlusssatz
- Werden klare und unmissverständliche Aussagen zur Arbeitsqualität, dem Kernpunkt eines Zeugnisses, gemacht?
- Wird ein Austrittsgrund genannt? (Das Fehlen eines Austrittsgrundes kann auf eine Entlassung hindeuten).
- Sind die Leistungs-, Tätigkeits- und Verhaltensaussagen konkret, relativ detailliert und nachvollziehbar?
- Vermittelt das Zeugnis ein objektives und ausgewogenes Gesamturteil oder enthält es in allen Punkten nur «Bestnoten»?

Aufschlussreicher als die Beurteilung eines einzelnen Zeugnisses ist die **Beurteilung einer Zeugnisserie** von mehreren Arbeitgebern. Hier schälen sich meist die wesentlichen Tendenzen heraus und machen Rückschlüsse auf den Bewerber möglich.

Beachten Sie bei der **Analyse von mehreren Zeugnissen** folgende Punkte:

- Ist in Tätigkeiten und Aufgaben ein roter Faden oder eine gewisse logische Abfolge zu erkennen?
- Ist der Berufsweg lückenlos mit Zeugnissen belegt und befinden sich nicht zu viele oder gar nur mehrheitlich Arbeitsbestätigungen darunter?
- Sind Gründe, wenn es sich um Arbeitsbestätigungen handelt, akzeptabel und ersichtlich?
- Sind Gründe bekannt oder erwähnt, wenn in bestimmten Zeitphasen keine Zeugnisse vorliegen?
- Wie oft hat der Bewerber die Stelle gewechselt? (Bedenken Sie jedoch, dass gerade bei jüngeren BewerberInnen ein häufigerer Stellenwechsel heute nicht sofort negativ ausgelegt werden darf).
- Stimmen die fachlichen Beurteilungen und Aussagen im Großen und Ganzen überein?
- Stimmen die persönlichen Aussagen im Verhaltensbereich im Großen und Ganzen überein?
- Stimmen die Aussagen und Beurteilungen zu Qualifikation und Arbeitsqualität im Großen und Ganzen überein?
- Entsprechen die Zeugnisse mehrheitlich dem Berufsweg und den Zielsetzungen des Bewerbers?
- Besteht zwischen den Aussagen im Bereich der Leistung und Qualifikation kein Widerspruch zur Aussage im Schlusssatz des Bedauerns?

- Ließ man den Bewerber in den Zeugnissen mehrheitlich, immer oder selten oder gar nie gerne weggehen? (Das heißt: Wird zum Weggang nichts, ein Bedauern, ein «sehr» oder gar ein außerordentliches Bedauern genannt?)

Der Wert des Arbeitszeugnisses liegt hauptsächlich in der sachlichen Information über Verantwortungsniveau, Funktion und hierarchische Einstufung in früheren Positionen. Die persönliche Qualifikation ist begrenzt aussagekräftig, außer wenn die Angaben sehr deutlich positiv oder negativ abweichen.

Medizinische Diagnosen gehören auf keinen Fall in ein Zeugnis. Nicht verboten ist jedoch der Hinweis auf gesundheitliche Probleme, wenn diese schwerwiegende Auswirkungen auf das Arbeitsverhältnis hatten.

Man unterscheidet Zeugnisse über Ausbildungsabschlüsse und Zeugnisse über die Arbeitsverhältnisse des Bewerbers.

Zeugnisse über Arbeitsverhältnisse sollten Auskunft geben über:

- Dauer der Tätigkeit
- Art der Tätigkeit
- Beurteilung der erbrachten Leistung
- Beurteilung des persönlichen Verhaltens im Team und mit Vorgesetzten
- Grund des Stellenwechsels

19.6 Referenzen und ihr Wert

Referenzauskünfte dienen als **zusätzliche Entscheidungshilfe für die Bewerberauswahl**. Referenzen eröffnen Ihnen die Möglichkeit, berufsspezifische, über die in Arbeitszeugnissen enthaltenen Informationen hinausgehende Angaben in Erfahrung zu bringen. Referenzen helfen Unklarheiten und Widersprüche klären; sie können auch zur Absicherung, zur Bestätigung Ihres Eindrucks dienen und das Bild des Bewerbers abrunden.

Die Erteilung der **Bewilligung** für Referenzauskünfte durch den Bewerber ist unbedingt notwendig. Häufig stimmt dieser einer Einholung von Referenzen im Gespräch oder beim Ausfüllen eines Fragebogens zu. Sichern Sie sich durch Rückfragen beim Kandidaten auch ab, wenn er eine oder mehrere Referenzen mit den eingesandten Unterlagen angegeben hat.

Beschaffen Sie sich grundsätzlich erst Referenzen, wenn Sie sich ein Bild über die Persönlichkeit des Bewerbers machen konnten -**nach einem eingehenden und persönlichen Gespräch.** Holen Sie nicht zu viele Referenzen ein, und gehen Sie dabei gezielt vor. Frühere Vorgesetzte, mit denen der Bewerber über längere Zeit zusammengearbeitet hat, sind grundsätzlich wertvollere Referenzpersonen als Privatpersonen, die Gefälligkeitsurteile abgeben.

19.6.1   Wie holt man Referenzen ein?

Nur gezielte, konkrete Fragen ergeben brauchbare Auskünfte.

Rufen Sie einen früheren Vorgesetzten Ihres Bewerbers nicht mit den Worten an: «Herr Fischer hat sich bei uns beworben. Während zehn Jahren war er bei Ihnen angestellt, und wir möchten gerne wissen, wie der Mann wirklich war.» Dieses Vorgehen löst fast notwendig Abwehr bei Ihrem Partner aus. Er weiß nicht, um welche Anforderungen es geht, wie mögliche Aussagen von Ihnen gewichtet werden, welche Folgen das für seinen früheren Mitarbeiter hat.

Ein besserer Zugang wäre: «Herr Fischer hat sich bei uns als Verkaufsassistent beworben. Seine Aufgabe bestünde in regem telefonischen Kundenkontakt und anspruchsvollen administrativen Arbeiten. Er muss, um diese Aufgabe zu erfüllen, sehr zuverlässig arbeiten, dabei aber doch auch eigene Initiative entwickeln. Langfristig gesehen besteht die Möglichkeit, die Leitung dieses Verkaufssektors selbständig zu übernehmen. Wir haben Herrn Fischer aufgrund seiner guten Qualifikationen in die engste Wahl gezogen. In einigen Punkten möchten wir unser Bild noch abrunden; Ihre Meinung ist für uns sehr wichtig. Sie haben ihn ja während mehrerer Jahre als Exportsachbearbeiter in Ihrer Firma beschäftigt.»

Diese Einleitung gibt dem nun folgenden Gespräch eine **sachliche Basis.** Der Eindruck von Neugier oder Schnüffelei darf keinesfalls aufkommen, es soll sich vielmehr ein konstruktives Gespräch im Interesse des Bewerbers entwickeln.

Sie können dann weitergehen und sagen: «Wir sind überzeugt, dass Herr Fischer charakterlich absolut integer ist und exakt und zuverlässig arbeitet. Wir sind uns aber nicht ganz über seine Dynamik und seine Entwicklungsmöglichkeiten im Klaren. Können Sie uns darüber aufgrund Ihrer Erfahrungen Auskunft geben? Inwieweit kann er sich beispielsweise durchsetzen? Wie motiviert und leitet er ein Team?» usw.

Auf solche **konkreten Fragen** kann Ihr Partner mit weitgehender Bestimmtheit Auskunft geben. Er kennt jetzt auch die Anforderungen der zukünftigen Aufgabe und kann seine Auskünfte darauf beziehen. Am aufschlussreichsten ist ein Gespräch, in dem Eindrücke differenziert abgewogen werden. Wenn Ihr Partner spürt, dass es Ihnen um eine sachliche Beurteilung des Kandidaten auch in dessen Interesse geht, wird er viel eher bereit sein, auf Schwächen hinzuweisen. Sie können dann gemeinsam klären, ob diese Schwächen überhaupt ins Gewicht fallen, wo in der Führung besondere Unterstützung nötig ist usw.

Ein solches Gespräch erlaubt Ihnen auch die **Beurteilung Ihres Partners.** Ist er eine ruhige, reife Persönlichkeit mit ausgewogenem Urteil und Überblick oder ist sein Urteil subjektiv gefärbt? Bemüht er sich um eine gerechte Beurteilung oder hat er eine unflexible, autoritäre Meinung? Ist er streng oder großzügig in seinem Maßstab? Entsprechend werden Sie seine Aussagen gewichten können.

Schreiben Sie sich wichtige Fragen auf. Versuchen Sie aber in jedem Fall, ein Gespräch in Gang zu setzen. Folgende Liste soll Ihnen dabei helfen:

Urteil der Referenzperson über:	Aussage 1	Aussage 2	Aussage 3
Fachkenntnisse, Position			
Arbeitsqualität und -schnelligkeit			
Belastbarkeit			
Selbständigkeit			
Absenzen, Termintreue			
Verhalten gegenüber Untergebenen, Kollegen, Vorgesetzten			
Fremdsprachenkenntnisse			
Können Sie sich den Bewerber in der ausgeschriebenen Position vorstellen?			
Welches ist seine größte Stärke?			
Welches ist seine größte Schwäche?			
Höhe des letzten Gehalts			
Kündigungsgrund			
Würden Sie ihn wieder einstellen?			
Beurteilung und Auswertung der			
Resultate			

Dazu kommen noch Fragen, die sich aus der Bewerbung ergeben.

Es ist sinnvoll, die wichtigen Informationen zu protokollieren; sie gehören zu den übrigen Unterlagen des Bewerbers.

Telefonische Referenzen bringen den gewünschten Erfolg vor allem, wenn die Gesprächspartner sich kennen. Ist das nicht der Fall, lohnt es sich bei Bewerbern für wichtige Funktionen, den Referenzgeber persönlich kennen zu lernen. Im persönlichen Gespräch lassen sich die Persönlichkeit des Referenzgebers und damit seine Auskünfte realistisch und differenziert einstufen. Schriftlich eingeholte Referenzen sind meistens wertlos.

Holen Sie nicht allzu viele Referenzen über denselben Bewerber ein. Am wertvollsten sind die Auskünfte von früheren Arbeitgebern, bei denen der Bewerber lange gearbeitet hat. Bestätigen die Auskünfte Ihren Eindruck, so können Sie sich weitgehend darauf verlassen. Eine zweite Referenzperson kann zur Absicherung noch angefragt werden. Nur wenn Widersprüche auftreten, sollten Sie mehrere Referenzen einholen, bis sich Klarheit ergibt.

19.6.2 Die Bewertung der Referenzen

Referenzen sind mehr oder weniger ausgeprägt subjektive Aussagen von relativem Wert.

Sie müssen mit Vorsicht bewertet werden. Als Bestätigung realer Leistungserfolge sind die Referenzen eine wichtige Informationsquelle.

Die **Subjektivität** beginnt aber dort, wo es um die Beurteilung der Persönlichkeit geht. Schon die Verschwommenheit der Begriffe zeigt die Problematik. Unter Organisationstalent versteht der eine Gesprächspartner eine gute administrative Begabung, der andere wirkliche Koordinationsbegabung, verbunden mit Dynamik und Stoßkraft. Hinzu kommt die Schwierigkeit einheitlicher Maßstäbe. Was der eine Vorgesetzte als überdurchschnittliche Leistung bezeichnet, würde von einer anderen Person als durchschnittliche Norm qualifiziert. Die Wertmaßstäbe sind subjektiv verschieden.

19.6.3   Referenzen von Privatpersonen

Sie werden vom Bewerber meist so ausgewählt, dass sie durch ihren Titel, ihre Stellung oder öffentliche Bekanntheit beeindrucken; je angesehener die Referenzpersonen sind, umso mehr glaubt er sich in seiner Bedeutung bestätigt. Nur selten können die genannten Personen dann wirklich etwas über die Leistungen und die Persönlichkeit des Bewerber aussagen; häufig entpuppen sie sich als Imponier-Referenzen, die den Bewerber nur flüchtig kennen.

Auch das ist aufschlussreich und man muss sich in diesen Fällen fragen, ob der Bewerber sich mehr auf Protektion als auf eigene Leistung verlässt.

Etwas anderes ist es, wenn **Freunde oder private Bekannte** als Referenzpersonen genannt werden. Oft können auch sie nicht allzu viele Anhaltspunkte geben, da sie den Bewerber nur privat kennen und über seine berufliche Leistungsfähigkeit kaum Bescheid wissen.

Private Referenzpersonen werden mit Vorteil erst angefragt, nachdem mit dem Bewerber geklärt wurde, wie gut er sie kennt und aus welchen Überlegungen heraus er sie genannt hat.

Referenzen sollten erst **nach dem Studium der Bewerbung und nach einem persönlichen Gespräch** eingeholt werden. Dabei sollten **konkrete Fragen** über die Art der früheren Aufgaben, die Entwicklung während der Tätigkeit im Unternehmen oder über Stärken und Schwächen gestellt werden. Bei der **Bewertung der Referenzen** muss beachtet werden, dass es sich um subjektive Aussagen handelt.

20 Die Beurteilung des Bewerbers aufgrund des persönlichen Gesprächs

Die Bewerbungsunterlagen zeigen den Bewerber vor allem in den äußeren Konturen.

Sobald wir ein genaueres Bild benötigen, um die Eigenart eines Bewerbers, seine besonderen Fähigkeiten und Eigenschaften, seine Stärken und Schwächen zu erfassen, müssen wir ein anderes Instrument verwenden. Ein gutes Werkzeug ist das persönliche Gespräch, das Interview.

20.1 Das Ziel des persönlichen Gesprächs

Beim persönlichen Interview stehen nicht der Austausch und das Klären von Informationen im Vordergrund, sondern das Erfassen der Eigenart des Bewerbers. Es hat andere Ziele als das Anstellungsgespräch, in dem primär die Anstellungsmodalitäten geklärt werden.

In der Praxis wird das persönliche Interview meistens mit dem **Anstellungsgespräch** kombiniert. Die beiden unterscheiden sich vor allem in ihrer Struktur. Das Anstellungsgespräch ist straffer organisiert. Mit gezielten Fragen werden Sachverhalte und gegenseitige Erwartungen geklärt. Man will gemeinsam eine Entscheidungsgrundlage für die Anstellung erarbeiten. Das **Interview** ist freier in der Gestaltung, weniger strukturiert. Es nimmt eine Mittelstellung ein zwischen dem durchstrukturierten Anstellungsgespräch und einem völlig freien Gespräch. Im Interview soll der Bewerber die Möglichkeit haben, das Gespräch mit seinem Temperament, seinem Denken, seiner Erfahrung und seiner Art der Gesprächsführung zu formen. Je besser das gelingt, umso eher bekommen wir die Grundlage für eine realistische Beurteilung seiner Persönlichkeit.

Am aufschlussreichsten ist das Interview bei qualifizierten Fach- und Führungskräften. Sie müssen in der Lage sein, zur Sache zu sprechen und ein Gespräch selbständig zu strukturieren. Für Mitarbeiter in niedrigeren Positionen ist mehr Unterstützung sinnvoll.

Ein **Nachteil** von Gesprächen ist, dass sich die Resultate nicht eichen und damit nicht exakt vergleichen lassen; sie sind im Gegensatz zu Testresultaten quantitativ nicht erfassbar. Sehr viele falsche Diagnosen und Prognosen kommen durch Fehlerquellen zustande, die im Vorgehen oder in der Person des Beurteilers liegen. Auf diese Fehlerquellen gehen wir noch ein.

Das Interview ist **eine** Methode im gesamten Instrumentarium, das uns zur Einschätzung einer Persönlichkeit zur Verfügung steht. Erst eine Kombination von verschiedenen Methoden (Beurteilung der Bewerbung, Zeugnisse usw., Interview, Graphologie und Tests) führt zu einem einigermaßen abgerundeten Bild.

Wir behandeln das Interview ausführlich, weil es für die Mitarbeiterauswahl im Unternehmen eine zentrale Stellung hat. Es ist relativ leicht zu erlernen und anzuwenden und wird vom Bewerber akzeptiert, ja gewünscht. Wenn es gut durchgeführt und vorsichtig ausgewertet wird, kann es einen Einblick in die Persönlichkeit des Bewerbers geben, der so unmittelbar und lebendig mit keinem anderen Mittel möglich ist.

Das persönliche Gespräch mit dem Bewerber hat eine Schlüsselstellung innerhalb der Ausleseverfahren. Mit ihm kann die Persönlichkeit des Bewerbers erfasst werden. Grundsätzlich sollte keine Anstellung ohne Interview erfolgen.

Im Folgenden unterscheiden wir nicht zwischen Interview und Anstellungsgespräch. Viele Hinweise treffen auf beide zu. Nur wenn das nicht so ist, machen wir Sie darauf aufmerksam.

20.2 Die Durchführung des Gesprächs

Das Gespräch muss sorgfältig vorbereitet und durchgeführt werden.

20.2.1 Organisatorische Maßnahmen

Häufig kommen bei der Vorstellung nicht nur der Personalsachverständige, sondern auch der zukünftige Vorgesetzte und weitere Mitarbeiter mit dem Bewerber in Kontakt.

Informieren Sie alle Mitarbeiter, die über den Besuch des Bewerbers Bescheid wissen müssen (Portier, Sekretärin, Vorgesetzte). Der Bewerber soll nicht erst im Betrieb umherirren, bevor er die richtige Stelle (Personalbüro, Zimmer des Chefs) findet. Bedenken Sie, dass der erste Eindruck des Betriebs auf den Bewerber entscheidend wirken kann, noch ehe Sie selber in Aktion kommen. Die meisten Bewerber reagieren auf negative Details wie einen brummigen Portier, eine unzufrieden wirkende Sekretärin usw. sehr sensibel.

Besprechen Sie mit Kollegen oder Vorgesetzten, die den Bewerber ebenfalls empfangen, **welche Gebiete** sie im Gespräch anschneiden. Es ist für den Bewerber ermüdend, mehrmals auf dieselben Fragen antworten zu müssen. Bereiten Sie sich auf das Interview vor, indem Sie die **Personalakten** nochmals **studieren,** damit Sie die Fakten im Gedächtnis haben. So können Sie während des Gesprächs gezielte Fragen stellen. Der Bewerber, der spürt, dass Sie seine Unterlagen studiert haben, fühlt sich ernst genommen und misst dem Interview mehr Bedeutung zu.

Legen Sie fest, was Sie dem Bewerber alles zeigen und sagen wollen, damit er die für ihn wichtigen Entscheidungsgrundlagen erhält. Dazu gehören **Informationen** über:

- den Arbeitsplatz (räumlich),
- die Vorgesetzten (ggf. kennen lernen),
- Kollegen (ggf. kennen lernen),
- Arbeitszeit,
- Gehaltssystem,
- Förderungs- und Weiterbildungsmöglichkeiten,
- Führungsgrundsätze und
- sonstige Leistungen des Unternehmens an Mitarbeiter.

Welche **Fragen** dürfen gestellt werden, welche nicht?

- Bewerberinnen müssen alle, für den Arbeitsplatz wesentlichen Informationen geben. Das bedeutet, dass Fragen über Ausbildung, Erfahrung, berufliche Ziele usw. gestellt werden dürfen und müssen.
- Weitergehende Fragen, vor allem diejenigen, die Privates (Umfeld, Schulden, Familienplanung usw.) betreffen, müssen nicht beantwortet werden – es gibt bei diesen Fragen sogar ein Recht auf «Notlüge». Daraus lässt sich folgern, dass diese Fragen gar nicht gestellt werden sollten.
- Auskunft über den Gesundheitszustand müssen die Bewerber nur geben, wenn sie bei der Arbeit durch gesundheitliche Probleme die Gesundheit von anderen gefährden.

Halten Sie Anschauungsmaterial wie Organigramme, Stellenbeschreibung, Produktkataloge, Werbebroschüren usw. bereit.

Nehmen Sie sich Zeit für das Interview und organisieren Sie Ihre übrige Arbeit so, dass Sie weder durch Telefonanrufe noch sonst wie gestört werden.

Sind der Bewerberin Unkosten (z.B. Fahrspesen) für das Vorstellungsgespräch entstanden, sollten ihr diese vergütet werden.

20.2.2 Psychologische Grundsätze

Halten Sie sich stets vor Augen, dass die **Vorstellungssituation asymmetrisch** ist; die Position des Bewerbers ist schwächer. Vorstellung und persönliches Interview sind für den Bewerber mit einer gewissen psychologischen Belastung verbunden.

Der Interviewer hat immer die Wirkung einer Autoritätsperson. Er leitet das Gespräch, prüft, gewichtet und entscheidet. Obwohl der Kandidat dies auch tut, ist er doch bedeutend abhängiger.

Daher sollten Sie der Gestaltung der Vorstellungssituation besondere Aufmerksamkeit schenken. Die meisten Menschen reagieren in einer ungewohnten Situation mit Unsicherheit, Angst und Abwehrreaktion. Viele gehen in die Defensive, manche werden aggressiv. Beides beeinträchtigt einen informativen Gedankenaustausch und auch die Persönlichkeitsbeurteilung.

Unser erstes Ziel muss daher sein, eine **lockere Atmosphäre** zu schaffen, die zu Vertrauen, eventuell zu Sympathie führt. Die Bewerberin soll ihre unangenehme Situation so bald wie möglich vergessen und sich im Gespräch frei entfalten können.

Bringen Sie ihr Verständnis und Achtung entgegen.

Nehmen Sie ihre Fragen ernst, denn auch sie hat ein Bedürfnis nach Information. Wenn Sie sie sachlich informieren, zeigt ihr dies, dass Sie ihrer möglichen Anstellung echtes Interesse entgegenbringen.

Informieren Sie die Bewerberin über Ihr Vorgehen. Sagen Sie ihr, was Sie zeitlich und organisatorisch beabsichtigen (z.B. einen Rundgang durch das Werk, Vorstellung bei einem bestimmten Abteilungsleiter usw.), damit sie sich darauf einstellen kann.

Versuchen Sie, auch in der Sitzordnung die «Distanz» zu verkürzen, indem Sie sich nicht gegenüber, sondern zum Beispiel an eine Seite des Tischs mit ihr setzen.

Um das Gespräch in Gang zu bringen, ist es nützlich, selbst damit zu beginnen. Der Partner bekommt dadurch eine Atempause, während der er sich nicht zu exponieren braucht, sondern zuhören kann. Beginnen Sie mit einigen **einleitenden Sätzen,** die Informationen enthalten über die Firma, den Arbeitsplatz den Grund der Stellenbesetzung usw., ohne dass Sie zu sehr in Einzelheiten gehen oder familiär werden. Aktivieren Sie damit Ihren Partner, Sie wollen ihn ja in erster Linie zum Sprechen bringen.

Versuchen, Sie, eine **normale Situation** zu schaffen. Die dazu eingesetzten Mittel können von Fall zu Fall variieren.

Das persönliche Gespräch muss vorbereitet werden. Man studiert die Personalunterlagen und legt fest, welche Informationen man dem Bewerber geben und was man ihn fragen will. Das Gespräch sollte in einer entspannten Atmosphäre geführt werden.

20.3 Technik der Gesprächsführung

Der Begriff «persönliches» Interview bringt zum Ausdruck, dass die **beteiligten Personen,** vor allem der Bewerber, **im Mittelpunkt** stehen. Das Gespräch soll eine Art Raum sein, in dem der Bewerber sich frei und natürlich bewegen kann. Je mehr er sich so gibt, wie er wirklich ist, umso besser können wir ihn in seiner Wesensart erkennen. Alle folgenden Hinweise streben eigentlich nur dieses Ziel an. Eine ausgeklügelte Gesprächstaktik, wie etwa für Verkaufsgespräche, gibt es nicht. Dennoch lassen sich einige Punkte herausschälen, die Ihnen bei der Durchführung eines guten Interviews helfen.

20.3.1 Das Herstellen des Kontakts

Wir haben darüber gesprochen, wie grundlegend es ist, eine normale Situation herzustellen. Sie erleichtern dem Bewerber damit das Vertrautwerden mit der Vorstellungssituation. Dabei spielt Ihre persönliche Haltung eine wichtige Rolle. Je echter und natürlicher Sie sich geben, umso eher wird er bereit sein, künstliches und aufgesetztes Verhalten abzulegen und Ihnen so zu begegnen, wie er eben ist.

Die Kunst des Interviews liegt weniger in Verhandlungsgewandtheit als in innerer Gelöstheit und damit **Empfänglichkeit für Eindrücke.**

Auch wenn Sie noch wenig Erfahrung mit Interviews haben, sollten Sie sich daher so gelöst wie möglich geben. Seien Sie ja nicht krampfhaft darum bemüht, durch sicheres Auftreten, Unterhaltsamkeit usw. selber zu brillieren sondern geben Sie sich frei, ungezwungen. Passen Sie sich dem Partner und der zu besetzenden Stelle an.

Bei Kontaktpositionen wie z.B. Vertreter, Public Relations, Verkaufschefs und bei Führungsaufgaben kann die eigene Kontaktbemühung auf ein Minimum beschränkt werden, weil diese Leute fähig sein sollten, auch unter erschwerten Bedingungen (asymmetrische Situation) einen befriedigenden Kontakt herzustellen.

Einfachere Angestellte und Leute, die weniger Übung im Umgang mit anderen haben, sollten Sie dort abholen, wo sie sind und ihnen entgegengehen.

20.3.2 Die Aktivitätsverschiebung

Sind die Anfangsschwierigkeiten überwunden, gilt es, **dem Partner die Aktivitätsrolle durch feine Lenkung zuzuspielen.** Dies gelingt vor allem durch eine lebhafte interessierte Anteilnahme, die ihn zum Sprechen anregt. Ist der Dialog einmal in Fluss gekommen, können wir uns in die mehr passive Zuhörerrolle zurückziehen und das Gespräch fließen lassen. Wir lenken es nur, wenn es zu weitschweifig zu werden droht, Nebengeleise einschlägt, sich in Einzelheiten verliert oder wieder einschlafen will. Jetzt kann der Bewerber voll zum Zug kommen und den weiteren Gesprächsverlauf gestalten. Voraussetzung ist allerdings, dass wir ihm den Raum dazu auch wirklich geben.

Der Interviewer unterschätzt im Allgemeinen den Umfang seiner Beteiligung am Gespräch. Objektive Zählungen der von beiden Partnern gesprochenen Worte haben ergeben, dass sein Anteil im Durchschnitt bei 60 % liegt und damit größer ist als der des Bewerbers. Damit verringern sich rein quantitativ die Beobachtungsmöglichkeiten beträchtlich. Achten Sie also darauf, die Gesprächs-Aktivität dem Bewerber zuzuschieben. Sein Anteil am Gespräch soll größer (80 %) sein als Ihrer.

20.3.3   Die Kunst, das Gespräch in Fluss zu halten

Nachdem der Kontakt zustande gekommen ist, gerät das Gespräch oft nach kurzer Zeit ins Stocken. Nach der psychologischen Hürde des Kontakts taucht als Nächstes meist das Problem des sachlichen Einstiegs auf. Der Bewerber ist unsicher über den Rahmen, in dem sich das Gespräch abwickeln soll und die Informationen, die von ihm erwartet werden. Obwohl Sie nicht ängstlich darauf bedacht sein sollten, keine Pausen entstehen zu lassen, sollten Sie das Gespräch doch einigermaßen in Fluss halten.

Um den guten Kontakt und einen gleichmäßigen **Gesprächsablauf aufrechtzuerhalten**, muss man dem Bewerber beim Sprechen manchmal weiterhelfen. Folgende **Maßnahmen** sind hilfreich:

Auf eine Aussage näher eingehen

Im Allgemeinen ist die erste Antwort fast nie vollständig und relativ stereotyp. Durch Fragen kann man sie persönlicher gestalten und konkretisieren. Zu einer subjektiven Antwort kann man z. B. weitere Erklärungen erbitten, um ein sachliches Bild zu bekommen.

Eine gestellte Frage eingrenzen

Manchmal schneidet der Interviewer Probleme an, über die der Bewerber bisher wenig nachgedacht hat; er hat daher keine klare, rasche Antwort bereit. Sie können diese Situation dadurch vereinfachen, dass Sie sagen, Sie erwarten keine fertige, verbindliche Meinung, sondern möchten nur seine persönliche Ansicht zu diesem Punkt kennen lernen.

An Stichworte anknüpfen

- Der Erfolg eines Interviews hängt vielleicht am stärksten von der Fähigkeit ab, an Stichworte des Bewerbers anzuknüpfen. Psychologisches Wissen, Allgemeinbildung, Erfahrung im Wirtschaftsleben und vielseitige Interessen versetzen Sie in die Lage, solche Anknüpfungspunkte zu entdecken und sinnvolle Fragen zu formulieren. Mit psychologischer Einfühlung sollen Fragen bis zu dem Punkt vorangetrieben werden, wo persönliche Einstellungen, Meinungen, Werthaltungen usw. sichtbar werden.
- Es ist sinnvoll, sich Stichworte zu merken und nicht gleich aufzugreifen. Der Bewerber soll ja nicht laufend gestoppt werden. Meist taucht im späteren Gesprächsverlauf ein Zusammenhang auf, in dem wir ganz natürlich auf ein früheres Stichwort zurückgreifen können. So geben wir dem Gespräch die Möglichkeit, sich natürlich zu entwickeln. Gleichzeitig haben wir Fragen in Reserve, wenn das Gespräch ins Stocken geraten sollte.
- Bleiben Sie nicht an einem Thema hängen, sondern bringen Sie verschiedene Bereiche zur Sprache.
- Man erhält erst ein abgerundetes Bild von der Persönlichkeit des Bewerbers, wenn er sich zu verschiedenen Fragen äußern kann.

20.3.4   Die Strukturierung des Gesprächs

Da das Interview eine relativ offene Situation schaffen will, sind die meisten Fragen indirekt, wenig strukturiert; man nennt sie auch weiche oder offene Fragen. Das schließt aber nicht aus, dass die Fragen an bestimmten Punkten gezielter, strukturierter werden und der Gesprächsleiter wieder lenkend eingreift.

Das persönliche Interview ist also ein Fragen, Antworten und Zuhören, das wechselseitig von Bewerber und Interviewer geführt wird. Es hat Elemente der gezielten Befragung, der gegenseitigen Information und der freien Spontanäußerung. Ein reines Anstellungsgespräch ist strukturierter und lässt weniger Raum für den persönlichen Ausdruck.

Je nach dem Grad der Strukturierung unterscheidet man folgende **Fragen:**

- **Strukturierte (geschlossene) Fragen:** Es sind präzise Fragen, die mit ja oder nein oder einer bestimmten Information beantwortet werden. Sie zielen auf eine spezifische Antwort und führen zu einer Frage-Antwort-Folge. Bsp: Befinden Sie sich noch in einem ungekündigten Arbeitsverhältnis?
- **Semistrukturierte (alternative) Fragen**: Sie lassen dem Bewerber mehr Spielraum für die Darstellung seines Standpunkts. Sie geben tieferen Einblick in seine Persönlichkeit und eignen sich zum Abtasten von Gründen und Motiven. Bsp: Tragen Sie sich mit dem Gedanken eher bald zu wechseln oder können Sie sich vorstellen (für eine andere Aufgabe) noch zu warten?
- **Unstrukturierte (offene) Fragen:** Sie ermöglichen Spontanreaktionen und damit Persönlichkeitsäußerungen. Sie bringen persönliche Gefühle, Ansichten, Werthaltungen, Beweggründe usw. zum Ausdruck. Subjektives, oft auch Unbewusstes wird ausgesprochen. Der Wert der Antworten liegt gerade in der persönlichen Sichtweise. Sie zeigen, mit welchen Inhalten der Bewerber den gegebenen Raum ausfüllt – wie eigenständig, originell oder auch wie blass, kraftlos und verschwommen seine Äußerungen sind. Bsp: Wo sehen Sie sich in 5 Jahren?

Je nach dem Ziel, das mit der Frage angestrebt wird, stellt man eine strukturierte, halbstrukturierte und eine unstrukturierte Frage.

Im persönlichen Interview, das die Wesensart des Bewerbers zeigen soll, kommen vor allem halb- und unstrukturierte Fragen in Betracht. Strukturierte Fragen sind nur dann am Platz, wenn eine wichtige Information gebraucht wird.

20.3.5 Der Leitfaden

Jedem Interview liegt bewusst oder unbewusst ein Leitfaden zugrunde, sonst wäre es eine Plauderei. Der Leitfaden kann nur in den großen Zügen oder auch bis in die feinsten Details festgelegt sein. Wichtig ist, dass der Interviewer sich weder zu fest an ihn klammert noch sich munter über ihn hinwegsetzt, sondern flexibel damit umgeht. Klammert er sich an ein Schema, verunmöglicht er spontane Reaktionen des Bewerbers. Setzt er sich über jegliche Systematik hinweg, kommt er leicht von den wichtigen Themen ab und kann die Ergebnisse verschiedener Interviews kaum mehr miteinander vergleichen.

Dem Bewerber soll kein Thema aufgezwungen werden, einfach, weil es im Leitfaden steht; er soll auch nicht «unterbrochen» werden und nur noch Fragen beantworten, ohne aus sich herauszugehen. Den Leitfaden **flexibel zu handhaben,** bedeutet, Fragen dort zu stellen, wo sie natürlich hineinpassen, im Wesentlichen aber den Gedankengängen des Bewerbers zu folgen und wach zu sein für unerwartete Aussagen, auf die sich einzugehen lohnt, und für Aussagen, die ihn besonders charakterisieren.

Drängen Sie ihm niemals Ihre Ansichten und Wertmaßstäbe auf, auch nicht subtil durch Suggestivfragen.

Der Gesprächsleitfaden ist vergleichbar mit einem **Programm,** das bestimmte Punkte umfasst, die behandelt werden müssen. Je nach Kandidat und zu besetzender Stelle sind die einen oder anderen Punkte wichtiger und benötigen eine eingehendere, sorgfältigere Behandlung, während andere vernachlässigt oder ganz weggelassen werden können.

Nicht jeder Bereich hat dasselbe Gewicht. Beim Lehrling ist die ausführliche Besprechung der Schulsituation und Ausbildung wesentlich, während beim Erwachsenen die berufliche Laufbahn und die momentane Situation im Zentrum stehen. Die gründliche Besprechung

TEIL D PERSONALAUSWAHL

der zwei, drei letzten Stellen ist hier von besonderer Bedeutung: die Darstellung des Bewerbers gibt Auskunft über seine Motive, seine persönliche Einstellung, wichtige Hintergründe usw.

Wie sich der Bereich der aktuellen beruflichen Situation abtasten lässt, zeigen die folgenden **Fragemöglichkeiten:**

- Für welches Teilgebiet innerhalb Ihres Arbeitsbereichs interessieren Sie sich besonders?
- Welches sind die charakteristischen Aufgaben, aus denen sich Ihre jetzige Tätigkeit zusammensetzt?
- Wie sehen Sie Ihre eigenen Schwerpunkte in Beziehung zu den Schwerpunkten Ihrer Arbeit? Füllt Sie die Arbeit aus? Wo nicht?
- Welche Ihrer Bedürfnisse oder Fähigkeiten können zu wenig zum Zug kommen?
- Welches sind Ihre beruflichen Fernziele?

Die Frage nach den **Gründen für den Stellenwechsel** (Warum wollen Sie wechseln?) hat keinen direkten Arbeitsplatzbezug und ist daher nicht zulässig. Wenn Sie die Gründe erfahren wollen, müssen Sie die Frage umformulieren.

Die militärische Laufbahn kann interessante Hinweise geben; direkte Schlüsse auf das Zivilleben sind jedoch nicht immer möglich.

Notieren Sie wichtige Aussagen des Bewerbers. Ob Sie dazu eine Checkliste verwenden oder sich frei Notizen machen, ist nebensächlich. Schreiben Sie auf keinen Fall alles auf (Sie würden das Gespräch damit stören), sondern nur das Wichtigste. **Gelegentliche Notizen** fassen die meisten Bewerber positiv auf – als Zeichen dafür, dass das Gespräch ernst genommen wird und ein gewisses Gewicht hat.

Ein **stichwortartiges Protokoll** ist nützlich:

- für die Gesamtanalyse und Auswertung,
- für Vergleiche mit anderen Bewerbern,
- als Information für Drittpersonen (Vorgesetzte, andere Mitarbeiter der Personalabteilung).

20.3.6   Ergänzungs- und Sondierungsfragen

Ergänzungs- und Sondierungsfragen erhöhen den Wert des Interviews. Wir beschreiben zwei Möglichkeiten:

A   Auf emotionale Signale eingehen

Es lohnt sich, weitere Fragen zu einem Thema zu stellen, wenn der Bewerber zum Beispiel manche Tatsachen emotional zu stark oder zu sachlich betont und andere weglässt.

Beispiel

Ein Bewerber erzählt ohne jegliche Gefühlsbeteiligung, dass er eine neue Stelle sucht, weil er sich mit der Geschäftspolitik seines Arbeitgebers nicht mehr identifizieren kann. Er war 6 Jahre in leitender Stelle tätig. Man muss annehmen, dass er sich früher mit der Geschäftspolitik identifiziert hat. Im Lauf der Zeit haben sich wohl die Anschauungen auseinander entwickelt. Diese Entwicklung ist sicher nicht ohne emotionale Beteiligung wie Enttäuschung, Wut etc. vor sich gegangen.

B Plötzliche Sondierungsfragen

Wenn sich der Interviewer im Gespräch in der passiven Rolle befindet, kann er durch eine präzise, harte Frage über das soeben Erzählte einhaken und prüfen, wie der Bewerber darauf reagiert. Dieses Vorgehen empfiehlt sich, wenn der Bewerber sich allzu sicher fühlt oder sich in Unverbindlichkeiten ergeht.

Die Störung, die durch das Einbringen einer strukturierten Frage entsteht, kann zu folgenden **Reaktionen** führen:

- Der Bewerber geht überhaupt nicht darauf ein.
- Der Bewerber geht auf die Frage ein, verliert sich aber in Details.
- Er benutzt die Gelegenheit, um seine Intelligenz zu zeigen und seine Überlegenheit zu demonstrieren.
- Er nimmt die Frage auf, aber geht nicht präzis darauf ein. Er neigt zu persönlichen Anekdoten und egozentrischer Weitschweifigkeit.
- Adäquat wäre, dass der Bewerber die Frage ebenso «hart» und präzis beantwortet, wie sie gestellt wurde, dass er die Zusammenhänge klärt, weitere Informationen gibt und dadurch zeigt, dass er das Informationsbedürfnis des Interviewers ernst nimmt.

20.3.7 Der Abschluss des Gesprächs

Das Interview soll in einer versöhnlichen und freundlichen Weise zum Abschluss kommen. Danken Sie dem Bewerber für seinen Besuch und sein Interesse am Unternehmen und orientierten Sie ihn über das weitere Vorgehen.

Eine Stellungnahme erwartet er noch nicht. Sie wäre auch verfrüht, denn Sie müssen Ihre Eindrücke ja erst einmal verarbeiten. Lassen Sie sich dazu Zeit. Der Bewerber schätzt das; er würde es empfinden, wenn Sie schon nach dem ersten Eindruck und ohne langes Überlegen ein abschließendes Urteil fällen würden.

Nur wenn Sie im Lauf des Gesprächs zur klaren Überzeugung kommen, dass der Bewerber sich für die vorgesehene Position nicht eignet, sollten Sie dies gegen Ende der Unterredung in nicht verletzender Weise zur Sprache bringen. Vielleicht können Sie damit eine weitere berufliche Beratung (Laufbahnberatung) verbinden, indem Sie ihm andere Wege zur Realisierung seiner Fähigkeiten und Kenntnisse aufzeigen.

Beenden Sie das Gespräch in **positiver Atmosphäre** und halten Sie Ihren persönlichen Eindruck und besondere Beobachtungen fest, solange sie noch frisch sind.

Da Eindrücke sich rasch verflüchtigen, sollten Sie sie sofort festhalten. Die Notizen über Ihren Eindruck des Bewerbers dürfen subjektiv sein. Das **schriftliche Formulieren** hat **zwei wichtige Vorteile:**

- Sie setzen sich nochmals bewusst mit dem Bewerber auseinander.
- Die Eindrücke von verschiedenen Bewerbern werden vergleichbar.

Der persönliche Eindruck schließt das Protokoll Ihres Gesprächs ab.

Der Bewerber soll sich während des Interviews wohl fühlen. Nur dann wird er sich frei entfalten und man kann seine Wesensart erkennen. Der Bewerber soll eine **aktive Rolle** während des Gesprächs einnehmen, sein Anteil am Gespräch sollte höher sein als der des Interviewers.

Der Interviewer kann das **Gespräch in Fluss halten,** indem er:

- auf eine Frage näher eingeht,
- eine gestellte Frage eingrenzt oder
- an Stichworte anknüpft.

Je nach dem **Strukturierungsgrad** unterscheidet man strukturierte, halbstrukturierte und unstrukturierte Fragen. Sie werden je nach Ziel der Frage eingesetzt.

Der **Leitfaden** des Interviews enthält bestimmte Punkte, die behandelt werden müssen. Man muss ihn je nach der zu besetzenden Stelle und je nach Bewerber flexibel handhaben.

Ergänzungs- und Sondierungsfragen liefern zusätzliche Informationen über den Bewerber.

Das Interview soll in einer freundlichen Atmosphäre beendet werden. Eine Entscheidung wird noch nicht erwartet. Der Interviewer sollte seine persönlichen **Eindrücke und Beobachtungen schriftlich festhalten.**

20.4 Die Dauer des Gesprächs

Die Dauer eines Interviews ist theoretisch nicht begrenzt. Die Praxis zeigt, dass der Wirkungsgrad über eine gewisse Zeitdauer hinaus abnimmt. Aber so wie jedes Interview individuell und einmalig ist, kann auch seine Dauer in kein Schema hineingepresst werden. Es kann vorkommen, dass sich ein Gespräch auf zwei Stunden ausdehnt, weil sich der Kontakt erst langsam aufgebaut hat oder weil er überdurchschnittlich gut ist. Darum ist es vorteilhaft, wenn Sie immer über eine gewisse Zeitreserve disponieren, damit Sie nicht gezwungen sind, das Gespräch abrupt abzubrechen.

Langjährige Erfahrung zeigt, dass Interviews mit Kandidaten für anspruchsvollere Positionen mindestens ein bis zwei Stunden in Anspruch nehmen. In dieser Zeit ist es möglich, sich ein recht genaues Bild vom Bewerber zu machen.

In vielen Fällen werden Sie beobachten, dass die Kontaktintensität einem Höhepunkt zustrebt, um dann wieder abzunehmen. Oft ist das der geeignete Zeitpunkt, das Gespräch zum Abschluss zu bringen.

Brechen Sie ein Gespräch nicht vorzeitig ab, weil der Kontaktaufbau länger dauert als üblich. Auch wenn sich nach einer halben Stunde noch kein stabiler Kontakt eingestellt hat, sollten Sie das Gespräch weiterführen. Manche Menschen brauchen Zeit, um aus sich herauszugehen. Ungeduld kann sie blockieren.

Die Dauer des Interviews ist in jedem Fall unterschiedlich. Das Interview erreicht meist einen Höhepunkt und flaut dann ab. Dies ist meist der geeignete Zeitpunkt, um das Interview zu beenden.

20.5 Die Auswertung des Gesprächs

Das Interview erschließt uns **zwei Erkenntnisquellen:**

- Sachinformationen über den Bewerber, die wir auswerten können, und
- einen subjektiven, persönlichen Eindruck, den er bei uns hinterlässt.

Die Kunst der Auswertung besteht darin, die Sachinformationen vor dem Hintergrund einer realistischen Persönlichkeitsbeurteilung richtig zu deuten und zu verstehen.

Uns interessiert vor allem der schwierigere Teil: die Auswertung der Eindrücke und die Beurteilung der Persönlichkeit des Bewerbers. Wir geben Ihnen dafür Richtlinien, aber eine erschöpfende Anleitung ist nicht möglich, denn das Verstehen und Einordnen unserer Beobachtungen lässt sich nicht voll rational erfassen.

Wie verarbeitet man seine Eindrücke am besten?

Überlassen Sie sich in einer ersten Phase allem, was Sie sehen, hören, beobachten, und was an Gefühlen in Ihnen aufsteigt. Erst in der zweiten Phase sollten Sie Ihre Eindrücke ordnen, gewichten und kritisch untersuchen. Wenn Sie auf Widersprüche und Ungereimtheiten in Ihrem Bild des Bewerbers stoßen, sollten Sie diese durch zusätzliche Informationen klären.

Überprüfen Sie systematisch auch früher gefällte Beurteilungen, indem Sie nachforschen, ob sich Ihre Eindrücke bestätigt haben. Versuchen Sie herauszufinden, welche Menschengruppen Sie zu positiv bzw. zu negativ beurteilen, welche Schwächen Sie übersehen, wo Sie vielleicht zu kritisch sind usw. Arbeiten Sie so systematisch und gezielt an Ihrer Menschenkenntnis.

20.5.1 Aufschlussreiche Beobachtungen

In einem Gespräch gibt es eine Fülle von Beobachtungsmaterial, das sich meist unkontrolliert zu einem Bild des Bewerbers verdichtet. Wir wollen die Beobachtungsmöglichkeiten etwas systematisieren und Ihnen zeigen, worauf Sie besonders achten können.

A Informationsdichte

Aufschlussreich für die Beurteilung eines Gesprächs ist das Erfassen des Gehalts, vor allem das **Verhältnis zur Menge des Gesprochenen.** Wie konzentriert und treffend hat der Bewerber zur Sache gesprochen? Hat er viel mit wenig Worten gesagt?

B Ausdrucksart

Das Gespräch zeigt besonders die **Kontaktfähigkeit des Bewerbers.** Überlegen Sie, wie umgänglich und ansprechbar er auf Ihre Kontaktbemühung reagiert hat, Wie kontaktbereit er sich selbst verhalten hat, wie geschickt und temperamentvoll er den Faden aufgenommen hat. War seine Stimmung heiter und optimistisch? Wie hat er Situationen und Menschen beschrieben – anschaulich, lebendig, verständnisvoll oder intellektuell, wirklichkeitsfremd, ohne viel Einfühlung? Wie biegsam und elastisch hat er sich beim Gespräch verhalten? Die Art, wie er den Kontakt im persönlichen Interview gestaltet hat, lässt Schlüsse auf die persönliche Ausdrucksart und seine Kontaktweise auch in anderen Situationen, besonders im Team und in Führungspositionen, zu.

C Inhalt des Interviews

Die folgenden Fragen sollen Sie dazu anregen, Ihren Beobachtungshorizont auszuweiten. Was haben Sie bisher vielleicht überbewertet oder zu wenig beachtet?

Frage	Hinweis auf
Hat das Gespräch eine eigene Struktur, ist es strukturlos oder läuft es völlig eigengesetzlich ab?	Anpassung bzw. Eigensinnigkeit des Kandidaten, Folgerichtigkeit seiner Überlegungen usw.
Wie reagiert der Bewerber auf Lenkungsversuche?	Geistige Beweglichkeit
Steht er emotional über dem Gespräch, distanziert er sich davon oder wird er emotional überschwemmt?	emotionale Ansprechbarkeit und Steuerung, Belastbarkeit, seelische Reife usw.
Spricht er überzeugt oder ist er unsicher?	Innere Sicherheit, Mut zu persönlicher Stellungnahme, Selbstvertrauen usw.
Werden die Konventionen eingehalten? Ist der Bewerber förmlich?	Äußere Anpassung, Statusbewusstsein usw.
Besteht eine Tendenz zum Geistigen oder zum Realismus?	Grundhaltungen, Realitätssinn usw.
In welchem Verhältnis stehen diese Interessen zum Können, zum Verhalten und Erfolg im Alltag?	Persönliche Konflikte und Spannungsfelder
Wagt der Bewerber eine persönliche Stellungnahme? Wie ist diese: klar, diffus, unterwürfig, kämpferisch?	Werthaltungen, persönliche Einstellungen usw.
Ist sein Auftreten natürlich, unsicher oder verkrampft?	Fähigkeit zur Selbstbehauptung und Durchsetzung usw.
Ist die persönliche Ansprechbarkeit leicht, nervös, schwerfällig, gestaut, explosiv, übersprudelnd?	Temperament, innere Dynamik und Steuerung usw.

D Abwehrhaltungen

Der Interviewer muss wissen, ob das Verhalten des Bewerbers natürlich ist. In einem gut geführten Interview kann sich der Bewerber öffnen. Oft ist ihm das aber nicht möglich. Er entwickelt Abwehrreaktionen. Diese bewirken, dass seine Persönlichkeit nicht erfasst werden kann. Häufige **Abwehrreaktionen** im Gespräch sind:

E Passive Abwehr

- Schüchternheit und übergroße Nachgiebigkeit (den anderen nicht reizen, besänftigen, gut stimmen)
- Gehemmtheit, Zugeknöpftheit (sich durch Nichtsprechen keine Blöße geben, sich nicht exponieren)
- Kindliches Benehmen («Kindern tut man nichts» – Appell an den Beschützerinstinkt)
- Eine bestimmte Form von Charme
- Vielrederei (um den Partner von der eigenen Person abzulenken)

F Aktive Abwehr

- Imponiergehabe
- Arroganz (demonstrative Überlegenheit)
- Aggressivität (nach dem Motto: Angriff ist die beste Verteidigung)
- Autoritäres Auftreten (Machtdemonstration)

- Blasiertheit (unantastbar über allem stehen)
- Vornehme Distanz (niemanden an sich herankommen lassen)
- Betonte Versiertheit (durch Tüchtigkeit und Beschlagenheit unangreifbar werden)
- Intellektualismus (demonstrative Überlegenheit durch Bildung, Geist und Wissen)

Die Skala ist nicht vollständig. Typisch ist in jedem Fall, dass das **Verhalten nicht natürlich** ist und dass es daher nicht möglich ist, die hinter der Abwehr stehende Persönlichkeit wirklich zu erfassen. Die Tatsache, dass die Abwehr so stark ist, dass sie nicht abgelegt werden kann, ist aufschlussreich für die Beurteilung. Sie wiegt vor allem für führende Positionen schwer; in jedem Fall ist mit Unbekannten zu rechnen, die sich in der Zusammenarbeit negativ auswirken können.

G Rollenverhalten

Mit vielen Berufen und Tätigkeiten sind bestimmte Erwartungen verbunden. Vom Lehrer erwartet man z.B. Einfühlungsvermögen, vom Vorgesetzten Durchsetzungsvermögen und Tatkraft. Manche Menschen legen sich ein Auftreten und ein Gehaben zu, das diesen Erwartungen voll entspricht. Sie spielen ihre Rolle perfekt, jedenfalls äußerlich, im sozialen Kontakt. Die entscheidende Frage ist, wie weit sie mit ihrer Persönlichkeit dahinter stehen, ob das gezeigte Verhalten ihrem Wesen entspricht, oder ob es zur Fassade geworden ist, hinter der sich ein anderer verbirgt, z.B. ein unsicherer, wenig überlegener Mensch hinter der Fassade des selbstsicheren Vorgesetzten. Da Rollenverhalten meist über Jahre, oft ein Leben lang eingespielt wurde, wirkt es im kurzfristigen Kontakt relativ echt und überzeugend. Es ist eine Frage der Sensibilität, herauszuspüren, wie weit es mit der dahinter stehenden Persönlichkeit übereinstimmt. Unechtheit, Überbetonung bestimmter Züge, eine Neigung zum Demonstrativen sind die Signale, auf die man achten muss.

Sehr oft kompensieren solche Haltungen etwas. So verbirgt sich hinter betont männlichem und energischem Auftreten oft eine Unsicherheit in Gefühlsbelangen, hinter überbetonter Freundlichkeit und Höflichkeit oft Eigenwilligkeit und dominierendes Verhalten usw. Überbetonung ist immer in gewissem Sinn verdächtig.

Bei der Auswertung des Interviews sollte man in der ersten Phase alle Eindrücke sammeln und sie erst später ordnen und gewichten.

Bei der Beobachtung des Bewerbers sollten folgende Punkte beobachtet werden:

- Informationsdichte
- Ausdrucksart
- Inhalt
- Abwehrhaltungen
- Rollenverhalten

20.5.2 Die Beurteilung der nonverbalen Kommunikation

Im Vordergrund des Vorstellungsgesprächs steht das gesprochene Wort. Ebenso aussagekräftig sind aber das Auftreten, die Gesten, die Mimik, die Haltung und die Erscheinung des Bewerbers. Sie übermitteln uns viele Informationen, die wir meist ganzheitlich und intuitiv (zum Teil unbewusst) aufnehmen und die sich analytisch und rational nicht erfassen lassen. Unser Problem als Beurteiler besteht vor allem darin, den Bewerber aufgrund relativ kurzer Eindrücke zu erfassen.

A Die Mimik

Während des ganzen Vorstellungsgesprächs haben wir das Gesicht des Bewerbers vor uns. Seine Mimik (Mienenspiel) hinterlässt bei uns Eindrücke, die etwas davon ahnen lassen, was in ihm vorgeht. Erfahrungsgemäß können wir schnell feststellen, ob ein Mensch traurig oder heiter gestimmt ist. Solche spontanen Ausdrücke nehmen wir wahr, ohne dass wir uns kritisch damit auseinander setzen müssen.

Seien Sie vorsichtig mit voreiligen Beurteilungen. Erst das Zusammenwirken der Mimik mit anderen Ausdrucksformen, wie Sprechweise, Gesten und Haltung, macht es möglich, Verhaltensweisen zu deuten und daraus Schlüsse zu ziehen.

B Die Sprechweise

Bei der Beurteilung der Sprechweise geht es um folgende Merkmale:

Akzentuierung/Sprechrhythmus/Sprechmelodie/Tiefe und Fülle der Sprechweise/Monotonie/ Tempo des Sprechablaufs

Bestimmte Sprechweisen beeinflussen unser Urteil. Wissenschaftliche Untersuchungen haben ergeben, dass von der **Akzentuierung** der Sprechweise ein Rückschluss auf die Prägung der Persönlichkeit durch Verstand und Willen möglich ist. Eine scharfe Akzentuierung weist auf eine stärkere Verstandes- und Willensbeteiligung hin. Bei verwaschender Akzentuierung sind die Schärfe des Verstandes und die Willenssteuerung geringer. Eine stärkere **Sprachmelodie** bei bestimmten Themen deutet auf eine starke Gefühlsbeteiligung hin. Man kann daraus schließen, dass der Bewerber die Wahrheit sagt. Starke **Monotonie** in der Sprache deutet auf eine geringe Beweglichkeit in den Gedanken.

Beim **Sprachrhythmus** unterscheidet die Wissenschaft zwischen einem freien oder gehemmten, beweglichen oder unbeweglichen Rhythmus. Ein **freier Rhythmus** kommt nur zustande, wenn sich die seelischen Kräfte frei entfalten können; ein gehemmter, wenn seelische Hemmungen vorliegen. Diese Beobachtung finden wir an uns selbst bestätigt, z. B. beim Vortragen. Der gehemmte Sprechrhythmus signalisiert Ihnen als Gesprächsleiter auch, mehr über das Thema zu erfragen, um festzustellen, welche Ursachen hinter der Hemmung liegen und welche Auswirkungen sie für die Tätigkeit im Unternehmen haben könnten.

Am einfachsten ist das **Tempo** des Sprechverlaufs zu erkennen. Bei sehr schnellem Sprechen können wir auf Beweglichkeit und Lebendigkeit des Temperaments schließen; eine langsame Sprechweise deutet auf stärkere innere Beharrlichkeit und weniger Temperament.

C Die Gesten

Die Gesten sind viel schwieriger zu deuten.

Psychologen haben festgestellt, dass die Art, wie der Bewerber einem die Hand gibt, einiges erklärt: Ein kraftstrotzender **Händedruck,** bei dem einem die Finger weh tun, wird als Rücksichtslosigkeit oder Angeberei gedeutet. Dagegen zeigt ein kräftiger Händedruck ohne Übertreibung Aufrichtigkeit. Hände, die sich bei der Begrüßung anfassen lassen wie weiche Lappen, sollen unsicheren, kontaktarmen und leicht beeinflussbaren Personen gehören. Bewerber, die einem die Hand geben und fast schon wieder wegziehen, bevor wir sie überhaupt drücken konnten, also uns kaum erreichen, werden mit großer Wahrscheinlichkeit vorsichtige oder verschlossene Naturen sein.

Seien Sie mit der Beurteilung einzelner Verhaltensweisen dennoch vorsichtig. Das komplexe Mienen- und Gestenspiel mit all seinen individuellen Schattierungen lässt sich wissenschaftlich kaum erfassen. Lassen Sie es als Ganzes auf sich wirken, aber seien Sie vorsichtig mit Einzeldeutungen.

Neben den gesprochenen Worten ist auch die Körpersprache aussagekräftig. Die Mimik, die Sprechweise und die Gesten des Bewerbers vermitteln uns Informationen, die wir intuitiv aufnehmen und die sich rational nicht erfassen lassen.

20.5.3 Häufige Beurteilungsfehler

Viele Fehler in der Beurteilung von Menschen liegen in der Person des Beurteilers. Seine Erfahrung und seine Neigung zu Stereotypen beeinflussen sein Urteil. Hier liegen viele Fehlerquellen. Man kann sie nur unter Kontrolle bringen, indem man sich ständig damit auseinander setzt, seine Urteilsbildung kritisch beobachtet und mit der von Kollegen vergleicht.

Die wichtigsten **Fehlerquellen** sind:

Fehler im Denkbereich

- Tendenz zu willkürlicher Verallgemeinerung (Stereotype)
- Wahrnehmungsfilter aufgrund von Erwartungen
- Urteile aufgrund Aussagen Dritter
- Verzerrung des Urteils infolge Zeitablauf
- Überbewertung von Einzelbeobachtungen (Überstrahlungseffekt)
- Bestimmte Eigenschaften färben das Gesamtbild (Rückschlüsse von einer Eigenschaft auf alle anderen)

Fehler im Gefühlsbereich

- Sympathie und Antipathie
- Fehler der Nähe oder Ferne einer Person
- Sperrung gegen fremde Wesen (Kontrastfehler)
- Gruppenegoistische Schönfärberei (z. B. alle Beamten sind nicht ...)
- Symboldeutung des Äußeren.

Fehler durch Voreingenommenheit des Beurteilers

- Begünstigungsabsichten (Club, Partei, Freundschaft)
- Mittelmäßige vorziehen, um keine Konkurrenz zu haben (für Vorgesetzte)

Sonstige Fehlerquellen

- Zeitdruck
- Stimmungslage

Auf die wichtigsten Fehlerquellen wollen wir jetzt eingehen:

A   Tendenz zu Stereotypen

Jeder Mensch hat – meist unbewusst – eine Theorie, mit der er erklärt, wie Menschen funktionieren. In der Regel sind diese Theorien einfach und widerspruchsfrei, d. h. sie beruhen auf groben **Verallgemeinerungen.** Bei näherem Hinsehen kann man leicht feststellen, dass solche Schlussfolgerungen zwar einleuchtend, meist aber keineswegs zutreffend sind. Dennoch fliessen sie in viele Beurteilungen ein: Man nimmt beim Bewerber eine Verhaltensweise wahr und zieht daraus unbesehen Schlüsse.

Beispiel

Redselige Mitarbeiter z. B. halten wir automatisch auch für spontan und kontaktfähig, ohne zu bedenken, dass diese Merkmale nicht unbedingt miteinander zusammenhängen. Oder aus einer heftigen Auseinandersetzung des Mitarbeiters mit einem Kollegen schließt man, er sei draufgängerisch, aggressiv oder was sonst immer und prüft zu wenig die Gründe und die Situation, in der er heftig reagierte.

Viel zu rasches Schlussfolgern ist eine der häufigsten Fehlerquellen. Es lohnt sich daher, bewusst «anzuhalten» und zu überlegen: Was habe ich gesehen oder wahrgenommen und was habe ich durch eigenes Denken hinzugefügt? Welche anderen Denkmöglichkeiten gäbe es sonst noch?

B   Der Einfluss von Erwartungen

Erwartungen beeinflussen unsere **Wahrnehmung** und unser **Verhalten.** Einem Bewerber, dessen Bewerbung uns einen besonders guten Eindruck macht, geben wir viel Vorschusslorbeeren. Enttäuscht er uns – vielleicht nur durch eine kleine Eigentümlichkeit – kann die Abweichung vom Idealbild unsere Urteilsbildung verzerren. Ähnliches geschieht, wenn der Bewerbung kein Foto beiliegt und wir uns eine Vorstellung von der Erscheinung des Bewerbers machen. Stimmt diese mit der tatsächlichen Erscheinung nicht überein, entsteht eine Erwartungsenttäuschung, die das Urteil stark beeinträchtigen kann. Auch Aussagen Dritter («ein cleverer Mann», «kein Zugpferd») können unsere Erwartungen und damit unsere Wahrnehmung beeinflussen.

Um solche Beurteilungsfehler auszuschließen, versuchen manche Unternehmen, **neutrale Interviewer hinzuzuziehen,** die die Bewerbungsunterlagen vorher nicht einsehen können.

Erwartungen prägen auch unser **Gesprächsverhalten** und damit indirekt das Verhalten des Bewerbers. Wenn wir dem Bewerber Optimismus entgegenbringen, wird er sich anders verhalten, als wenn wir viele innere Vorbehalte haben, selbst wenn wir diese nicht zeigen. Menschen reagieren sehr fein auf das, was man von ihnen hält. Am förderlichsten für ein gutes Gespräch ist wohlwollende Offenheit.

C Die geringe Aussagefähigkeit des ersten Eindrucks

Wenn man einen Menschen kennen lernt, ist das immer mit einer gewissen Spannung verbunden. Wie ist er, was verspricht, was verbirgt er? Das sind die Fragen, die uns in einer Mischung von Neugierde und Zurückhaltung bewegen. Fragen, die in der Regel bereits in den ersten drei Minuten der Begegnung intuitiv beantwortet und entschieden werden. In der Folge wird nur noch wahrgenommen, was zum ersten Eindruck passt und ihn bestätigt **(Evidenz des ersten Eindrucks)**.

Interessant ist auch, dass wir **negative Eindrücke** viel schneller und intensiver aufnehmen als positive. Das bedeutet, dass ein negativer äußerer Eindruck den Beurteilungsprozess erheblich vorbelastet und der Bewerber gut daran tut, diesen wichtigen Eindruck durch sein Auftreten (Höflichkeit, Entgegenkommen) und seine Erscheinung zu seinen Gunsten zu gestalten.

Es ist wichtig, diesen Mechanismus zu kennen und den Bewerber nicht aufgrund eines Etiketts bereits nach den ersten Eindruck in eine Rolle zu drängen, aus der es kein Entkommen mehr gibt. Es muss geprüft werden, ob die erkannten Eigenschaften

- in Wirklichkeit typische Merkmale des Bewerbers,
- wichtig für die Beurteilung seiner Gesamtpersönlichkeit und
- für die auszuführende Tätigkeit von Vorteil oder Nachteil sind.

Die **bewusste Auseinandersetzung mit dem ersten Eindruck** unterscheidet den verantwortungsbewussten Personalfachmann vom Laien. Die Übereinstimmung der Bewerberbeurteilung einige Minuten nach Beginn des Gesprächs und nach dessen Abschluss ist bei ungeschulten Beurteilern sehr hoch. Unser Ziel soll es sein, offen für weitere Eindrücke und damit auch für Korrekturen unseres Urteils zu bleiben.

D Überstrahlung und Überbewertung von Einzelbeobachtungen

Ein Merkmal überstrahlt die anderen. Man bezeichnet dies als **Halo-Effekt.** Er tritt dann auf, wenn bestimmte Einzelzüge einer Person den ersten Gesamteindruck beeinflussen; das kann im positiven oder im negativen Sinn vorkommen. In beiden Fällen lässt sich der Vorgesetzte durch hervorstechende Merkmale (äußere Erscheinung, ihm persönlich besonders wichtige Beobachtungen, ähnliche weltanschauliche Ausrichtung usw.) übermäßig beeinflussen. Abweichende Beobachtungen werden dadurch überstrahlt, d. h. abgeschwächt oder verwischt; oft dringen sie gar nicht ins Bewusstsein des Beobachters ein, weil er «geblendet» ist. Man knüpft an einem bekannten Punkt an und macht sich mithilfe der Vorstellung ein Gesamtbild. Derselbe Vorgang verfälscht oft auch die Beurteilung von Menschen.

Beispiele

Ein kurzes übereinstimmendes Gespräch über ein politisches Ereignis führt zu gegenseitiger Akzeptanz; dass man in wichtigen organisatorischen Fragen ganz anderer Meinung ist, wird ausgeblendet, d. h. gar nicht mehr wahrgenommen.

Das gilt auch für negative Merkmale. Denken Sie zum Beispiel an ehemalige Strafgefangene. Auch hier kann eine Einzeltatsache das Gesamtbild überstrahlen.

Zum **Halo-Effekt** gehören:

- Die Wirkung des ersten Eindrucks
- Die Wirkung des letzten Eindrucks (ein negatives Ereignis der jüngsten Vergangenheit überstrahlt das Gesamturteil)

- Sympathie oder Antipathie (z. B. aufgrund von gemeinsamen oder gegensätzlichen Ansichten)
- Die Auswirkungen persönlicher Gefälligkeiten

Wichtiges Gegenmittel: Herausfinden, welche Merkmale einen besonders beeindrucken, und dann bewusst hinschauen und hinhören, so dass abweichende Eindrücke einen doch erreichen können.

E Sympathie und Antipathie

Die meisten Menschen reagieren sehr rasch mit Sympathie und Antipathie. Aber auch Gleichgültigkeit kommt vor. Wir können den Bewerber dann nicht einordnen. Besonders bei jungen Bewerbern, wo der Bildungs- und Altersabstand groß ist, fehlen uns oft die Beziehungspunkte.

Beim Bewerber spielen sich analoge Vorgänge ab – auch er tastet sein Gegenüber ab; auch er versucht, uns einzuordnen. Das Ergebnis ist eine wechselseitige Verlegenheitsbarriere, die den natürlichen Gesprächsverlauf hemmt. Aufgabe einer überlegten Gesprächsführung ist es, diese Barriere zu überwinden und gemeinsame Verbindungspunkte zu schaffen.

Viel einfacher verläuft das Vorstellungsgespräch, wenn sich die Gesprächspartner gleich zu Beginn sympathisch sind. Man spricht vom **Sympathieeffekt.** Sympathische Bewerber werden allgemein gut eingeschätzt und kritische Fragen werden zurückbehalten. Sympathisch erscheint ein Bewerber auch dann, wenn er Gemeinsamkeiten mit dem Interviewer nachweist: Hobby, gleiche Herkunft, gleicher Studiengang, gemeinsame Bekannte.

Sympathie ist auch eine der größten Fehlerquellen bei der Beurteilung von Bewerbern. Sympathie und Verhaltenskredit aufgrund gemeinsamer Herkunft, gleicher Bildung, gleicher Gesinnung, gleicher Landsmannschaft und Temperament führen sehr schnell dazu, dass Mängel unterbewertet oder gar nicht erst wahrgenommen werden.

Noch gefährlicher für eine objektive Urteilsbildung ist **Antipathie.** Gefühle der Antipathie zu haben, ist an sich nicht schlimm, sondern natürlich. Entscheidend ist, wie wir damit umgehen. Das Wichtigste: Gestehen Sie sich die Antipathie ein, aber lassen Sie sie nicht in Ihre Urteilsbildung einfließen. Sie müssen ja nicht mit dem Mitarbeiter zusammenarbeiten. Als Mitarbeiter des Personalwesens müssen Sie in der Lage sein, trotz Antipathie die objektiven Eigenschaften des Bewerbers zu erkennen und zu würdigen.

Wenn sich allerdings bei direkten Vorgesetzten während des Vorstellungsgesprächs starke Antipathie meldet, ist das für eine künftige Zusammenarbeit hinderlich. Hier haben Sympathie und Antipathie eine berechtigte Bedeutung bei der Urteilsfindung.

Wie kommt es eigentlich zu Sympathie und Antipathie?

Sympathie entsteht durch **Ähnlichkeit.** Wir nehmen bevorzugt wahr, was zu unseren Einstellungen und zu unserem Selbstbild passt. Der Mensch hat ein Grundbedürfnis, sich ständig bestätigt zu fühlen. Was nicht mit unseren Einstellungen übereinstimmt, was uns fremd ist, lehnen wir ab. Es löst Unsicherheit aus, wir wehren es ab.

Leider ist die Abwehr ein unbewusster Vorgang. Wir können sie an uns selbst kaum wahrnehmen. Hier kann der Austausch mit Kollegen helfen.

Wir haben gesagt, Ähnlichkeit erzeugt Sympathie. Und Sympathie führt dazu, dem anderen Eigenschaften zuzuschreiben, die man selbst hoch bewertet und meist auch sich selbst zuschreibt. **Selbstbild** und **Fremdbild** werden in Übereinstimmung gebracht. Wer sich selbst für kreativ hält, schreibt Einfallsreichtum sympathischen Menschen zu; wer selbst nicht redegewandt ist, neigt auch bei anderen dazu, diese Eigenschaft zu unterschätzen. Im Fall der Antipathie spielt dieser Mechanismus auch: Unsympathischen schreibt man die Eigenschaft zu, die man allgemein oder an sich ablehnt.

Es ist schwierig, diese Vorgänge unter Kontrolle zu bringen.

F   Symboldeutungen

Das **Symbol** ist ein Zeichen, mit dem sich ein bestimmter Inhalt verbindet. Die Fahne symbolisiert das Vaterland. – Im Bereich der Menschenbeurteilung wird oft sorglos mit Symboldeutungen gearbeitet. Beispiele: «Er hat breite Hände, sicher hat er ein bäuerliches Gemüt.» – «Ihre Hakennase zeugt von Verschlagenheit.» (Die Bilder des einfachen Bauern und der Hexe bestimmen diese Deutungen.)

G   Stimmungslage

Die eigene Stimmungslage ist eine weitere Fehlerquelle, die zu Urteilsverzerrungen führt. Wenn Sie ärgerlich, gestresst oder auch in besonders heiterer Verfassung (z.B. vor Feiertagen) sind, müssen Sie damit rechnen, dass Ihre Wahrnehmungen nicht so realistisch sind wie sonst. Am besten ist eine ruhige und gelassene Verfassung.

H   Kontrasteffekt

Jede Sinneswahrnehmung ist kontrastabhängig; sie wird von den vorausgegangenen Eindrücken bestimmt. Wer aus der Dunkelheit heraus ins Licht tritt, wird geblendet. Dasselbe geschieht bei Vorstellungsgesprächen. Folgt ein mittlerer Kandidat auf einen sehr guten Kandidaten, so wird er schlechter beurteilt als ein Kandidat, dessen Vorgänger einen schlechten Eindruck hinterließ. Oder ein anderes Beispiel: Wenn ein mittlerer Kandidat nach mehreren Nieten auftritt, hinterlässt er einen vorzüglichen Eindruck.

I   Informationsfolge

Die Reihenfolge, in der Informationen eintreffen, ist von großer Bedeutung für das Gesamtbild.

Erhält der Interviewer zuerst eine Anzahl positiver Informationen, so festigt sich ein positives Bild des Interviewten; Negatives wird dann nicht wahrgenommen.

J   Belohnung oder Bestrafung

Mancher Interviewer lenkt unbewusst das Gespräch mit positiven Reaktionen («Genau», Kopfnicken, erhöhte Aufmerksamkeit) oder mit negativen Reaktionen (Wegsehen, Blättern in Unterlagen) – je nachdem, ob ihm eine Antwort gefällt oder nicht. Damit wird der Kandidat gesteuert und dazu gebracht nur Dinge zu erzählen, die den Erwartungen des Befragers entsprechen.

Wie lassen sich Beurteilungsfehler vermeiden?

Es gibt kein Allheilmittel gegen Beurteilungsfehler. Wir unterliegen alle psychischen Gesetzen, die unsere Urteilsfähigkeit stören. Aber die Fehlerhäufigkeit, die Ungenauigkeit unseres Urteils und die unbeabsichtigte Willkür, mit der manche Beurteilungen getroffen werden, lassen sich **eingrenzen.**

Ergreifen Sie dazu folgende **Maßnahmen:**

- Machen Sie sich die Fehlerquellen bewusst!
- Versuchen Sie, ihre spezifischen Beurteilungsschwächen herauszufinden.
- Trennen Sie Beobachtung und Beurteilung.
- Notieren Sie Ihre Beobachtungen.
- Gehen Sie systematisch vor.
- Ziehen Sie nur wirklich relevante Beobachtungen zur Beurteilung heran.
- Verbessern Sie Ihre Selbsterkenntnis.
- Besprechen Sie Ihre Urteile mit anderen.
- Gestalten Sie die Urteilssituation bewusst.

Viele **Beurteilungsfehler** liegen in der Person des Interviewers. Dazu gehören die Tendenz zu **Stereotypen** oder die **Erwartungen,** die das Verhalten und die Wahrnehmung des Interviewers beeinflussen. Der **erste Eindruck** kommt durch Interpretation meist ganz weniger Beobachtungen zustande. Er trifft in der Mehrzahl der Fälle nicht zu, filtert aber oft alle weiteren Beobachtungen.

Oft **überstrahlt ein Merkmal die anderen** oder **einzelne auffällige Merkmale verzerren das Gesamtbild.** Man spricht dann von Halo-Effekt. Der verantwortungsbewusste Beurteiler sichtet seine Beobachtungen kritisch und differenziert sein Urteil.

Sympathie und Antipathie führen dazu, dass wir andere Menschen verzerrt wahrnehmen und ihnen ungeprüft positive oder negative Eigenschaften zuschreiben. Wir müssen uns die Gefühle der Sympathie und der Antipathie bewusst machen, um herauszufinden, ob wir in unserem Urteil zu wohlwollend oder zu kritisch sind.

Symboldeutungen beeinträchtigen das Urteil, weil einzelne Wahrnehmungen willkürlich interpretiert werden. Die **Stimmung,** in der sich der Interviewer befindet, **Kontrasteffekte** der einzelnen Bewerber, die **Reihenfolge der Informationen** und angedeutete **Belohnung und Bestrafung** sind weitere Fehlerquellen beim Interview.

Beurteilungsfehler können **begrenzt** werden, wenn man sich die Fehlerquellen bewusst macht, systematisch vorgeht, die Beobachtungen notiert und mit anderen bespricht und versucht, die eigenen Beurteilungsschwächen herauszufinden.

20.5.4   Das Beurteilen durch mehrere Personen

Für eine objektive Urteilsfindung ist es von Vorteil, wenn **mehrere Personen** mitwirken. Es können verschiedene Personen am Vorstellungsgespräch teilnehmen oder getrennt persönliche Gespräche mit dem Bewerber führen.

Wichtig ist, dass ihre Eindrücke systematisch verglichen werden. Es genügt nicht, sich per Telefon darüber zu verständigen, dass man den Bewerber «interessant» findet oder dass er für die Position nicht in Frage kommt. Es empfiehlt sich vielmehr, die Interviewer zu einem Gespräch zusammenzuziehen und die verschiedenen Eindrücke zu vergleichen.

In der Praxis hat es sich als vorteilhaft erwiesen, dass jeder seinen **Eindruck schriftlich** festhält, und zwar gleich nach dem Vorstellungsgespräch, solange die Eindrücke noch frisch sind.

Das **schriftliche Beurteilen** ist umso wichtiger, je mehr Bewerber zur Auswahl stehen. Nachdem man mit mehreren Bewerber für die gleiche Position gesprochen hat – und dabei vergehen mitunter Tage oder Wochen – ist es sehr schwer, sich noch genau an die unterschiedlichen Eindrücke zu erinnern.

Das **Gedächtnis** trügt auch, je mehr Zeit vergangen ist. Die Punkte im Interview, die dramatisch oder dem Interviewer bedeutungsvoll erscheinen, werden überbetont, andere dagegen ausgelassen, die Antworten oft zusammenhangsvoller wiedergegeben, als sie es tatsächlich waren. Es gibt viele Formen der Verzerrung bei der Aufzeichnung aus dem Gedächtnis. Das Formulieren unmittelbar nach dem Vorstellungsgespräch ist daher wichtig!

Um die Wiedergabe der Eindrücke zu **systematisieren** und den Beurteilern die Sache so einfach wie möglich zu machen, haben verschiedene Unternehmen besondere **Beurteilungsbogen** entwickelt.

Wenige **Merkmale** genügen, z.B.:

- Auftreten, Erscheinung (beobachtet)
- Lebendigkeit, Vitalität, Spontanität (vermutet)
- Zielstrebigkeit, Initiative für das Weiterkommen (vermutet)
- Geistige Regsamkeit, sprachlicher Ausdruck (beobachtet)
- Geselligkeit, Teamfähigkeit (vermutet)
- Fachliche Qualifikation (belegt)

Manche Beurteilungsbogen und das gegenseitige Abstimmen führen in der Regel zu einem anforderungsgerechteren Urteil. Über bestimmte Merkmale kann man sich meist sehr schnell ein einheitliches Urteil bilden. In anderen Punkten können die Meinungen auseinander gehen. Hier kommt es auf das Gewicht des Kriteriums an. Handelt es sich um eine Anforderung, die zur Erfüllung der Aufgabe von großer Bedeutung ist, müssen alle Beteiligten dafür sorgen, dass ein sicheres Urteil zustande kommt. Manchmal lässt sich das durch eine systematische Analyse erreichen.

TEIL D PERSONALAUSWAHL

Abweichungen im Urteil können folgende Ursachen haben:

- Die verschiedenen Beurteiler haben unterschiedliches Verhalten wahrgenommen oder
- gleiche Beobachtungen unterschiedlich interpretiert.

Nicht immer fühlt sich der Beurteiler in der Lage, zu allen Kriterien Stellung zu nehmen. Das ist meistens ein Zeichen dafür, dass das Augenmerk im Gespräch zu wenig auf diese Kriterien gelenkt wurde und demzufolge in einem zweiten Vorstellungsgespräch besondere Beachtung verdient, falls das Merkmal für den Arbeitsplatz wichtig ist.

Die Beurteilung eines Bewerbers ist objektiver, wenn sie von mehreren Personen durchgeführt wird. Die verschiedenen Interviewer sollten ihre Eindrücke dann in einem Gespräch miteinander vergleichen. Es empfiehlt sich, die Eindrücke gleich nach dem Gespräch schriftlich festzuhalten. In manchen Unternehmen gibt es dafür Beurteilungsbogen. Darin werden einige wenige Merkmale wie das Auftreten, die Spontanität, die Zielstrebigkeit, Teamfähigkeit und die fachliche Qualifikation aufgezeichnet.

Sie haben nun die Grundlagen des Interviews kennen gelernt. Das Wissen allein genügt aber nicht. Durch viel Übung und Praxis erwirbt man sich erst die Fähigkeit, Interviews durchzuführen.

Auch der erfahrenen Fachfrau unterlaufen auf diesem schwierigen Gebiet von Zeit zu Zeit Fehler. Keine Diagnose ist unfehlbar, denn jede Persönlichkeit ist einzigartig. Es gibt bei der Beurteilung von Menschen nichts Gefährlicheres als das Gefühl, ein sicherer Menschenkenner zu sein, denn die Sicherheit bewirkt, dass man sich mit flüchtigen Eindrücken begnügt und zu wenig kritisch ist.

21 Zusatzinformationen und Entscheidungsanalyse

21.1 Das zweite Gespräch

Eigentlich wäre es wünschenswert, für jeden Bewerber **zwei Vorstellungsgespräche** vorzusehen, um die zeitlich verschiedenen Eindrücke miteinander zu vergleichen. In der Praxis lässt sich das aus Gründen der Arbeitsbelastung kaum durchführen. Nur bei wichtigen Positionen trifft man besondere Vorkehrungen, um Fehleinstellungen zu vermeiden.

Bei qualifizierten Bewerbern, ganz besonders bei der Einstellung von Führungskräften, sind zwei Vorstellungsgespräche in einem bestimmten zeitlichen Abstand erforderlich. Ein zweites Gespräch am gleichen Tag bringt bereits eine Verbesserung in der Urteilsbildung. Eine größere zeitliche Sequenz von mehreren Tage hat für die Urteilsbildung allerdings größeren Wert. Dieser Zwischenraum ergibt sich meist von allein, wenn man mehrere Bewerber für eine Position hat. Man spricht zuerst einmal mit allen, um sich einen Überblick zu verschaffen, dann wird das zweite – meist entscheidende – Gespräch mit den Bewerbern vereinbart, die in die engste Auswahl gehören. Einige Eindrücke des ersten Gesprächs werden sich im Lauf der Zeit verflüchtigt haben, so dass das zweite Gespräch einen anderen Verlauf nehmen kann.

Die Erfahrung zeigt, dass die **Eindrücke zwischen zwei Gesprächen oft stark voneinander abweichen,** und zwar mehr, als man vorher annimmt. Das hängt zum Teil damit zusammen, dass der Bewerber bei seinem zweiten Gespräch normalerweise viel freier und natürlicher auftritt, denn er ist mit der Umgebung vertraut und kennt sein Gegenüber vom letzten Gespräch her. Es finden sich schnell Anknüpfungspunkte, die den natürlichen Gesprächsverlauf verbessern. Auch das Überdenken der eigenen Situation und der Aussagen im letzten Gespräch ergibt neue Gesichtspunkte und Fragen, deren Beantwortung für beide Seiten von großem Interesse sein kann. Dieses tiefere Gespräch gibt dem Interviewer eine gute Ausgangsposition für seine Urteilsbildung.

Der erste Eindruck entspringt meist den unbewussten Schichten unserer eigenen Person. Der zweite Eindruck ist sachbezogener. Die beiden Eindrücke sollen sich ergänzen. Widersprechen sie sich, ist es unerlässlich, den ersten Eindruck nochmals gründlich zu überprüfen.

Bei wichtigen Stellen werden zwei Vorstellungsgespräche durchgeführt. Im zweiten Gespräch werden meist ganz andere Eindrücke gewonnen wie im ersten. Der zweite Eindruck ist sachbezogener.

21.2 Die Auswahlverfahren

Viele Unternehmen sind mit den herkömmlichen Auswahlverfahren allein nicht zufrieden und suchen Möglichkeiten zur Verbesserung und Absicherung ihrer Entscheidung. Sie versuchen, das Risiko von personellen Fehlentscheidungen durch eine wissenschaftliche Fundierung des Ausleseverfahrens zu mindern.

In der Praxis werden daher für die Auswahl von Führungskräften häufig Tests, die Technik des Assessment-Centers, Einzel-Assessments und Gruppengespräche, angewendet – vor allem von Personalberatern und großen Unternehmen.

21.2.1 Tests

Tests sind standardisierte Instrumente, mit denen Fähigkeiten und Kenntnisse gemessen werden. Das Ziel von Testverfahren ist die Beantwortung prognostischer Fragen, d. h. die Vorhersage zukünftigen Verhaltens, zukünftiger Leistung, zukünftiger beruflicher Bewährung.

Bekannt sind folgende **Testarten** in den Unternehmen:

- Intelligenztests zur Messung allgemeiner und spezieller Begabungen
- Leistungstests zur Messung umschriebener motorischer, sensorischer oder intellektueller Leistungen (z. B. Geschicklichkeit, logisch-abstraktes Denken)
- Persönlichkeitstest zur Messung bestimmter Eigenschaften, Einstellungen, Interessen; Ermittlung von Charakter- oder Persönlichkeitsprofilen

Beachten Sie folgende Punkte, wenn Sie Tests durchführen:

- Der Bewerber muss vorher erfahren, welche Beurteilungsmerkmale erfasst werden sollen.
- Er erfährt auch, bei welchen Merkmalen eine positive Ausprägung gewünscht wird, also ob sie für die Aufnahme oder Ablehnung entscheidend sind.
- Die Testsituation ist weitgehend identisch mit der späteren Arbeitssituation.
- Das Verfahren erfasst nur berufsspezifische Verhaltensweisen. Persönlichkeitsmerkmale des Bewerbers werden nur so weit erfasst, wie sie für die Arbeitssituation relevant sind. So kommt es zu keiner Verletzung des privaten Persönlichkeitsbereichs.
- Der Bewerber erfährt das Ergebnis seiner Beurteilung.

Die Anwendung psychologischer Tests in der betrieblichen Eignungsdiagnostik bringt folgende **Probleme** mit sich:

- Die Anwendung der meisten Verfahren, noch mehr aber deren Interpretation, erfordert eine fundierte Sachkenntnis. Man tut deshalb gut daran, die Tests einem internen oder externen Psychologen anzuvertrauen.
- Psychologische Test sind nur ein weiteres Mosaiksteinchen bei der Eignungsfeststellung. Sie sind meist nicht auf ein spezifisches Anforderungsbild ausgerichtet und
- eignen sich nicht dafür, Verhalten in sozialen Bezügen zu erfassen. Gerade das ist aber in der beruflichen Arbeit besonders wichtig.

Um diese Mängel auszuschalten, wurde die Methode des Assessment-Centers entwickelt.

21.2.2 Assessment-Center

Diese Methode eignet sich vor allem für die Beurteilung von Führungskräften. Das Assessment-Center arbeitet mit Aufgabenstellungen, wie sie in der Realität vorkommen. In Gruppen bis zu 12 Bewerbern werden diese Aufgaben gelöst (Dauer: in der Regel zwei Tage). Die Aufgaben sind so auszuwählen, dass das Verhalten des künftigen Mitarbeiters erkannt wird. Auswahlkriterium ist das Anforderungsprofil.

Bewährte **Aufgaben** sind:

- in Gruppendiskussionen die Lösung eines bestimmten Konflikts suchen,
- die Verteilung einer Sonderprämie regeln,
- einen Sozialplan erarbeiten,
- Rollenspiele,
- Präsentation über ein aktuelles Thema

Drei bis sechs Personen, meist höher eingestufte Linienmanager, die auf ihre Beurteilungsaufgabe gut vorbereitet sind, beobachten die Bewerber. Am dritten Tag, also zeitlich getrennt von der Beobachtungsphase, werden die Eindrücke ausgewertet und diskutiert. Die Bewerber erfahren in Einzelgesprächen, wie sie beurteilt wurden. Man kann das Assessment-Center auch für die Personalentwicklung verwenden. Die Einzelgespräche liefern dann wertvolle Informationen für die individuellen Fördermaßnahmen.

Das Assessment-Center hat die herkömmlichen Methoden der Personalauswahl weiterentwickelt und systematisiert. Vor allem ist eine bessere Überprüfung der einzelnen Beurteilungsschritte möglich.

Folgende **Persönlichkeitsmerkmale** lassen sich mit dieser Methode besonders gut erfassen:

- Soziale Kompetenz (Kooperation, Durchsetzung),
- Systematisches Denken und Handeln,
- Aktivität, Zielstrebigkeit,
- Entscheidungsfähigkeit,
- Persönlicher Ausdruck.

Vorteile der Assessment-Center-Methode:

- Ausrichtung auf künftige Anforderungen;
- Da meist in Gruppen gearbeitet wird, ist das Sozialverhalten sichtbar;
- Hohe Akzeptanz durch die Teilnehmer;
- Häufige Beurteilungsfehler (Sympathie, zu frühe Wertung, Verallgemeinerungen) werden durch die Dauer der Beobachtung, die unterschiedlichen Beobachtungsmöglichkeiten, die Zahl der Beobachter und die Trennung zwischen Beobachtung und Urteilsbildung abgeschwächt.

Die Methode ist sehr aufwändig. Ihre Vorteile rechtfertigen aber den Aufwand. Vor allem wenn sie in die betriebliche Personalentwicklung integriert wird, liefert sie sehr zuverlässige und wertvolle Informationen. Sie lässt sich dann auch mit anderen Methoden, wie psychologischen Testverfahren oder unstrukturierten Interviews, kombinieren.

21.2.3 Das Einzelassessment

Das Einzelassessment ist ein strukturiertes, professionelles Verfahren, um Stärken und Defizite von einzelnen oder mehreren Kandidatinnen und Kandidaten abzuschätzen und mit dem Anforderungsprofil zu vergleichen. Es ergänzt das Einstellungsinterview und sichert die Personalentscheidung ab.

Es eignet sich für interne und externe Bewerber/innen für eine Stelle. Im Gegensatz zum Gruppenassessment bleibt die **Diskretion** jederzeit gewahrt.

Das Einzelassessment wird meist von externen Unternehmensberater durchgeführt und läuft in folgenden **Schritten** ab:

- Aufgrund der Anforderungen an eine Stelle wählt man die geeigneten Methoden aus und erarbeitet stellen- und branchenspezifische Praxisaufgaben.
- Die Bewerber/innen durchlaufen an einem halben Tag das Einzelassessment. Mit erprobten Testverfahren, praxisbezogenen Aufgaben und Tiefeninterviews wird die Eignung gezielt abgeklärt.
- Die Unternehmensberatung gibt eine klare Empfehlung und einen Bericht pro Kandidat/in mit ergänzenden Erläuterungen anhand der erarbeiteten Profile und Ergebnisse ab.
- In einem Feedbackgespräch erhält die Kandidatin resp. der Kandidat eine Rückmeldung in Bezug auf ihre/seine Eignung, mögliche Entwicklungsbereiche und bei Nicht-

eignung Hinweise auf seine Stärken für die weitere Stellensuche. Das Einzelassessment ist daher für alle Beteiligten nützlich.

Beispiel eines Einzelassessments

Eine große Versicherung sucht eine Führungskraft für den internen Dienst. Diese Funktion umfasst die personelle Leitung von rund 50 Personen: den technischen Dienst, den Hausdienst und weitere Spezialisten. Es handelt sich um einen typischen Stressjob, indem oft kurzfristig Lösungen gefunden werden müssen. Die Führungskraft muss daher in der Lage sein, Mitarbeitende auch bei schwierigen Aufgaben zu motivieren und sich im Betrieb den notwendigen Goodwill zu schaffen. Sie muss selbständig tragfähige Entscheidungen fällen können. Größere Vorhaben im Betrieb (z.B. Bauprojekte) bedingen ein strukturiertes, projektmäßiges Vorgehen und das Erarbeiten von schriftlichen Entscheidungsgrundlagen.

Der Betrieb wählte aus den Bewerber/innen vier Kandidaten aus, die für das halbtägige Einzelassessment vorgesehen sind. Dieses umfasste folgende Elemente:

- Einführung für die Kandidaten
- Einzelarbeit umfassend Selbsteinschätzung, Testdurchführungen (PC-gestützt), Vorbereitung eines Rollenspiels, Lösung eines Fallbeispiels (Managementaufgabe)
- Rollenspiel Personalgespräch (zentral dabei: Motivationsaspekt)
- Präsentation der Ergebnisse des Fallbeispiels/Managementaufgabe vor der Geschäftsleitung
- Tiefeninterview

Dadurch wurden folgende Aspekte herausgearbeitet: Persönlichkeitsprofil, Belastbarkeit, Führungsstil, Managementfähigkeiten.

Das Assessment zeigte bei zwei Personen eindeutige Defizite in Bezug auf die angestrebte Position. Die andern beiden Kandidaten erwiesen sich als grundsätzlich geeignet, wobei sich bei beiden Stärken und notwendige Förderaspekte zeigten. Daraus konnten Empfehlungen für die Einarbeitung abgeleitet werden (Beispiel: Zuweisung von klaren Entscheidungskompetenzen oder regelmäßige Besprechungen mit dem Ziel, die interne Kommunikation zu fördern). Die erarbeiteten Resultate wurden sowohl den Kandidaten (mündlich) wie dem Betrieb (mündlich sowie schriftlich in Form von Kurzberichten) präsentiert.

Der Auftraggeber zeigte sich zwar überrascht von den Ergebnissen, weil aufgrund der Bewerbungsgespräche eine andere Person im Vordergrund gestanden war. Er konnte sich aber aufgrund der neuen Informationen klar für einen der empfohlenen Kandidaten entscheiden.

21.2.4 Gruppengespräche

Sie sind eine weniger aufwändige Form des Kennenlernens von vielen Bewerbern. Hier werden mehrere Bewerber für die gleiche Position zusammen eingeladen, um mit dem Personalleiter und dem Fachvorgesetzten gemeinsam zu diskutieren, Fragen zu stellen und informiert zu werden. Die besonderen **Vorteile** liegen in der Beobachtung von:

- Sozialverhalten,
- Dominanzverhalten,
- Aktivität,
- Selbstsicherheit und
- sprachlicher Ausdrucksfähigkeit.

Im Anschluss daran wird man Einzelinterviews mit jenen Bewerbern führen, die sich im Gruppengespräch positiv bemerkbar gemacht haben.

21.2.5 Graphologie

DIE "GRAPHOLOGISCHE REALITÄT"

Viele Unternehmen ziehen für die Beurteilung von Führungskräften einen Graphologen heran. Ein guter Graphologe kann tatsächlich Aussagen machen, die den Eindruck aus dem Interview ergänzen. Aufgrund des Gesprächs sind nämlich nur bestimmte Bereiche der Persönlichkeit erfassbar. Die folgende Aufstellung zeigt, welche Informationen man im Interview, bei der Lektüre des Lebenslauf und durch eine graphologische Analyse erhält:

[21-1] Welche Information erhält man durch Interview, Lebenslauf und graphologische Analyse?

Mittel der Informationsge-winnung	Informationen
Interview	Verhaltensausdruck, persönliche Einstellungen und Meinungen, Selbstwahrnehmung: • Persönliche Ausstrahlung • Verhandlungsgeschick • Ausdrucksvermögen • Kurzfristige Durchsetzung • Kontaktbegabung • Auftreten • Einstellungen usw.
Lebenslauf	Von den realen Lebensumständen abhängige, konkrete Tätigkeit • Reale Lebenserfolge • Spezielle Fähigkeiten und Begabungen • Arbeitsweise usw.
Graphologie	Psychische Veranlagungen/Tiefendimension • Vitalität und langfristige Durchsetzung • Führungseigenschaften • Kreativität • Echtheit der persönlichen Äußerungen • Emotionale Reife und Ausgeglichenheit • Moralisch-ethische Haltung • Entwicklungsmöglichkeiten • Allgemeines Intelligenzniveau und Intelligenzrichtung (theoretisch, praktisch usw.)

Im Interview ist z.B. nur ein Bereich der Intelligenz, die soziale Intelligenz, erkennbar. Abstraktionsvermögen, theoretisches Verständnis und andere Bereiche der Intelligenz lassen

TEIL D PERSONALAUSWAHL

sich aufgrund des Gesprächs nicht sicher feststellen. Hier müssen Tests oder die Graphologie eingesetzt werden. Manche Bewerber erscheinen im Gespräch ausgesprochen intelligent, zeigen in Leistungstests aber schlechte Ergebnisse. Es wäre falsch, deshalb die Testresultate oder ihren Eindruck im Gespräch in Frage zu stellen. Beides kann seine Richtigkeit haben. Die unterschiedlichen Ergebnisse zeigen aber, dass differenziert werden muss; eine gute Schulintelligenz hat nichts mit guter sozialer Intelligenz zu tun. Ausschlaggebend ist, welcher Bereich in der zu besetzenden Aufgabe gefragt ist.

Wichtig ist, dass Sie den Graphologen über die Anforderungen informieren, die an den Bewerber gestellt werden (Anforderungsprofil). So haben Sie die beste Chance, gezielte und verwertbare Angaben zu bekommen. Überprüfen Sie seine Beurteilungen anhand der eingestellten Mitarbeiter, vertrauen Sie ihm also nicht blind und delegieren Sie schwierige Entscheidungen nicht an ihn. Seine Angaben müssen immer mit den eigenen Eindrücken in Beziehung gesetzt werden.

Mit **Tests** werden Fähigkeiten und Kenntnisse gemessen. Im Unternehmen werden folgende Testarten angewendet:

- Intelligenztests
- Leistungstests
- Persönlichkeitstests

Tests sollten nur von Fachleuten durchgeführt werden.

Gruppengespräche und Assessment-Center erleichtern den Vergleich verschiedener Bewerber für dieselbe Position. Beim Assessment-Center arbeiten bis zu 12 Bewerber an Aufgabenstellungen, die in der Realität vorkommen; die Eignung kann daher aufgabenspezifisch geklärt werden. Beim **Einzel-Assessment** wird die Eignung von einzelnen Bewerbern während eines halben Tages anhand von Testverfahren, praxisbezogenen Aufgaben und Tiefeninterviews ermittelt.

Die **Graphologie** kann Aussagen über Bereiche der Persönlichkeit machen, die im Gespräch nicht erfassbar sind.

21.3 Die Auswahl des geeignetsten Bewerbers

Wir haben die Bewerbungsunterlagen der Kandidaten in der engen Wahl studiert und ausgewertet, Interviews geführt, eventuell Testergebnisse, Verhaltensbeobachtungen aus Assessments und Aussagen des Graphologen zusammengetragen und verfügen jetzt über ein differenziertes Eigenprofil jedes Bewerbers. Der nächste Schritt ist der Vergleich der verschiedenen Eignungsprofile mit dem Anforderungsprofil der zu besetzenden Position.

Die Eignung eines Bewerbers bemisst sich nicht an der Höhe seiner Qualifikationen, sondern an ihrer Übereinstimmung mit den Anforderungen des zu besetzenden Arbeitsplatzes. Sie ist relativ.

Da kaum ein Bewerber alle Anforderungen hundertprozentig erfüllt, muss mit einem analytischen Verfahren der unterschiedliche Erfüllungsgrad in den einzelnen Anforderungen ermittelt werden. So kann man zu einer sachlich einwandfreien und abgewogenen Entscheidung kommen. Als Vorgehen hat sich die **Entscheidungsanalyse** bewährt, mit der grundsätzlich jede Art von Entscheidung systematisch durchgeführt werden kann.

Man beginnt mit einer Gewichtung der Anforderungen. Dabei zeigt sich, dass ganz bestimmte Normal-Anforderungen unbedingt erfüllt werden müssen – die Muss-Anforderungen. Daneben gibt es Anforderungen, die nur bestmöglich erfüllt werden sollten–Wunsch–Anforderungen.

Das Beispiel in der folgenden Abbildung zeigt, wie mit einer solchen Gewichtung ein genauer Vergleich von Anforderungen und Eignung und damit eine objektive Entscheidung möglich wird:

Drei Bewerber (Verkäufer für Pumpen) stehen in der engsten Wahl; B muss zurückgestellt werden, weil seine Gehaltsforderungen über dem budgetierten Rahmen liegen.

Rechts ist die Gewichtung der Wunschanforderungen angegeben. Sie zeigt, dass auf eine kaufmännische Ausbildung mehr Wert (10 Punkte) gelegt wird als auf Erfahrung mit Pumpen (nur 3 Punkte). Für beide Bewerber werden nun je ihre individuellen Zahlenwerte (ZW) eingetragen und dann mit der Gewichtung multipliziert. Die Addition dieser Werte ergibt die Gesamtwertung und eine Rangfolge der Bewerber. C ist in unserem Beispiel deutlich geeigneter als A, obwohl er ihm in einzelnen Bereichen unterlegen ist, z. B. in der kaufmännischen Ausbildung und in der Begeisterungsfähigkeit. Insgesamt erfüllt er aber die gesetzten Anforderungen besser. Das Beispiel zeigt, wie wichtig es ist, alle Anforderungen miteinander zu vergleichen, und zwar mit dem Gewicht, das sie für die Entscheidung haben.

Erfüllungsgrad der Bewerber			
Muss-Anforderungen	**Bewerber A**	**Bewerber B**	**Bewerber C**
1. Technisches Verständnis	vorhanden	vorhanden	groß
2. Gehaltsford. – max. 5 500.– Fixum	5 000.–	7 500.–	3 500.–
3. Gesund und belastbar	ja	ja	ja
4. Einfühlungsvermögen	groß	groß	groß
5. Korrektes Auftreten	ja	ja	ja
6. Führerschein	vorhanden		vorhanden

Wunsch-Anforderungen	**GW**	(A)	**ZW**	**GW x ZW**	(B)	(C)	**ZW**	**GW x ZW**
1. Kaufmännische Ausbildung	10	kfm. Lehre	10	100		kfm. Erfahrung	5	50
2. Erfahrung im Außendienst	8	keine Erfahrung	–	–		lange Erfahrung	10	80
3. Begeisterungsfähigkeit	8	gross	10	80		mittel	6	48
4. Kontaktfreudigkeit	7	durchschn.	5	35		hohes Maß	10	70
5. Geordnete Familienverhältnisse	6	geordnet	8	48		gering	4	24
6. Überzeugende Gesprächsführung	5	normal	5	25		überzeugend	9	45
7. Gute äußere Erscheinung	4	durchschn.	6	24		sehr gut	10	40
8. Alter zwischen 25–40 Jahren	4	24 Jahre	9	36		38 Jahre	10	40
9. Gute Zeugnisse	4	vorhanden	10	40		gering	4	16
10. Spez. Kenntn. über Pumpen	3	keine	0	–		zum Teil	5	15
11. Kenntnisse der Branche	3	keine	0	–		ja	10	30
Gesamtwertung				388				458

Bei der Entscheidung für einen Bewerber ist die Entscheidungsanalyse ein nützliches Instrument. Es werden die Anforderungen aufgeführt und gewichtet. Es geht nicht darum, den am besten geeigneten Bewerber zu finden, sondern den, der die Anforderungen der Stelle am besten erfüllt.

Teil E   Personalbetreuung

22 Personalbetreuung als Serviceaufgabe

Die Personalbetreuung ist eine wichtige Aufgabe des Personalbereichs. Sie nimmt eigenständige Aufgaben wahr und ist zugleich ein verbindendes Glied bei der Erfüllung der anderen Aufgaben des Personalmanagements.

Personalbetreuung als Aufgabe des Personalmanagements ist umfassend; sie sollte zentral gesteuert und nach einem durchdachten und einheitlichen Konzept durchgeführt werden, denn sie soll nicht nur lokal wirken, sondern im gesamten Unternehmen zu einem guten Betriebsklima, zu hoher Arbeitsmotivation und Arbeitszufriedenheit aller Mitarbeiter aktiv beitragen.

22.1 Bedeutung

Die Personalbetreuung hat in den letzten Jahren an Bedeutung zugenommen. Das hat **zwei Gründe:**

- Der eine ist der **Wertewandel,** die veränderte Einstellung der Mitarbeiter zur Arbeit. Das Engagement für Arbeit und Beruf hat sich in den letzten zehn Jahren kontinuierlich verringert. Die früher starke, oft ausschließliche Arbeitsorientierung hat abgenommen, die Freizeitorientierung dagegen zugenommen. Die Mitarbeiter sind zudem in fast allen, die Arbeit betreffenden Fragen kritischer geworden und generell weniger autoritätsgläubig. Ihr Engagement für die Arbeit ist nicht mehr uneingeschränkt; Arbeit ist ein Lebensbereich unter anderen.
  Bei guter Konjunkturlage führt diese Haltung zu einem **Ansteigen der Fluktuation,** bei angespanntem Arbeitsmarkt häufiger zu **Fehlzeiten** und vor allem zum Phänomen der «inneren Kündigung». Mitarbeiter sehen ihren Beruf in erster Linie als Job – um Geld zu verdienen und damit ihre Freizeitinteressen zu pflegen.
  Gleichzeitig ist es so, dass Unternehmen heute mehr als früher auf das **Engagement und die Kreativität ihrer Mitarbeiter** angewiesen sind. Da es zwischen Unternehmen immer weniger Unterschiede in der Anwendung von Technologien und in den Produkten gibt, sind die Mitarbeiter das wichtigste Kapital jedes Unternehmens. Außerdem ist der Personalaufwand ein beträchtlicher Kostenblock; dies gilt nicht nur für personalintensive Unternehmen. Gute Personalbetreuung, die das Engagement fördert, ist somit ein ganz zentrales Anliegen.
- Der zweite Grund liegt im **Einsatz neuer Technologien am Arbeitsplatz,** die höhere Anforderungen an die Qualifikation, Lernbereitschaft und Anpassungsfähigkeit des Mitarbeiters stellen. Die Einführung neuer Technologien verändert den Inhalt vieler Tätigkeiten und auch viele organisatorische Abläufe. Das setzt beim einzelnen Mitarbeiter die Bereitschaft zum Umlernen und zur Anpassung voraus. Um Widerstände abzubauen oder gar nicht erst aufkommen zu lassen und die Akzeptanz für Neuerungen zu sichern, haben sich – neben Schulungsaktivitäten – gezielte Betreuungsmaßnahmen sehr bewährt.

Hauptgründe für den steigenden Stellenwert der Personalbetreuung sind:

- Der **Wertewandel:** das Engagement der Mitarbeiter für die Arbeit hat abgenommen.
- **Neue Technologien** verlangen mehr Qualifikation, Umstellung und Kooperation. Das Tempo von Innovationen und die damit verbundenen Veränderungen im Unternehmen setzen eine hohe Anpassungsbereitschaft der Mitarbeiter voraus.

22.2 Schwerpunkte

Die Zielvorstellungen und Maßnahmen der Personalbetreuung sind breit angelegt: Sie will die Beziehungen zwischen den Mitarbeitern und dem Unternehmen verbessern und festigen sowie die Anliegen und Probleme der Mitarbeiter ausreichend berücksichtigen – das ist ein weites Wirkungsfeld. Der Mitarbeiter soll Sicherheit und Zugehörigkeit zum Unternehmen empfinden und das Gefühl haben, sich in seiner Arbeit entfalten zu können; er soll über persönliche Schwierigkeiten sprechen können, die – soweit möglich – gemeinsam gelöst werden. Er soll nicht nur seine Arbeit tun, sondern sich an seinem Arbeitsplatz und im Unternehmen wohl fühlen. Und das Unternehmen soll engagierte, aktive Mitarbeiter haben, die mitdenken. Das kann die Personalbetreuung nicht allein herbeiführen. Sie ist darauf angewiesen, dass rundherum gute Arbeit geleistet wird: durch die Vorgesetzten im Nahbereich, durch gute Mitarbeiterförderung, Schulung usw. Ihre Aufgabe ist es, Schwachstellen und Bedürfnisse zu finden und – zusammen mit den Vorgesetzten – generell Maßnahmen zu planen, die diese Schwachstellen beheben.

Es gibt bei der Personalbetreuung folgende **Schwerpunkte:**

A   Analyse der Arbeits- und Führungssituation

Durch eine **Mitarbeiterbefragung** unter der Federführung oder zumindest unter Mitwirkung der Personalabteilung findet man heraus, in welchen Bereichen die Mitarbeiter – neben Zufriedenheit – Probleme und Defizite verspüren. Diese Informationen helfen den Personalverantwortlichen dabei, ihre Arbeit effizient zu erfüllen.

B   Information der Mitarbeiter

Die Mitarbeiter sind an Hintergrundinformationen, die über ihr enges persönliches Arbeitsgebiet hinausgehen und die größeren Zusammenhänge, wichtige Entscheidungen, Regelungen und vor allem Veränderungen im Unternehmen offen legen, sehr interessiert. Sie haben einen hohen Motivationswert. Die Vermittlung der Informationen ist eine zentrale Aufgabe der Personalbetreuung.

C   Aktives Einbeziehen der Mitarbeiter bei Veränderungen

Das Ziel ist hier, die **Betroffenen zu Beteiligten zu machen** (nach dem Modell der Organisationsentwicklung, wonach Organisationen wachsen und sich entwickeln sollen wie Gruppen. Das Unternehmen wird in dieser Sicht als große Gruppe gesehen, für die jeder Einzelne mitverantwortlich ist. Man will damit erreichen, dass Probleme nicht punktuell, sondern breit und grundlegend durchdacht werden, dass dabei alle Mitgliedergruppen berücksichtigt werden, dass ihr Erfahrungswissen in die zu erarbeitenden Lösungsvorschläge einfließt und die Widerstände gegen Neuerungen dadurch möglichst klein bleiben.

D   Inner- und außerbetriebliche Kontaktpflege

Nicht nur die innerbetriebliche Kontaktpflege ist wichtig. Von zunehmender Bedeutung ist die Öffentlichkeitsarbeit, z.B. «Tage der offenen Tür» für Familienangehörige der Mitarbeiter und andere Interessierte, PR-Aktionen (z.B. Jubiläen); auch das ganze Sponsoring gehört hierher.

E   Unterstützung bei der Lösung von persönlichen Problemen

Hier geht es um konkrete **Hilfestellung für spezielle Mitarbeitergruppen oder einzelne Mitarbeiter.** Beispiele: Die Vorbereitung älterer Mitarbeiter auf den Ruhestand, die Planung von vorgezogener oder gleitender Pensionierung, die Beratung von Vorgesetzten, die besonders gravierende Konflikte mit Mitarbeitern haben, die Betreuung von Mitarbeitern mit Suchtproblemen (Alkohol, Drogen) oder von Mitarbeitern, die entlassen werden müssen.

F   Unternehmenskultur vermitteln

Unter Unternehmenskultur versteht man ein **von allen gelebtes Wertesystem,** das auf einem klaren Leitmotiv und einer durch Firmentradition geprägten Unternehmensphilosophie basiert. Sie wird von der Geschäftsleitung definitiv formuliert. Der Personalverantwortliche hat eine Mittlerrolle, indem er die einmal formulierten Werte bei den Mitarbeitern vertritt und sie exemplarisch lebt. Die Unternehmenskultur muss von den Mitarbeitern gelebt werden.

Dieser breite Fächer von Aufgaben dokumentiert eindrücklich die Bedeutung der Personalbetreuung. Da ihre Maßnahmen auf die eigenen Mitarbeiter ausgerichtet sind, lässt sie sich auch als **Marketing nach innen** umschreiben. Sie richtet sich auf Bedürfnisse der Mitarbeiter aus. Wird diese Aufgabe aber ernst genommen, mit konkretem Inhalt gefüllt und für die Mitarbeiter oder noch besser gemeinsam mit ihnen erfüllt, so entwickelt sich daraus langfristig eine veränderte Denkhaltung und Führungsphilosophie im Unternehmen.

Die Personalbetreuung hat eine zentrale Bedeutung für die Motivation und Leistung der Mitarbeiter. Ihre Maßnahmen betreffen mehr die Arbeitsumstände als die Arbeitsinhalte. Die mitarbeiterorientierte Gestaltung der Arbeitsumstände wirkt sich längerfristig positiv auf die gesamte Arbeitseinstellung aus. Durch die bessere Leistungsbereitschaft wird oft auch das Arbeitsergebnis positiv beeinflusst.

Da die Personalbetreuung grundlegende Aufgaben wahrzunehmen hat, sollte sie in den Führungsgrundsätzen eines Unternehmens verankert sein.

Die Aufgaben der Personalbetreuung können ein sehr weites und von Betrieb zu Betrieb variierendes Spektrum umfassen. Wesentliche Schwerpunkte sind immer:

- die Verbesserung der innerbetrieblichen Arbeitssituation durch Analysen der Mitarbeiterzufriedenheit, durch Information der Mitarbeiter, durch Möglichkeiten der Mitwirkung usw. und
- die unmittelbare Betreuung von Mitarbeitergruppen oder einzelnen Mitarbeitern in kritischen Situationen, z.B. bei der Einführung von Neuerungen oder bei persönlichen Problemen.

22.3   Die Rolle der Personalabteilung

Motivierte Mitarbeiter verbessern nicht nur die interne Zusammenarbeit und das innere Klima im Unternehmen; auch die Kunden, auf die das wirtschaftliche Handeln des Unternehmens ausgerichtet ist, profitieren.

Welche **Funktionen** erfüllen Personalfachleute im Bereich der Betreuung?

- Das Personalmanagement ist eine Schaltstelle, die **wissenschaftliche Erkenntnisse** (z.B. über Kommunikation, Motivation usw.) **in die Unternehmenspraxis umsetzt,** wobei sie die speziellen Bedingungen des Betriebs berücksichtigt. Besonders wichtig ist dabei, neue Anforderungen an das Unternehmen, die Mitarbeiter und Vorgesetzten frühzeitig zu erkennen und die nötigen betrieblichen Prozesse einzuleiten.
- Der Personalleiter und seine Mitarbeiter reagieren und helfen nicht nur bei Personal- und Führungsproblemen, sondern sind auch **aktive Gestalter und Promoter (change agents) des sozialen Wandels.** Zukünftige Entwicklungen sollen frühzeitig erkannt werden, damit man zweckmäßige Maßnahmen treffen kann und viele Probleme gar nicht erst entstehen. Voraussetzung für zielgerichtete Gegenmaßnahmen ist eine genaue Diagnose.
- Wenn es den Personalleuten gelingt, **überzeugende Mittler und Konfliktmanager** zu sein, bleibt Personalbetreuung nicht nur ein Coaching und Mentoring für einzelne Personengruppen im Unternehmen, sondern es wird von Führungskräften und Mitarbeitern bei Bedarf auch nachgefragt.
- Ein Schwerpunkt der Personalarbeit wird neben der quantitativen Personalsteuerung (Personalaufstockung oder Personalabbau) in der **qualitativen Personalarbeit** liegen, d. h. in der Pflege von Qualifikation und Motivation der vorhandenen Mitarbeiter. Sie setzt als Rahmen eine wertorientierte Personalpolitik voraus: Das Unternehmen muss Grundwerte über den Sinn der Arbeit festlegen. Es ist die Aufgabe der Personalabteilung, bei ihrer Formulierung mitzuwirken. Neben dem Problem der **Gestaltung** gibt es hier auch das Problem der **Erfolgsmessung,** des Nachweises, dass z.B. Maßnahmen der Personalbetreuung auch tatsächlich wirksam sind. Dies macht die Personalbetreuung besonders anspruchsvoll. Von den nachweisbaren Ergebnissen hängt nicht nur das Ansehen des Personalmanagements im Unternehmen ab, sondern oft auch die Höhe der Mittel für zukünftige Personalprogramme. Zu den Aufgaben der Personalmitarbeiter gehört es deshalb auch, Ausgangssituationen zu dokumentieren, um so Verbesserungen belegen zu können.
- Der Personalbetreuer muss über gute Betriebskenntnisse verfügen. Er ist oft vor Ort und hält sich nicht ausschließlich in seinem Büro auf. Oft lohnt es sich, Gespräche im Büro der Vorgesetzten oder Mitarbeiter zu führen.

Personalbetreuung ist nicht nur eine Aufgabe für Großunternehmen, sondern auch für mittlere Betriebe. In Großunternehmen gibt es meist Spezialisten dafür, während in kleineren Betrieben alle Personalaufgaben von einer oder wenigen Personen wahrgenommen werden.

In der Personalbetreuung werden verschiedene Funktionen erfüllt:

- Der zuständige Personalsachverständige ist einerseits Helfer und Moderator bei der Lösung von Personal- und Führungsproblemen.
- Er ist anderseits aber auch Gestalter von neuen Entwicklungen im Unternehmen.

Auch kleinere Unternehmen haben im Bereich der Personalbetreuung gute Chancen, konkurrenzfähig und wirkungsvoll zu sein.

23   Die Mitarbeiterbefragung

Mitarbeiterbefragungen können ein wichtiges **Diagnoseinstrument** sein. Die Befragung aller Mitarbeiter kann ein Spiegel des Betriebsklimas sein und Aufschluss geben darüber, in welchen Bereichen die Arbeitszufriedenheit hoch ist und wo aus Sicht der Mitarbeiter Defizite und Probleme bestehen.

Es gehört zu den Aufgaben der Personalabteilung, eine Mitarbeiterbefragung zu veranlassen und durchzuführen. Dazu gehört als Erstes, dass die Unternehmensleitung, die Vorgesetzten und die Mitarbeiter über Ziel und Zweck informiert werden; sie sollen vom Sinn der Befragung überzeugt werden.

23.1   Voraussetzungen für das Gelingen einer Mitarbeiterbefragung

A   Ziele der Befragung klar machen

Entscheidend bei einer Mitarbeiterbefragung ist, dass die Mitarbeiter ihre Ziele kennen. Generell geht es darum, Schwachstellen aufzudecken und sie dann zu verbessern. Klarheit in diesem Punkt ist Voraussetzung für eine hohe Beteiligung der Mitarbeiter.

B   Befragungsarten

Es gibt verschiedene Möglichkeiten, eine Mitarbeiterbefragung durchzuführen:

- Mündliche Befragung durch Interview oder schriftliche Befragung mit einem Fragebogen
- Beschränkung auf einzelne Teile und Ebenen des Unternehmens oder Erfassen des gesamten Unternehmens
- Analyse der generellen Arbeits- und Führungssituation im Unternehmen oder eine personenbezogene Vorgesetztenbeurteilung durch die Mitarbeiter

Bei der Entscheidung, ob die Befragung mündlich oder schriftlich durchgeführt werden soll, sind die Vor- und Nachteile für das Unternehmen und die mit der Befragung verfolgten Ziele abzuwägen.

Mündliche Befragung

- **Vorteil:** Neben dem strukturierten Interviewleitfaden kann man auch spontane Antworten und Eindrücke der Befragten erfassen. Allerdings setzt ein offenes Gespräch Vertrauen der Gesprächspartner voraus.
- **Nachteil:** Interviews sind zeit- und kostenaufwändiger als eine schriftliche Befragung.

Schriftliche Befragung

- Sie sind kostengünstig.
- Alle Mitarbeiter des Unternehmens können zum gleichen Zeitpunkt ihre Meinung zur Ist-Situation äußern.
- Ein Haupterfordernis – der Fragebogen muss anonym zu sein!

Eine Mitarbeiterbefragung, die sich auf alle Bereiche und Ebenen des Unternehmens erstreckt, hat den Vorteil, dass alle Mitarbeiter zu Wort kommen und so ein umfassendes

Bild gezeichnet wird. Strebt man eine Gesamtbefragung der Mitarbeitenden an, scheiden in größeren Unternehmen mündliche Interviews aus Zeit- und Kostengründen aus.

C Vorgesetztenbeurteilung

Wenn die Mitarbeiter das **Führungsverhalten ihres persönlichen Vorgesetzten** beurteilen, sind ihre Aussagen direkt einer Person zurechenbar. Dies schafft konkrete Anknüpfungspunkte für Verbesserungsmaßnahmen, was für die Auswertung ein großer Vorteil ist.

Für den Vorgesetzten kann sich eine Belastung ergeben. Hat er seine Mitarbeiter bis anhin gut geführt, kann er mit positiven Ergebnissen rechnen. Ist dies aber nicht der Fall, kann die Offenlegung von Führungsdefiziten die Beziehungen zwischen ihm und seinen Mitarbeitern noch mehr belasten.

Die Mitarbeiterbefragung ist generell ein sensibles Instrument der Personalführung und -betreuung. Es ist deshalb sinnvoll, sich in einer ersten Phase auf die allgemeine Arbeits- und Führungssituation im Unternehmen zu beschränken. Oft wird dadurch das Terrain für spätere Vorgesetztenbeurteilungen vorbereitet.

D Widerstände

Widerstände gegen eine Mitarbeiterbefragung können sein:

- Vorgesetzte argumentieren oft, dass die Mitarbeiter die Arbeit unter dem Deckmantel der Anonymität wesentlich schlechter darstellen, als sie wirklich ist; sie haben Angst vor einem Racheakt aufgrund schlechter oder gar unmenschlicher Führung. Wenn im Unternehmen aber keine oder nur geringe Führungsdefizite bestehen, kann dieses Argument leicht entkräftet werden.
- Einige Führungspersonen vertreten die Meinung, dass die Mitarbeiter nicht in der Lage seien, die Arbeits- und Führungssituation zu beurteilen. Darauf lässt sich entgegnen, dass man keine objektive Beurteilung der Fähigkeiten des Vorgesetzten anstrebt, sondern erfahren möchte, wie die Mitarbeiter die Arbeitsituation und das Führungsverhalten von Vorgesetzten subjektiv bewerten und persönlich erleben.
- Ein typischer Widerstand der Mitarbeiter ist der Einwand, dass die Mitarbeiter noch mehr «bespitzelt» würden. In diesem Fall war die vorgängige Informationsarbeit ungenügend – oder es besteht ein so tiefes Misstrauen, dass alle positiven Absichten angezweifelt werden.

E Positive Bedingungen im Unternehmen schaffen

Damit eine Mitarbeiterbefragung möglich ist, müssen auch im Unternehmen selbst bestimmte Voraussetzungen erfüllt sein. Die Analyse der Arbeits- und Führungssituation wäre oft gerade in Unternehmen besonders notwendig, in denen die Arbeitszufriedenheit niedrig ist und es zahlreiche Führungsdefizite gibt. Die Unternehmensleitungen erkennen die Bedeutung einer Mitarbeiterbefragung in diesem Fall meist nicht oder befürchten – zu Recht – dass das Ergebnis zu einem «Scherbengericht» würde. Tatsächlich können Sie in solchen Fällen unmöglich eine Mitarbeiterbefragung durchführen. Zuerst müssen Sie das Vertrauen der Mitarbeiter aufbauen oder wiederherstellen und positive Veränderungen einleiten, damit die Mitarbeiter innerlich bereit sind, an der Befragung teilzunehmen und an eine aktive Gestaltung ihrer Zukunft glauben.

F Anonymität und Freiwilligkeit

Weitere wichtige Vorraussetzungen sind die Gewährleistung von absoluter Anonymität bei der Befragung und Auswertung sowie eine freiwillige Beteiligung. Die Beteiligung darf keine Pflicht, sondern soll ein Recht des Mitarbeiters sein.

23.2 Die Durchführung einer Mitarbeiterbefragung

Das folgende Schema zeigt, wie eine Mitarbeiterbefragung durchgeführt werden kann:

[23-1] Der Ablauf der Mitarbeiterbefragung

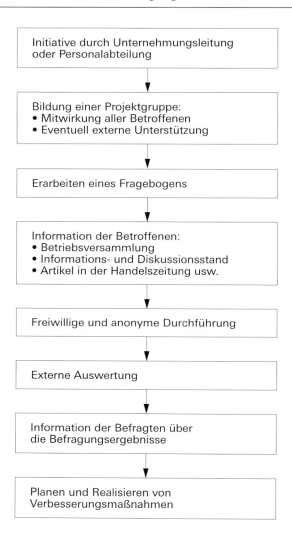

A Fragebogen

Die Projektgruppe – bestehend aus Mitarbeitern aus allen betroffenen Bereichen und Ebenen – arbeitet den unternehmensspezifischen Fragebogen aus, der folgende Themen enthalten kann:

Mögliche Themen einer Mitarbeiterbefragung:

- Persönliche Arbeitssituation (was sagt mir zu, was nicht?)

- Innerbetriebliche Organisation (was ist befriedigend und wirkungsvoll, was nicht?)

- Verhältnis zum unmittelbaren Vorgesetzten (Wie beurteile ich sein Führungsverhalten?)

- Urteil als Vorgesetzter über Mitarbeiter (wie beurteile ich das Verhalten meiner Mitarbeiter?)

- Beurteilung der zentralen sozialen Einrichtungen

- Generelles Urteil zum Betriebsklima

- Persönliche Hauptprobleme/Verbesserungsvorschläge (offene Fragen)

- Fragen zur Gruppenzugehörigkeit, damit die Antworten den betrieblichen Bereichen zugeordnet werden können

---

Der Fragebogen sollte nicht mehr als 50 Fragen umfassen. Neben dem persönlichen Urteil der Mitarbeiter zu verschiedenen Fragen ist es auch sinnvoll, die Vorgesetzten nach einem Urteil über ihre Mitarbeiter zu fragen, z. B. über ihr menschliches Verhalten, ihre fachliche Qualifikation und ihre Leistungsbereitschaft.

Es ist eine Kunst, Fragen zu stellen. Geschlossene Fragen sind bei vorgegebenen Antwortmöglichkeiten zweckmäßig. Es ist sinnvoll, eine gerade Zahl von Antwortmöglichkeiten anzubieten, damit ein Ausweichen auf den goldenen Mittelweg unmöglich ist.

Schlussfragen über die Gruppenzugehörigkeit ermöglichen bei der Auswertung – unter Wahrung der Anonymität des Einzelnen – einen Vergleich zwischen verschiedenen Gruppen.

B   Information der Mitarbeiter

Dafür eignen sich Betriebsversammlungen. Zusätzlich sollte jeder Mitarbeiter die Möglichkeit haben, sich persönlich zu informieren. Flankierend sind die anderen firmeninternen Informationskanäle zu nutzen (Intranet z. B.).

Über die Befragungsergebnisse sind alle Mitarbeiter zu informieren. Wenn man das entgegengebrachte Vertrauen würdigen will, muss man darauf achten, dass alle Mitarbeiter zum selben Zeitpunkt die gleichen Informationen über die Ergebnisse erhalten.

C   Beteiligungsquote

Wenn die Mitarbeiterbefragung sorgfältig vorbereitet und für den Einzelnen transparent ist, lassen sich Beteiligungsquoten von zwischen 70 und 90 Prozent erreichen. Diese Zahlen sagen noch nichts über die inhaltlichen Ergebnisse aus, sind aber für den Personalbereich ein wesentlicher Indikator, mit dem sich der Erfolg der Aktion der Unternehmensleitung gegenüber belegen lässt. Inhaltlich ein Erfolg wird die Befragung, wenn es zudem gelingt durch aufklärende Vorbereitung gute Voraussetzungen zu schaffen, so dass die

Mitarbeiter ihre persönliche Arbeits- und Führungssituation der Wirklichkeit entsprechend beurteilen.

23.3 Andere Formen der Informationsgewinnung

Manche Unternehmen wirken in der gleichen Richtung wie die Mitarbeiterbefragung, jedoch mit anderen Mitteln. So lassen z. B. auch kleinere und mittlere Unternehmen jeden Mitarbeiter im Zusammenhang mit der periodischen Leistungsbeurteilung (Qualifikationsgespräch) ein Doppelblatt ausfüllen, in dem sich der Mitarbeiter zuerst zu seiner Tätigkeit, dann zu seinem Arbeitsplatz äußert:

- Worin bestehen meine Aufgaben?
- Wo fühle ich mich in meiner Arbeit sicher, wo nicht?
- Gesamthaft fühle ich mich a) überlastet, b) ausgelastet, c) nicht ausgelastet.
- Wie könnte ich meine Stärken besser nutzen?

Dem Mitarbeiter wird hier ein **Vorschlagswesen in eigener Sache** angeboten. Zugleich erfahren Vorgesetzte und Personalabteilung, wie der Einzelne sich fühlt und sich selbst beurteilt.

Die Mitarbeiterbefragung ist ein sensibles **Instrument der Personalführung und -betreuung,** deren Durchführung an bestimmte unternehmensinterne Voraussetzungen gebunden ist. Wesentlich sind die freiwillige Beteiligung und Anonymität der Befragten; ferner eine umfassende Information aller Mitarbeiter über Ziele, Durchführung und Konsequenzen. Nur wenn diese vom Nutzen der Befragung überzeugt sind, können sachlich zutreffende Antworten und eine hohe Beteiligung erwartet werden.

Der **Impuls zur Durchführung** muss von der Unternehmens- oder Personalleitung ausgehen. Eine Projektgruppe aus Vertretern der internen Stellen und evtl. einem externen Fachmann sollte die Verantwortung für die Durchführung haben. Dabei geht es um den Entwurf und die Gestaltung des Fragebogens und um die Auswertung und Information über die Ergebnisse.

Aus den **Ergebnissen** müssen sich Konsequenzen in Form von konkreten Verbesserungen ergeben. Mitarbeiterbefragungen werden vor allem von Unternehmen durchgeführt, die auf Leistung und Zufriedenheit ihrer Mitarbeiter Wert legen.

24   Die Mitarbeiterinformation

Eine gute Informationspolitik bewirkt, dass sich der Mitarbeiter als wichtiger Teil des Ganzen empfindet und sich und seine Tätigkeit im Gesamtzusammenhang sieht. Information wird damit zur Voraussetzung und Grundlage für ein gutes Betriebsklima. Zugleich ist sie auch die Basis für persönliches Interesse an der Arbeit, für eine hohe Identifikation. Wer einen guten Informationsstand hat, ist nicht nur in der Lage, sondern auch eher bereit, Initiative zu entwickeln und z.B. Verbesserungsvorschläge zu machen, also selbständig zu handeln.

24.1   Inhalt

Die generelle Mitarbeiterinformation bezieht sich inhaltlich auf folgende **Bereiche:**

- Die im Unternehmen gültige **Unternehmensphilosophie** ist allen Mitarbeitern bekannt. Man vermittelt ihnen die wichtigen Leitsätze und Richtlinien für das Handeln im Unternehmen in einfacher und klarer Form.
- Alle Mitarbeiter werden über die **Produkte des Unternehmens und über die Kundenwünsche** informiert. Dadurch wird das kundenorientierte Denken bei allen gefördert und alle Mitarbeiter erhalten einen Bezug zum fertigen Produkt als Marktleistung des Unternehmens.
- **Markterfolge des Unternehmens** werden den Mitarbeitern mitgeteilt. Markterfolge fördern den Stolz auf Geleistetes und geben Impulse für neue Aktivitäten und die Gewissheit, dass die Arbeitplätze gesichert sind. In vertretbarer Form sind auch **Rückschläge** am Markt eine wichtige Information, um keine «heile Welt» vorzuspielen, sondern gemeinsame Anstrengungen herbeizuführen und den Zusammenhalt zu stärken. Erfahrungsgemäß sprechen sich negative Informationen im Unternehmen meist schneller herum als positive. Nimmt die Unternehmensleitung nicht Stellung dazu, ist der Raum für Gerüchte und Verzerrungen größer, damit auch für Unsicherheit und Misstrauen.

Bevor wir auf die verschiedenen Informationsarten und -kanäle eingehen, wollen wir noch kurz auf die **Informationspolitik** der Personalabteilung eingehen. Die Personalabteilung muss den Mitarbeitern umfassende Informationen über alle Fragen des Arbeits- und Sozialbereichs liefern. Dazu gehören z.B. Informationen über:

- Arbeitsbedingungen, speziell auch Arbeitszeitenregelungen,
- gesetzliche Veränderungen der (Alters-)Renten- und Sozialversicherung,
- Veränderungen des Lohnsteuerrechts, und
- alle Veränderungen arbeitsbezogener Regelungen im Unternehmen.

24.2   Informationskanäle

Man unterscheidet mündliche und schriftliche Mitarbeiterinformationen. **Mündliche Mitarbeiterinformationen** sind vor allem Sache der Vorgesetzten. Die Möglichkeiten dazu sind das Vorgesetzten-Mitarbeiter-Gespräch, Abteilungsbesprechungen und –konferenzen, eventuell Arbeitsgruppen oder Ausschüsse im Unternehmen.

Wichtige Mittel der **schriftlichen Mitarbeiterinformation** sind: die Informationsmappe für (neue) Mitarbeiter; das schwarze Brett, Rundbriefe, die Hauszeitung, der Mitarbeiter-Brief und das Intranet.

TEIL E PERSONALBETREUUNG

A   Informationsmappe

In der Informationsmappe sind wichtige Informationen über das Unternehmen und die Arbeit zusammengefasst. Sie wendet sich an sämtliche Mitarbeiter und formt das Gefühl, zum Ganzen zu gehören. Gerade für neue Mitarbeiter ist sie eine wichtige Orientierungshilfe zu Beginn ihrer Tätigkeit.

Welche **Themen** gehören in eine Informationsmappe?

Prinzipiell gehört alles in die Informationsmappe, was für die Mitarbeiter von generellem Interesse ist. Die Reihenfolge ist weitgehend beliebig. Man geht meist vom Allgemeinen zum Speziellen vor, z.B. wie folgt:

- Vorwort der Unternehmensleitung
- Speziell für neue Mitarbeiter: einiges zum Standort des Unternehmens; zu Geschichte, Landschaft, Kultur und Wirtschaft der Region
- Kurzer Abriss der Unternehmensgeschichte und -entwicklung.
- Grundsätze der Unternehmensphilosophie
- Organisationsübersicht des gesamten Unternehmens
- Aufgabenschwerpunkte wesentlicher Bereiche/Abteilungen des Unternehmens
- Übersicht über die wichtigsten Marktleistungen (Produkte/Dienstleistungen) des Unternehmens
- Leitlinien für die Führung und Zusammenarbeit
- Wichtige Bestimmungen im Unternehmen (z.B. über Arbeitszeit/Gleitzeit, Sozialleistungen, weitere Betriebsvereinbarungen)
- Wichtige Ansprechpartner – Vom Betriebsarzt über den Hauswart/Pförtner und die Personalabteilung bis zur Zentrale für Telefon und Telefax, mit Personen, Aufgabengebiet, Standort, Telefonnummer und E-Mail-Adresse

B   Schwarzes Brett

Das schwarze Brett wird als klassisches Informationsmittel fast in jedem Unternehmen eingesetzt. Die Informationen sollen übersichtlich gestaltet und lesenswert sein. Ein typischer Standort ist der Vorraum der Kantine. Wenn die Informationen dort immer aktuell sind, haben sie durch die direkte Zugänglichkeit einen hohen Verbreitungsgrad.

Eine neuere Variante ist das Intranet.

C   Rundschreiben

Ein ebenfalls klassisches Instrument der schriftlichen Mitarbeiterinformation sind Rundschreiben. Das Spektrum reicht hier von Hausmitteilungen über Berichte und Protokolle bis zu Publikationen und Presseinformationen. Bestimmte Adressatengruppen im Unternehmen sollen so über ausgewählte Sachverhalte in Kenntnis gesetzt werden, z.B. über Veränderungen am Markt und bei der Konkurrenz, über neue Entwicklungen der Produkt- und Verfahrenstechnologie oder über interne Veränderungen der Organisation bzw. des Führungsinstrumentariums. Oft wird dafür das Intranet verwendet (siehe Punkt F).

D   Hauszeitung

Die Hauszeitung muss nach journalistischen Grundsätzen aufgebaut, grafisch ansprechend und inhaltlich vielfältig sein. In der Anfangsphase sollte ein externer Fachmann auf diesem Gebiet als Berater oder Betreuer mitmachen. Daneben sollte die Personalabteilung an der redaktionellen Gestaltung der Hauszeitung wesentlich beteiligt sein. Ein wichtiges

Kriterium für die Qualität einer Hauszeitung ist die Mitwirkung von Mitarbeitern verschiedener Bereiche und Ebenen im Redaktionsstab. Der Bezug zu und die Resonanz aus allen Teilen des Unternehmens sind dadurch gesichert.

Die Hauszeitung wird gelesen, wenn sie **von Mitarbeitern für die Mitarbeiter des Unternehmens gemacht** ist. Nicht nur Großunternehmen, auch mittlere Unternehmen können sich eine Hauszeitung leisten. Entscheidend ist die Bereitschaft von Mitarbeitern, sich zu engagieren (oft auch in der Freizeit). Bei Großunternehmen wird das Redaktionsteam eher hauptamtlich, bei Mittelbetrieben stärker ehrenamtlich tätig sein. Die Hauszeitung großer Unternehmen muss u. a. Hintergrundinformationen und einen Überblick über das Ganze liefern, während die des mittleren Betriebs vor allem die direkte Kommunikation und das Wir-Gefühl fördert. Jede Hauszeitung muss auf die Bedürfnisse des Unternehmens ausgerichtet sein.

Folgende Punkte sind für den **Erfolg einer Hauszeitung** wichtig:

- Das Redaktionsteam setzt sich aus Mitarbeitern verschiedener Abteilungen zusammen.
- Es muss bis zu einem bestimmten Grad unabhängig von der Unternehmensleitung arbeiten können.
- Persönliches Engagement und journalistische Kompetenz sind vor allem in der Redaktionsleitung wichtig (oft ist es die Personalabteilung).
- Der Inhalt setzt sich in der Regel aus ca. zwei Drittel Betrieblichem und maximal einem Drittel Unterhaltsamem zusammen.
- Neben Berichten erhöhen Interviews den Lesewert. Die Texte sollen anregend sein, man soll sie gern lesen.
- Nicht der Umfang ist entscheidend, sondern Art und Qualität des Inhalts (wirklich Interessantes, Bewegendes).
- Die Aufmachung kann schlicht sein. Aktualität ist wichtig.
- Eine Hauszeitung wendet sich nur an die Mitarbeiter eines Unternehmens und ist deshalb von einer Kundenzeitung klar zu trennen.
- Eine gute Hauszeitung aktiviert die Mitarbeiter und veranlasst sie zu Reaktionen.
- Die Abstimmung der Inhalte auf die Wünsche der Mitarbeiter und ihre Resonanz sollten in Abständen von ca. zwei Jahren überprüft werden.

E   Mitarbeiter-Brief

Er wird entweder in regelmäßigen Zeitabständen oder bei Bedarf an alle Mitarbeiter verschickt und befasst sich mit **generellen Informationen über die Arbeit sowie mit Hintergrundinformationen von allgemeinem Interesse.** Beispiele: Berichte und Prospekte über neue Produkte, Mitteilungen über bestimmte Markterfolge, ein neues Produktionsverfahren usw. Es braucht kaum erwähnt zu werden, dass solche positiven Darstellungen immer realistisch, also glaubwürdig und gegebenenfalls auch kritisch sein müssen. Schönfärberei ist zu vermeiden.

Neben den inhaltlichen Gesichtspunkten ist auch beim Mitarbeiter-Brief die **Art der Übermittlung** wichtig. Davon können wichtige Motivationsimpulse ausgehen. Man fühlt sich angesprochen, einbezogen, ernst genommen – oder nur auf nichts sagende Art informiert. Wie die Erfahrungen der Praxis zeigen, hat dieses Informationsmittel einen höheren Wert für den Einzelnen, wenn es persönlich, also nicht anonym verteilt wird. Ein Auslegen oder Verteilen in der Kantine erfüllt den beabsichtigten Zweck nicht. Der Mitarbeiter-Brief sollte persönlich an den einzelnen Mitarbeiter adressiert und versandt werden. Dies kann – aus Kostengründen – mit der Hauspost oder per E-Mail an den Arbeitsplatz geschehen. Besser und wirkungsvoller ist jedoch der Versand an die Privatadresse. Zum einen hat der Mitarbeiter hier die nötige Ruhe, um die Informationen zu lesen; außerdem tut er dies in seiner

Freizeit und nicht in der Arbeitszeit. Zum anderen schafft dies die Möglichkeit, dass die generellen Informationen auch von den Familienangehörigen des Mitarbeiters gelesen werden können. Das ist von einiger Bedeutung, denn die Einstellung zur Arbeit, zur Arbeitsstätte und zum Arbeitgeber wird nicht nur durch das eigene subjektive Urteil geprägt, sondern wesentlich auch durch die Resonanz in der Familie, also durch die Einflüsse des sozialen Umfeldes.

Die Kultur eines Unternehmens zeigt sich wesentlich in seiner **Informationskultur,** d. h. in der Art und Weise, wie sehr die Mitarbeiter in der innerbetrieblichen Kommunikation als Partner angesehen werden. Die Information der Mitarbeiter sollte keine verordnete und lästige Pflicht sein, die die Personalabteilung auch noch wahrzunehmen hat, sondern eine aus Überzeugung, also freiwillig durchgeführte Daueraufgabe im Rahmen der Personalbetreuung.

F   Intranet

Das Intranet ist das unternehmensinterne, elektronische Informations- und Kommunikationssystem, das auf Adaption und Integration von Internet-Technologien und -Standards beruht. Es verbessert die interne Kommunikation im Unternehmen und ersetzt die alten Nachschlagewerke. Das Intranet bietet die Möglichkeit, Ausschreibungen, Informationen und auch Nachschlagewerke, Handbücher, Telefon- oder Faxverzeichnisse auf elektronische Art zu publizieren.

Wer nicht nur seine Aufgaben erledigt, sondern Zusammenhänge im Unternehmen erkennt, identifiziert sich eher mit dem Unternehmen und mit seiner Tätigkeit; seine Arbeitsmotivation und -zufriedenheit steigt.

Innerbetriebliche Information ist eine wesentliche Aufgabe, für die die Personalabteilung maßgeblich zuständig ist. Der Informationsbedarf der ausführenden Mitarbeiter ist dabei in der Regel größer als der der Führungskräfte. Sie sollen informiert sein über die Unternehmensphilosophie, die Erwartungen der Kunden, neue Produkte, Markterfolge und über Pläne, die ihre Arbeit betreffen (z.B. neue Technologien).

Neben der mündlichen Information durch die Vorgesetzten gibt es zahlreiche **schriftliche Informationsmöglichkeiten:**

- Informationsmappen, in denen wesentliche Informationen zusammengestellt sind, die für alle gültig sind (Unternehmensziele, -geschichte usw.)
- Das schwarze Brett
- Rundschreiben an alle oder an ausgewählte Mitarbeiter über aktuelle Fragen
- Hauszeitung, die sich an alle richtet, die zugleich informativ wie verbindend (Wir-Gefühl) und vor allem auf die Bedürfnisse der Leser ausgerichtet sein sollte
- Der Mitarbeiterbrief für spezielle Mitteilungen
- Intranet

Kriterien für gute innerbetriebliche Information sind folgende: Sie soll

- maßvoll (nicht zu viel, nicht zu wenig),
- relevant (was den Adressaten wirklich interessiert),
- interessant und
- ansprechend in der Form (journalistisch, leserbezogen) sein.

25 Die Mitwirkung am Arbeitsplatz

Bei der Einführung der Mitwirkung am Arbeitsplatz wird heute meist das Konzept der **Organisationsentwicklung** angewendet. Dieses sieht das Unternehmen und seine Organisation als Organismus an, der nur von innen heraus – unter Mitwirkung der Betroffenen – nachhaltig verbessert werden kann. Das Wissen und die Erfahrung der Mitarbeiter sollen genutzt werden, indem diese z. B. in die Planung und Realisierung wichtiger Veränderungen einbezogen werden. Dies kann fallweise durch die Schaffung von Projektgruppen geschehen, in denen Betroffene aus verschiedenen Bereichen bei der Lösung eines Problems mitwirken, oder durch betriebliche Institutionen wie das Vorschlagswesen.

Der Gedanke ist immer der, dass Lösungen nicht angeordnet, sondern erarbeitet werden sollen – möglichst von den Leuten, die praktisch damit zu tun haben und persönlich betroffen sind.

25.1 Betriebliches Vorschlagswesen

Das betriebliche Vorschlagswesen hat Tradition. Es wurde in einzelnen Unternehmen schon vor über hundert Jahren eingeführt und hat in den meisten Betrieben einen festen Platz. Seine **Zielsetzungen** sind:

- das verantwortliche Mitdenken möglichst vieler Mitarbeiter zu fördern,
- die Zusammenarbeit zu verbessern,
- die Qualität der Arbeitsprozesse und -ergebnisse zu optimieren,
- die Selbständigkeit der Mitarbeiter zu vergrößern.

Das betriebliche Vorschlagswesen ist zugleich ein **Instrument der Motivation und der Rationalisierung.** Die steigende Zahl von Verbesserungsvorschlägen in vielen Unternehmen belegt, dass die Mitarbeiter diese Institution annehmen, d. h. ihre Kreativität am Arbeitsplatz einsetzen wollen.

Positive Ergebnisse werden aber nur erreicht, wenn das betriebliche Vorschlagswesen unternehmensspezifisch eingerichtet ist und seine Funktionsweise in einem verbindlichen Papier festgelegt wird. Da es hier um typische Personalbelange und im weiteren Sinn um Personalbetreuung geht, ist die Personalabteilung nicht nur Ansprechpartner, sondern mitwirkende oder gar initiierende Abteilung.

Wie funktioniert ein betriebliches Vorschlagswesen?

Aufbau und Ablauf eines betrieblichen Vorschlagswesens (BVW)

Der Leiter des Vorschlagswesens wird von der Unternehmensleitung bestimmt. Er ist für eine korrekte und speditive Behandlung der eingehenden Vorschläge verantwortlich und erledigt alle mit dem Vorschlagswesen zusammenhängenden Aufgaben und zieht z. B. Fachleute zur kompetente Beurteilung bei.

Der Vorschlag wird dem Leiter des Vorschlagswesens eingereicht. Die Bewertungskommission besteht in größeren Unternehmen aus einem Mitglied der Unternehmensleitung und Vertretern der verschiedenen Bereiche. Sie klärt ab, ob der Vorschlag realisierbar ist, wie groß die erzielte Einsparung ist und welche Prämie der Einreicher erhält.

Mit dem Einreichen eines **Verbesserungsvorschlags** ist stets ein Mindestmaß an Bürokratie zu erfüllen. In manchen Unternehmen sehen die Richtlinien die Möglichkeit vor, dass der Mitarbeiter seinen Vorschlag dem Beauftragten des betrieblichen Vorschlagswesens mündlich vortragen kann. Normalerweise muss er aber einen schriftlichen Vorschlag einreichen, d. h. die **Idee ausformulieren** und so darstellen, dass ihr Inhalt und die damit verbundenen Einsparungen bzw. Verbesserungen allgemein verständlich sind. Für viele Mitarbeiter ist das eine nicht unerhebliche Hemmschwelle. Ist das Vertrauensverhältnis zum Vorgesetzten gut, wird oft dessen Hilfe erbeten. Auch der Leiter des Vorschlagswesens sollte für Hilfe bei der Formulierung des Vorschlags zur Verfügung stehen. Artikulierungsschwierigkeiten sollten keinesfalls zum Grund werden, Vorschläge nicht einzureichen. Die Personalabteilung kann hier tätig werden, indem sie z.B. das Problem und Lösungsmöglichkeiten in der Hauszeitung diskutiert.

Eine weitere Hemmschwelle ist die **Angst des Einreichers vor Prestigeverlust,** falls sein Vorschlag abgelehnt wird. Hier hat die Personlabteilung ein weiteres Betätigungsfeld: Sie muss durch **Aufklärung und PR für das Vorschlagswesen** ein gutes Innovationsklima im Unternehmen schaffen und vor allem auch die Vorgesetzten zu einer positiven Einstellung bewegen, indem sie z.B. Vorgesetzte besonders innovationsfreudiger Gruppen belohnt – durch Anerkennung in den internen Medien, eine spezielle Feier, an der die Geschäftsleitung anwesend ist, usw. Auf keinen Fall sollen Vorgesetzte sich innovationsfeindlich verhalten, weil sie sich dadurch in ihrer eigenen Fachkompetenz angezweifelt fühlen. Ihre positive Einstellung zu Vorschlägen der Mitarbeiter soll generell als wertvoll erkannt werden.

Beim Verfassen eines Vorschlags kann man nach folgender Checkliste vorgehen:

[25-1]   Checkliste für das Erstellen eines betrieblichen Vorschlags

---

Checkliste für das Erstellen eines Vorschlags

- ❏   Problem klären und festlegen
- ❏   Problem eingrenzen und beschreiben
- ❏   Informationen sammeln
- ❏   Problem analysieren
- ❏   Lösungsalternativen entwickeln
- ❏   Mögliche Maßnahmen festlegen
- ❏   Verbesserungsvorschlag an die zuständige Person einreichen

---

Beispiel

Das Personalrestaurant Ihrer Lehrfirma wird kaum benutzt, obwohl die Qualität der Menüs hoch ist und die Preise tief sind.

Wie kann eine höhere Besucherzahl im Personalrestaurant erreicht werden?

Vorschlag

1. **Problem klären und festlegen**
   Die Besucherzahl im Personalrestaurant soll vergrößert werden.
2. **Problem eingrenzen und beschreiben**
   Das Angebot soll erweitert werden.
3. **Informationen sammeln**
   Wir führen Gespräche mit Arbeitskollegen oder Vorgesetzten und klären ihre Bedürfnisse ab.
4. **Problem analysieren**
   Das Personalrestaurant bietet nur warme Menüs an.
5. **Lösungsalternativen entwickeln**
   Das Restaurant soll auch Sandwiches und andere kalte Snacks z.B. Birchermüsli anbieten. Bei schönem Wetter könnte man draußen grillieren. Es könnten auch spezielle Menüwochen durchgeführt werden, z. B. chinesische oder südamerikanische Wochen.
6. **Mögliche Maßnahmen festlegen**
   Angebot an Menüs erweitern und die Mitarbeiter täglich per E-Mail informieren.

7. **Verbesserungsvorschlag an die zuständige Person einreichen**
   Vorschlag schriftlich festlegen, Erstellen einer neuen Menükarte und eines Formulars für die Information der Mitarbeiter per E-Mail.
8. **Präsentation des Verbesserungsvorschlags**
   Menükarte und Informationsformular zeigen.

Gruppenvorschläge sollten gefördert werden. Sie sind im Allgemeinen besser durchdacht, weil sie in der Gruppe diskutiert wurden. Der Einzelne hat keine Angst vor Prestigeverlust bei einer Ablehnung, weil die ganze Gruppe hinter dem Vorschlag steht; das Klima in der Gruppe wird durch die intensive Kommunikation verbessert – es entsteht ein Klima, das die Identifikation und Motivation der Mitarbeiter fördert, aber auch ihre Flexibilität; die Hierarchie wird in der Zusammenarbeit aufgehoben, es kommt zu einem mehr netzartigen Funktionieren und zu mehr Spontaneität und Vertrauen.

Das **Begutachtungsverfahren** soll großzügig, nicht restriktiv und innovationsfeindlich sein, d. h. es soll auf Einführung, nicht auf Ablehnung des Vorschlags prüfen. Die Begutachtung und Bewertung soll rasch zu einem Ergebnis kommen; sie muss kritisch, aber sie soll nicht kleinlich und nicht bürokratisch sein. Auch gute Ansätze sind zu würdigen.

Auch hier hat die Personalabteilung ein wichtiges Einsatzgebiet. Die **unbewusste Abwehr gegen Neues** und gegen Veränderung, manchmal auch gegen die Anerkennung einer Idee, die einem selbst schon lange hätte einfallen sollen, kann den Gutachter negativ beeinflussen. Zudem ist er fachlich meist überlegen und kann seine Ablehnung gut begründen. Hier ist ein innovationsfreundliches Klima zu schaffen – durch Gespräche, durch Schulung, evtl. auch durch Einbeziehen der Gutachter in das Anreizsystem (erfolgreiche Gutachter werden geehrt, erhalten Anerkennung durch das Management, evtl. Geschenke). Eine sehr gute Möglichkeit ist es auch, den Ideeneinreicher und den Gutachter zusammenzubringen, damit sie ihre Argumente und Beweggründe im Gespräch austauschen. Vorschläge haben so erfahrungsgemäß die bessere Chance, akzeptiert zu werden – und im Fall einer Ablehnung ist der Einreicher in die Zusammenhänge eingeweiht, er bekommt nicht einfach eine Absage.

Bei einer **Absage des Vorschlags** sollten der Vorgesetzte oder der Gutachter ein persönliches Gespräch mit dem Einreicher führen. Das ist fast immer besser als ein Absagebrief, der zu Enttäuschung beim Einreicher führt. Im Gespräch sollen die Ablehnungsgründe sachlich dargelegt werden; der Einreicher soll nicht entmutigt werden. Auf jeden Fall ist das Mitmachen anzuerkennen.

Wichtig für die Motivation der Einreicher ist, dass man ihnen bei einer längeren Begutachtung einen **Zwischenbescheid** gibt.

Die **Honorierung** von verwirklichten Verbesserungsvorschlägen besteht in einer Geldprämie, die im Allgemeinen 10 bis 15 Prozent der errechneten Jahresersparnis ausmacht. Als Obergrenze wird meist ein Betrag festgelegt. Ist die Kostenersparnis nicht oder nur schwer feststellbar, sollte die Vergütung nach einem pauschalen Bewertungsschlüssel festgelegt werden. Aufgeschlossene Unternehmen bieten dem Einreicher eines Vorschlags oft noch andere Belohnungen an, z. B. die Teilnahme an Weiterbildungskursen, wenn aus dem Vorschlag ersichtlich ist, dass der Mitarbeiter mehr Potenzial in sich trägt, als er bei der Arbeit einsetzen kann. So wird das Vorschlagswesen sinnvoll mit der Personalentwicklung gekoppelt.

Das Vorschlagswesen muss in sich gut funktionieren. Aber das genügt noch nicht – es muss auch ständig attraktiv gehalten werden. Die Personalabteilung leistet dazu einen zentralen Beitrag.

Das Vorschlagswesen kann durch folgende Mittel zu einer **lebendigen Institution** im Unternehmen werden:

- Regelmäßige Berichte in den internen Medien über erfolgreiche Vorschläge mit einer Beschreibung und Würdigung des Vorschlags und Nennung des Einreichers
- Impulse durch Wettbewerbe und Sonderaktionen, die sich an bestimmte Mitarbeitergruppen, z.B. an alle Frauen, Lehrlinge oder neuen Mitarbeiter wenden, evtl. auch an einen weiteren Kreis, z.B. Zulieferer, Kunden, Besucher, die alle ja auch ein Ideenpotential darstellen. Man kann diese Gruppen durch Sonderprämien speziell aktivieren und z.B. jedem Einreicher ein kleines attraktives Geschenk versprechen.
- Öffentliche Anerkennung von Vorschlägen durch Feiern, in denen die Geschäftsleitung sich bedankt.
- Manche Unternehmen erwähnen gute Vorschläge sogar in ihrem Geschäftsbericht.

25.2 Qualitätszirkel

Wir haben bereits im vorhergehenden Kapitel die Vorteile von Gruppenvorschlägen erwähnt. Qualitätszirkel (Quality Circles) fördern diese Vorteil bewusst.

Sie sind Gruppen von Mitarbeitern, meist aus dem gleichen Arbeitsbereich, die sich regelmäßig und freiwillig zu Arbeitssitzungen treffen, um Probleme aus dem eigenen Arbeitsbereich zu behandeln und in die Praxis umzusetzen.

Man kennt die Qualitätszirkel vor allem aus der japanischen Industrie. Ihren Ursprung haben sie aber in den USA: Die Amerikaner führten sie nach dem Zweiten Weltkrieg ein, um damit die Qualität ihrer Produkte zu verbessern. Sie sind auch in Europa stark verbreitet.

Qualitätszirkel sind **Problemlösungsgruppen.** Es geht dabei nicht nur um die Verbesserung von Produkten, sondern auch um die Qualität der Arbeit zum Beispiel der Arbeitsbedingungen und der Zusammenarbeit.

Außer «Qualitätszirkel» verwendet man auch andere Bezeichnungen z.B. Arbeitskreis, Projektgruppe, Task-Force etc.

Qualitätszirkel sind meist kleine Gruppen. Sie arbeiten selbständig und werden durch einen **Moderator** geleitet. Sie sind eine Ergänzung des betrieblichen Vorschlagswesens.

Die **Mitwirkung im Unternehmen** basiert auf dem Konzept der Organisationsentwicklung. Dieses besagt, dass Lösungen nicht angeordnet, sondern in der Organisation erarbeitet werden sollen.

Das **betriebliche Vorschlagswesen** ist das traditionelle Mitwirkungsinstrument. Das Erfahrungs- und Ideenpotenzial der Mitarbeiter soll damit genutzt, die Mitarbeiter aktiviert und ihr Engagement für das Unternehmen gefördert werden.

Ein funktionsfähiges Vorschlagswesen muss einfach angelegt und großzügig gehandhabt werden.

Hauptprobleme:

- Das Unternehmen muss zu den notwendigen Investitionen – Personal-, Zeit- und Arbeitsaufwand – bereit sein
- Mitarbeiter, die Artikulierungsschwierigkeiten haben, sollen Unterstützung bekommen
- Im Unternehmen muss ein Innovationsklima aufgebaut werden, d.h. Vorgesetzte, Gutachter und Mitarbeiter sollen positiv gegenüber Vorschlägen und dadurch ausgelösten Änderungen eingestellt sein; niemand soll negative Folgen (Prestigeverlust oder andere Nachteile) befürchten müssen.

Die Personalabteilung hilft maßgeblich bei der Einrichtung des Vorschlagswesens mit und hält es dann durch konstante und geschickte Werbung am Leben.

Qualitätszirkel sind kleine Gruppen von Mitarbeitern, meist aus dem gleichen Arbeitsbereich, die sich regelmäßig und freiwillig zu Arbeitssitzungen treffen, um Probleme aus dem eigenen Arbeitsbereich zu besprechen, Lösungen zu entwickeln und diese einzuführen. Themen sind die Verbesserung der Produkte, die Qualität der Arbeit und der Zusammenarbeit im Unternehmen.

26 Die Betreuung bestimmter Mitarbeitergruppen

Hier geht es um sehr unterschiedliche, spezielle Betreuungsaufgaben, vor allem um die **Hilfestellung bei der Bewältigung von Konflikten und nicht täglich auftretenden Situationen** (wie Alkohol im Betrieb). Es gibt dafür keine routinemäßige Lösung und schon gar nicht Rezepte.

Grundvoraussetzung ist zunächst, die **Bedürfnisse und Probleme einzelner Mitarbeitergruppen zu erkennen.** Dies ist schwierig, wenn es um psychologische Probleme geht, die sich der direkten Beobachtung oft entziehen, wie z.B. Frustration durch starke Konflikte oder persönliche Labilität bei Suchtkranken. Die Personalabteilung ist hier nicht nur technisch-organisatorisch gefordert, sondern vor allem auch in ihrer sozialen Kompetenz. Sie muss mit Fingerspitzengefühl und Klugheit vorgehen. Die Personalabteilung sollte auf alle möglichen Situationen vorbereitet sein – durch ausreichende Information und einen Erfahrungshintergrund, den man sich durch Gedanken- und Erfahrungsaustausch mit anderen aufgeschlossenen Unternehmen, Sozialarbeitern, Psychologen etc. erwerben kann. Man sollte nicht denken: «Bei uns gibt es so etwas nicht!», sondern offen sein für Problemstellungen und Lösungsmöglichkeiten, selbst wenn man im Moment nicht unmittelbar betroffen ist.

Im Folgenden gehen wir auf **fünf Situationen und Problemstellungen ein, die besonders häufig vorkommen:**

- Die Einführung neuer Mitarbeiter
- Konflikte zwischen Vorgesetzten und Mitarbeitern
- Die Betreuung alkohol- und drogenabhängiger Mitarbeiter
- Die Vorbereitung älterer Mitarbeiter auf den Ruhestand
- Die Betreuung gekündigter Mitarbeiter

26.1 Die Einführung neuer Mitarbeiter

Die Einstellung zur Arbeit, zum Arbeitsplatz und zum Arbeitgeber wird wesentlich geprägt durch die ersten Eindrücke, die man an einem neuen Arbeitsplatz aufnimmt. Ein Unternehmen sollte die Einführung seiner Mitarbeiter bewusst gestalten.

Ein erster Schritt, der den Einführungsprozess einleitet, kann ein **Schreiben einige Tage vor dem Eintritt in das Unternehmen** sein. Darin wird der neue Mitarbeiter begrüßt und erhält auch einige schriftliche Informationen, die er und vielleicht auch seine Angehörigen in Ruhe studieren können (Hauszeitung, Broschüren über das Unternehmen, über wichtige Regelungen des Unternehmens usw.). Die Fülle neuer Informationen und Eindrücke, die vom ersten Tag an auf ihn eindringt, lässt sich dadurch reduzieren und dosieren. Außerdem merkt der Mitarbeiter dadurch, dass er erwartet wird.

Dieses Schreiben ist eine typische Aufgabe der Personalabteilung im Rahmen einer vom ersten Tag an ernst genommenen Personalbetreuung. Sie nimmt die Chance wahr, nicht nur Reparaturbetrieb für Konflikte und Probleme bei Mitarbeitern zu sein, sondern auch so etwas wie die Motivationsabteilung.

Zur Vorbereitung der Kollegen auf den neuen Mitarbeiter gehören nicht nur, dass sein Arbeitsplatz und die ihm zu übertragenden Arbeiten festgelegt werden. Zusätzlich sollte ihm ein erfahrener Mitarbeiter als **Ansprechpartner** in allen sachlichen und auch persönlichen Fragen zur Seite stehen. Für den Vorgesetzten ist es wichtig, dass dieser Ansprechpartner nicht zum Ersatzvorgesetzten wird.

Die Personalabteilung kann ihre Servicefunktion dadurch beweisen, dass sie **alle Formalitäten der Personaladministration** möglichst mitarbeiterfreundlich gestaltet. Dazu gehört beispielsweise, dass der neue Mitarbeiter eine Checkliste mit detaillierten Angaben erhält: Welche persönlichen Unterlagen er für Versicherungen mitbringen muss; welche Anlaufstellen neben der Personalabteilung für ihn da sind, z. B. der Betriebsarzt, betriebliche Sozialeinrichtungen, der Betriebsrat bzw. Betriebskommissionen usw. Die Betreuung durch die Personalabteilung kann sich bis zur Unterstützung bei der Wohnungssuche erstrecken.

In gut geführten Unternehmen wird zusätzlich zu diesen Maßnahmen meist noch ein umfassendes **Einführungsprogramm** durchgeführt. So werden z. B. alle neuen Mitarbeiter, die innerhalb des letzten halben Jahres in das Unternehmen gekommen sind, zu einer Einführungsveranstaltung zusammengerufen. Neben der bereits vollzogenen Integration am Arbeitsplatz und in der Abteilung werden hier die wichtigen übergeordneten Bezüge zu anderen Abteilungen und vor allem auch zur Geschäftsleitung hergestellt. Die Begrüßung und Einleitung dieser Veranstaltung ist daher Sache der Unternehmensleitung und einer allfälligen Betriebskommission; danach stellen Führungskräfte die verschiedenen Bereiche des Unternehmens vor.

Die **Einführung** muss man auch **abschließen.** Der neue Mitarbeiter soll von einem bestimmten Zeitpunkt an wissen, dass er jetzt in eigener Verantwortung tätig wird. Die Einführungszeit wird mit Vorteil durch eine erste Leistungsbeurteilung abgeschlossen. Der neue Mitarbeiter bekommt damit eine klare Standortbestimmung und weiß, auf welche Ziele er sich zubewegen soll. Auch für den Vorgesetzten und die Personalabteilung ist das Ergebnis der Leistungsbeurteilung wertvoll; es wird zum Bezugspunkt für künftige Beurteilungen.

Die folgende **Checkliste** fasst die wesentlichen Punkte für die Einführung eines neuen Mitarbeiters zusammen:

Vorbereitung vor dem Arbeitsantritt

❏ Zusendung von Informationsunterlagen
❏ Einstimmung der zukünftigen Kollegen
❏ Vorbereitung von Arbeitsplatz und Arbeitsunterlagen

Maßnahmen bei Arbeitsbeginn

❏ Persönliche Vorstellung des neuen Mitarbeiters in der Gruppe und im benachbarten Team.
❏ Einführung in den Arbeitsbereich/die Abteilung
❏ Abwicklung der Personalformalitäten.

Maßnahmen nach Arbeitsantritt

❏ Einführungsseminar für alle neuen Mitarbeiter des Unternehmens
❏ Nach einer Woche und dann in längeren Zeitabständen (bis zum Ende der Probezeit) Aussprache mit dem direkten und auch höheren Vorgesetzten über Probleme, Wünsche, gegenseitige Erfahrungen (mit kurzem Protokoll)
❏ Am Ende der Einführungszeit erste Leistungsbeurteilung mit einem ausführlichen Gespräch mit dem Vorgesetzten

Personalbetreuung beginnt nicht da, wo sich Probleme zeigen, sondern mit der **Einführung neuer Mitarbeiter.** Ihr erster Eindruck ist oft weichenstellend für die ganze weitere Anstellung, eine planmäßige Einführung ist daher unbedingt notwendig. Sie erfolgt mit Vorteil in Stufen und beginnt mit ausgewählter Information schon vor Arbeitsantritt sowie mit der Vorbereitung von Arbeitsplatz und Arbeitsteam. Die eigentliche Einführung in die Arbeit ist Sache der Fachabteilung. Die Personalabteilung hat für spezielle Fragen da zu sein und soll den administrativen Teil der Einführung möglichst mitarbeiterfreundlich gestalten.

Die **Einführungsphase ist abzuschließen** durch eine Aufarbeitung aller aufgetretenen Fragen (zusammen mit dem Vorgesetzten, evtl. der Personalabteilung), eine erste Leistungsbeurteilung und eine abrundende Veranstaltung, in der nochmals die größeren Zusammenhänge und der Kontakt über das eigene begrenzte Arbeitsfeld hinaus hergestellt wird.

Generell gilt: Die Einführung am Arbeitsplatz ist Sache der Fachabteilung, die Einführung ins Unternehmen Sache der Personalabteilung.

26.2 Das Lösen von Konflikten

Eine wichtige, aber delikate Aufgabe der Personalbetreuung ist die Hilfe der Personalabteilung bei der Lösung von Konflikten. Gemeint sind **Konflikte zwischen verschiedenen Mitarbeitern oder auch zwischen verschiedenen Vorgesetzten oder zwischen einem Vorgesetzten und seinen Mitarbeitern.** Alle drei Situationen sind schwierig. Im letzten Fall besteht das besondere Problem darin, dass die Machtverhältnisse der Parteien unterschiedlich sind. Die Personalabteilung muss darauf achten, dass ihr nicht automatisch Solidarität mit dem Vorgesetzten unterstellt wird. Dazu kommt, dass bei Konflikten zwischen Gleichrangigen eher die Möglichkeit besteht, sich in den Arbeitsbeziehungen aus dem Weg zu gehen. Dabei ist natürlich zu überlegen, ob diese Form von Konfliktverdrängung - ohne inhaltliche Konfliktaufarbeitung und -lösung – ausreicht.

Typisch für **Konflikte zwischen Vorgesetzten und Mitarbeitern** ist, dass die vordergründigen Schwierigkeiten meist auf tiefer liegenden Problemen der Einstellung und des Verhaltens beruhen. Die Einstellung einer Person zu einem bestimmten Sachverhalt ist aber von vornherein nicht direkt beobachtbar und daher nicht einfach zu erkennen. Verstärkt wird diese Problematik noch dadurch, dass die Konfliktsituation häufig über längere Zeit von beiden Seiten geheim gehalten wird. Der Vorgesetzte schiebt den Konflikt beiseite, weil er seine Kompetenz und Führungsfähigkeit nicht in Frage stellen möchte; der Mitarbeiter tut oft das Gleiche, um nicht als unzulänglich oder unverträglich zu gelten.

Generell bringt jeder Konflikt im Unternehmen Reibungsverluste mit sich und führt zur Verschlechterung des Betriebsklimas und in der Folge häufig zu Leistungseinbußen oder zu Kündigungen. Oft beschränkt er sich nicht auf die direkt Betroffenen, sondern andere werden in Mitleidenschaft oder sogar bewusst in «Komplizenschaft» gezogen. Die Folge können «Grabenkämpfe» auf breiter Front sein.

Besteht der Konflikt schon **längere Zeit,** ist die Situation häufig verfahren. Der Konflikt eskaliert dann möglicherweise so stark, dass er nicht mehr geheim gehalten werden kann. Wird die Personalabteilung nun zugezogen, steht sie gleich vor mehreren Problemen: Zum einen sind die Parteien durch die lange Konfliktdauer nur wenig einigungsbereit, zum anderen wird die Analyse der ursprünglichen Ursachen immer schwieriger. Oft wird ein anfangs sachlich begründeter Konflikt mit der Zeit zu einem **Beziehungskonflikt** auf der persönlichen Ebene. Solange es sich um einen **Sachkonflikt** handelt, ist er einer sachlichen Lösung zugänglich. Im anderen Fall geht es oft nur noch darum, von einer übergeordneten Stelle Recht zu bekommen. Das Aufgeben der eigenen Position wird dann als persönliche Niederlage empfunden.

Die Schwierigkeit der Personalabteilung besteht darin, nicht zum Schiedsrichter degradiert zu werden. Wenn die Personalfachfrau als Beraterin in Führungs- und Verhaltensfragen bestehen will, muss sie als konstruktive Moderatorin, Konfliktmanagerin oder Lösungskatalysatorin akzeptiert werden. Sie kann allerdings das Problem nicht lösen, sondern nur Hilfestellung bei der Lösung geben. Dies muss sie von vornherein deutlich machen. Ihr selbst muss klar sein, dass ihr Einsatz sehr hoch ist. Meist kann sie den Konflikt nur lösen, wenn sie sich über die Beziehungsebene zur Sachebene durcharbeitet, d.h. wenn sie fähig ist, die Beziehungsebene zu klären und mit den Beteiligten daran zu arbeiten.

So unterschiedlich Konflikte und ihr Umfeld sein können, bei ihrer **Bearbeitung** sind immer zwei Schritte notwendig:

- Der erste ist die **Diagnose** der Situation. Die Ursachen, nicht nur die Symptome des Konflikts, und vor allem seine Tragweite für die Betroffenen müssen erkannt werden. Das setzt das Anhören der Konfliktparteien und eine sorgfältige Analyse des Dargelegten voraus.
- Der zweite Schritt besteht darin, **Lösungsansätze,** d. h. eine Therapie zu entwickeln. Beide Seiten müssen diese Ansätze akzeptieren.

Wie erreicht man das? Zunächst muss der Moderator beide Parteien anhören (getrennt oder im gemeinsamen Gespräch). Finden die Gespräche gemeinsam statt, hat er darauf zu achten, dass die Konfliktpartner sich zuhören und sich dadurch allmählich wieder annähern. Die Partner sollten möglichst eigene Vorschläge entwickeln und sie so offen wie möglich diskutieren. Zweifel und Vorbehalte sind auszusprechen und zu bearbeiten. Die Lösung muss dann überwacht und erneute Konflikte müssen so früh wie möglich aufgegriffen werden.

Der **neutrale, helfende Personalmitarbeiter** steht außerhalb der Spannungen; seine Aufgabe ist es, jedem Konfliktpartner Raum für seine Darstellung zu geben, den Dialog wiederherzustellen, ihn in konstruktive Bahnen zu lenken, eventuell selbst Vorschläge und Impulse zu geben, aber vor allem die Lösungsideen der Beteiligten zu aktivieren und die Lösung bis zu ihrem Ende zu überwachen. Er ist dabei Begleiter, nicht Konfliktlöser, und er ist vor allem Vorbild für eine faire und offene Auseinandersetzung.

Konflikte, die von Beteiligten nicht selbst gelöst werden können, sind ein wichtiges und delikates Arbeitsfeld der Personalbetreuung. Der Personalmitarbeiter hat zu vermitteln und die Konfliktpartner in ihrer Problemlösung zu unterstützen, indem er jedem Raum für die Darlegung seines Standpunkts gibt, den Dialog zwischen ihnen wiederherstellt, die Ursachenanalyse und Lösungssuche manchmal zunächst getrennt, dann gemeinsam in Gang setzt, für ein offenes und konstruktives Klima sorgt und die Realisierung der Lösung überwacht. Er soll dabei Begleiter und Berater, keinesfalls Schiedsrichter sein.

26.3 Die Betreuung suchtkranker Mitarbeiter

Der Missbrauch von Suchtmitteln wird in der Schweiz seit Mitte der achtziger Jahre zunehmend als Führungs- und Sicherheitsproblem betrachtet. Neben Großbetrieben interessieren sich immer häufiger auch kleine und mittlere Unternehmen für Präventionsprogramme. Es hat sich die Erkenntnis durchgesetzt, dass Suchtprobleme in jedem Unternehmen vorkommen können.

Die ständige Aufklärungsarbeit vieler Fachstellen sowie die in der Öffentlichkeit und den Medien geführte Diskussion im Zusammenhang mit illegalen Drogen haben dazu beigetragen, dass heute ganz allgemein der Abhängigkeitsproblematik vermehrt Beachtung geschenkt wird; dabei können auch die legalen Drogen nicht mehr ausgeklammert werden. Das **Thema wurde enttabuisiert** und die Unternehmen sind bereit, sich mit der Thematik «Suchtmittelkonsum und Arbeit» auseinander zu setzen.

26.3.1 Das Alkoholproblem

Übermäßiger Alkoholkonsum wird als eine wichtige **Ursache verminderter Leistungsfähigkeit und erhöhter Unfallgefahr** nachgewiesen. Verschiedene Untersuchungen zeigen, dass sowohl in Produktions- wie Dienstleistungsbetrieben mit 5 bis 11 % Mitarbeitenden gerechnet werden muss, die Alkohol- und/oder andere Abhängigkeitsprobleme haben (Nikotin nicht eingerechnet). Es gibt keine Berufsgattung, keine Berufsrolle und keine Position, in der kein Alkoholproblem vorkommt.

Alkoholmissbrauch im Unternehmen ist kein neues Phänomen. Die Einstellung dazu hat sich aber geändert: Das Bewusstsein für den Krankheitscharakter des Alkoholismus und die psycho-sozialen Zusammenhänge ist gewachsen. Viele Unternehmen setzen sich mit dem Problem auseinander; sie versuchen nicht mehr, es zu negieren oder zu umgehen. Konkret: Man arbeitet **Alkoholprogramme** aus, die nicht nur unmittelbar Betroffenen, sondern auch ihre Umgebung einbeziehen. Die Mitwirkung der Personalabteilung ist dabei von großer Bedeutung; häufig erwartet man von ihr auch, dass sie die Initiative ergreift und solche Programme erarbeitet. Suchtkranke fehlen mindesten zwei- bis dreimal so häufig, leisten 25 Prozent weniger als andere Arbeitnehmer und verursachen ein Drittel aller Betriebsunfälle.

Die Situation wird dadurch erschwert, dass Alkohol als Genussmittel gesellschaftlich akzeptiert ist und die Risiken des Mißbrauchs eher heruntergespielt werden. Dennoch hat sich heute die Einstellung durchgesetzt, dass Alkoholismus eine **Krankheit** ist.

Die **Eskalation im Verhalten** eines alkoholabhängigen Arbeitnehmers vollzieht sich **in folgenden Stufen:**

- Im **Frühstadium** kommt es zu teilweise auffälligem Arbeitsverhalten und zu Abwesenheit vom Arbeitsplatz. Die Arbeitsleistung sinkt, eine Überempfindlichkeit gegen Kritik stellt sich ein.
- Im **frühen Mittelstadium,** in dem das heimliche Trinken zunimmt, verstärken sich auch die Fehlzeiten und die Unzuverlässigkeit. Es stellt sich auch ein gewisses Maß an Sturheit und Konzentrationsschwäche ein. Die ersten finanziellen Probleme treten auf.
- Das **fortgeschrittene mittlere Stadium** ist dadurch gekennzeichnet, dass der Alkoholkranke nach wie vor unfähig ist, über sein Problem zu sprechen. Bemühungen der Selbstkontrolle schlagen fehl und Schuldgefühle werden verdrängt. Die Konflikte am Arbeitsplatz und gegebenenfalls auch Gesetzeskonflikte, z.B. durch Alkohol am Steuer, häufen sich. Die persönliche Aggressivität verstärkt die familiären Probleme. Dazu kommen immer größere Geldsorgen. Der Gesundheitszustand verschlechtert sich.
- Im **Endstadium** herrscht bereits die Einstellung vor: Meine Arbeit stört mich beim Trinken. Der Leistungsabfall ist sehr stark und die Anwesenheit am Arbeitsplatz unregelmäßig. Private Probleme eskalieren, z.B. bis zur Scheidung. Das Trinken während des gesamten Tages führt zum sichtbaren körperlichen Verfall und zur wiederholten Spitaleinweisung: Ernsthafte finanzielle Probleme entstehen.

Alkoholabhängige Mitarbeiter verursachen dem Unternehmen nicht nur **Kosten,** sie beeinflussen oft auch das **Betriebsklima** und führen – bei Erkennbarkeit nach außen – zum **Imageverlust** des Unternehmens. Die Frage ist also, wie dem Einzelnen und damit dem Unternehmen geholfen werden kann.

Entscheidend ist, dass im Unternehmen zunächst einmal die Einstellung vorherrscht, dass man helfen will, statt gleich zu kündigen. Der erste Schritt besteht darin, dass mit dem alkoholabhängigen Mitarbeiter **Konfrontationsgespräche** geführt werden mit dem Ziel, dass er die Situation so erkennt und akzeptiert, wie sie wirklich ist, und damit eine **Therapiebereitschaft** entwickelt. Bleibt der Mitarbeiter weiter an seinem Arbeitsplatz, stellt dies an seine Vorgesetzten zusätzliche Anforderungen. Ein spezielles Training im Umgang mit alkoholabhängigen Mitarbeitern ist für solche Vorgesetzte unbedingt erforderlich. Es schult sie darin, bei der Analyse der Situation streng und unnachgiebig zu sein, aber Hilfe für die Therapie anzubieten und konkrete Maßnahmen vorzuschlagen.

Der Zugang zu Hilfs- und Therapieangeboten muss für den Alkoholkranken sehr leicht und einfach sein. Im Wesentlichen ist es Sache des Vorgesetzten und des Personalmitarbeiters, die Einsicht in die Notwendigkeit einer Therapie herbeizuführen. Wichtig ist dabei, dass nicht nur Konfrontationsgespräche geführt werden, sondern auch die künftige **Reintegration am Arbeitsplatz** zum Thema gemacht wird. Eine Kündigung sollte niemals die Folge der Alkoholkrankheit sein, sondern allein die Folge von mangelnder Handlungsbereitschaft oder fehlendem Behandlungserfolg.

Angesichts der Verbreitung des Alkoholproblems kommt **präventiven Maßnahmen** eine große Bedeutung zu:

Die Unternehmensleitung muss in dieser Hinsicht **Grundsatzentscheidungen** treffen, die allen Beteiligten eine Rechts- und Handlungssicherheit geben. Sie muss z.B. deklarieren, dass Alkoholismus als Problem im Unternehmen ernst genommen wird, also kein Tabu ist, und möglichst schon zu Beginn seiner Entstehung bekämpft werden soll. Sie gibt damit grünes Licht für eine Reihe wichtiger **Maßnahmen:**

- Durch eine Betriebsvereinbarung ist ein generelles **Alkoholverbot** zu erlassen.
- Im Unternehmen muss eine umfassende **Aufklärungsarbeit** auf breiter Front einsetzen; sie soll sich vor allem auch auf jüngere Mitarbeiter erstrecken.
- Ein **Training der Vorgesetzten** im Verhalten und Umgang mit alkoholabhängigen Mitarbeitern sichert eine frühe Diagnose und unterstützt die Therapie.

26.3.2 Das Drogenproblem

Es ist eng verwandt mit dem Alkoholproblem und ähnlich anzugehen. Während die Behandlung bei Alkoholsucht dadurch erschwert wird, dass dieser eine legale Droge ist, wird die Behandlung von Drogenabhängigen, die illegale Drogen konsumieren, durch zahlreiche **Vorurteile** erschwert. Ein Vorurteil ist z.B, dass Drogenabhängige psychopathische Personen oder ein Gefahrenherd und daher ein Fall für die Justiz sind.

Der **Arbeitsplatz** ist für Drogenabhängige von zentraler Bedeutung. Er vermittelt persönliche und soziale Sicherheit; er ist ein zentraler Raum für die Anbahnung von zwischenmenschlichen Beziehungen: Die Arbeit definiert und strukturiert unser Alltagsleben in Raum und Zeit. Arbeitgeber können hier durch ihren Einsatz einen echten Beitrag zur Bewältigung des Drogenproblems in unserer Gesellschaft leisten. Wesentlich ist, dass sie dem drogenabhängigen Mitarbeiter nicht gleich ihr Vertrauen entziehen und ihn entlassen, denn sie nehmen ihm damit einen wichtigen Halt und verstärken seine Drogenabhängigkeit.

Hier einige **Thesen zum Umgang mit drogenabhängigen Mitarbeitern:**

Der Konsum von harten Drogen muss nicht notwendigerweise zum sozialen Absturz und zu massiver Abhängigkeit führen. Wird Drogenkonsum im Betrieb bekannt, so ergeben sich immer wieder überstürzte, übertriebene Reaktionen. Als Hilfestellung für die Beurteilung der Gefährlichkeit des Drogenkonsums eines Mitarbeiters kann folgender grober Raster dienen. Auf dieser Basis ist es vielleicht möglich, angemessener zu reagieren.

1. Stufe: Genussvoller Konsum, Droge als Mittel

Bei diesem Konsum wird die Droge oft bei einem bestimmten Ritual eingenommen, um eine besondere Form von **Kommunikation, Entspannung und Rausch** zu erreichen. Die Einnahme der Droge kann einen momentanen sozialen und individuellen Gewinn bringen.

2. Stufe: Droge als Ersatz

Die Droge hat eine **Ersatzfunktion** für nicht eingelöste Bedürfnisse eines Menschen oder einer Gruppe: Drogenkonsum statt Kontakt, Drogenkonsum statt berufliche oder schulische Anerkennung, Drogenkonsum anstelle von Abenteuern und konkreten Taten. Dies bedeutet einen deutlichen Schritt in Richtung Drogenabhängigkeit.

3. Stufe: Abhängigkeit

Hier hat die Droge nicht nur Ersatzfunktion, sie wird zum **Sinn und Selbstzweck** des Konsums. Da die Droge sehr teuer ist, bestimmt sie auch das Leben des Drogenkonsumenten völlig. Der Betroffene hat nur noch ein einziges Bedürfnis, nämlich die Einnahme von Drogen. Der Rausch ist nicht mehr Genuss und auch nicht Ersatz, er wird zur zwanghaften Notwendigkeit.

TEIL E PERSONALBETREUUNG

Diese Form von Abhängigkeit kommt nicht von heute auf morgen. Ist sie aber entstanden, so kann weder ein verständnisvoller Personalchef noch eine sofortige Kündigung das Problem lösen. Hier muss professionelle Hilfe geleistet werden.

Wenn Sie in Ihrem Betrieb mit Drogenkonsumenten in Kontakt kommen, so ist wichtig,

- dass Sie die Situation differenziert aufnehmen. Nicht sofort rotsehen. Sammeln Sie die Fakten in aller Ruhe.
- dass Sie in jedem Fall den Drogenkonsumenten als Mensch akzeptieren. Er ist vielleicht an seinem jetzigen Arbeitsplatz oder in Ihrem Betrieb nicht mehr tragbar, aber er bleibt ein Mensch in Not.
- dass Sie dem Drogenkonsumenten klare Grenzen setzen (z.B. nie Drogen im Betrieb) und realistische Forderungen stellen (z.B. Gespräch mit professioneller Drogenhilfe verladen).
- dass Sie für die kommende Zeit einen klaren leistungsorientierten Vertrag unter Erwachsenen verlangen (statt Bevormundung oder Moralpredigt). Zeigen Sie Ihr Interesse am Einhalten des Vertrags – z.B. durch Kurzgespräche von ca. 5 Minuten – immer wieder. Suchen Sie aber auch das Gespräch über andere gemeinsame Themen.

Vertrauensentzug und Isolierung führen in einen Teufelskreis: Der Drogenabhängige wird entmutigt, er leistet daher weniger und verliert dadurch möglicherweise seinen Arbeitsplatz; gleichzeitig sucht er Zuflucht bei den Drogen – seine Abhängigkeit wird verstärkt.

Viele glauben, von der Droge käme keiner weg. Sie begründen diese Ansicht mit den zahlreichen Rückfällen und mit der Totenstatistik, die wir in den Zeitungen lesen. Langzeittherapien haben aber beachtliche Erfolgsquoten von ca. 50 %. Das **Durchhalten in der Therapie** ist dabei das schwierigste Problem.

Unter bestimmten Voraussetzungen kann ein Betroffener auch mit ambulanter Behandlung – d. h. ohne Unterbringung in einer spezialisierten Institution – von Drogen loskommen. Voraussetzungen dafür sind:

- ständig verfügbare und stabile Bezugspersonen, die nie selbst Drogen konsumieren,
- ein fester Wohnsitz,
- eine Arbeit, die den Abhängigen erfüllt.

Alkoholismus und Drogenabhängigkeit sind Probleme, mit denen Unternehmen umgehen lernen müssen. Beide lassen sich weder durch Zureden noch durch einfache Betreuungsmaßnahmen lösen. Dazu müssen vielmehr **gezielte Programme** in Zusammenarbeit mit Fachleuten und ein im gesamten Unternehmen **gültiges Konzept für den Umgang mit suchtkranken Mitarbeitern** ausgearbeitet werden.

Die **Aufgabe der Personalbteilung** besteht darin:

- Suchtprobleme überhaupt zum Thema zu machen und Grundsatzentscheidungen von oben für den Umgang damit zu erwirken (Philosophie und Grundeinstellung des Unternehmens zum Problem Sucht, z.B. grundsätzliches Ernstnehmen des Problems, Wille zur Hilfe statt Kündigung),
- Die Zusammenarbeit zwischen Betroffenen, Vorgesetzten, Angehörigen und externen Instanzen aufzubauen,
- Die Vorgesetzten aufzuklären und zu schulen sowie generell Aufklärungsarbeit im Unternehmen zu leisten.

Dies setzt Grundkenntnisse über Suchtprobleme und Therapiemöglichkeiten voraus sowie ein tragfähiges Beziehungsnetz zu Vorgesetzten und möglichst vielen Mitarbeitern.

26.4 Die Vorbereitung älterer Mitarbeiter auf den Ruhestand

Für ältere Mitarbeiter hat die Arbeit häufig einen anderen Stellenwert als für jüngere. Für sie sind traditionelle Werte wie Ordnung und Pflichterfühlung sehr wichtig. Häufig haben sie Angst, überflüssig zu werden, zum «alten Eisen» zu gehören.

Sie müssen zunächst geistig auf den **Übergang in den Ruhestand** vorbereitet werden. Dann wird in der Regel die Arbeitszeit und damit die Arbeitsbeanspruchung etappenweise reduziert. Psychische und physische Stresssituationen und damit Krankheitsursachen werden so reduziert. Ältere Mitarbeiter haben im Lauf ihres Arbeitslebens oft viele wertvolle Erfahrungen gesammelt, die sie während ihres gleitenden Übergangs in den Ruhestand an jüngere Kollegen weitergeben sollten. Auch dieser Prozess ist vorzubereiten.

Eine bewährte Möglichkeit besteht darin, dass solche älteren Mitarbeiter eine **Patenfunktion für jüngere** übernehmen. Manche Unternehmen nutzen das Know-how der Älteren auch dadurch, dass diese für einen gewissen Zeitraum noch in einer **Beraterfunktion** tätig sind und z.B. projektorientierte Sonderaufgaben übernehmen.

Beim gegenwärtigen Trend zur Verkürzung der Lebensarbeitszeit hat dieser **stufenweise Übergang in den Ruhestand** den Vorteil, dass der Bruch nicht abrupt stattfindet und das Selbstwertgefühl nicht leidet. Negative Wirkungen lassen sich also weitgehend durch eine sukzessive Verminderung der Wochenarbeitszeit des älteren Mitarbeiters vermeiden. Man bringt damit die Unternehmensziele und die individuellen Ziele auf einen Nenner: Die Übertragung der Arbeitsaufgaben von einer Person auf eine andere und damit auch deren Einarbeitung und Übermittlung von Erfahrung geschieht schrittweise. Gleichzeitig lässt sich der Wunsch des älteren Mitarbeiters nach mehr Privatleben und Selbstbestimmung verwirklichen. Gesamtwirtschaftlich entstehen dadurch positive Effekte: Durch die vorzeitige Reduzierung der Arbeitszeit des älteren Mitarbeiters können neue (Teilzeit-) Arbeitsplätze entstehen.

Die Personalabteilung hat dabei eine spezielle Form des **Coaching** zu übernehmen, die in Zukunft an Bedeutung noch zunehmen dürfte. Sie sollte ein schlüssiges Konzept für die Personalbetreuung älterer Mitarbeiter entwickeln. Dabei empfiehlt es sich, den Rahmen nicht zu eng zu halten, sondern in diesem Programm auch generelle Probleme älterer Mitarbeiter zu berücksichtigen und aufzuarbeiten. Dazu gehören zum Beispiel:

- Vorbereitungsseminare auf die Pensionierung auch für die Ehepartner der älteren Mitarbeiter.
  Themen können sein: Freizeitgestaltung, Wohnen, Sicherheit im Alltag und auf der Strasse, Versicherungen (wie versichere ich mich richtig?), Sport, Fitness, Gesundheit und Ernährung usw. Größe Unternehmen können Fachleute als Referenten einladen, kleinere können mit staatlichen Institutionen zusammenarbeiten.
- Eine spezielle Gesundheitsvorsorge für ältere Mitarbeiter.
- Aufklärung im Betrieb, damit auf ältere Mitarbeiter bei Veränderungsmaßnahmen besonders Rücksicht genommen wird usw.

Dieser Bereich der Personalbetreuung ist zeitaufwändig und teuer. Dem stehen die beachtlichen Vorteile gegenüber, die das Unternehmen daraus zieht. Zusätzlich sind die damit verbundenen positiven Wirkungen auf das Betriebsklima und insbesondere die Unternehmenskultur in Rechnung zu stellen.

Im Gegensatz zu der in diesem Abschnitt beschriebenen Gruppe der älteren Mitarbeiter gibt es heute eine **neue Gruppe von älteren Mitarbeitern.** Diese Gruppe hat eine distanziertere Einstellung zur Arbeit und ist eher in der Lage, ihre Freizeit aktiv zu gestalten. Der Übergang in den Ruhestand ist für sie – im Gegensatz zur erstgenannten Gruppe – der Beginn einer neuen, oft sehr interessanten und lebendigen Lebensphase.

Älteren Mitarbeitern, deren Leben durch Ordnung und Pflichterfüllung geprägt war, fällt der Übergang in den Ruhestand oft schwer. Es ist sinnvoll, diesen **Übergang schrittweise** zu gestalten, indem Arbeitsmenge und Arbeitszeit reduziert, d. h. der physischen und psychischen Leistungsfähigkeit älterer Menschen angepasst wird. Dadurch wird ein Bruch vermieden; der ältere Mitarbeiter kann sich auf den neuen Lebensabschnitt vorbereiten. Zudem lassen sich so die beruflichen Erfahrungen des älteren Mitarbeiters leicht an jüngere weitergeben. Das Modell des Paten oder Beraters kommt auch dem Unternehmen zugute.

Die Personalabteilung hat bei der Vorbereitung älterer Mitarbeiter auf den Ruhestand eine spezielle **Betreuungsfunktion** im Sinn eines **Coaching** zu übernehmen.

Es gibt heute eine **neue Gruppe von älteren Mitarbeitern,** die eine distanzierte Einstellung zur Arbeit hat und den Ruhestand als Beginn einer interessanten Lebensphase betrachtet.

26.5 Die Betreuung gekündigter Mitarbeiter

Mitarbeiter, denen im Rahmen von **Personalabbaumaßnahmen** gekündigt wurde, sind speziell zu betreuen. Zuerst muss man natürlich prüfen, ob statt Entlassungen der Abbau von Personalkapazität über einen etwas längeren Zeitraum durch die natürliche Personalfluktuation, vor allem anstehende Pensionierungen oder gleitende Übergänge in den Ruhestand, möglich wäre. Entlassungen haben immer eine starke Publizitätswirkung und sind daher sorgfältig zu bedenken.

Ein Unternehmen kann sich bei Kündigungen theoretisch darauf beschränken, die gesetzlichen und gesamtarbeitsvertraglichen Bestimmungen genau einzuhalten. Unter formalrechtlichen Gesichtspunkten ist dies in Ordnung, beinhaltet jedoch nur ein Mindestprogramm. Da Kündigungen immer auch eine starke **Signalwirkung** auf die anderen Mitarbeiter haben, sind ihre Wirkungen aufzufangen, indem jeder Mitarbeiter als Individuum mit seinem persönlichen Schicksal behandelt wird. **Finanzielle Abfindungen** im Rahmen eines Sozialplans oder zusätzliche freiwillige Leistungen mildern soziale Härtefälle. Sie helfen dem Mitarbeiter jedoch nicht, diesen Einschnitt in sein Berufsleben auch emotional zu verkraften. Bietet die Personalabteilung **unterstützende Maßnahmen,** indem sie die entlassenen Mitarbeiter betreut und berät, so hat dies häufig einen wichtigen zusätzlichen Effekt: Die Situation wird entschärft und entkrampft, so dass es auch für die weiter beschäftigten Mitarbeiter leichter wird, den Kontakt mit ihrem gekündigten Kollegen weiter zu pflegen.

Der **Zeitpunkt und der Umfang der Information,** die den Mitarbeitern gegeben wird, sind von zentraler Bedeutung. Auch die Rechtzeitigkeit ist zentral wichtig für das Vertrauen in die Unternehmensleitung. Ein Unternehmen, das zur rechten Zeit umfassend und begründet seine Entlassungen bekannt gibt, beweist, dass es die Lage überblickt und die Dinge im Griff hat. Zusammen mit dem **Sozialplan** ist daher ein **Informationsplan** aufzustellen, der regelt, wann die Mitarbeiter, wann die Gewerkschaften und wann die Öffentlichkeit informiert werden.

Vor allem leitende und oft ältere Mitarbeiter werden über den Zeitpunkt der Kündigung hinaus betreut. Man nennt dies **Outplacement** und versteht darunter alle Maßnahmen, die dem Unternehmen und der Führungskraft unter der Leitung eines externen Beraters eine einvernehmliche Trennung ermöglichen. Dem Ausscheidenden soll geholfen werden, eine seinen Fähigkeiten und Neigungen entsprechende Tätigkeit in einem anderen Unternehmen zu finden. Dabei unterstützen das Unternehmen und der Berater alle Aktivitäten der ausscheidenden Führungskraft bei der Analyse des Arbeitsmarkts, der Erstellung der Bewerbungsunterlagen, beim Durchspielen von Bewerbungsgesprächen und bei der Einarbeitung in die neue Position.

Damit verbunden sind oft auch Maßnahmen des **Newplacement.** Der Mitarbeiter soll nicht nur in die Lage versetzt werden, die Kündigung zu verkraften, sondern er soll auch bei der Suche nach seinem neuen Arbeitsplatz unterstützt werden. Out- und Newplacement sind ein Dienstleistungs- und Servicebündel, das den Stellensuchenden in die Lage versetzen soll, aus eigener Kraft eine neue passende Stelle zu finden.

Die Mitarbeiter erleben in einer grundsätzlich negativen Situation, dass sie Unterstützung erhalten. Neben der Signalwirkung für die anderen Mitarbeiter ist das verantwortungsbewusste Verhalten des Unternehmens in einer derartigen Situation immer auch ein direkter **Spiegel der Unternehmenskultur und -ethik.**

Outplacement ist kostspielig. Die Kosten dafür muss man den ohne solche Vermittlung eher noch höheren Abfindungs- sowie manchmal auch Prozesskosten gegenüberstellen.

Zu den Aufgaben der Personalabteilung gehört es, **qualifizierte externe Berater** auszuwählen, die das persönliche Marketing der Führungskraft übernehmen. Die Alternative, einen Outplacement-Berater aus der eigenen Personalabteilung zu rekrutieren, ist nicht unmöglich, aber problematisch. Seine Akzeptanz und sein Erfolg hängen vor allem von seinem Beratungsgeschick und seinem Fingerspitzengefühl ab.

[26-2]   Themen einer Outplacement–Beratung

Themen einer Outplacement-Beratung

- Relativierung und Aufarbeitung der subjektiv als katastrophal empfundenen Situation
- Ermittlung des persönlichen Fähigkeitsprofils (Stärken, Schwächen)
- Neudefinition von Karriere- und Berufszielen
- Analyse der aktuellen Arbeitsmarktsituation
- Ausarbeitung aussagefähiger Bewerbungsunterlagen
- Gegebenenfalls Einleitung fachlicher Entwicklungsmaßnahmen (Schulung, um wichtige Zusatzkenntnisse zu erwerben und damit die berufliche Basis zu erweitern)
- Training der persönlichen Präsentation in Vorstellungsgesprächen
- Umsetzung der Bewerbungsstrategie und gegebenenfalls Korrekturmaßnahmen
- Beratung bei der Auswahl konkreter Angebote
- Unterstützung in der Einarbeitungsphase am neuen Ort

Wenn ein **Mitarbeiter selbst kündigt,** sind die Situation und die Aufgaben der Personalabteilung ganz anders. Für das Unternehmen und die Personalabteilung ist es in diesem Fall wichtig, ein **Austrittsgespräch** zu führen. Darin werden die Gründe für den Stellenwechsel erforscht – die nicht erfüllten Erwartungen oder ungelösten Probleme des Einzelnen, das generelle Image, die Kultur des Unternehmens, Fragen des Arbeitsinhalts, der Organisation und zusätzlich immer auch – in positiver Richtung – Verbesserungsvorschläge.

Der Vorgesetzte führt in der Regel das **Kündigungsgespräch.** Meist findet dieses bei der Kündigung statt; der Mitarbeiter ist also noch immer im Unternehmen und befürchtet vielleicht Nachteile bei zu großer Offenheit. In bestimmten Fällen empfiehlt es sich daher, dass die Personalabteilung als neutrale Instanz ebenfalls mit ihm über die Kündigungsgründe spricht und unter Umständen zu vermitteln versucht, wenn die Ursache für die Kündigung in Konflikten zwischen dem Vorgesetzten und dem Mitarbeiter liegt.

Wenn versucht wird, die wahren Gründe der Kündigung zurückzuhalten, so sollte am letzten Tag unbedingt ein Austrittsgespräch geführt werden. Es ist Sache des Personalverantwortlichen beim Abschied. Oft kommen dann die echten **Kündigungsgründe** zur Sprache, was sehr aufschlussreich und wertvoll ist. Es interessiert den Personalverantwortlichen auch, was der austretende Mitarbeiter tut und ob er in einem späteren Zeitpunkt wieder im Unternehmen arbeiten würde. In diesem Fall ist der Kontakt aufrechtzuerhalten, z. B. durch Zusendung wichtiger Informationen über das Unternehmen, z. B. der Hauszeitung.

Ein Mitarbeiter, der das Unternehmen verlässt, weil er bereits einen neuen Arbeitsplatz hat, ist in einer starken Position. Er wird bereit sein, die Gründe darzulegen, die zu seiner Kündigung geführt haben, sofern sie sich auf das Unternehmen beziehen. Eine Personalabteilung ist gut beraten, in dieser Situation ein ausführliches und offenes Gespräch zu führen (und nicht auf schriftliche Fragebögen auszuweichen). Nur ein Interview, das in die Tiefe geht, kann wesentliche Informationen zu Tage fördern. Dabei sind nicht nur die **Sachargumente** interessant, sondern auch **spontane Gefühlsäußerungen und subjektive Eindrücke.** Oft ergeben sich daraus wertvolle Hinweise auf **Schwachstellen,** die sonst nicht ohne weiteres sichtbar sind.

Mitarbeiter, denen im Rahmen des Personalabbaus **gekündigt** werden muss, sollten nicht nur finanziell abgefunden, sondern auch **persönlich betreut** werden. Bei Führungskräften und bei älteren Mitarbeitern wird oft ein **Outplacement** durchgeführt. Darunter versteht man ein Maßnahmenbündel, das dem Unternehmen und der ausscheidenden Führungskraft unter Leitung eines externen Beraters eine einvernehmliche Trennung ermöglicht. Die Maßnahmen umfassen die Aufarbeitung der Kündigung, eine Standortbestimmung und Hilfe bei der Suche einer neuen Position. Eine gute **Outplacement-Betreuung** fördert das Vertrauen aller Mitarbeiter in das Unternehmen.

Kündigt ein Mitarbeiter, sind im **Kündigungs- oder Austrittsgespräch** die Kündigungsgründe zu ermitteln. Oft ist dies erst am letzten Tag im Gespräch mit dem als neutral empfundenen Personalverantwortlichen möglich. Die Gründe, können wertvolle Hinweise auf Schwachstellen im Unternehmen geben.

Dieses Kapitel, das sich mit den Inhalten einer zeitgemäßen Personalbetreuung beschäftigt, zeigt, welche Anforderungen an die Persönlichkeit von Personalfachleuten gestellt werden. Der Personalexperte benötigt nicht nur Fachwissen, sondern ein hohes Maß an Kommunikations- und Teamfähigkeit, insbesondere Fingerspitzengefühl, Menschenkenntnis und Verhandlungsgeschick. Bei den meisten Maßnahmen der Personalbetreuung ist er auf die Zusammenarbeit mit den Fachabteilungen und ihren Vorgesetzten sowie oft auch auf die Kooperation mit externen Fachleuten angewiesen.

Der Kontakt mit den Fachabteilungen, das «Marketing nach innen», eröffnet ihm die Chance, das «soziale Feld» im Unternehmen aktiv zu gestalten, also nicht nur Personalverwaltung zu betreiben.

Personalbetreuung ist heute ein wichtiger Faktor, um qualifizierte Mitarbeiter an das Unternehmen zu binden. Von ihr gehen positive Wirkungen auf die Unternehmenskultur und das Image aus. Dies ist u. a. auch – bei abnehmender Bevölkerungszahl und steigenden Anforderungen an die Qualifikation von Mitarbeitern – eine wesentliche Voraussetzung, um für neue Mitarbeiter attraktiv zu sein. So gesehen, zahlen sich die Kosten für Maßnahmen der Personalbetreuung, auch wenn der Erfolg einzelner Aktivitäten nur schwer direkt messbar ist, langfristig aus.

Wichtig für den Erfolg von Personalbetreuungsmaßnahmen ist, dass sie

- einerseits generell auf das ganze Unternehmen und damit auf alle Mitarbeiter-Gruppen ausgerichtet sind,
- anderseits aber auch die speziellen Bedürfnisse und Probleme wichtiger Gruppen berücksichtigen.

Jede gute Personalbetreuung muss auf einem einheitlichen Konzept beruhen und flexibel sein, damit sie wirklich den Menschen im Unternehmen gerecht werden kann. Ferner sind alle Aktivitäten zu planen, damit zehn positive Maßnahmen nicht durch **eine** unüberlegte Aktivität beeinträchtigt oder gar zerstört werden. Gute Personalbetreuung ist aus einem Guss und sorgfältig überdacht. In einem Unternehmen ist zunächst ein Grundkonsens zu schaffen; man muss wissen, was man mit der Personalbetreuung bezweckt, welche Werte und Ziele man anstrebt. Erst dann gehen davon positive Wirkungen auf alle Bereiche und vor allem auf das Gesamtklima aus.

TEIL E PERSONALBETREUUNG

Teil F   Leistungsbeurteilung

27 Die Entwicklung der Leistungsbeurteilung

Menschen beurteilen sich gegenseitig, seitdem es Menschen gibt – allerdings mehr oder weniger bewusst, mehr oder weniger systematisch; in den letzten Jahren ständig systematischer und als objektiv angelegter Vorgang mit fein ausgearbeiteten Beurteilungsverfahren.

Bis ungefähr zum **Ende der fünfziger Jahre** stand bei der Beurteilung die **Person,** der Charakter des Mitarbeiters im Mittelpunkt; man fragte nach Eigenschaften wie Willensstärke, Fleiß, Reife und nach den persönlichen Einstellungen. Charaktereigenschaften waren die bestimmenden Faktoren für die Arbeitsleistung. Man bemühte sich kaum um die Entwicklung der Mitarbeiter; die Betrachtungsweise war statisch.

Etwa **ab 1960** verlagerte sich der Schwerpunkt weg vom persönlichen Bereich zu den **Verhaltensweisen,** die die Leistung bestimmen, wie z. B. Sorgfalt, Zuverlässigkeit, die Fähigkeit zur Zusammenarbeit. Diese stärker sachbezogene Betrachtungsweise des Inputs des Mitarbeiters wurde später ergänzt durch die Analyse und Bewertung seiner Leistung (Output) – ihrer Qualität und Quantität. Dabei wurde zunehmend der Begriff der «Leistungsbeurteilung» verwendet.

In den **heute** meist eher kooperativ geführten Unternehmen, die die Bedeutung ihrer Mitarbeiter als unerlässliches Kapital kennen, ist die **Förderung und Entwicklung der Mitarbeiter** eine zentrale Aufgabe. Die Leistungsbeurteilung hat dadurch in den letzten Jahren einen neuen Akzent bekommen: Das Leistungsverhalten wird zwar noch immer als zentrale Größe beobachtet und beurteilt, darüber hinaus versucht man den Mitarbeiter aber umfassender, vor allem in seinem **Potenzial,** d. h. auch in seinen noch nicht ausgeschöpften beruflichen Entwicklungsmöglichkeiten zu erkennen.

Im Zentrum steht die Frage, wie umfassend der Mitarbeiter seine psychischen, physischen und geistigen Kräfte, sein Potenzial, einsetzt bzw. einsetzen kann, um für das Unternehmen optimale Leistungen zu erbringen und für sich selbst ein Höchstmaß an Arbeitszufriedenheit zu erreichen. Leistung wird dabei nicht nur als Können interpretiert, sondern umfassender als:

Wissen	= Fach- und Berufskenntnisse
Können	= die Fähigkeit, das Wissen in der verlangten Form anzuwenden
Wollen	= Motivation zur Leistung
Anpassung	= Anpassung an das soziale Umfeld der Arbeit

Heute trägt man der Erkenntnis Rechnung, dass es für die **Zufriedenheit** und die **Leistung** der Mitarbeiter äußerst wichtig ist, dass sie eine konkrete **Rückmeldung** über ihre Arbeit und eine Perspektive für ihre weitere Entwicklung bekommen, und zwar von jemandem, der dazu fähig ist und ihre Leistungen wirklich kennt. Die Mitarbeiterbeurteilung wurde damit zu einem intensiven Prozess zwischen dem unmittelbaren Vorgesetzten und dem Mitarbeiter. Sie braucht und schafft eine Vertrauensgrundlage. Im Mittelpunkt steht der Kontakt, der **Dialog,** in dem gemeinsam erörtert wird, wie der Mitarbeiter seine Leistungen verbessern oder seine Fähigkeiten besser ausschöpfen kann und welche neuen Arbeitsziele ins Auge gefasst werden. Die Beurteilung zeigt, wo der Mitarbeiter steht; die daraus abgeleitete Zielvereinbarung ist der Wegweiser für seinen weiteren beruflichen Weg.

Die Leistungsbeurteilung hat sich in den letzten 50 Jahren deutlich gewandelt: von der Personenbeurteilung zur sachlichen und zielorientierten Leistungsbeurteilung. Heute stehen Maßnahmen zur Leistungsverbesserung und zur weiteren beruflichen Entwicklung und Förderung des Mitarbeiters im Vordergrund.

28 Die Ziele der Leistungsbeurteilung

Die Leistungsbeurteilung ist ein äußerst vielseitiges Instrument, das verschiedenartig eingesetzt werden kann. Jedes Unternehmen muss für sich entscheiden, welche Ziele es damit erreichen will.

Im Wesentlichen ist die **Mitarbeiterbeurteilung**:

- ein Führungsinstrument und
- ein Instrument, das grundlegende Informationen für die Personalarbeit bereitstellt.

Obwohl die Bedeutung als Führungsinstrument wahrscheinlich größer ist, zeigen wir zuerst, was die Leistungsbeurteilung für die Personalarbeit bringt.

28.1 Informationsgewinnung durch Leistungsbeurteilung

Die Ergebnisse der Leistungsbeurteilung sind **Schlüsselinformationen** für die Personalverantwortlichen. Aufgrund dieser Informationen werden **wichtige Personalentscheidungen** getroffen: Die Personalplanung lässt sich mit der Beförderungsplanung koppeln, weil man weiß, wo im Unternehmen entwicklungsfähige Nachwuchsleute sitzen; die Schulung kann auf den individuellen Bedarf und die gesamtbetrieblichen Bedürfnisse abgestimmt werden, weil man beides exakt durch die Leistungsbeurteilung erfasst; Schulung und Personaleinsatz können koordiniert werden, weil man weiß, welche Mitarbeiter wann über neue oder erweiterte Qualifikationen verfügen werden.

[28-1] Die Leistungsbeurteilung liefert Schlüsselinformationen für viele Maßnahmen im Personalbereich

Ohne Leistungsbeurteilung gibt es

- keine Leistungsdifferenzierung im Lohnbereich,
- keine Planung der betrieblichen Weiterbildung,
- keine individuelle Förderung des einzelnen Mitarbeiters z.B. durch gezielten Arbeitsplatzwechsel, durch Auslandaufenthalte usw.,

- keine systematische Nachwuchsplanung
- keine Einsatzplanung (optimaler Einsatz des Mitarbeiters nach Kenntnissen und Fähigkeiten).

Schauen wir uns jetzt die einzelnen Bereiche näher an.

A   Leistungsbeurteilung und Personaleinsatz

Man kann die Mitarbeiter nur richtig einsetzen, wenn man ihre Leistungen, ihre Stärken und ihr **Potenzial** kennt. Regelmäßige Beurteilungen zeigen, wie sich der Einzelne entwickelt, ob er an einem Arbeitsplatz über- oder unterfordert oder nur zum Teil in seinen Fähigkeiten beansprucht ist. Im Idealfall sollte er möglichst alle Fähigkeiten einsetzen können. Er wird dadurch wertvoll für das Unternehmen und hat selbst eine optimale Befriedigung in der Arbeit.

Ideal wäre, wenn das **Leistungsprofil des Mitarbeiters mit dem Anforderungsprofil seiner Aufgabe übereinstimmen** würde. Das ist in der Praxis natürlich kaum zu erreichen. Aber eine möglichst weitgehende Annäherung ist erstrebenswert. Sie lässt sich nie schematisch vollziehen, sondern ist ein differenzierter Prozess. Wo genügt der Mitarbeiter den Anforderungen nicht, wo übertrifft er sie, könnte er mehr oder anderes leisten? Was kann der Mitarbeiter selbst tun, um seine Aufgaben besser zu erfüllen, was kann das Unternehmen tun?

Der Vorgesetzte wird durch die Leistungsbeurteilung gezwungen, sich intensiv mit der Leistung jedes Mitarbeiters auseinander zu setzen, sie zu analysieren und zu verstehen und seine Überlegungen mit dem Mitarbeiter auszutauschen. Viele Verbesserungen lassen sich durch eine **Umgestaltung der bisherigen Arbeit** herbeiführen: durch zusätzliche Aufgaben, durch neue Schwerpunkte oder durch Abbau von Teilaufgaben. Dies sind Maßnahmen, die der Vorgesetzte entscheiden kann.

Oft sind Maßnahmen erforderlich, die die Kompetenz des unmittelbaren Vorgesetzten übersteigen – hier kommen die nächsthöheren Vorgesetzten und die Personalabteilung zum Zug.

Beispiele

Es werden Weiterbildungsmaßnahmen, eine Versetzung oder eine Umschulung beschlossen. Der nächsthöhere Vorgesetzte muss diese bewilligen, und die Personalabteilung muss für ihre Realisierung sorgen. Sie sorgt auch dafür, dass ähnliche Maßnahmen, die in anderen Bereichen beschlossen wurden, unternehmensweit aufeinander abgestimmt werden, dass z. B. die verschiedenen individuellen Weiterbildungsbedürfnisse in einen Aus- und Weiterbildungsplan einfließen, dass man Sprachaufenthalte koordiniert und vor allem, dass der Ist-Stand, der sich in der Leistungsbeurteilung abbildet, in der Personalplanung berücksichtigt wird: Wo brauchen wir neue Leute, wo können wir eigene nachziehen? Welche Führungskräfte können aus den eigenen Reihen nachziehen, wie viele müssen wir von außen holen?

B   Leistungsbeurteilung und Schulungsplanung

Leistungsbeurteilung ist ein Soll-Ist-Vergleich. Es werden die Anforderungen der Stelle mit der Leistung des Stelleninhabers verglichen. Heute betrachtet man die Dinge stärker auch unter dem Gesichtspunkt des «Sonst -noch Möglichen»: Wie kann sich ein Mitarbeiter weiterentwickeln, um seine Stelle voll auszufüllen oder in umfassendere Aufgaben hineinzuwachsen? Die Leistungsbeurteilung soll also nicht nur feststellen, was ist, sondern immer auch helfen, die Leistungen zu verbessern. Das ist Personalentwicklung oder Personalförderung.

Ein wesentlicher Teil der **Personalförderung** ist die Weiter- und Fortbildung der Mitarbeiter in internen oder externen Seminaren. Solche Kurse können nur gezielt aufgebaut oder ausgewählt werden, wenn klar ist, was die Teilnehmer lernen sollen. Auskunft darüber geben u. a. die Leistungsbeurteilung und die zukunftsorientierten Anforderungsprofile von Stellen.

Die folgende Abbildung zeigt, wie man die Planung von Schulungsmaßnahmen in das Beurteilungsformular aufnehmen kann und damit eine klare Schnittstelle schafft zwischen Leistungsbeurteilung und Planung von Schulungsmaßnahmen.

[28-2]   Schulungsmaßnahmen werden im Beurteilungsformular aufgeführt

Erfüllung / An-forderung	gar nicht 1	2	3	4	hervorragend 5
Fachkennt-nisse			X		
Maßnahme:	1. Studium interner Richtlinien 2. Drei Monate Tätigkeit in einer Auslandsfiliale				
Persönliche Arbeitstechnik			X		
Maßnahme:	Buch von R.Jäger lesen, Selbstmanagement und persönliche Arbeitstechniken`				
Ausdruckver-mögen		X			
Maßnahme:	Seminar: Rhetorik und Präsentation				

C   Leistungsbeurteilung und individuelle Förderung der Mitarbeiter

Mitarbeiter entwickeln sich nicht nur durch Weiterbildung. Die individuelle Förderung des Mitarbeiters ist auch noch durch viele andere **Mittel** möglich:

- indem der Vorgesetzte mit seinem Mitarbeiter zusammen eine bessere Organisation der Arbeit oder neue Arbeitsmethoden entwickelt,
- durch Studium von Handbüchern, Arbeitseinleitungen, Fachliteratur usw.,
- durch job rotation in andern Funktionen oder Abteilungen,
- indem der Mitarbeiter eine Zeitlang mit erfahrenen Kollegen, z.B. besonders routinierten Außendienstmitarbeitenden, zusammenarbeitet,
- durch Besprechen und Beraten besonderer Leistungsprobleme mit Fachleuten, z.B. Psychologen usw.

Im Gespräch zwischen dem Vorgesetzten und dem Mitarbeiter werden die geeigneten Maßnahmen ermittelt.

Eine besonders wichtige und anspruchsvolle Frage ist in diesem Zusammenhang die Planung der beruflichen Zukunft des Mitarbeiters. Der beurteilende Vorgesetzte muss hier besonders sorgfältig vorgehen, indem er sich fragt:

- Wie hat sich der Mitarbeiter in den letzten Jahren entwickelt? Hat er seinen Plafond erreicht oder «wächst» er weiter?
- Wo sind seine Schwerpunkte – auch künftig? Ist er z.B. besonders geeignet für Führungs- oder Spezialistenaufgaben oder für Außenkontakte, mit Kunden oder der Öffentlichkeit?
- Wie ist seine Motivation für die Zukunft? Wie viel ist er bereit zu investieren?

TEIL F LEISTUNGSBEURTEILUNG

Da verborgene Potenziale schwer zu erkennen sind, ist es sinnvoll, einen nachwuchsträchtigen Mitarbeiter durch einen weiteren Vertreter der Fachabteilung oder den nächsthöheren Vorgesetzten beurteilen zu lassen und die Vermutungen dann zu vergleichen und der Selbstbeurteilung des Mitarbeiters gegenüberzustellen. So lassen sich **Laufbahnpläne** auch für die fernere Zukunft entwickeln. Das geplante Ziel wird meist in Etappenziele aufgegliedert, und durch weitere Leistungsbeurteilungen wird laufend verfolgt, ob die Entwicklung den Erwartungen und Anforderungen entspricht. Durch eine sorgfältige Planung lassen sich Misserfolge, z.B. bei Beförderungen, und auch Enttäuschungen beim Mitarbeiter vermeiden.

Beispiel

Mitarbeiter A werden weit überdurchschnittliche Leistungen und ein großes Führungspotenzial bescheinigt. Als Zielposition wird eine Führungsaufgabe im Verkauf (4) definiert, die nach Zwischenstationen in der Produktion (1), im Marketing (2) und in einer mittleren Führungsaufgabe (3) erreicht werden soll. Nur wenn in allen drei Positionen sehr gute Leistungen erbracht werden, ist der Aufstieg in Position 4 möglich, andernfalls wird das Ziel korrigiert.

Der **Laufbahnplan** definiert die Entwicklungspositionen, ihre inhaltlichen Schwerpunkte und die Dauer, die voraussichtlich notwendig ist, um sich dafür zu qualifizieren. Aber auch bescheidenere Entwicklungen lassen sich auf diese Weise planen. Für den einzelnen Mitarbeiter ist es äußerst motivierend, eine Perspektive für seine berufliche Zukunft zu haben.

Die Personalabteilung unterstützt die Vorgesetzten durch Ideen und Vorschläge in ihren Förderungsbestrebungen und hilft, alle abteilungsüberschreitenden Maßnahmen zu koordinieren.

D   Die gesamtbetriebliche Beförderungs- und Nachwuchsplanung

Wir ändern jetzt die Optik – weg vom einzelnen Mitarbeiter hin zum Gesamtunternehmen. Die vielen Einzelergebnisse der Einzelbeurteilungen, z.B. Aus- und Weiterbildungsbedürfnisse, müssen betriebsweit erfasst und in einen Gesamtplan, z.B. für die Aus- und Weiterbildung, eingebaut werden. Dieser Plan wird als **Management-Development-Plan** bezeichnet.

Beispiel

Wenn 20 Mitarbeiter aus verschiedenen Abteilungen bestimmte Fachkenntnisse benötigen, lohnt es sich vielleicht, einen internen Kurs zu organisieren, statt sie extern einzeln ausbilden zu lassen.

E   Leistungsbeurteilung und Lohndifferenzierung

Gute Leistung soll nicht nur anerkennend und motivierend beachtet, sondern durch eine spezielle Bezahlung auch honoriert werden. Die Leistungsbeurteilung kann dazu einen Beitrag leisten. Die mathematisch exakte Ableitung von Lohnunterschieden aus der Leistungsbeurteilung lässt sich wissenschaftlich nicht nachweisen und bedingt einen riesigen Administrationsaufwand. Die Lohndifferenzierung sollte bei der Leistungsbeurteilung daher immer nur ein Ziel unter anderen sein; Fragen der Motivation, der Führung und der Förderung sollten den Vorrang haben.

In jedem Unternehmen muss die Personalabteilung mit der Geschäftsleitung klären, wie die Leistungsbeurteilung mit der Bezahlung in Beziehung gesetzt werden soll. Sie sollte dabei aufklärend wirken und die anderen, die führungsmäßigen und psychologischen Zielsetzungen ins Zentrum rücken.

F   Nebenziele der Beurteilung

Die Leistungsbeurteilung lässt sich zusätzlich für eine Reihe **anderer Personalaufgaben** nutzen:

- Für die **Erfolgskontrolle von Personalentscheidungen:** In der praktischen Personalarbeit werden laufend Entscheidungen getroffen: Mitarbeiter werden intern versetzt und befördert; neue Mitarbeiter werden eingestellt usw. Jede dieser Entscheidungen gründet auf einer Prognose über den beruflichen Erfolg des Kandidaten. Eine regelmäßige, z. B. am Ende der Probezeit vorgenommene Leistungsbeurteilung gibt Auskunft über die Treffsicherheit von Auswahlverfahren.
- Zur **Kontrolle von Bildungsmaßnahmen:** Die Weiterbildung von Mitarbeitern ist teuer. Ihr Erfolg sollte überprüft werden. Weiterbildung lohnt sich nämlich nicht, wenn sie nur punktuell ist und sich z. B. nur in guten Leistungen oder in einem guten Echo während des Seminars ausdrückt; sie muss auch zu konkreter Leistungsverbesserung am Arbeitsplatz führen. Die Leistungsbeurteilung ist eine gute Gelegenheit, die Wirkung von Schulungsmaßnahmen zu überprüfen.
- Zur **Formulierung von Arbeitszeugnissen:** Arbeitszeugnisse bestehen aus der sachlichen Beschreibung von Aufgaben und Tätigkeiten und einer Beurteilung des Geleisteten in einer Funktion. Die Ergebnisse der Leistungsbeurteilung sind ein guter Ausgangspunkt für die Beschreibung und Würdigung von Qualitäten und Leistungen eines Mitarbeiters.

Die Personalabteilung unterstützt die Vorgesetzten bei der Realisierung des **optimalen Personaleinsatzes,** indem sie beratend mithilft, Maßnahmen zu treffen, indem sie beschlossene Maßnahmen realisieren hilft und sie unternehmensweit koordiniert. Zudem verarbeitet sie die Ergebnisse der Leistungsbeurteilung in der Personalplanung.

Die Personalabteilung **berät** Vorgesetzte und Mitarbeiter in **Fragen der Weiterbildung,** sammelt den Bildungsbedarf aus allen Abteilungen und koordiniert die erforderlichen Bildungsmaßnahmen.

Die Leistungsbeurteilung ist eine ideale Basis für **individuelle Förderungsmaßnahmen** und für die individuelle Laufbahnplanung. Längerfristige Laufbahnpläne sind durch systematische Leistungsbeurteilungen abzusichern. Die Personalabteilung berät und unterstützt die Vorgesetzten nach Bedarf und liefert Ideen für die individuelle Förderung.

Die Ergebnisse der **Einzelbeurteilungen** müssen für das ganze Unternehmen erfasst und in einen **Gesamtplan,** den Management Development Plan, eingebaut werden.

Die Leistungsbeurteilung soll in die **Lohngestaltung** einfließen, aber in einer Weise, die für alle leicht zu verstehen und zu bewältigen ist.

Die Leistungsbeurteilung ist auch ein wertvolles **Kontrollinstrument** für personelle Maßnahmen: für die Bewährung von Auswahlentscheidungen, den Erfolg von Schulungsmaßnahmen, Förderplänen usw., weil sich dadurch Erreichtes und Geplantes gegenüberstellen lassen.

28.2   Die Leistungsbeurteilung als Führungsinstrument

Die Leistungsbeurteilung versorgt nicht nur die Personalfachfrau mit wichtigen Informationen, sie gibt vor allem den Vorgesetzten ein Instrument in die Hand, mit dem sie die Leistungen und die Motivation ihrer Mitarbeiter gezielt beeinflussen und die Zusammenarbeit im Team verbessern können.

Führen ist ein komplexer Prozess, der sich in Teilaufgaben untergliedern lässt.

[28-3]   Der Ablauf des Führungsprozesses

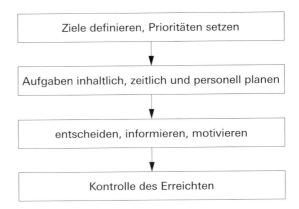

28.2.1   Hilfe bei der Leistungsplanung und -kontrolle

Die Leistungsbeurteilung unterstützt den gesamten Führungsprozess:

- Wenn der Vorgesetzte die Leistungsprofile seiner Mitarbeiter wirklich kennt, kann er Aufgaben, Ziele und Prioritäten realistisch darauf ausrichten.
- Er kann die zu erledigenden Aufgaben konkreter planen.
- Er weiß, worauf er bei ihrer Ausführung besonders zu achten hat.
- Er kann bei der Besprechung der Ergebnisse besser auf den Einzelnen eingehen, was zu einer guten Arbeitsmotivation beiträgt

Die Leistungsbeurteilung entfaltet ihre volle Wirkung vor allem in einem kooperativ geführten Unternehmen. In einem **autoritären Klima** ist die Wirkung etwas anders. Das Interesse des Unternehmens steht hier im Vordergrund; der Mitarbeiter wird kaum in die Zielsetzungen und Entscheidungen einbezogen. Dennoch kann die Leistungsbeurteilung zur Leistungssteigerung beitragen, weil klare Zielvorgaben und regelmäßige Rückmeldungen den Mitarbeiter zwingen, sich auf die erwartete Leistung einzustellen. Mehr kann autoritäre Führung allerdings nicht leisten. Arbeitszufriedenheit und die Bereitschaft, das gesamte Leistungspotenzial einzusetzen, lassen sich auf diesem Weg nicht herbeiführen. Die Leistungsbeurteilung übt insgesamt eher Druck auf die Mitarbeiter aus.

In einem **kooperativ geführten Unternehmen** werden die Bedürfnisse der Mitarbeiter bereits beim Festlegen der Ziele und dann auch bei der Planung der Arbeit berücksichtigt. Die Leistungsbeurteilung ist hier ein zentrales Führungsinstrument. Sie stellt sicher, dass:

- die Vorgesetzten sich mit ihren Mitarbeitern, deren Leistungen und Leistungsreserven auseinander setzen,
- die Mitarbeiter ihre Vorstellungen und Wünsche in die weitere Planung einbringen können und
- die Vorgesetzten eine Rückmeldung über ihre Art der Führung erhalten.

Entscheidend für die positiven Wirkungen auf Motivation und Zusammenarbeit ist, dass die **Ziele und Aufgaben** gemeinsam erarbeitet werden. Man legt gemeinsam fest, was erreicht werden soll, wie das Arbeitsergebnis aussehen und mit welchen Mitteln und in welchem Zeitraum es erarbeitet werden soll. An die Stelle der autoritären Zielsetzung tritt die Zielvereinbarung. Wir behandeln sie im folgenden Abschnitt.

28.2.2 Pflege der Beziehung zwischen Vorgesetztem und Mitarbeiter

Die Leistungsbeurteilung als Führungsinstrument ermöglicht es also, die zu lösenden Sachaufgaben realistisch zu planen und anzupacken. Daneben hat sie eine weitere zentrale Funktion: Sie schafft einen Raum, in dem sich der Vorgesetzte und der Mitarbeiter wirklich begegnen können. Jedes Beurteilungsgespräch ist, wenn es gut geführt wird, ein intensiver Kontakt und ein **persönlicher Gedankenaustausch** über Fragen der Leistung, der beruflichen Zukunft des Mitarbeiters, der Zusammenarbeit mit seinem Vorgesetzten, seines Wohlbefindens im Team, seiner Unzufriedenheiten und seiner Anregungen für Verbesserungen. Die Art des Kontakts und die persönliche **Nähe** zum Vorgesetzten wirken sich unmittelbar auf die Arbeitsmotivation und die Zusammenarbeit im Team aus.

Das Beurteilungsgespräch bringt dem Mitarbeiter auf menschlicher Ebene:

- eine Würdigung seiner Person dadurch, dass der Vorgesetzte sich mit seiner Leistung auseinander setzt (Feedback) und sie sachlich beurteilt,
- Sicherheit durch eine klare Standortbestimmung,
- eine berufliche Perspektive, die realistisch ist und Selbsttäuschungen weitgehend ausschließt,
- das Gefühl einer gerechten Behandlung, weil er weiß, dass alle Mitarbeiter auf diese Weise beurteilt werden.

28.2.3 Verbesserung des Sozialklimas

Die Leistungsbeurteilung wirkt sich auch auf das soziale Klima aus. Sie beeinflusst nicht nur die Beziehung Mitarbeiter–Vorgesetzter, sondern fast immer auch das soziale Klima in der Arbeitsgruppe, und dies vor allem, wenn es dem Vorgesetzten gelingt, seinen Mitarbeitern neue soziale Impulse zu geben. Er sollte nicht nur im Leistungsbereich Verbesserungen anstreben, sondern auch versuchen, das Sozialklima und die sozialen Talente und Potenziale seiner Mitarbeiter zu entwickeln. Er tut dies einerseits durch das Beispiel seines eigenen Verhaltens – durch seine eigene Offenheit, seinen Mut, seine Warmherzigkeit und seine Kontaktfähigkeit. Anderseits kann er bestimmte soziale Verhaltensweisen gezielt in Gang setzen und pflegen.

Ein Hilfsmittel dabei ist das **Johari-Fenster.** Es ist ein Modell, mit dem sich menschliches Verhalten gut verstehen lässt. Der Name «Johari» kombiniert die Namen der Urheber: Joe Luft und Harry Ingham. Sie entwickelten das Modell 1955. Das Johari-Fenster unterscheidet vier Bereiche der Person:

[28-4]   Das Johari-Fenster

	einem selbst bekannt	einem selbst nicht bekannt
anderen bekannt	**A** freie Aktivität	**B** blinder Fleck
anderen unbekannt	**C** Vermeiden, Verbergen	**D** unbekannte Strebungen/Motive etc.

Bereich A ist der unproblematische Ausschnitt unserer Psyche, in dem ungestörte und offene Interaktion möglich ist. Es ist der Bereich der freien Aktivität; die Gedanken und

TEIL F LEISTUNGSBEURTEILUNG

Gefühle dieses Bereichs, geben wir preis; sie sind uns selbst bewusst und wir teilen sie bereitwillig auch anderen mit.

Bereich B, der «blinde Fleck», ist die uns selbst nicht bekannte (nicht bewusste) Diskrepanz zwischen Selbstbild und Fremdbild. Er besteht aus Verhaltensweisen, die die anderen deutlich an uns wahrnehmen, die uns selbst aber nicht bewusst sind. Sie werden häufig nur hinter unserem Rücken genannt und überraschen uns stets, wenn wir damit konfrontiert werden.

Bereich C ist der in den Alltagsbeziehungen normalerweise ausgesparte Bereich – der Bereich des Verbergens und Vermeidens. Ziele, Wünsche, Motive, von denen wir meinen, sie verrieten zu viel von uns, oder sie könnten zu unserem Nachteil von anderen benutzt werden, offenbaren wir nicht. Dennoch beeinflussen sie unser Verhalten.

Bereich D ist das Feld der unbewussten Motive, derjenige Teil unseres Selbst, der unsere Einstellungen und Verhaltensweisen unterschwellig bestimmt.

In einem Klima sensibler und wacher zwischenmenschlicher Wahrnehmung werden **soziale Konflikte** früher erkannt und gefährden die Zusammenarbeit nicht, sondern werden bearbeitet. Damit steigt die Wahrscheinlichkeit, dass alle Gruppenmitglieder ihre Fähigkeiten für die Arbeit der Gruppe konstruktiv nutzen.

Weder Vorgesetzte noch Mitarbeiter sind affektfreie, ausschließlich rational funktionierende Wesen. Das **Selbstbild,** das jeder von sich hat und das meist beträchtlich vom **Fremdbild** abweicht, das die anderen von einem haben, setzt sich aus sachlicher Beobachtung und subjektiver Bewertung zusammen. Die **Rückmeldungen** von anderen können das Selbstbild aber verändern und umformen. Wer z. B. häufig Anerkennung und Lob erhält, erlebt sich als leistungsstarken, respektierten Mitarbeiter. Umgekehrt kann mangelnde Rückmeldung zu einem Selbstbild führen, das von geringer Wertschätzung geprägt ist.

Bei jeder Beurteilung geht es auch um das Selbstbild des Mitarbeiters. Er wird konfrontiert mit der Fremdwahrnehmung des Vorgesetzten, vorausgesetzt natürlich, dass dieser seine Eindrücke offen und nicht beschönigend darstellt. Er soll «blinde Flecken» ansprechen, allerdings in einer Form, in der es keine Sieger und Verlierer gibt. Der Mitarbeiter soll nicht angegriffen oder erniedrigt werden, sonst reagiert er mit Abwehr, d. h. er beginnt sich zu verteidigen und ist nicht mehr offen für eine Korrektur seines Selbstbildes (häufige Abwehrmechanismen sind die Verdrängung, Rationalisierung, Verleugnung der Realität und Aggression). Er soll sich vielmehr herausgefordert fühlen, sich einmal mit anderen Augen anzuschauen und vielleicht Verhaltenskorrekturen zu erwägen oder Vorschläge für **Verhaltensänderungen** anzunehmen und auszuprobieren. Dabei ist ganz ähnlich vorzugehen wie im Leistungsbereich: Im Gespräch mit dem Vorgesetzten können einzelne Schritte geplant werden. Jede Veränderung ist ein Experiment, das den Fähigkeiten des Mitarbeiters angepasst sein und durch Rückmeldung in seinem weiteren Verlauf gesteuert werden muss. Der geschickte Vorgesetzte gibt nicht nur Impulse, er hilft auch beim Verarbeiten der neuen Erfahrungen.

Offene Gespräche sind auch wertvoll für den Vorgesetzten; sie sind ein Feedback über mögliche Schwächen oder Mängel in seiner Führung. In vielen Unternehmen legt man heute zunehmend Wert darauf, dass die Mitarbeiter sich darüber äußern, wie sie die Führung und die Zusammenarbeit mit ihren Vorgesetzten erleben. Manche sehen dafür eine spezielle Rubrik im Beurteilungsformular vor oder führen direkt Mitarbeiterbefragungen durch.

Die Leistungsbeurteilung ist ein äußerst wertvolles **Führungsinstrument,** weil sie:

- wichtige Anhaltspunkte für den gesamten Führungsprozess gibt, vor allem für die Zielfindung, die Leistungsplanung und – kontrolle,
- die Beziehung–Vorgesetzter–Mitarbeiter intensiviert und pflegt,
- das Sozialklima in der Gruppe verbessern hilft und Impulse für soziale Prozesse bei Mitarbeitern und Vorgesetzten geben kann.

Damit dient sie nicht nur der Leistungsentwicklung, sondern auch der Entwicklung der sozialen Fähigkeiten und der Persönlichkeit aller Beteiligten.

28.3   Die Zielvereinbarung als Führungsinstrument

Beim Führungsmodell Management-by-Objectives (MbO, vereinbaren der Vorgesetzte und der Mitarbeiter Ziele. Man geht dabei wie folgt vor:

- Der Mitarbeiter formuliert die **funktionsbezogenen Ziele** selbst – als Entwurf oder Vorschlag.
- Der Mitarbeiter nennt darüber hinaus eigene Entwicklungsziele oder Schwerpunkte für den Beurteilungszeitraum (z. B. Französischkenntnisse verbessern oder im Verhaltensbereich: Teamfähigkeit verbessern).
- Der Vorgesetzte überprüft die Entwürfe aller seiner Mitarbeiter, z. B. auf Redundanz, auf Übereinstimmung mit den Abteilungs- und Unternehmenszielen
- und einigt sich mit dem Mitarbeiter auf die konkreten Ziele. Somit werden diese für verbindlich erklärt und sind eine Verpflichtung für den Beurteilungszeitraum.

Man unterscheidet **zwei Arten von Zielen:**

- Funktionsbezogene Ziele
- Verhaltensbezogene Ziele

Beide Arten von Zielen können Bestandteil der Zielvereinbarung sein.

28.3.1   Funktionsbezogene Ziele

Wie sollen die Ziele aussehen? Was sind die formalen Anforderungen an diese Zielvorgaben?

Man kann die **SMART-Formel** als Leitfaden für die Formulierung von Zielvereinbarungen verwenden.

SMART A GOOD TARGET IS SMART

S	**pecific** (konkret)	eindeutiger Schwerpunkt kein Missverständnis über Inhalte / was zu tun ist
M	**easurable** (messbar)	möglichst quantitativ nicht nur bloße Richtung
A	**chievable** (erreichbar)	realistische Herausforderung fordernd, aber durchführbar
R	**esult-oriented** (ergebnisorientiert)	Ergebnis/Situation/Output beschreibend keine Aktivitäten
T	**ime-related** (termingebunden)	eindeutige Fristen und/oder Zeitraum angeben

Die Ziele sollen z. B. nicht so formuliert werden, wie «Erhöhen Sie den Umsatz?», sondern z. B. wie folgt: «Steigern Sie den Umsatz des Produkts X um 10 % innerhalb der nächsten 12 Monate.»

28.3.2   Verhaltensbezogene Ziele

Auch im Verhaltensbereich werden ständig Verbesserung angestrebt. Dazu bestimmt man **Schlüsselqualifikationen** und nimmt diese in die Zielvereinbarung auf.

Beispiele für Schlüsselqualifikationen können sein:

- Teamgeist
- Verlässlichkeit
- Bestreben, sich ständig weiterzuentwickeln
- Kundenorientierung

Da diese abstrakten Schlüsselqualifikationen nur schwer beobachtbar und messbar sind, müssen sie näher bestimmt werden. Das Management muss sich darüber einig sein, was genau in diesem bestimmten Unternehmen darunter zu verstehen ist. Im folgenden Beispiel legt das Unternehmen fest, was es unter Teamgeist versteht.

Beispiel Teamgeist

Mitarbeiter

- ist kooperativ, bereit anderen zu helfen

- hält die Kollegen auf dem Laufenden, informiert selbständig

- bezieht die Interessen und Möglichkeiten anderer in seine Vorschläge und Aktionen mit ein

- erkennt Erfolge, Input (Beiträge) anderer offen und ehrlich an

- ist bereit seine eigenen Ziele und Ambitionen an die Team-Interessen anzupassen

28.3.3 Zielvereinbarungsgespräch

Der Vorgesetzte kann sich auf das Gespräch vorbereiten, indem er sich Stichworte notiert. Der Leitfaden dient gleichzeitig dazu, das Gespräch zu strukturieren.

Wir bringen im Folgenden ein **Beispiel** dafür.

[28-6]   Beispiel eines Vorbereitungsblatts für das Zielvereinbarungsgespräch

---

Vorbereitungsblatt für den Vorgesetzten:

1. Zur Vorbereitung auf das Gespräch studieren Sie das Formular «Zielvereinbarungen und Erfolgsanalyse» des letzten Jahres und überlegen sich:

a) Haben sich die Aufgaben des Mitarbeiters seit dem letzten Gespräch wesentlich verändert?

Sind Verantwortungen weggefallen oder wurden Verantwortungen erweitert?

b) Welche der vereinbarten Ziele hat Ihr Mitarbeiter

- erreicht?
- teilweise erreicht?
- nicht erreicht?

c) Was sind die Gründe dafür, dass Ihr Mitarbeiter Ziele/Anforderungen nicht erreicht/erfüllt hat?

d) Was haben Sie möglicherweise falsch gemacht, wo haben Sie den Mitarbeiter eventuell zu wenig unterstützt?

e) Mit welchen Leistungen Ihres Mitarbeiters waren Sie besonders zufrieden oder auch besonders unzufrieden?

f) Wie beurteilen Sie die Gesamtleistung Ihres Mitarbeiters?

g) Wo sehen Sie die besonderen Stärken, wo die Schwächen Ihres Mitarbeiters?

h) Wie beurteilen Sie den Entwicklungstrend Ihres Mitarbeiters?

i) Welche Maßnahmen halten Sie für nötig, um die Leistungen Ihres Mitarbeiters zu verbessern?

Ihre Stichworte:

....

....

2. Stellen Sie für die Zielplanung des kommenden Jahres folgende Überlegungen an:

a) Wo liegen die künftigen Herausforderungen Ihres Unternehmens, welches sind die wichtigsten Ziele Ihres Verantwortungsbereichs?

b) Welches sind die wesentlichen Verantwortungen und Schwerpunktaufgaben Ihres Mitarbeiters?

c) Wo liegen die Stärken Ihres Mitarbeiters in seinem Aufgabenbereich, wo liegen seine Defizite?

Ihre Stichworte:

....

....

---

3. Überlegen Sie sich: Die weitere Zusammenarbeit mit dem Mitarbeiter

a) Verspricht ohne Vorbehalte Erfolg

- Stärken stärken

b) Verspricht Erfolg nur unter eingeschränkten Bedingungen

- Stärken stärken
- Schwächen abbauen

c) Hat keine Aussicht auf Erfolg

- Andere Funktion?
- Trennung?
- Entscheidung herbeiführen

4. Stellen Sie jetzt Grob-Ideen für Ziele Ihres Mitarbeiters zusammen.

a) Welche Ziele unterstützen die Ziele des Unternehmens bzw. Ihres Verantwortungsbereichs?

b) Welche Ziele halten Sie im Verantwortungsbereich Ihres Mitarbeiters für besonders wichtig?

Ihre Stichworte:

....

....

Zielvereinbarungen sind ein wichtiges **Führungsinstrument**. Der Mitarbeiter schlägt selber funktionsbezogene Ziele und Entwicklungsziele für den Beurteilungsraum vor. Der Vorgesetzte überprüft den Vorschlag und einigt sich mit dem Mitarbeiter auf die konkreten Ziele.

Man unterscheidet **zwei Arten von Zielen:**

- Funktionsbezogene Ziele
- Verhaltensbezogene Ziele

Funktionsbezogene Ziele können nach der SMART-Formel gestaltet werden, d. h. sie sollen konkret, messbar, erreichbar, ergebnisorientiert und termingebunden festgelegt sein.

Bei den **verhaltensbezogenen Zielen** werden Schlüsselqualifikationen bestimmt, die vom Unternehmen genau definiert werden müssen.

Der Vorgesetzte kann sich auf das **Zielvereinbarungsgespräch** vorbereiten, indem er einen **Gesprächsleitfaden** erstellt, der auf der Zielvereinbarung beruht.

28.4 Die Aufgaben der Personalabteilung im Rahmen der Leistungsbeurteilung

Die Personalabteilung kann bei der Leistungsbeurteilung ihre Dienstleistungsfunktion ausführen. Sie sollte Fachwissen über die Leistungsbeurteilung sammeln, damit sie die Linie beraten und unterstützen kann.

Im Einzelnen hat sie **folgende Aufgaben:**

A Hilfe bei der Wahl und Einführung des Leistungsbeurteilungssystems

- Falls in einem Unternehmen noch keine Leistungsbeurteilung eingeführt oder das bestehende System verbesserungswürdig ist, setzt sie die Einführung oder Verbesserung in Gang. Sie ist in diesem Fall Initiator.
- Sie hilft dann konkret bei der Auswahl und Einführung des Systems mit; oft ist sie für beides verantwortlich.
- Sie sorgt dafür, dass das System benützerfreundlich ist, dass die Vorgesetzten leicht damit umgehen können und dass konstruktiv damit gearbeitet wird.

B Information und Schulung

- Sie informiert alle Beteiligten umfassend über den Sinn der Leistungsbeurteilung. Sie kann die Informationen breit streuen, z.B. durch Berichte in der Hauszeitung, durch Broschüren für die Mitarbeiter, oder sie kann ganz gezielt vorgehen, z.B. durch Gespräche mit einzelnen Vorgesetzten, wenn diese Schwierigkeiten oder Fragen haben.
- Sie sorgt dafür, dass die Vorgesetzten in der Leistungsbeurteilung und in der Gesprächsführung geschult werden.

C Überwachung der Anwendung

- Sie sorgt dafür, dass die Beurteilungen nicht nur im Gespräch mit dem Mitarbeiter ausgewertet werden, sondern auch im Gespräch zwischen den beurteilenden Vorgesetzten und deren Vorgesetzten; das gibt dem Vorgesetzten der höheren Stufen Einblick in die Arbeitsweise ihrer Untergebenen, in deren Führungsqualitäten und die Art ihrer Zusammenarbeit mit den Mitarbeitern. Hinzu kommt, dass Maßnahmen, die sich aus einer Beurteilung ergeben, oft nicht allein in der Kompetenz des Beurteilenden, sondern in der des nächsthöheren Vorgesetzten liegen (z.B. der Entscheid über einen längeren Auslandaufenthalt oder größere Weiterbildungsmaßnahmen). Beurteilungen sind also in beiden Richtungen, nach unten und nach oben auszuwerten. Oft wirkt die Personalabteilung dabei mit, z.B. bei der Planung von Versetzungen oder Beförderungen.
- Die Personalabteilung hat auch dafür zu sorgen, dass alle hierarchischen Stufen beurteilt werden – nicht nur die ausführenden Mitarbeiter. Auch die Führungskräfte sind in ihrer Leistung und in ihren Entwicklungsmöglichkeiten zu beurteilen.
- Sie überwacht ferner die Beurteilungen im ganzen Unternehmen, indem sie auffällige Abweichungen (bestimmte Vorgesetzte haben nur gute oder auffallend viele schlechte Beurteilungen) untersucht und den Gründen nachgeht.
- Sie vermittelt bei Klagen der Mitarbeiter.

Die Personalabteilung ist – in Zusammenarbeit mit den Führungskräften aller Ebenen – dafür verantwortlich, dass die Beurteilungen konstruktiv und durchgehend über alle hierarchischen Ebenen hinweg realisiert werden. Sie initiiert und unterstützt die Einführung eines Beurteilungssystems, wenn es noch keines gibt, sie sorgt für den nötigen Informations- und Schulungsstand, sie verbessert das System bei Bedarf, sie überwacht seine einheitliche Anwendung und sorgt für die Auswertung der Ergebnisse auf Unternehmensebene. Ihre Servicefunktion kommt dabei voll zum Zug.

29 Die Leistungsbeurteilungssysteme

Die Vielfalt der in der Praxis verwendeten Systeme ist unüberschaubar. Oft verwenden Unternehmen der gleichen Branche ganz unterschiedliche Verfahren. Jeder sucht nach einer noch besseren Variante und vor allem auch nach der Variante, die am besten seinen speziellen Bedürfnisse angepasst ist.

So unterschiedlich die Verfahren im Einzelnen aussehen mögen, immer haben sie eine Reihe von grundlegenden **Gemeinsamkeiten:**

- Die Beurteilung wird immer anhand von definierten Kriterien oder Merkmalen durchgeführt; das unterscheidet die Mitarbeiter-Beurteilung grundsätzlich von den täglichen Beurteilungen, denen wir unsere Mitmenschen ständig unterwerfen. Die Zahl der Kriterien bewegt sich in einer Spannbreite von 3–50. Für jedes Kriterium ist jeweils anzugeben, wie gut oder wie weit der Mitarbeiter es erfüllt.
- Die Kriterien und Bewertungsvorgaben sind in einem Formular, dem Beurteilungsbogen, zusammengefasst, in den die Vorgesetzten ihre Beurteilungen direkt eintragen. Der Beurteilungsbogen sollte nicht nur die Beurteilungsarbeit erleichtern, sondern auch administrativ gut zu handhaben sein, d. h. leicht den verschiedenen Organisationseinheiten zugeordnet werden können, leicht auswertbar sein, Quervergleiche ermöglichen usw.

29.1 Das Beurteilungsverfahren

29.1.1 Grundsätze

Bei der Durchführung der Leistungsbeurteilung spielen neben dem Geschick der Vorgesetzten eine Reihe von **allgemeinen Grundsätzen** eine Rolle, die man beachten sollte:

- Die Leistungsbeurteilung muss **sorgfältig eingeführt und gepflegt** werden.
- Die ganze Leistungsbeurteilung – ihre Abwicklung, der Beurteilungsbogen, die festgesetzten Beurteilungszeitpunkte usw. – müssen **leicht verständlich** sein. Komplizierte Verfahren mit sehr vielen Kriterien und Beurteilungsstufen sind administrativ aufwändig, schwer überblickbar und finden in der Praxis meist wenig Akzeptanz. Akzeptanz auf allen Stufen ist aber entscheidend; nur so wird ein System der Leistungsbeurteilung zu einem lebendigen und wirkungsvollen Personal- und Führungsinstrument.
- Der Aufbau der Leistungsbeurteilung hängt wesentlich von den **Zielen** ab, die man verfolgt. Eine Leistungsbeurteilung, die primär der Lohndifferenzierung dienen soll, ist ganz anders konzipiert als eine, die primär als Führungsinstrument verwendet wird. Die Mitarbeiter müssen dies wissen – Informationsarbeit ist wichtig.
- Alle Mitarbeiter sind regelmäßig zu beurteilen. Bewährt hat sich eine **periodische Beurteilung** im Abstand von ein bis max. drei Jahren sowie Beurteilungen in bestimmten Situationen:
  - vor Ablauf der Probezeit als Basis für den Übernahmeentscheid ins definitive Anstellungsverhältnis,
  - bei Aufnahme neuer Aufgaben,
  - beim Wechsel der Organisationseinheit oder des Arbeitsgebiets,
  - bei Aufnahme in die Nachwuchs- oder Führungsentwicklungsplanung,
  - bei Wechsel des Vorgesetzten,
  - in Verbindung mit Beförderungen,
  - bei außerordentlichen Gehaltserhöhungen während des Jahres,
  - bei jeglicher Änderung einer Gehaltsklasse,
  - auf Wunsch des Mitarbeiters,
  - auf Wunsch des Personaldienstes,
  - bei Disziplinarmaßnahmen,

- Die **Gleichbehandlung** aller Mitarbeiter ist von zentraler Bedeutung. Die Beurteilung hat für alle nach den gleichen Spielregeln, zum gleichen Zweck, mit vergleichbaren Kriterien und Skalen und regelmäßig zu erfolgen. Es ist ein durchgehendes Prinzip festzulegen, das nur in engen Grenzen und sachlich begründet geändert wird.
- Das Verfahren ist in einem **Handbuch** zu beschreiben, und zwar so einfach und praktikabel, dass jeder Vorgesetzte damit arbeiten kann und verschiedene Beurteiler in ähnlichen Situationen zu ähnlichen Ergebnissen gelangen.
- Die Leistungsbeurteilung sollte **keine Einbahnstraße** sein. Im Gespräch soll der Mitarbeiter nicht isoliert von seiner Umgebung beurteilt werden, sondern möglichst im Zusammenhang mit allem, was an seinem Arbeitsplatz aktuell ist. Ein kluger Vorgesetzter teilt nicht nur seine Beobachtungen mit, sondern fragt den Mitarbeiter z. B. auch danach, ob er sich genügend informiert, gestützt und unterstützt fühlt usw. Der Vorgesetzte setzt sich damit selbst einer gewissen Beurteilung durch den Mitarbeiter aus. Damit schafft er einen wirklich offenen Kontakt und erhält unter Umständen ganz wesentliche Rückmeldungen für sein Verhalten.

Mit anderen Worten: Die Leistungsbeurteilung muss ein **integrierender Teil der Führung** sein, sie darf kein Sonderdasein führen. Wenn Vorgesetzte sich periodisch dazu aufraffen müssen, wieder einmal die Beurteilungsbogen auszufüllen, dann stimmt etwas nicht, die Integration ist nicht vorhanden.

> Das Verfahren der Leistungsbeurteilung muss sorgfältig eingeführt und gepflegt werden. Es muss verständlich, den Zielen des Unternehmens entsprechen und transparent und gerecht sein. Es soll dem Mitarbeiter auch Gelegenheit geben, seine Anliegen zu äußern.

29.1.2 Arten

Man unterscheidet zwei Arten von Beurteilungsverfahren: die summarischen und die analytischen Verfahren.

A Summarische Verfahren

Die Gesamtanforderungen werden verglichen und in eine Rangreihe eingeordnet. Sie erfolgen meist entweder nach dem:

- **Rangordnungsverfahren:** Die Mitarbeiter einer Abteilung oder Gruppe werden aufgrund ihrer Leistung in eine Rangordnung eingestuft, z. B. Mitarbeiter A ist leistungsfähiger als B, B ist leistungsfähiger als C,
- Oder durch **freie Beurteilung:** Der Vorgesetzte würdigt die Leistung und das Verhalten jedes Mitarbeiters in einem frei formulierten Text, ohne sich auf eine bestimmte Vorgabe oder auf Kriterien zu stützen.

Beispiel

Herr A verfügt über gute Fachkenntnisse in seinem Arbeitsgebiet. Er arbeitet zügig und korrekt, hält Termine genau ein. Seine Kontakte zu Kunden und Mitarbeitern beschränken sich auf fachliche Angelegenheiten.

Die summarische Beurteilung ist pauschal, die Beurteilung ist formlos und frei und damit kaum nachvollziehbar. Sie stellt hohe Anforderungen an die Beobachtungs- und Formulierungsgabe des Beurteilers und unterliegt der Subjektivität.

Da man die Mitarbeiter-Beurteilung so objektiv wie möglich gestalten will, verwendet man heute fast ausschließlich analytische Verfahren.

B Analytische Verfahren

Sie gehen von definierten Kriterien und klaren Einstufungsvorgaben aus.

Die Arbeitsanforderungen werden in Merkmale aufgegliedert. Es wird also nicht die ganze Funktion wie bei den summarischen Verfahren, sondern es werden einige Merkmale verglichen.

Man unterscheidet **zwei Arten** von Verfahren:

- Rangreiheverfahren
- Stufenwertverfahren

Rangreiheverfahren

Je Merkmal (z.B. Erfahrung, Ausbildung) wird eine Rangreihenfolge gebildet.

[29-1]   Beispiel einer Aufstellung für das Rangreiheverfahren

Merkmal Ausbildung	Punkte

Stufenwertverfahren

Es werden klar festgelegte **Stufen für die Merkmalsgruppen** gebildet. Die einzelnen Stufen ergeben unterschiedlich viele Punkte oder werden unterschiedlich prozentual gewichtet (z. B. Ausbildung 25 %, Erfahrung 30 % etc.). Dabei muss nicht jedes Kriterium die gleiche Anzahl von Stufen umfassen.

[29-2]   Beispiel einer Aufstellung für das Stufenwertverfahren

Stufen	Merkmal Ausbildung	Punkte

Vorteile der analytischen Verfahren: Sie helfen, die Beurteilung zu versachlichen; sie liefern vergleichbare Ergebnisse, sind meist leichter zu erstellen und damit rationeller als die summarischen Verfahren; den Beurteilten vermitteln sie das Gefühl der Gleichbehandlung (Gerechtigkeit).

Es gibt summarische und analytische Beurteilungsverfahren. Bei den **summarischen Verfahren** werden die Gesamtanforderungen verglichen und eingereiht. Bei den **analytischen Verfahren** werden einzelne Kriterien bewertet und nach einem Punkteverfahren eingereiht.

29.2 Der Beurteilungsbogen

Die Leistungsbeurteilung sollte sich möglichst leicht und möglichst im gesamten Unternehmen anwenden lassen. Man versucht daher, **Kriterien auszuwählen,** die für möglichst viele Arbeitsplätze gültig sind. Als Nächstes müssen die Kriterien, für die man sich entschieden hat, exakt beschrieben werden, damit jeder etwa das Gleiche darunter versteht und von gleichen Voraussetzungen ausgegangen wird – man muss sich also auf Formulierungen einigen, die die wesentlichen Normen, Regeln und den Stil des Hauses verbindlich festlegen.

Schließlich muss man sich für eine **Bewertungsform,** z. B. in Form einer Skala entscheiden und alles in einem möglichst übersichtlichen Beurteilungsbogen auch grafisch ansprechend darstellen.

Es ist aufwändig, einen Beurteilungsbogen von Grund auf zu entwickeln. In der Praxis geht man eher so vor, dass man **erprobte Verfahren** prüft, ein geeignetes übernimmt und es gegebenenfalls so ändert, dass es die eigenen Bedürfnisse möglichst gut abdeckt. Um wählen zu können, muss man aber wissen, was man will, welche Ziele man anstrebt und wie man das vorhandene Material auf seine Qualität und Verwendbarkeit hin überprüfen kann.

Der Beurteilungsbogen ist das technische Instrument der Mitarbeiter-Beurteilung. Er umfasst klar definierte Kriterien und eine Vorgabe für die quantitative Einstufung der Kriterien.

Es gibt in der Praxis viele Formen der Kriterien und der Einstufungsarten.

29.2.1 Kriterien

Die Erfahrung zeigt, dass die drei Hauptkriterien **Leistungsmenge, Leistungsqualität und Arbeitsverhalten** ausreichen, um einen Mitarbeiter umfassend zu beurteilen. Man kann diese drei Kategorien fast beliebig durch Untermerkmale weiter unterteilen, läuft dabei aber Gefahr, sich mit überschneidenden Merkmalen herumschlagen zu müssen. In der Praxis hat sich gezeigt, dass wenige Merkmale zweckmäßiger sind. Frühere Verfahren arbeiteten zum Teil mit fünfzig und mehr Merkmalen; die meisten heute verwendeten Verfahren enthalten 5 bis 12 Kriterien.

Die **Vorteile von wenigen Kriterien** sind:

- Sie lassen sich, weil sie relativ allgemein sind, auf **alle Arbeitsplätze** eines Unternehmens anwenden. Arbeitet man mit sehr detaillierten Merkmalen, muss man für die verschiedenen Tätigkeiten eine Gewichtung festlegen, denn nicht an jedem Arbeitsplatz spielt z. B. Selbständigkeit die gleiche Rolle. Bleibt man bei wenigen Merkmalen, die sich auf eine definierte Aufgabe beziehen, entfällt das Gewichten.
- Wenige Merkmale bringen **Klarheit, Übersicht und eine Konzentration auf das Wesentliche** sowohl in die Beurteilung wie auch ins Beurteilungsgespräch.

TEIL F LEISTUNGSBEURTEILUNG

- Die Beurteilung kann trotz weniger Merkmale sehr **differenziert** sein. Der Vorgesetzte verliert nicht die Übersicht beim schematischen Ankreuzen von Begriffen, sondern muss sich mit der Leistung des Mitarbeiters wirklich auseinander setzen.
- Wenige Merkmale sind zudem **einfacher zu handhaben** und bringen weniger Verwaltungsaufwand mit sich.

Wenige Merkmale haben aber auch **Nachteile:** Der Vorgesetzte kann sich um klare Aussagen eher herumdrücken; der größere Interpretationsspielraum lässt Beurteilungsfehler eher zu; es werden höhere Anforderungen an die Gesprächsführung gestellt – der Vorgesetzte muss seine Beurteilungen stärker begründen.

29.2.2 Einstufung der Kriterien

Auch für das Einstufen der Beurteilungsmerkmale gibt es in der Praxis verschiedene Techniken:

Skalen zum Ankreuzen mit 3 – 12 Stufen:

Die Bedeutung der Skala ist dabei zu definieren, z. B. so:

7 sehr stark ausgeprägt

6 stark ausgeprägt

5 deutlich ausgeprägt

4 ausgeprägt

3 knapp ausgeprägt

2 wenig ausgeprägt

1 kaum ausgeprägt

Dabei kann mit Zahlen oder nur mit Stufen (von – bis + oder von, «überdurchschnittlich» bis «nicht genügend») gearbeitet werden.

Das Vergeben von Punktzahlen ist bei den Mitarbeitern unbeliebt, weil es an die Schulnoten erinnert.

A Verbale Umschreibungen

Die Bedeutung der Einstufung kann auch mit Worten (verbal) umschrieben werden. Manche Unternehmen arbeiten sogar nur mit abgestuften Verhaltensbeschreibungen, also ohne Skala mit Punkten oder Feldern. Der Mitarbeiter fühlt sich dadurch weniger stark «bewertet»; das Gespräch mit dem Vorgesetzten kann sich nicht an «Punkten» festhaken, sondern ist auf Inhalte zentriert. Betrachten Sie die folgende **vierstufige Skala mit einer Punktebewertung,** die konkret umschrieben wird.

[29-3] Skala der verbalen Bewertung

1 ungenügend	2 genügend
z. B. unaufmerksam, flüchtig, ständige Überwachung notwendig, leistet wenig brauchbare Arbeit, wenig Ausdauer, ungeschickt.	z. B. arbeitet bei gelegentlicher Unterstützung weitgehend fehlerfrei, manchmal unbeholfen oder nicht sehr sorgfältig, ordentliche Arbeitsgestaltung.
3 gut	**4 sehr gut**
z. B. arbeitet sauber und genau, macht selten Fehler, weiß sich zu helfen, arbeitet regelmäßig, rasch und gewandt, sinnvolle Arbeitsgestaltung.	z. B. sehr zuverlässig und gewissenhaft, arbeitet überlegt und fehlerlos, besonders präzise Arbeit, höchste Produktivität, äußerst zweckmäßige Arbeitseinteilung.

Es ist wichtig, konkret anzugeben, was jede Stufe bedeutet. Dabei hat sich klar gezeigt, dass einfache und einfachste Definitionen von den Beurteilern bevorzugt werden.

Die Tendenz geht heute klar zu wenigen (3–12) streng leistungsbezogenen Kriterien. Meistens beziehen sie sich auf die Quantität und die Qualität der Leistungen und auf das Verhalten in der Zusammenarbeit.

Die Beurteilungskriterien können mithilfe von Skalen, verbal oder grafisch eingestuft werden.

29.2.3 Gestaltung des Beurteilungsbogens

Der Beurteilungsbogen ist ein Arbeitsinstrument und ein Dokument, mit dem die Personalabteilung arbeitet und das in den Personalakten aufbewahrt wird. Der Beurteilungsbogen ist unbedingt so zu gestalten, dass sich leicht damit arbeiten lässt. Jeder Beurteilungsbogen sollte folgende **vier Angaben** enthalten:

- Im **administrativen Teil** kann jedes Unternehmen so viele Daten festhalten, wie es benötigt. Es empfiehlt sich aber, sich auf das Wichtige zu beschränken.
- Die **eigentliche Beurteilung:** Es werden die wesentlichen Merkmale der Tätigkeiten des Mitarbeiters aufgeführt. Dieser Teil wird am besten vom Vorgesetzten zusammen mit dem Mitarbeiter ausgefüllt – beide können dann sicher sein, dass sie sich auf die gleichen Anforderungen beziehen. Oft ist es sinnvoll, eine gesonderte Rubrik für die Potenzialbeurteilung anzuschließen.
- **Schlussfolgerungen:** Es geht um die Pläne und Maßnahmen, die sich aus der Beurteilung ergeben. Diesem Aspekt ist im Beurteilungsbogen gesondert Platz einzuräumen. Die Schlussfolgerungen sind wichtige Bezugspunkte für spätere Beurteilungen und für Personalentscheidungen. Hier können je nach Bedarf spezielle Fragen an den Beurteiler gestellt werden: über die Einschätzung der künftigen Entwicklung des Mitarbeiters, seine geografische Mobilität usw. Jedes Unternehmen sollte hier seine besonderen Bedürfnisse realisieren und dafür sorgen, dass es alle Informationen für die bereichsübergreifende Personalplanung erfasst.
- **Ergebnisse**: Die Ergebnisse des Beurteilungsgesprächs müssen protokolliert werden. Auch die Meinung des Mitarbeiters zur Beurteilung ist festzuhalten. Manche Unternehmen verlangen, dass der Mitarbeiter den Beurteilungsbogen unterschreibt. Wichtige Informationen, die hierher gehören:
  - Datum des Beurteilungsgesprächs
  - Inhalt des Gesprächs (Schwerpunkte)
  - Erwartungen, Wünsche, Pläne des Beurteilten
  - Besprochene Folgerungen (z. B. Maßnahmen zur persönlichen Entwicklung des Beurteilten)
  - Neue Ziele und Aufgaben

- Stellungnahme des Beurteilten, auch seine Einwände
- Unterschriften Beurteiler/Beurteilter

Die Grafik zeigt nochmals die **vier Teile** des Beurteilungsbogens:

[29-4]   Die vier Teile des Bewertungsbogens

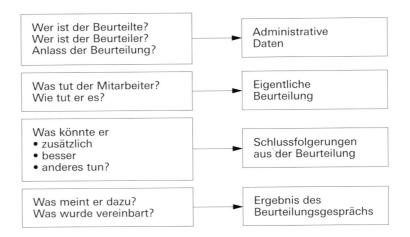

[29-5]   Beispiel eines Beurteilungsbogens

Leistungsbeurteilung	Datum:
Persönliche Daten	
Name, Vorname:	Lopez, Maria
Funktion:	Personalberaterin
Abteilung:	Temporär-Abteilung
In der Firma seit:	18.03.2001
Pensum:	100 %
Letzte Beurteilung:	keine

Legende		
Allgemeines		Die Unterpunkte bei den einzelnen Kategorien sind exemplarisch zu verstehen. Es besteht kein Anspruch auf Vollständigkeit.
A	Ausgezeichnet	Der Mitarbeiter bzw. die Mitarbeiterin zeigt bezüglich Aufgaben, Zielen und Verhalten in jeder Hinsicht herausragende und konstante Leistungen und findet deshalb über das eigene Ressort hinaus hohe Anerkennung. Eine solche Beurteilung ist eher die Ausnahme als die Regel.
B	Sehr gut	Der Mitarbeiter bzw. die Mitarbeiterin zeigt im eigenen Ressort bezüglich Aufgaben, Zielen und Verhalten eine sehr gute und konstante Leistungen und zeichnet sich durch Engagement und Motivation aus.
C	Gut	Der Mitarbeiter bzw. die Mitarbeiterin zeigt im eigenen Ressort bezüglich Aufgaben, Zielen und Verhalten eine gute Leistung und setzt die eigenen Fähigkeiten am Arbeitsplatz optimal ein.
D	Genügend	Der Mitarbeiter bzw. die Mitarbeiterin zeigt im eigenen Ressort bezüglich Aufgaben, Zielen und Verhalten zufrieden stellende Leistungen. Es sind einige Maßnahmen zur Optimierung notwendig.
E	Ungenügend	Der Mitarbeiter bzw. die Mitarbeiterin zeigt im eigenen Ressort bezüglich Aufgaben, Zielen und Verhalten eindeutige Defizite und verfügt nicht ausreichend über Wissen, Können, Erfahrung und Motivation.

Arbeitsleistung	Bemerkungen/Begründung	Beurteilung
Qualität • Zielstrebigkeit • Genauigkeit, Richtigkeit • Gleichmäßigkeit • Einhalten von Normen • Organisation/Planung der Arbeit • Problemlösung • Prioritätensetzung • Information und Kommunikation	B C B – hat sich sehr gut eingearbeitet C B C C – kann verbessert werden B	BC
Quantität • Quantitative Leistung • Auslastungsgrad • Regelmäßigkeit der Leistung	B – seit Einarbeitung und neuem Ziel verbessert C – ist noch nicht ganz ausgelastet B	BC
Fachliches Wissen und Können • Initiative zum Wissenserwerb • Erkennen fachlicher Zusammenhänge • Erkennen betrieblicher Zusammenhänge • Anwendung von Kenntnissen	C – fragt und hört zu D – muss noch im kfm. Bereich geschult werden C – kennt teilweise die Prozesse, sieht aber nicht hinter die Kulissen (Administration, Organisation etc.) C	C
Beurteilung Arbeitsleistung		BC

Arbeitsverhalten	Bemerkungen/Begründung	Beurteilung
Selbständigkeit • Selbständigkeit betr. Ausführung • Selbstkontrolle der Arbeit • Problemerkennung und -bewältigung • Einhalten von Terminen • Initiative zur Optimierung von Prozessen • Bereitschaft zur Reflexion • Bewältigung außerordentlicher Situationen	C C C C C C Kann nicht beurteilt werden	C
Beweglichkeit • Übernahme von Aufgaben mit erweiterten Anforderungen • Flexibilität betr. Arbeit und Arbeitszeit • Polyvalenter Einsatz (z. B. Projektarbeit)	Kann nicht beurteilt werden B – zeitlich sehr flexibel, zeigt und bringt Einsatz Kann nicht beurteilt werden	B
Kostenbewusstsein • Kostenbewusster Umgang mit Zeit (Zielstrebigkeit im Verkaufsabschluss) • Kostenbewusster Umgang mit Geld- und Sachmitteln • Suche nach kostengünstigen Lösungen • Nutzung von Einsparungsmöglichkeiten	C – kann jedoch (Kundentermine) verbessert werden C Kann nicht beurteilt werden	C
Beurteilung Arbeitsverhalten		CB

TEIL F LEISTUNGSBEURTEILUNG

Sozialverhalten	Bemerkungen/Begründung	Beurteilung
Zusammenarbeit • Fähigkeit und Bereitschaft zur Teamarbeit • Sachlichkeit in der Auseinandersetzung • Bereitschaft, Entscheidungen mitzutragen • Bereitschaft, für eigene Leistungen gerade zustehen	C – sehr teamfähig, braucht Führung, arbeitet selbständig C C B	CB
Umgang intern • Verhalten gegenüber KollegInnen • Verhalten gegenüber dem Vorgesetzten	B – sehr kollegial und hilfsbereit B	B
Umgang extern • Verhalten gegenüber KandidatInnen • Verhalten gegenüber Kundschaft • Verhalten am Telefon (Geduld, Empathie) • Selbstsicherheit im Auftritt	B B B B – aufpassen, dass es nicht arrogant wirkt	B
Beurteilung Sozialverhalten		BC

Gesamtbeurteilung	Beurteilung
Frau Lopez hat sich sehr gut eingearbeitet und auf das Ziel temporäre Mitarbeiterin ausgerichtet, was ihr in der Erledigung ihrer Arbeit geholfen hat. Sie ist stets freundlich und korrekt.	CB

Maßnahmen/Ziele	zuständig	Termin

Die vorliegende Beurteilung wurde anlässlich des Gesprächs vom ... besprochen. Mit ihrer Unterschrift bestätigen die Mitarbeiterin und der Vorgesetzte den Inhalt der Beurteilung.

Ort, Datum		Ort, Datum

Ein Beurteilungsbogen sollte **vier Teile** enthalten, die in sich unternehmensspezifisch gestaltet sein können:

- **Administrative Angaben:** über den Mitarbeiter, den beurteilenden Vorgesetzten usw.
- **Der eigentliche Beurteilungsteil:** Was tut der Mitarbeiter und wie tut er es? (Tätigkeitsbeschreibung und Beurteilungskriterien samt Einstufung)
- **Schlussfolgerungen** aus der Beurteilung, vor allem die Maßnahmen zur Verbesserung der Leistung und die Pläne für die Zukunft
- **Ergebnis des Beurteilungsgesprächs:** Anregungen des Mitarbeiters, Einwände usw.

29.2.4 Ein Bogen für alle oder verschiedene Bogen

Alle Mitarbeiter des Unternehmens sollten beurteilt werden – auch die leitenden Angestellten auf den obersten Stufen. Ideal ist, wenn der gleiche Beurteilungsbogen für alle Mitarbeiter verwendet werden kann.

Manche Unternehmen entwickeln aber **verschiedene Bogen mit unterschiedlichen Kriterien** für die verschiedenen Mitarbeitergruppen, z. B. für ausführende und leitende Mitarbeiter, wobei der Aufbau der Bogen im Grundsatz für alle gleich ist und nur in wichtigen Punkten variiert wird. Größere Unternehmen verwenden in der Regel verschiedene Beurteilungsbogen für ausführende Mitarbeiter, für Auszubildende, für Mitarbeiter mit Führungsaufgaben und einen weiteren für die Direktionsmitglieder. Die vier Bogen sind grundsätzlich gleich konzipiert: Sie beginnen mit dem üblichen Kopf und der Festlegung der zu beurteilenden Tätigkeiten; dann folgen die Beurteilungskriterien – abgestimmt auf die speziellen Anforderungen der jeweiligen Gruppe.

Unterschiedliche Beurteilungsbogen für verschiedene Mitarbeitergruppen sind gerechtfertigt, wenn dadurch eine bessere Anpassung an die Anforderungen der Gruppen und an die Beurteiler erreicht wird. Ein Werkmeister ist eher auf Unterstützung durch einen straff strukturierten Beurteilungsbogen angewiesen als ein Vorgesetzter der höheren Ebene; sein Beurteilungsformular kann entsprechend freier gestaltet sein.

Der Beurteilungsbogen ist nicht für ewig gültig. Oft entdeckt man Verbesserungsmöglichkeiten oder es ändern sich grundlegende Dinge im Unternehmen. Dann ist auch der **Beurteilungsbogen anzupassen.** Das ist der Fall, wenn die personalpolitischen Ziele neu gesetzt werden oder wenn man neue Führungsprinzipien einführt, z. B. Führen durch Zielvereinbarung. Andere Beispiele: Man will unbedingt die hohe Fluktuationsrate in den Griff bekommen oder vom Vorgesetzten mehr Stellungnahme zur Nachwuchsplanung bewirken – auch in diesen Fällen kann das Beurteilungsformular entsprechend gestaltet werden, indem man z. B. die Fluktuation aufnimmt und sie jährlich mit den Qualifikationen und der Fluktuation des Vorjahres in einer Abteilung vergleicht. Wir haben ja schon gesagt, dass es zu den Aufgaben der Personalabteilung gehört, die Arbeit mit dem vorhandenen Bogen zu überwachen und ihn zu verbessern, wenn Grund dazu besteht.

Alle Mitarbeiter eines Unternehmens sollen in ihrer Leistung beurteilt werden. Werden **unterschiedliche Beurteilungsbogen** verwendet, sollten sie im Grundsatz gleich aufgebaut sein, d. h. nur in den entscheidenden Punkten variieren. Ein **einheitliches Verfahren** trägt zur Glaubwürdigkeit des Ganzen bei und erleichtert auch die Abwicklung und Auswertung der Resultate.

Der Beurteilungsbogen muss überwacht und angepasst werden, falls das notwendig ist.

30 Einführung und Pflege des Leistungsbeurteilungssystems

Die Leistungsbeurteilung kann ein lebendiges und attraktives Instrument zur Leistungsverbesserung und zur Motivationssteigerung sein; sie kann aber auch zur administrativen Routine verkommen oder noch schlimmer: Konkurrenzdenken und Unsicherheit hervorrufen und so das Betriebsklima belasten. Ihr Schicksal hängt wesentlich davon ab, ob sie umsichtig und behutsam eingeführt und gepflegt wird. Die Personalabteilung hat hier wichtige Funktionen zu erfüllen.

30.1 Die notwendigen Voraussetzungen

A Klare Ablauforganisation

Eine erste wesentliche Voraussetzung für gute Beurteilungen sind klare Bezugspunkte: **Aufgaben- und Funktionsbeschreibungen mit möglichst klaren Leistungszielen** und Leistungsstandards oder persönliche Zielvereinbarungen mit dem Vorgesetzten, wie sie beim Management by Objectives üblich sind. Es muss für den beurteilenden Vorgesetzten und den Mitarbeiter klar sein, was eine gute Leistung ist, woran diese gemessen wird (Ziele) und anhand welcher Merkmale sie beurteilt wird.

Aber selbst klare Pflichtenhefte entbinden den Vorgesetzten nicht davon, vor jeder Leistungsbeurteilung mit dem Mitarbeiter zusammen zu klären, welche Aufgaben er genau erfüllt. Wichtige Schwerpunkte, ja ganze Aufgabenbereiche können sich seit der letzten Beurteilung verändert haben.

B Klare Aufbauorganisation

Die Organisation des Unternehmens muss klar sein, vor allem die Unterstellungsverhältnisse. Der Beurteiler ist in aller Regel der unmittelbare Vorgesetzte. Bei Doppelunterstellung (Fach- und Linienvorgesetzter) beurteilt meist der Fachvorgesetzte. Als Grundsatz gilt: Es sollte derjenige beurteilen, der den besten Einblick in die Tätigkeiten des Mitarbeiters hat und am intensivsten mit ihm zusammenarbeitet. In bestimmten Fällen ist es sinnvoll, wenn mehrere Beurteiler unabhängig voneinander eine Beurteilung durchführen; z. B. bei Beförderungen in sehr verantwortungsvollen Positionen oder in besonders konfliktträchtigen Situationen.

Ein Problem sind **zu große Kontrollspannen,** wenn zu viele Mitarbeiter einem Vorgesetzten unterstellt sind, so dass dieser weder deren Tätigkeiten noch deren Leistungen genau kennt. Im Bereich von Routinetätigkeiten sind 20 Mitarbeiter die obere Grenze, die ein Vorgesetzter noch differenziert beurteilen kann. Je komplexer die Aufgaben, desto niedriger muss die Zahl der zu führenden Mitarbeiter sein; die optimale Kontrollspanne liegt bei sieben bis acht Mitarbeitern.

C Klare Ziele

Die Geschäftsleitung muss darüber entscheiden, was sie mit der Leistungsbeurteilung erreichen will. Meist stehen die Führungsanliegen – Verbesserung von Leistung und Motivation – im Vordergrund. Die Lohndifferenzierung kommt manchmal in einer zweiten Phase dazu, wenn das Verfahren etabliert ist und man Vertrauen dazu hat.

Es ist wichtig, keine utopischen, sondern **realistische Zielsetzungen** zu formulieren, die mit den Unternehmenszielen und den Bedürfnissen von Vorgesetzten und Mitarbeitern in Einklang stehen.

Voraussetzungen für die Einführung der Leistungsbeurteilung sind:

- **Klare Ablauforganisation** mit detaillierten Aufgabenbeschreibungen und Zielvereinbarungen;
- **Klare Aufbauorganisation**
- **Einigkeit der Geschäftsleitung und Führungskräfte** über die mit der Leistungsbeurteilung zu realisierenden Ziele.

30.2 Der Einführungsprozess im Einzelnen

Die Einführung durchläuft **fünf typische Phasen:**

- Bildung eines Projektteams
- Sichten von möglichen Systemen und Auswählen des geeignetsten anhand der besprochenen Kriterien und der Ziele, die man anstrebt
- Versuchsphase mit beschränkter Reichweite und sorgfältiger Auswertung. Ausarbeiten eines internen Handbuchs.
- Praktische Einführung für alle Mitarbeiter des Unternehmens:
  - Information der Mitarbeiter
  - Instruktion und Schulung der Vorgesetzten
- Pflege der Leistungsbeurteilung über die Jahre hinweg

A Die Bildung eines Projektteams

Die Einführung eines Leistungsbeurteilungssystems ist komplex, sie kann nicht die Sache eines Einzelnen sein. Die Impulse zur Einführung kommen meist aus der Personalabteilung; an den wichtigen Entscheidungen sollten aber Mitarbeiter aus verschiedenen Bereichen beteiligt sein. Eine zweckmäßige **Zusammensetzung der Projektgruppe** ist z.B.:

- ein Mitarbeiter des Personalwesens,
- ein Vertreter des Betriebsrats bzw. der Betriebskommission,
- ein oder mehrere Vorgesetzte, die mit dem Verfahren arbeiten werden,
- evtl. ein Mitglied der Geschäftsleitung,
- evtl. ein externer Spezialist mit besonderer Erfahrung,
- der Leiter des Personalwesens, der einen guten Überblick über das ganze Unternehmen hat.

B Prüfen und Wählen

Wenn nicht schon klar ist, was mit der Leistungsbeurteilung erreicht werden soll, so ist dies als Erstes in der Projektgruppe zu klären und schriftlich festzuhalten.

Aufgrund der Ziele werden dann verschiedene Systeme geprüft. Welches erfüllt die gesteckten Ziele am besten? Was möchten wir für unsere Zwecke ändern? Was soll unser Beurteilungsbogen alles enthalten? Die Entscheidungsfindung ist meist ein längerer Prozess des Diskutierens und des Gedankenaustauschs. Dieser Prozess ist wertvoll, weil er dazu führt, dass die Mitglieder der Projektgruppe hinter dem Verfahren stehen und ihre Überzeugung dafür später auch weitergeben können.

C Testen und Auswerten, Leitfaden verfassen

Man hat sich für ein Verfahren entschieden und hat es so weit vorbereitet, evtl. umgearbeitet, dass es einsatzfähig ist. In einer Abteilung, z. B. der Personalabteilung, oder in einigen ausgewählten Gruppen wird es jetzt versuchsweise eingeführt. Ziel der **Versuchphase** ist es, herauszufinden, wie das Verfahren in der Praxis funktioniert und wo es Schwächen hat, die verbessert werden müssen. Mit den Vorgesetzten und den beurteilten Mitarbeitern muss sorgfältig über ihre Erfahrungen gesprochen werden. Dabei geht es um folgende Fragen:

- Können die Vorgesetzten mit dem Verfahren umgehen? Wo hatten sie Unsicherheiten und Schwierigkeiten?
- Sind die Kriterien verständlich und geeignet?
- Ist der Beurteilungsmaßstab verständlich, wird er einheitlich angewendet?
- Akzeptieren die Mitarbeiter die Beurteilung und entstehen leistungsfördernde Gespräche?

Alle Probleme und Anregungen sind von der Projektgruppe durchzuarbeiten. Was in dieser Phase verbessert wird, kommt allen zugute und schafft eine tragfähige Grundlage für die Leistungsbeurteilung insgesamt.

Sobald die Testphase ausgewertet ist, werden die Richtlinien zur Anwendung des Verfahrens in einem **Leitfaden** formuliert. Dieser ist eine Art Handbuch und muss kurz, d. h. auf die wesentlichen Informationen beschränkt und allgemein verständlich sein. Jeder Vorgesetzte soll damit eine praktikable Anleitung für die Leistungsbeurteilung in der Hand haben.

Die Gestaltung eines solchen Leitfadens ist eine typische Aufgabe der Personalabteilung. Sie muss die Informationen geschickt zusammenfügen und ein Papier schaffen, das nützlich und attraktiv ist – die Vorgesetzten sollen den Leitfaden gern zur Hand nehmen und gern damit arbeiten.

Was steht im Leitfaden?

- Ziel der Leistungsbeurteilung (kurz und prägnant), mit Vorteil in Form eines Vorworts formuliert und unterzeichnet von der Geschäftsleitung
- Wer beurteilt und zu welchen Zeitpunkten oder besonderen Anlässen?
- Die praktische Arbeit mit dem Beurteilungs-Instrumentarium: Wie ist vorzugehen? Worauf ist zu achten? Welche Formulare werden wann verwendet? usw.
- Hinweise für die Gestaltung des Beurteilungsgesprächs und der Bedeutung der Leistungsbeurteilung als Führungsinstrument
- Die Wirkungen der Leistungsbeurteilung auf den Personaleinsatz (Beförderungsplanung und Schulungsplanung)
- Die Wirkungen auf die Lohngestaltung
- Fragen im Bereich der Maßnahmen: Wer entscheidet was? Wann wird der nächsthöhere Vorgesetzte einbezogen?
- Die Stellungnahme des Mitarbeiters zu seiner Beurteilung: Ist sie formalisiert z. B. durch eine spezielle Rubrik im Beurteilungsbogen oder durch ein spezielles Formular? Wie werden Einsprachen behandelt?
- Klärung von Spezialfragen wie die Beurteilung älterer Mitarbeiter, rechtliche Fragen usw.

D   Die Einführung im Unternehmen: Information und Schulung

Information

Durch **frühzeitige und umfassende Information** wird mögliches Misstrauen abgebaut und die Mitarbeiter werden für die Leistungsbeurteilung gewonnen. Rundschreiben, Artikel in der Hauszeitung, vielleicht sogar eine Sondernummer nur zu diesem Thema (Um was geht es? Was wird bewertet? Wie wird bewertet? Wer beurteilt? Fotos und Interviews mit Mitarbeitern der Projektgruppe usw.), Betriebsversammlungen mit Diskussionsrunden, Informationsstände mit Diskussionsmöglichkeiten sind geeignete Informationsinstrumente. Jeder Mitarbeiter sollte verstehen, worum es geht. Nur wenn die Beteiligten verstehen, lässt sich das Ziel erreichen. Voraussetzung dafür ist, dass die Informationen gut verständlich und ansprechend formuliert sind. Also keine amtlich anmutenden Verlautbarungen, sondern mitarbeiterbezogene und sachlich fundierte Informationen.

Es ist ein großer Vorteil, wenn der Leitfaden für die Vorgesetzten so abgefasst ist, dass er auch an die Mitarbeiter abgegeben werden kann. Damit entsteht maximale Transparenz und Glaubwürdigkeit.

Schulung

Die Leistungsbeurteilung ist so gut wie die Vorgesetzten, die damit arbeiten. Viele Vorgesetzte haben am Anfang Mühe, die Leistungsbeurteilung anzuwenden. Sie müssen in speziellen Seminaren auf diese Aufgabe vorbereitet werden. Wichtige **Themen** solcher Seminare sind:

- den Sinn der Leistungsbeurteilung klar machen und die Vorgesetzten zum Beurteilen motivieren,
- das Verfahren erklären,
- den Gesamtablauf der Beurteilung zeigen (mit Videos, Rollenspielen usw.),
- häufige Beurteilungsfehler bewusst machen,
- das Führen des Beurteilungsgesprächs zeigen und einüben.

Die **Anwendung des Systems** muss geübt werden. Man muss lernen,

- wie man Sicherheit in der Unterscheidung der Beurteilungsmerkmale gewinnt,
- wie man mit dem Beurteilungsmaßstab umgeht,
- wie man die Verhaltensbeobachtung, -bewertung und -beurteilung verbessern und
- die eigene Selbst- und Fremdwahrnehmung verfeinern kann.

Für diesen Teil der Schulung eignen sich besonders **Fallstudien und Rollenspiele,** in denen man Situationen und konkretes Mitarbeiterverhalten, wie es in der täglichen Führungspraxis vorkommt, bearbeiten kann.

E   Die Pflege der Leistungsbeurteilung nach ihrer Einführung

Auch ein sehr geeignetes und sorgfältig eingeführtes System der Leistungsbeurteilung läuft nicht immer rund und ist nicht für ewig gültig. Es bedarf der Pflege.

Schon die erste Runde, in der alle Mitarbeiter beurteilt werden, ist zu betreuen: Wo gab es Pannen? Waren die Beurteiler zu streng (z. B. aus Angst vor überhöhten Lohnforderungen) oder aus Unsicherheit zu mild? Wie akzeptierten die Mitarbeiter die Beurteilung? Gibt es Probleme, weil organisatorische Vorkehrungen nicht optimal sind? Eine Nachuntersuchung durch Beurteilerkonferenzen oder Mitarbeitergespräche kann Anlass für Veränderungen und Maßnahmen sein. Wichtig ist, dass die Personalabteilung die Initiative ergreift und zeigt, dass sie wirklich an einem guten Funktionieren interessiert ist.

Weitere **Pflegemaßnahmen** nach der Einführung:

- Berichte, zum Beispiel in der Hauszeitung, über Erfahrungen mit der Leistungsbeurteilung und über Neuerungen, z. B. neue Laufbahnpläne
- Regelmäßige Schulung der Vorgesetzten
- Überwachung der Beurteilungen. Vorgesetzte, die generell zu streng oder zu milde beurteilen oder sich von der Leistungsbeurteilung zu drücken versuchen, sind persönlich anzusprechen und zu beraten.

Die Einführung der Leistungsbeurteilung ist ein **mehrstufiger Prozess:**

- Das **Projektteam** muss klug und vielseitig zusammengesetzt sein: aus Sachverständigen (Personalleuten, Experten), Vorgesetzten und Mitarbeitervertretern.
- Es wählt in einem meist länger dauernden Meinungsbildungsprozess das **geeignetste System** aus.
- Das System wird dann an wenigen Mitarbeitern erprobt. Sind die Erfahrungen der Testphase ausgewertet, kann der Leitfaden mit der Anleitung für die Vorgesetzten abgefasst werden. Er soll kurz und verständlich sein und nur das Wesentliche über Ziel und Verfahren enthalten.
- Die Einführung für alle setzt eine umfassende Information der Mitarbeiter und eine gut organisierte Schulung der Vorgesetzten voraus.
- Nach der Einführung muss das System gepflegt werden.

Die Personalabteilung hat in allen Phasen wesentliche Aufgaben: Sie ist Vertrauens- und Koordinationsstelle und hat vor allem die zentral wichtigen Instruktions- und Informationsaufgaben wahrzunehmen.

31   Die Auswertung der Ergebnisse

Die Resultate der Leistungsbeurteilung, z. B. in Form eines ausgefüllten Beurteilungsbogens, bewirken noch gar nichts. Die Ergebnisse müssen ausgewertet werden. Wir unterscheiden **zwei Bereiche** der Auswertung, die wir nacheinander behandeln werden:

- Die Auswertung **für die Führung,** d.h. für das unmittelbare Arbeitsverhältnis zwischen Dem Vorgesetzten und dem Mitarbeiter
- Die Auswertung **für Personalentscheidungen**

Wir ändern jetzt unsere Perspektive. Bisher sprachen wir von der Technik der Datenerfassung bei der Leistungsbeurteilung, jetzt geht es vor allem um Fragen der Kommunikation.

Die Leistungsbeurteilung ist im Grund keine technische, sondern eine **Kommunikationsaufgabe.** Die Art und Weise, wie die Vorgesetzten damit umgehen, entscheidet daher regelmäßig über den Erfolg des gesamten Systems.

Die Leistungsbeurteilung ruht auf drei Säulen:

- Klare Ziele
- Ein fundiertes Beurteilungsverfahren
- Richtiges Verhalten des Beurteilers

Die dritte Säule ist die wichtigste. Gute Vorgesetzte können eine unzulängliche Methode ausgleichen, während das beste methodische System wenig bringt, wenn die Vorgesetzten nicht gut darauf vorbereitet sind und nicht geschickt damit umgehen.

31.1   Das persönliche Beurteilungsgespräch

Alle Wirkungen auf Leistung, Motivation und Zusammenarbeit, über die wir immer wieder gesprochen haben, entstehen nur, wenn der Vorgesetzte dem Mitarbeiter die Ergebnisse der Leistungsbeurteilung in aller Offenheit mitteilt und sie mit ihm bespricht. Das **gemeinsame Gespräch** ist wichtig. Von ihm allein können Wirkungen ausgehen. Ein sauber ausgefülltes Formular, das auf sorgfältigen Beobachtungen des Vorgesetzten beruht, bewirkt nichts, wenn es nicht in eine lebendige, erlebbare Gemeinsamkeit umgesetzt wird.

Der Vorgesetzte wird dabei umfassend gefordert: in seiner Fähigkeit, ein fruchtbares, partnerschaftliches Gespräch aufzubauen, als kritischer Beobachter und vor allem als Persönlichkeit. Manche Vorgesetzte müssen besonders am Anfang Unsicherheiten überwinden. Typische **Anfangsmängel** sind:

- Man ist **vage und so mild** in der Beurteilung, dass es keine Diskussionen oder Einwände gibt. Damit wird das ganze Verfahren zur Farce; es ist im besten Fall wirkungslos, oft leidet aber das Verhältnis zum Mitarbeiter, weil dieser sich nicht ernst genommen fühlt.
- Man hält das **Gespräch so kurz wie möglich** und verschanzt sich hinter sachlichen Aussagen. Auch so sind keine positiven Wirkungen möglich: Mitarbeiter und Vorgesetzter kommen sich nicht näher und der Mitarbeiter wird kaum einsehen, dass und warum er vielleicht bestimmte Verhaltensweisen ändern sollte.

Ein gut geführtes Beurteilungsgespräch ist **offen,** d. h. alle Grundlagen, die für die zu treffenden Maßnahmen und Entscheidungen notwendig sind, werden erörtert. Und es ist ein Dialog. Der Vorgesetzte belehrt nicht, sondern erarbeitet mit dem Mitarbeiter zusammen eine **gemeinsame Meinung und gemeinsam getragene Maßnahmen.**

31.1.1 Beurteilungsfehler

Das ausgeklügelste Beurteilungssystem kann die vielen Fehlermöglichkeiten nie ganz ausschalten, die mit der menschlichen Natur des Beurteilers, vor allem mit seiner **Subjektivität,** zusammenhängen. Jeder Beurteiler, ob Vorgesetzter oder Personalverantwortlicher, sollte sich diese Tatsache immer wieder in Erinnerung rufen. Es ist zunächst einmal wichtig, sich eines Urteils nie voreilig allzu sicher zu sein und damit offen zu bleiben für korrigierende Eindrücke. Diese Art der Unsicherheit ist wertvoll; sie prägt die Einstellung dem Mitarbeiter gegenüber. Der Vorgesetzte ist nicht der Allwissende, sondern sucht nach der größtmöglichen Annäherung an die Wahrheit.

A   Der Vorgang des Beurteilens

Bei der Leistungsbeurteilung sollte nicht die Persönlichkeit eines Menschen beurteilt werden, sondern der **Mensch in seiner Rolle als Mitarbeiter.** Im Blickpunkt steht die **Leistung** und die an einem ganz bestimmten Arbeitsplatz geforderten Verhaltensweisen – ergänzt durch eine Aussage über das Potenzial des Mitarbeiters.

Das klingt, als ob ein streng objektiver Vorgang abliefe, der aus Beobachten, Messen und Bewerten besteht. So sehr man gerade im Bereich der Leistungsbeurteilung versucht, die Wahrnehmung zu objektivieren – ganz gelingt dies nie. Wir müssen uns vielmehr darüber klar sein, dass die Beurteilung immer auch ein höchst **individueller Akt des Vorgesetzten** und damit subjektiv und fehleranfällig ist.

Aber durch welche Ritzen fließt das Subjektive denn ein? Es fließt schon in den **Wahrnehmungsvorgang** ein. Wir sehen z.B. nicht alles. Weitere Fehler schleichen sich beim Bewerten ein. Für den einen ist Pünktlichkeit sehr wichtig. Er wird pünktliche Verhaltensweisen stärker wahrnehmen und gewichten als jemand, für den Kreativität zentral wichtig ist.

Der **Beurteilungsvorgang** besteht aus:

- dem **Wahrnehmen einer Verhaltensweise,** z. B. pünktliches Abliefern von Aufträgen und
- **dem Bewerten des Wahrgenommenen,** der Vorgesetzte empfindet z. B. den Mitarbeiter als ordentlich, weil er pünktlich ist und weil Pünktlichkeit für ihn ein zentrales Merkmal für Ordentlichkeit ist. Die positive Einschätzung dieses Merkmals ruft Sympathie hervor und kann in der Folge die Wahrnehmung und Bewertung der anderen

Merkmale verzerren. Weil mir der Mitarbeiter sympathisch ist, traue ich ihm unbewusst keine Schwächen zu.

B   Häufige Beurteilungsfehler

Wir haben die Beurteilungsfehler bereits im Kapitel über die Personalauswahl besprochen. Wir führen daher hier nur die Begriffe mit einer kurzen Erklärung auf. Wenn Sie sich nicht mehr daran erinnern, lesen Sie im Kapitel 20.5.3 nochmals nach.

Selektive Wahrnehmung

Wir nehmen von den vielen Aspekten der Realität immer nur einen Teil wahr; die anderen entgehen uns.

Inferenz

Die Selektion verengt den Blick auf einen kleinen Ausschnitt der Realität oder erweitert ihn willkürlich. Der Beobachter bleibt nicht bei der Beobachtung, sondern zieht – ohne es zu bemerken – Schlüsse auf Verhaltensweisen oder Eigenschaften, die er konkret gar nicht gesehen hat (z. B. ein Vorgesetzter hält einen Mitarbeiter, der viel redet, für kontaktfreudig, offen, sogar für kreativ. Das muss keineswegs zutreffen).

Sympathie/Antipathie

Als sympathisch empfinden wir Menschen, die uns ähnlich sind, z.B. in ihrem Bildungsgrad, in ihren Ansichten, Hobbys usw. Sympathie führt rasch zu einer Annäherung und Verständigung, Antipathie eher zu einer negativen, distanzierten Haltung einem Menschen gegenüber.

Halo-Effekt (Überstrahlung)

Er kann sich positiv und negativ auswirken. In beiden Fällen lässt sich der Vorgesetzte durch **hervorstechende Merkmale** (äußere Erscheinung, ihm persönlich besonders wichtige Beobachtungen, ähnliche weltanschauliche Ausrichtung usw.) übermäßig beeinflussen. Abweichende Beobachtungen werden dadurch überstrahlt, d. h. abgeschwächt oder verwischt; oft dringen sie gar nicht ins Bewusstsein des Beobachters ein, weil er «geblendet» ist.

Primitive Persönlichkeitstheorien

Jeder von uns hat aus den mehr oder weniger zufälligen Erfahrungen mit Menschen eine Art hausgemachte Persönlichkeitstheorie entwickelt, die meist aus nichts anderem als aus nicht näher überprüften **Vorurteilen** besteht. Aber sie helfen uns, Wahrnehmungen rasch einzuordnen, rasch zu einem Gesamtbild zu kommen, das zwar meist sehr fehlerhaft, dafür aber sicher ist. So gibt es die Theorie, eine hohe Stirn sei ein Intelligenzzeichen. Solche primitiven Deutungen sind meist nichts anderes als grobe Verallgemeinerungen; aus wenig Informationsmaterial werden voreilig Schlussfolgerungen gezogen.

Der konstante Fehler

Es gibt Beurteiler, die immer streng oder durchgehend milde urteilen. Autoritäre Vorgesetzte mit einem eher pessimistischen Weltbild neigen zu kritischen Bewertungen und

scheuen sich vor herzlicher Anerkennung einer Leistung. Wer generell optimistisch eingestellt ist, neigt zu milden Urteilen. Die eigene Beurteilungsstrenge sollte einem bewusst
sein.

Mangelnde Streuungsbreite

Beurteilungsfehler entstehen auch durch extreme Sichtweisen: Schwarz-Weiß-Beurteilun-
gen, wenige Beurteilungen in der Mitte oder umgekehrt nur mittlere Beurteilungen. Auch
hier sind Vergleiche mit anderen Beurteilern hilfreich.

Die meisten Beurteilungsfehler liegen in der **Person des Beurteilers.** Sie entstehen vor
allem durch unsorgfältiges und voreiliges Interpretieren von Eindrücken oder durch emotionale Verzerrungen.

Daneben gibt es Fehler, die in der **Beurteilungssituation** liegen:

Der Schlusseffekt

Das Erinnerungsvermögen des Beurteilers ist wichtig für die Mitarbeiterbeurteilung. Er
muss ja Vorgänge und Beobachtungen über eine längere Beurteilungsperiode hinweg verarbeiten. Viele Vorgesetzte beziehen aber nur das Verhalten ein, das sich **kurz vor der
Beurteilung** präsentiert. An das länger zurückliegende Verhalten erinnern sie nicht mehr
so genau, was zu schwerwiegenden Verzerrungen in der Beurteilung führen kann. So kann
ein einzelner Vorfall der letzten Tage die Beurteilung einer ganzen Periode überstrahlen.

Der überlastete Beurteiler

Beobachtungen zu sammeln, zu bewerten und daraus ein zutreffendes Bild vom Mitarbeiter zu entwickeln, ist eine Aufgabe, die Ruhe und Konzentration erfordert. Wenn der Vorgesetzte seine Beurteilung in einem **ungünstigen Zeitpunkt** formuliert, z. B. kurz vor
Arbeitsschluss nach einem belastenden oder frustrierenden Tag, kann das seine Konzentration beeinträchtigen und das Ergebnis verfälschen.

Nachbarschaftsfehler

Zwei hintereinander stehende Merkmale werden oft automatisch als inhaltlich zusammen-
gehörig angesehen – und man schätzt die beiden tendenziell ähnlich ein, was zu schwerwiegenden Fehlern führen kann. Untersuchungen zeigen ferner, dass der durchschnittliche Mensch nur 5–7 Merkmale unterscheiden kann. Mehr Merkmale führen zur Überstrah-
lung. Ein klares Argument für eine Beschränkung der Merkmale im Beurteilungsbogen.

Serialer Positionseffekt

Wenn die Einschätzung eines Mitarbeiters in den auf dem Beurteilungsbogen zuerst
gefragten Merkmalen positiv oder negativ ausfällt, beeinflusst dies leicht die weitere
Bewertung. Die zuerst abgegebenen Urteile tragen erfahrungsgemäß mehr zum Gesamturteil bei als spätere Einzelbewertungen. Die Ursache dafür liegt in der abnehmenden Aufmerksamkeit des Beurteilers.

[31-1]   Die vier Arten von Beurteilungsfehlern

C   Wie lassen sich Beurteilungsfehler vermeiden?

Unser Urteil über andere ist fehleranfällig. Beurteiler müssen versuchen, die Fehlerhäufigkeit, d. h. die Unvollkommenheit ihres Urteils auf ein erträgliches Maß zu beschränken.

Was kann ein **verantwortungsbewusster Vorgesetzter** konkret tun?

* Er muss sich bei der Beurteilung des einzelnen Mitarbeiters **selbst über die Schulter schauen.** Sobald er den Beurteilungsbogen durchgearbeitet, d. h. seine Beurteilung für einen bestimmten Mitarbeiter festgehalten hat, muss er sich überlegen, ob er den Mitarbeiter im Verhältnis zu seinen Kollegen mit ähnlichen Aufgaben zutreffend eingestuft hat. Ist der Mitarbeiter leistungsstärker als X oder Y, worin unterscheidet er sich wirklich von diesen? Wo sind seine Schwerpunkte usw.? Innerhalb einer Gruppe oder Abteilung muss sich eine Rangordnung ergeben, die in ihren Verhältnissen (Unterschiede, Abstände) stimmt.

* Er sollte nicht nur seine aktuellen Eindrücke des zu beurteilenden Mitarbeiters beachten, sondern **Notizen über den gesamten Beurteilungszeitraum** hin verarbeiten. Die Notizen sollten so konkret wie möglich sein: In welcher Situation hat der Mitarbeiter ein bestimmtes Verhalten gezeigt? Also nicht: X ist ein Draufgänger, sondern damals mit jenen Kunden hat er sich aufdringlich und ungeschickt verhalten; bei den anderen Kunden zeigt er dieses Verhalten nicht.

* Er muss sich der vielen möglichen **Fehlerquellen bewusst sein** und sollte seine eigenen Vorurteile kennen. Ein gutes Mittel ist der Vergleich von Beurteilungen mit denen von Kollegen und das Ergründen der Unterschiede in kritischen Gesprächen. Je besser die Selbstwahrnehmung des Vorgesetzten ist, umso besser kann er seine Mitarbeiter wahrnehmen. Eigene Ungereimtheiten fließen oft unkontrolliert in die Personalbeurteilung ein.

* Er muss lernen, **Beobachtung und Bewertung des Beobachteten zu trennen.** Was habe ich beobachtet? Was interpretierte ich? Ferner: Nach welchen Grundsätzen bewerte ich? Sind meine Beurteilungsgrundsätze z. B. zu einseitig, zu streng; sind sie inhaltlich einseitig?

TEIL F LEISTUNGSBEURTEILUNG

- Er muss sich für die Beurteilung **Zeit nehmen und allen Merkmalen die gleiche Aufmerksamkeit schenken.**
- Er darf **nicht sich selbst zum Maßstab machen,** an dem er die Leistungen oder das Potenzial seiner Mitarbeiter misst, sondern die speziellen Anforderungen ihrer Arbeitsaufgabe. Der Blick in die Stellenbeschreibung und das Anforderungsprofil hilft ihm dabei immer.
- Das Unternehmen muss dafür sorgen, dass die Vorgesetzten ihre **Urteilsfähigkeit systematisch durch Schulung verbessern.** Die Seminare sollten nicht zu allgemein gehalten sein, sondern zu Beginn gezielt die individuellen Beurteilungsschwächen herausfinden, durch Übungen daran arbeiten und am Ende eine Erfolgskontrolle durchführen. Hat sich etwas geändert? Sind die Beurteilungen realistischer geworden? Haben die Beurteiler ein geschärfteres Bewusstsein ihrer Einseitigkeiten?

Gute Menschenkenner zeichnen sich durch folgende Merkmale aus:

- Sie konzentrieren sich stark auf ihr Gegenüber.
- Sie beobachten genau, d. h., sie hören aufmerksam zu.
- Sie sind vorsichtig in ihren Beurteilungen und Schlussfolgerungen und achten vor allem auf die Unterscheidung von Echtheit und taktischen oder vorgetäuschten Verhaltensweisen.

Der **Beurteiler** sollte möglichst **objektiv** sein. Subjektivität wird durch die Wahrnehmung und das Bewerten des Wahrgenommenen bewirkt.

Viele **Beurteilungsfehler** entstehen durch die Person des Beurteilers (selektive Wahrnehmung, Sympathie etc.) oder durch seine Beziehung zum Mitarbeiter, andere ergeben sich durch die Beurteilungssituation (Überlastung, Schlusseffekt) oder durch den Aufbau des Beurteilungsbogens (Nachbarschaftsfehler, serialer Effekt).

Kein Vorgesetzter kann Beurteilungsfehler vollständig vermeiden, aber jeder hat die Pflicht, Ungenauigkeiten und Fehler auf ein erträgliches Maß zu beschränken.

31.1.2 Organisation des Beurteilungsgesprächs

Bevor wir auf die Gesprächssituation selbst eingehen, führen wir einige organisatorische Punkte auf, die beachtet werden sollten.

A Die Vereinbarung eines Termins

Teilen Sie dem Mitarbeiter mit, wann Sie das Beurteilungsgespräch führen möchten, und rufen Sie ihn nicht eines Tages unvermittelt zu sich. Er soll sich auf das Gespräch vorbereiten und einstellen können. Manche Unternehmen regen den Mitarbeiter sogar zu einer **Selbstbeurteilung** an, oft mit einem eigens dafür vorgesehenen Formular. Er setzt sich so unabhängig von der Beurteilungssituation mit wichtigen Fragen seiner Tätigkeit, seiner Leistungsfähigkeit, seinem Potenzial und seinen Zukunftsvorstellungen auseinander. Manche Unternehmen verbinden damit ein **Feedback** über Fragen, die für das Unternehmen wichtig sind. Wie empfindet der Mitarbeiter das Arbeitsklima und damit indirekt auch die Führung in seiner Gruppe? Welche konkreten Verbesserungsvorschläge hat er zu seinem Arbeitsplatz, zur Zusammenarbeit, zum Gesamtklima? Er wird damit nicht nur zur Kritik, sondern zum konstruktiven Mitdenken motiviert. Das Blatt mit seiner Beurteilung kommt (wie die Beurteilung durch den Vorgesetzten) zu den Personalakten, wenn der Mitarbeiter dies wünscht, und seine Vorschläge werden berücksichtigt und realisiert, wenn sie umsetzbar sind.

B   Harmonisierungskonferenz

Manche Unternehmen überlassen die Beurteilung nicht einfach dem einzelnen Vorgesetzten, sondern schalten dem Beurteilungsgespräch eine **Kontrolle** vor, häufig in Form einer Harmonisierungskonferenz. Sie soll gewährleisten, dass einheitlich beurteilt wird. An der Konferenz nehmen die Beurteiler eines Funktionsbereichs und deren Vorgesetzte teil. Sie wird von der zuständigen Personalmitarbeiterin als neutraler Person geleitet. Dabei wird geklärt, ob bei der Beurteilung formal und methodisch richtig und nach gleichen Maßstäben vorgegangen wurde und ob Beurteilungsabweichungen vom Durchschnitt auf tatsächlichen Leistungsabweichungen oder auf Beurteilungshärte bzw. -milde beruhen. Mängel werden vor dem Gespräch mit dem Mitarbeiter korrigiert.

Solche Kontrollen können sehr nützlich sein, weil sie allzu unterschiedliche Beurteilungen von verschiedenen Vorgesetzten frühzeitig ausschalten. Zu unterschiedliche Beurteilungen führen zu Unzufriedenheit, zu Unsicherheit und zum Gefühl des Ausgeliefertseins bei den Mitarbeitern – statt zu Motivation und Kooperation.

C   Dauer und Ort des Gesprächs

Das Gespräch muss an einem ruhigen Ort stattfinden, z. B. im Büro des Vorgesetzten oder im Sitzungszimmer. Störungen durch Telefonate usw. sind unbedingt auszuschalten. Ein Beurteilungsgespräch dauert in der Regel 1 bis $1^1/_2$ Stunden. Kürzere Zeiten sind ein Zeichen dafür, dass sich kein Gespräch entwickeln konnte. Braucht man wesentlich mehr Zeit, um wichtige Fragen zu klären, ist es sinnvoll, eine Fortsetzung an einem anderen Tag festzulegen. Man verdaut in der Zwischenzeit das schon Besprochene und setzt sich dann mit neuer Konzentration ans Thema.

D   Einsprüche

Vor allem wenn die Leistungsbeurteilung eng mit der Entlohnung gekoppelt ist, kann es zu Konflikten mit Mitarbeitern kommen, die sich ungerecht beurteilt fühlen. Aber auch in anderen Fällen kann es sein, dass der Mitarbeiter trotz eines guten Gesprächs mit dem Vorgesetzten mit dessen Einschätzungen nicht einverstanden ist und dass die Einwendungen, die er macht, nicht ausgeräumt werden können. Für diesen Fall muss der Mitarbeiter bestimmte Mittel in die Hand bekommen; seine Einwände dürfen nicht einfach verklingen. Die üblichen Mittel sind:

- **Einwendungen** zu einzelnen Punkten oder zur Beurteilung insgesamt **werden** im Beurteilungsformular **protokolliert.** Wenn sie gravierend sind, wird der nächsthöhere Vorgesetzte oder der zuständige Personalmitarbeiter mit dem Mitarbeiter sprechen.
- **Bedenken,** die erst nach dem Gespräch auftauchen, müssen innerhalb einer bestimmten Frist, z. B. Wochenfrist, **schriftlich formuliert** werden. Sie werden damit Teil der Beurteilung. Der Mitarbeiter soll auf jeden Fall die Möglichkeit haben, Einsprache zu erheben und das Ergebnis dem nächst höheren Vorgesetzten oder der Personalabteilung vorzulegen. Dort wird geklärt, ob das Verfahren korrekt angewendet wurde, ob Antipathie des Vorgesetzten eine Rolle spielte usw. Als mangelhaft anerkannte Beurteilungen müssen korrigiert werden.

E   Leitfaden für das Beurteilungsgespräch

Im Beurteilungsgespräch geht es um einen Soll-Ist-Vergleich während der Beurteilungsperiode. Daraus ergeben sich folgende **zentrale Gesprächspunkte:**

- **Klarstellen der Aufgaben,** für die der Mitarbeiter zuständig ist, und Analyse seiner Leistungen im abgelaufenen Zeitraum. Was wurde erreicht? Wo sind Lücken?
- **Vergleich der Ergebnisse mit der Planung** und den früher vereinbarten Zielen.
- **Gründe für Abweichungen ermitteln:** Welche Beobachtungen und Überlegungen habe ich mir als Vorgesetzter dazu gemacht; wie sieht der Mitarbeiter die Gründe? Gespräch und Übereinstimmung in der Beurteilung der Gründe herbeiführen, d. h., gemeinsam nach den wirklichen Ursachen suchen.
- Was muss getan werden, um Abweichungen künftig zu vermeiden bzw., wie viel mehr ist an Leistung noch möglich, wie sind also die **Ziele neu** anzusetzen?
- **Vorschläge für konkrete Maßnahmen,** die mit dem Mitarbeiter erörtert werden.

Die beiden **thematischen Schwerpunkte** sind:

- die **kritische Auseinandersetzung mit dem Ist-Zustand** und
- das **gemeinsame Erarbeiten neuer Soll-Vorgaben** für die nächste Beurteilungsperiode, und zwar im Bereich der sach- und der personenbezogenen Ziele.
  Sachbezogene Ziele sind: konkrete Aufgaben, z. B. das Erhöhen des Umsatzes, das Bearbeiten eines neuen Projekts, mehr Verkaufs-, weniger Sachbearbeitungsaufgaben.
  Personenbezogene Ziele sind: Verändern des Verhaltens in der Zusammenarbeit, in Verhandlungen usw., z. B. mehr auf die Erwartungen der Partner eingehen, kooperativer führen.

Nur wenn die neuen **Ziele gemeinsam mit dem Mitarbeiter erarbeitet** wurden, haben sie eine gute Chance, realisiert zu werden. Werden sie vom Vorgesetzten verordnet, steht der Mitarbeiter innerlich nicht dahinter. Bei den ersten Schwierigkeiten, die auftauchen, wird er zum Rückzug blasen. Hat er selbst mitbestimmt, ist er motiviert, d. h. er wird versuchen, Hindernisse zu überwinden, um das gesteckte Ziel zu erreichen.

Der Vorgesetzte und der Mitarbeiter müssen sich auf das Beurteilungsgespräch vorbereiten können; das Gespräch soll in Ruhe geführt werden – man muss dafür genügend Zeit einplanen. Der Mitarbeiter muss die Möglichkeit haben, eine Beurteilung, mit der er nicht einverstanden ist, mit anderen Stellen zu erörtern; eventuell muss sie korrigiert werden. Auf jeden Fall sind Einwände im Beurteilungsformular zu protokollieren.

31.1.3 Gespräch unter vier Augen

A Wirkungen des Beurteilungsgesprächs

Gute Beurteilungsgespräche sind maßgeblich für die Arbeitszufriedenheit des Mitarbeiters, sie strahlen sogar auf das gesamte Gruppen- oder Abteilungsklima aus. In unserer arbeitsteiligen, hochspezialisierten Arbeitswelt hat der Einzelne nur mehr sehr beschränkte Möglichkeiten, seinen Einfluss auf den Erfolg einer Sache unmittelbar zu erleben; ein großer Teil der berufsmäßigen Kommunikation beschränkt sich auf Fachliches. Regelmäßige Beurteilungsgespräche eröffnen daher eine neue Dimension. Sie sollen **drei Ziele** erreichen:

- Der Mitarbeiter soll **persönliche Anerkennung und Wertschätzung durch den Vorgesetzten** erfahren.
- Er soll durch Rückmeldungen konkrete Anhaltspunkte bekommen, um seine **Leistung zu verbessern und sein Verhalten zu optimieren.**
- Er soll durch die Anerkennung zu **weiteren Leistungen und Erfolgen angespornt** werden.

B Anerkennung und Kritik

Das Beurteilungsgespräch soll offen sein und Anregungen für neue Verhaltensweisen geben. Anerkennung und Kritik sind von zentraler Bedeutung.

Hier einige Hinweise, wie **Anerkennung** auszusprechen ist:

- **Sofort:** wenn die gute Leistung erbracht oder eine gewünschte Verhaltensänderung zum ersten Mal gezeigt wird. Eine Würdigung der guten Leistung im Rückblick auf eine Beurteilungsperiode ist aber auch noch wirkungsvoll, wenn sich der Vorgesetzte dabei anhand seiner Notizen auf konkrete Vorfälle beziehen kann.
- **Ausdrücklich:** Halten Sie nicht mit Lob zurück, z. B. weil Sie Ansprüche der Mitarbeiter befürchten. Anerkennung ist ein wichtiges Mittel zur Orientierung, zum Ansporn und zur guten Zusammenarbeit. Also immer loben, wenn es Grund dazu gibt.
- **Sachbezogen:** Loben Sie nicht die Person des Mitarbeiters, sondern seine **Leistung.** Und loben Sie nicht schematisch. Standardformeln wie «Schön, schön», «Weiter so» sind zu undifferenziert. Sagen Sie, was gut ist an einer Entscheidung oder an einer Verhaltensweise. Es ist entscheidend für den Mitarbeiter, dass er sich wirklich wahrgenommen fühlt. Sachbezogen ist ein Lob auch, wenn es in Bezug zu den Anforderungen steht. Ein Lob für zu leichte Arbeit empfindet der Mitarbeiter bald einmal als «billig».

Persönliche Worte sind stets wirkungsvoller als Floskeln, weil sie echt und spontan sind, z. B. «Das haben Sie fehlerfrei gemacht – und so schnell, danke schön».

Anerkennung auszusprechen ist relativ einfach: Es verbessert den Kontakt zum Mitarbeiter, schafft Nähe, während Kritik immer die Gefahr in sich trägt, dass sie Abneigung erzeugt und zu Distanz führt. Dennoch ist Kritik ein wichtiger Teil des Beurteilungsgesprächs; sein Erfolg zeigt sich zu einem wesentlichen Teil vielleicht sogar daran, wie gut es dem Vorgesetzten gelingt, offen und kritisch zu sein und doch das Vertrauen zu erhalten.

Wie ist **Kritik** auszusprechen?

- **Positiven Kontakt herstellen:** Kritische Bemerkungen über die Leistung des Mitarbeiters setzen eine entspannte und offene Gesprächsatmosphäre voraus, die Respekt für den Mitarbeiter und Interesse für seine Situation einschließt.
- Immer nur **sachbezogen** kritisieren: Zunächst bedeutet dies, dass über die Tatsachen, die zur Kritik Anlass geben, Übereinstimmung mit dem Mitarbeiter herbeigeführt werden muss. Erst dann können wir sachlich und ohne seine Selbstachtung zu verletzen über seine Fehler und Schwächen sprechen. Es geht dabei nicht um seine Person, sondern um Leistung und Verhalten.
- Eine **klare Sprache** benutzen: Bringen Sie Ihre Kritik in angemessenem Ton und klar vor. Mehrdeutige und verschwommene Formulierungen, die der Mitarbeiter nicht wirklich versteht und die ihm keine Anhaltspunkte für sein künftiges Verhalten geben, sind nicht nützlich.
- **Unter vier Augen** kritisieren: Jeder Mensch möchte bei seinen Kollegen angesehen sein. Öffentliche Kritik stellt ihn bloß und veranlasst ihn mit Sicherheit zur Verteidigung.
- Einen **positiven Abschluss** finden: Das Vertrauen zwischen Mitarbeiter und Vorgesetztem darf nicht leiden. Das Gespräch muss so geführt werden, dass die Zusammenarbeit von nun an gleich gut oder noch besser funktioniert. Das gelingt, wenn man dem Mitarbeiter Mut macht, an den vereinbarten Verbesserungen zu arbeiten, und seine Zuversicht stärkt, dass er die neuen Ziele auch erreichen wird.

C   Beteiligung am Gespräch

Die Qualität eines Beurteilungsgesprächs zeigt sich letztlich an der Beteiligung der beiden Gesprächsteilnehmer. Dabei sind folgende Punkte wichtig:

- Der Mitarbeiter soll zur **Selbsterforschung** angehalten werden. Wie sieht er die Dinge? Wie beurteilt er sich und die Gründe für Über- oder Unterforderung? Wohin möchte er sich weiterentwickeln?
- Der Vorgesetzte geht nicht nur von seiner Beurteilung aus, sondern **vergleicht** seine Sichtweise mit der des Mitarbeiters. Vielleicht bringt er Korrekturen an.
- Dadurch ist dieses Gespräch eine intensive **Lern- und Kontaktchance:** Gemeinsam wird etwas erarbeitet.

Wenn die gemeinsame Aufgabe im Zentrum steht, wird das Gespräch zu einem **Beratungsgespräch.** Ein gutes Beurteilungsgespräch geht in die Tiefe; der Mitarbeiter wird individuell in seiner Leistungsfähigkeit und in seinen Leistungsmöglichkeiten erfasst und es werden gemeinsam Maßnahmen erarbeitet (nicht unbedingt auch schon beschlossen).

Solche Wirkungen sind nicht möglich, wenn das Beurteilungsgespräch ein isolierter Sonderakt ist, sondern nur, wenn der Vorgesetzte mit seinen Mitarbeitern laufend im Gespräch ist.

D   Ablauf des Beurteilungsgesprächs

Wir gehen dabei modellhaft vor, es gibt keine Idealform. Für eine grobe Orientierung kann unser **Modell** aber nützlich sein. Der in Klammern vorgeschlagene Zeitanteil jedes Gesprächsabschnitts zeigt das unterschiedliche Gewicht der Teile an. Die Gesamtdauer des Beurteilungsgesprächs ist von vielen Faktoren abhängig. Als grober Anhaltspunkt gilt: nicht unter einer Stunde, aber auch nicht mehr als zwei Stunden.

Modellhafter Ablauf des Beurteilungsgesprächs

- Einleitung, Herstellen des Kontakts, Klärung der Gesprächsziele (3 %).
- Erörterung der Funktionen des Mitarbeiters anhand der Stellenbeschreibung und der Zielsetzungen (6%).
- Besprechung der Ziele: Hier wird erörtert, welche Zielsetzungen erreicht wurden und welche nicht beim Mitarbeiter liegenden Gründe eine Zielerreichung verhinderten. Es geht noch nicht um die Beurteilung der Mitarbeiterleistung (6 %).
- Klärung der qualitativen Anforderungen an den Mitarbeiter (3 %).
- Darstellung und Begründung der Beurteilung durch den Vorgesetzten; dabei wird der Mitarbeiter noch nicht zu einer detaillierten Stellungnahme aufgefordert (6 %).
- Diskussion der Beurteilung mit dem Mitarbeiter:
  - die Stärken und die Möglichkeiten, sie noch besser zu nutzen (10 %);
  - die Schwächen und die Möglichkeiten, sie abzubauen (10 %);
  - Möglichkeiten der Leistungsverbesserung bei den Beurteilungsmerkmalen, die für die Aufgabe des Mitarbeiters besonders wichtig sind (5 %).
- Gemeinsames Erörtern von Plänen und Vorschlägen für die Verbesserung der Leistung des Mitarbeiters und für seine berufliche Weiterentwicklung (20 %).
- Klären der gegenseitigen Erwartungen und Vorstellungen hinsichtlich der künftigen Laufbahn des Mitarbeiters (15 %).
- Entwicklung eines gemeinsam getragenen Arbeitsplans für die Aufgabenschwerpunkte im kommenden Beurteilungszeitraum. Auf dieser Zielvereinbarung wird dann die nächste Beurteilung aufgebaut (16 %).
- Gesprächsprotokoll (3 %).

Da Kommunikation ein lebendiger Prozess ist, lässt sich der Ablauf des Beurteilungsgesprächs **nicht durch Rezepte reglementieren**. Die wichtigsten Voraussetzungen für eine erfolgreiche Mitarbeiterbeurteilung sind Echtheit und Wohlwollen des Vorgesetzten sowie eine gute Kenntnis der psychologischen Zusammenhänge. Der Vorgesetzte sollte ohne rhetorische Tricks so sprechen, wie er empfindet und denkt.

Ein gutes Beurteilungsgespräch verbessert das Verhältnis zwischen dem Mitarbeiter und dem Vorgesetzten, fördert die Arbeitsmotivation beim Mitarbeiter und klärt die Arbeitsbedingungen. Es soll offen sein und Anregungen für neue Verhaltensweisen geben. Der Vorgesetzte muss **Anerkennung und Kritik** in angemessener Form aussprechen.

Das Beurteilungsgespräch ist umso besser, je intensiver Vorgesetzter und Mitarbeiter sich daran beteiligen. Für den Ablauf des Gesprächs wäre folgendes **Schema** möglich:

- Einleitung
- Besprechung der Funktionen und der Leistung des Mitarbeiters und der Anforderungen an ihn
- Beurteilung durch den Vorgesetzten
- Diskussion der Beurteilung
- Besprechung von Vorschlägen für eine Verbesserung der Leistung des Mitarbeiters und für seine berufliche Weiterentwicklung
- Ausarbeitung eines Plans für den kommenden Beurteilungszeitraum

31.2   Die Auswertung der Ergebnisse

Die Ergebnisse der Leistungsbeurteilung haben eine zentrale Bedeutung für fast alle Bereiche der Personalplanung und für wichtige Entscheidungen im Personalbereich.

Die Beurteilungsbogen werden im Personaldossier des Mitarbeiters aufbewahrt, und zwar zentral in der Personalabteilung. Bevor die Personalverantwortlichen den Bogen ablegen, werten sie ihn aus, d. h., sie erfassen alle relevanten Daten, um sie für die Einsatz-, Schulungs- und Förderplanung zur Verfügung zu haben.

Wenn das Material sehr umfangreich ist, sollten **Listen und Auszüge** gemacht werden. Dabei sind folgende **Fragen** interessant:

- Quervergleiche: Wo sind besonders gute Mitarbeiter situiert, die befördert werden sollten?
- Wo gibt es ähnliche Schulungsbedürfnisse, die man zusammenfassen könnte?
- In welchen Bereichen gibt es Qualifikationsmankos oder muss man Vorgesetzte besonders unterstützen, z. B. durch Anwerbung weiterer Leute?
- Wie fallen die Beurteilungen abteilungsweise aus? Daraus ergibt sich Material für Rücksprachen mit den betreffenden Vorgesetzten über die Arbeit des Qualifizierens, eventuell der Führung insgesamt usw.

Jede Personalabteilung muss versuchen, das Material so geschickt wie möglich zu verarbeiten.

Es ist wichtig, dass die **Personalabteilung** die Ergebnisse **zentral auswertet** – auch in einem nur mittelgroßen Unternehmen. An einem Punkt müssen die Fäden zusammenlaufen, muss der Überblick möglich sein und müssen alle Planungsdaten erfasst werden. Wann immer Personalentscheidungen im Unternehmen getroffen werden, ob ein Vorgesetzter mehr Leute braucht, ein anderer einen überqualifizierten Mitarbeiter abgeben will oder ob man daran denkt, interne Seminare für eine bestimmte Fachschulung aufzubauen, muss die Personalabteilung mithilfe der Informationen, über die sie verfügt, unterstützend mitwirken.

Die Personalabteilung ist diejenige Stelle, die die Ergebnisse der Leistungsbeurteilung zentral auswertet und verwaltet und dadurch eine koordinierte Einsatzplanung, Schulung und Nachwuchsförderung für das gesamte Unternehmen ermöglicht.

32 Die Vorgesetztenbeurteilung

32.1 Entwicklung

In den letzten Jahren hat sich ein neues Verfahren durchgesetzt. Es werden nicht nur die Mitarbeiter durch die Vorgesetzten beurteilt. Mitarbeiter beurteilen jetzt ihre Chefs. Man setzt in der Regel einen Fragebogen ein, mit dessen Hilfe die Mitarbeiter das Verhalten ihres Vorgesetzten einschätzen. Die Zahl der gestellten Fragen reicht von fünf bis nahezu 200. Art und Inhalt der Fragen unterscheiden sich meist wenig voneinander. Es empfiehlt sich, die Vorgesetzten bei der Formulierung der Fragen mit einzubeziehen, damit sich kein Widerstand gegenüber der Neueinführung ergibt.

In letzter Zeit änderte sich die Auffassung vom **richtigen Führungsverhalten.** Wer im Trend zu flachen Hierarchien plötzlich bis zu 30 Mitarbeiter zu führen hat, die zudem noch in Teams mit eigenen Teamleitern organisiert sind, der kann gar nicht anders, als seine Führungsfunktion neu zu definieren, wenn er nicht scheitern will. Dies dürfte auch ein Grund für die Einführung einer Vorgesetzten-Beurteilung sein.

Führungskräfte wissen oft nicht, wie sie ihre Rolle wahrnehmen sollen. Sie erleben einerseits, dass die Erwartungen der Mitarbeiter bezüglich Selbständigkeit und Selbstverantwortung steigen. Die Signale, die sie «von oben» empfangen, lauten dementsprechend auch: «Delegieren, Verantwortung abgeben, Ziele vereinbaren!»

Anderseits spüren sie, dass viele der ihnen unterstellten Mitarbeiter verunsichert sind, sich daher klare Anweisungen und Spielregeln wünschen, an denen sie sich orientieren können. Hinzu kommt die Tatsache, dass Führungskräfte unter einem hohen Kosten- und Erfolgsdruck stehen. Wenn nicht alles wunschgemäß läuft, ist die eigene Position schnell in Gefahr. Die Botschaft aus den oberen Etagen, die das Dilemma für die Vorgesetzten komplett macht, lautet: «Wir machen dich verantwortlich, wenn es nicht weiter aufwärts geht. Sieh zu, dass der Laden läuft.»

Hohe Fehlzeiten, ein schlechtes Betriebsklima und innere Kündigung werden in erster Linie auf ein **unangemessenes Führungsverhalten** zurückgeführt. Es macht daher Sinn, dass die Mitarbeiter das Führungsverhalten bewerten.

32.2 Ablauf

Bei den meisten Unternehmen verläuft ein Beurteilungsverfahren wie folgt ab: Zuerst werden Vorgesetzte und Mitarbeiter informiert, dann erhalten alle Beteiligten einen **Fragebogen** zum Führungsverhalten, den der Chef (für sich selbst) und die Mitarbeiter ausfüllen. Danach schicken alle den Bogen an eine neutrale Auswertungsstelle, um die Anonymität zu sichern.

Die **Auswertung der Fragebogen** ist bei vielen Unternehmen die Grundlage für Feedback-Gespräche mit den Mitarbeitern. Erst wenn Aktivitäten vereinbart werden, an die sich beide Seiten halten, kann die Zusammenarbeit nachhaltig verbessert werden.

[32-1] Der Ablauf des Vorgesetztenbeurteilungsverfahrens

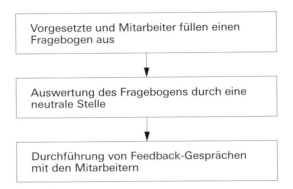

Dieses Vorgehen ist in den meisten Unternehmen gleich. Recht unterschiedlich dagegen ist geregelt, wie verbindlich der **Einsatz des Instruments und die daraus folgenden Aktivitäten** sind.

- In einigen Unternehmen liegt die Entscheidung beim Vorgesetzten, die Teilnahme ist völlig freiwillig.
- Bei anderen ist die Teilnahme verbindlich und die Ergebnisse gehen sowohl an den nächsthöheren Vorgesetzten als auch in die Personalakte des Beurteilten.

Für beide Versionen gibt es gute Gründe. Wer sich freiwillig dem Urteil seiner Mitarbeiter stellt, der ist interessiert, sein Verhalten zu diskutieren und auch zu ändern. Wer gezwungen wird, bei dem dürfte die Veränderungsbereitschaft gering sein. Anderseits: Wer sich aus freien Stücken beurteilen lässt, hat meist ohnehin ein offenes Verhältnis zu seinen Mitarbeitern und gewinnt lediglich zusätzliche Erkenntnisse. Wer jedoch ein problematisches Verhältnis zu seinen Mitarbeitern hat, der wird sich kaum einer Beurteilung stellen. Aber gerade hier besteht der größte Veränderungsbedarf. Da ist es nur konsequent, wenn die Ergebnisse nach oben weitergereicht werden, um so den notwendigen «Leidensdruck» zu erzeugen.

32.3 Feedback statt Beurteilung

Es gibt aber auch im Fall der Vorgesetzten-Beurteilung einen Mittelweg: das **Vorgesetzten-Feedback.** Die Wortwahl «Beurteilung» bringt mit sich, dass sich an die Einschätzung des Verhaltens konkrete Konsequenzen in Bezug auf Entgelt und Position anschließen. Beurteilungen von Mitarbeitern werden in der Regel mit derartigen Konsequenzen verknüpft. So verstandene Beurteilungen werden aber nach wie vor als Aufgabe der Vorgesetzten angesehen, eine Umkehrung des Prozesses ist bisher kaum vorstellbar.

32.3.1 Verfahren

Das Verfahren des Vorgesetzten-Feedbacks besteht aus einem Fragebogen, der von den Mitarbeitern und den Vorgesetzten ausgefüllt und extern ausgewertet wird. Er hat zwei Besonderheiten, die bei anderen Verfahren in dieser Form kaum anzutreffen sind:

- Jede Antwort-Alternative wird beschrieben.
- Jede Frage wird nach dem IST und dem SOLL beantwortet.

Die meisten Fragebogen enthalten Fragen in Form von **Verhaltensbeschreibungen,** etwa: «Mein Vorgesetzter informiert mich schnell und umfassend.» Die Antwort muss dann auf einer Skala (zum Beispiel von 1 bis 5) angekreuzt werden. Die Beschreibung der **Skalenwerte** fordert den Ankreuzenden in der Regel auf, die Häufigkeit dieses Verhaltens einzuschätzen: «Tut er/sie immer» bis «Tut er/sie nie» oder «Trifft voll und ganz zu» bis «Trifft überhaupt nicht zu». Es gibt Bogen, die versuchen, neben der Angabe von Häufigkeiten, wenn möglich, das erlebte Verhalten genauer zu beschreiben. Betrachten Sie den folgenden Auszug aus einem Fragebogen.

[32-2]   Fragebogen zum Vorgesetzten – Feedback

1. Er/sie stellt	Ist		Soll
geringe Anforderungen an meine Leistungsfähigkeit	0		
Mittlere Anforderungen an meine Leistungsfähigkeit	1		
Hohe Anforderungen an meine Leistungsfähigkeit	2		
Sehr hohe Anforderungen an meine Leistungsfähigkeit	3		
2. Er/sie neigt dazu,			
sehr umständlich und völlig am Thema vorbeizuargumentieren	0		
Umständlich und am Thema vorbeizuargumentieren	1		
Umständlich, aber themenbezogen zu argumentieren	2		
Konkret und angemessen zum Thema Stellung zu nehmen	3		
3. Er/sie ist für mich			
kaum ansprechbar	0		
manchmal ansprechbar	1		
meist ansprechbar	2		
jederzeit ansprechbar	3		
4. Bei Meinungsverschiedenheiten zwischen den Mitarbeitern neigt er/sie dazu			
Partei zu ergreifen und die Gruppe zu spalten	0		
sich herauszuhalten	1		
sich nur in Extremfällen einzuschalten	2		
die Gruppe wieder zusammenzuführen	3		

32.3.2 Interpretation der Werte

Ein Problem jeder Art von Skala liegt in der **Auswertung und Interpretation der Werte.** In der Regel werden pro Frage Durchschnittswerte ermittelt, manchmal auch die Streuung oder die Extremwerte. Allerdings sagen diese nicht unbedingt etwas über die Bewertung des beschriebenen Verhaltens durch die Mitarbeiter aus. Wenn z.B. die Mehrzahl der Mitarbeiter bei Frage 2 ankreuzen, dass ihr Vorgesetzter mittlere Anforderungen an ihre Leistungsfähigkeit stellt, so sagt dies noch keineswegs etwas darüber aus, ob sie dies als angemessen empfinden.

Um dem Vorgesetzten die Möglichkeit zu geben, etwas über die **Bewertung seines Verhaltens** aus Sicht der Mitarbeiter zu erfahren, enthält der Fragebogen zwei Antwortrubriken. Angekreuzt werden soll zunächst, wie das Verhalten tatsächlich erlebt wird (IST). In einer zweiten Spalte wird nach dem erwünschten Verhalten gefragt (SOLL).

Damit hat der Mitarbeiter die Möglichkeit, den Maßstab zu bestimmen. Bei der Frage 3 z. B. könnten Mitarbeiter auf der IST-Seite zum Ausdruck bringen, dass der Vorgesetzte ihnen nur manchmal zur Verfügung steht (weil er möglicherweise viele externe Termine wahrzunehmen hat), auf der SOLL-Seite geben sie an, dass sie damit durchaus zufrieden sind, indem sie ihr Kreuz an die gleiche Stelle setzen. Mit diesem Vorgehen wird außerdem zum Ausdruck gebracht, dass es zwar auf der einen Seite ein vom Unternehmen als wünschenswert erachtetes Führungsverhalten gibt – das sich in der jeweils vierten Antwortmöglichkeit einer Frage wiederfindet –, dass dies aber keineswegs das einzig richtige sein muss. Die Erfahrungen zeigen, dass die Mitarbeiter die Möglichkeit, auf der SOLL-Seite ihre Vorstellung von angemessenem Führungsverhalten darzustellen, wirklich nutzen.

Bei dieser Form der Fragen ergibt sich ein Problem: Würde man jeweils Durchschnittswerte für IST und SOLL berechnen, so würde dies in einigen Fällen zu fehlerhaften Interpretationen führen. Angenommen, bei der Frage 2 nach den Leistungsanforderungen erlebt die Hälfte der Mitarbeiter ihren Vorgesetzten als «überfordernd», während die andere Hälfte ihn als «unterfordernd» empfindet, so ist es denkbar, dass die Mittelwerte bei IST und SOLL identisch sind. Damit würde dem Vorgesetzten signalisiert: IST und SOLL stimmen überein, hier besteht kein Handlungsbedarf. Tatsächlich haben aber alle Mitarbeiter auf beiden Seiten sehr unterschiedlich angekreuzt. Da diese Fälle durchaus nicht selten sind, wurde ein Weg der Auswertung gefunden, der von den **absoluten Differenzen** zwischen IST und SOLL ausgeht. Der **Übereinstimmungswert** (ÜW) stellt die Summe der Differenzen im Urteil der Mitarbeiter in Verhältnis zu der maximal möglichen Abweichung dar. Setzen z. B. alle Mitarbeiter auf der IST-Seite ihr Kreuz bei 0, auf der SOLL-Seite dagegen bei 3, so ist der errechnete Übereinstimmungswert 0%. Stimmen dagegen IST und SOLL in allen Fällen überein, so liegt der ÜW bei 100% (Abbildung 2).

[32-3]   **Auswertungsbeispiel eines Vorgesetzten-Feedbacks**

1. Er/sie	Ist		Soll
spricht nicht über Ziele und Aufgabenschwerpunkte		0	
gibt sporadisch Ziele und Aufgabenschwerpunkte vor	3	1	3
legt in der Regel Ziele und Aufgabenbereiche fest	1	2	1
vereinbart mit den Mitarbeitern Ziele und Aufgabenschwerpunkte	6	3	6

ÜW = 100%

2. Er/sie stellt	Ist		Soll
geringe Anforderungen an meine Leistungsfähigkeit	1	0	
mittlere Anforderungen an meine Leistungsfähigkeit		1	1
hohe Anforderungen an meine Leistungsfähigkeit	4	2	5
sehr hohe Anforderungen an meine Leistungsfähigkeit	5	3	4

ÜW = 73,3%

Der Vorgesetzte erhält einmal die in der obigen Abbildung dargestellte Form der Auswertung für alle Fragen, außerdem bekommt er als Übersicht eine grafische Darstellung der Übereinstimmungswerte aller Fragen, die man z. B. als Balkendiagramm darstellen kann.

32.4 Feedback-Gespräche

Das Feedback-Gespräch ist der zentrale Punkt im Verfahren. Wenn der Vorgesetzte sein Ergebnis in der Hand hält, soll er die Möglichkeit haben, einen **neutralen Moderator** hinzuzuziehen. Dieser begleitet auch das anschließende Feedback-Gespräch mit der Gruppe, wenn dies vom Vorgesetzten oder den Mitarbeitern gewünscht wurde. In einem ersten Vorgespräch sichten Moderator und Vorgesetzter die Ergebnisse, klären die Rolle des Moderators, den Ablauf des Feedback-Gesprächs und die Art und Weise, wie die Mitarbeiter informiert werden. Viele Führungskräfte haben inzwischen kein Problem damit, ihren Mitarbeitern die Ergebnisse als Kopie zur Verfügung zu stellen, um sie dann gemeinsam zu diskutieren.

Vor dem eigentlichen Feedback-Gespräch hat sich eine **Runde mit den Mitarbeitern und dem Moderator, aber ohne den Vorgesetzten** bewährt. Der Vorteil dabei ist, dass die Mitarbeiter zunächst einmal alleine die Ergebnisse diskutieren und interpretieren. Häufig gibt es größere Abweichungen bei einzelnen Fragen.

Das anschließende **Gespräch zwischen dem Vorgesetzten und seinen Mitarbeitern** dient dazu, dem Vorgesetzten die Ergebnisse zu erklären, um schließlich zu gemeinsamen Vereinbarungen für die Zukunft zu kommen. Diese werden in einem Protokoll festgehalten. Dabei kommt es nicht darauf an, alle diskutierten Punkte zu klären, sondern die wichtigsten zu besprechen und eine Lösung zu suchen. Die Vereinbarung eines Follow-up-Gesprächs nach etwa einem halben Jahr schließt das Feedback ab.

Der **Vorgesetzte informiert selbst seinen Vorgesetzten** über die Ergebnisse des Feedbacks und des anschließenden Gesprächs in einem Führungsgespräch. Damit ist die Kommunikation über die Resultate an diejenigen delegiert worden, die letztlich auch die Verantwortung für die Führung von Mitarbeitern haben.

Bei der **Beurteilung der Vorgesetzten** durch die Mitarbeiter werden zuerst Vorgesetzte und Mitarbeiter informiert, dann erhalten alle Beteiligten den Fragebogen zum Führungsverhalten, den der Chef (für sich selbst) und die Mitarbeiter ausfüllen. Danach schicken alle den Bogen an eine neutrale Auswertungsstelle, um die Anonymität zu sichern.

Neben der Beurteilung werden auch vermehrt **Feedbacks** durchgeführt. Diese haben zwei Besonderheiten: Jede Antwort-Alternative wird beschrieben und jede Frage wird nach dem IST und dem SOLL beantwortet, so dass die Mitarbeiter die Qualität beurteilen können.

Die **Ergebnisse des Feedbacks** müssen in einem Gespräch geklärt und im Protokoll festgehalten werden. Gleichzeitig werden Maßnahmen beschlossen.

Der Vorgesetzte informiert seinen Vorgesetzten über die Ergebnisse des Feedbacks und des anschließenden Gesprächs.

Teil G   Personalentwicklung

33 Begriff, Ziele und Arten

A Begriff

Unter Personalentwicklung versteht man alle Maßnahmen, mit denen die Qualifikation der Mitarbeiter verbessert werden sollen. Sie ist heute anspruchsvoller und wichtiger als früher, weil der Bildungsbedarf wesentlich größer ist. Die Anforderungen und Aufgaben der Berufe bleiben nicht mehr jahrelang unverändert. Von den Mitarbeitern wird ein lebenslanges Lernen erwartet.

Die Personalentwicklung dient sowohl dem Mitarbeiter als auch dem Unternehmen.

Für den Mitarbeiter liegt der Nutzen darin, dass seine fachlichen und persönlichen Fähigkeiten gefördert werden. Damit werden die Voraussetzungen dafür geschaffen, dass er qualifizierte Arbeit leisten kann. Die Anforderungen und die persönlichen Fähigkeiten stimmen überein. Der Mitarbeiter ist dadurch seinen Aufgaben gewachsen und wird sicherer. Er erhält berufliche Perspektiven, die ihm soziale Achtung in seinem Umfeld verschaffen. Die Zufriedenheit mit seiner Arbeit und der eigenen Leistung steigt.

Die Personalentwicklung ist die Aufgabe des Personalmanagements, bei der der Investitionscharakter des Humankapitals am deutlichsten zu erkennen ist. Qualifizierte Mitarbeiter tragen entscheidend zur Leistungsfähigkeit des Unternehmens bei; daher kann man die Maßnahmen der Personalentwicklung als Investitionen betrachten.

Der Investitionscharakter der Personalentwicklung soll aber nicht dazu führen, dass nur Maßnahmen ergriffen werden, die unmittelbar kostensenkend oder erlössteigernd wirken. Die unternehmerischen und die individuellen Ziele der Mitarbeiter sollten sich ergänzen. Wenn sich der Arbeitnehmer mit den Persönlichkeitsmaßnahmen, die für ihn vorgesehen sind, nicht identifiziert, sind keine positiven Rückwirkungen auf die Motivation und die Arbeitszufriedenheit und damit auf das Leistungsergebnis zu erwarten.

B Ziele

Das Unternehmen möchte mit der Personalentwicklung folgende Ziele erreichen:

- **Verbesserung der Wettbewerbsfähigkeit:** Die Mitarbeiter werden so ausgebildet, dass die künftig zu erwartenden Anforderungen im Wettbewerb an den Beschaffungs- **und Absatzmärkten bestmöglich erfüllt werden.**
- **Erhöhung der Flexibilität:** Die Mitarbeiter erwerben mehrere Fachqualifikationen und können daher breiter eingesetzt werden.
- **Motivationssteigerung der Mitarbeiter:** Der Erfolg des Unternehmens hängt zu einem wesentlichen Teil von den Mitarbeitern ab. Motivierte Mitarbeiter setzen sich eher für das Unternehmen ein.
- **Sicherung eines qualifizierten Stamms von Mitarbeitern:** Personalentwicklungsmaßnahmen führen in der Regel zu einer niedrigeren Fluktuation im Unternehmen und verringern den externen Personalbedarf.

C   Arten

Je nach der Nähe zum Arbeitsplatz kann man sechs Arten von Personalentwicklung unterscheiden:

1. Personalentwicklung **into the job** als Hinführung zu einer neuen Tätigkeit z. B. eine Berufsausbildung oder ein Praktikum
2. Personalentwicklung **on the job** als direkte Maßnahme am Arbeitsplatz z. B. job rotation oder Urlaubsvertretung
3. Personalentwicklung **near the job** als arbeitsplatznahes Training z. B.Qualitätszirkelt
4. Personalentwicklung **off the job** als Weiterbildungsveranstaltung z. B. Seminare
5. Personalentwicklung **along the job** als karrierebezogene Entwicklung z. B. Laufbahnplanung
6. Personalentwicklung **out of the job** als Ruhestandsvorbereitung z. B. Outplacement

Eine andere Art der Gliederung ist die nach den **Hauptanwendungsgebieten** der Personalentwicklung in

*   Arbeitsstrukturierung,
*   berufliche Aus- und Weiterbildung und
*   Laufbahnplanung.

Wir werden nach dieser Gliederungsart vorgehen und die einzelnen Hauptanwendungsgebiete in den folgenden Kapiteln behandeln.

Die Personalentwicklung hat das Ziel, das Leistungspotenzial der Mitarbeiter zu gestalten und zu verbessern. Personalentwicklungsmaßnahmen sind Investitionen in das Humankapital des Unternehmens. Sie fließen in Form von qualifizierter Leistung, steigender Flexibilität und Motivation der Mitarbeiter und sinkender Fluktuation in das Unternehmen zurück.

Man kann die Personalentwicklung nach der zeitlichen und räumlichen Nähe zum Arbeitsplatz und nach den Hauptanwendungsgebieten gliedern.

34 Das systematische Vorgehen bei der Personalentwicklung

[34-1] Das schematische Vorgehen bei der Personalentwicklung

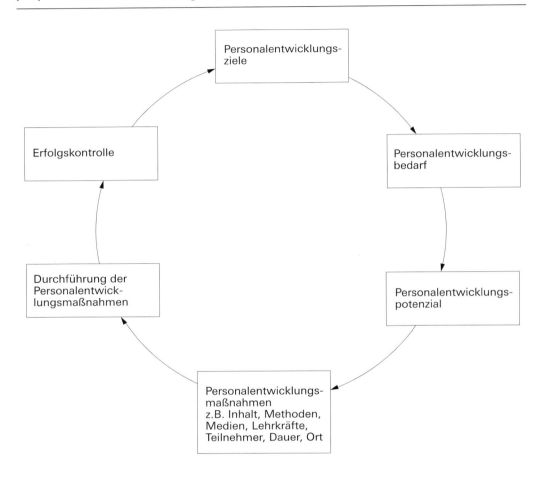

Grundlage der Personalentwicklung ist die Personalpolitik und die darin formulierten Bildungsziele.

Sie können zum **Beispiel** wie folgt lauten:

«Unsere Mitarbeiter werden regelmäßig kundengerecht in internen und externen Kursen geschult. Dabei wird auch der Persönlichkeitsentwicklung das notwendige Gewicht beigemessen. Der Bildungsbedarf ergibt sich aus den persönlichen Fähigkeiten des Mitarbeiters, aus der Stellenbeschreibung und der technologischen Entwicklung.»

Diese allgemeinen **Personalentwicklungsziele** müssen konkretisiert werden. In unserem Beispiel muss man klären, wie das Ziel der kundengerechten Schulung in konkretere Teilziele zu fassen ist, wie die Persönlichkeitsbildung gefördert werden kann etc.

Beispiel

Ein Ziel in der kundengerechten Schulung könnte heißen: Alle Mitarbeiter mit direktem Kundenkontakt sind bis zum Ende der nächsten Planungsperiode mit den Grundlagen des erfolgreichen Verkaufsverhaltens vertraut.

Anschließend wird der gegenwärtige und der prognostizierbare zukünftige **Personalentwicklungsbedarf** ermittelt. Er ist immer dann vorhanden, wenn zwischen den vorhandenen Qualifikationen der Mitarbeiter und den in den Entwicklungszielen formulierten Anforderungen eine Lücke besteht. Zur Ermittlung des gegenwärtigen Entwicklungsbedarfs können **Gespräche** zwischen Vorgesetzten, Personal- und Ausbildungsverantwortlichen und Mitarbeitern geführt werden. Weitere Informationen erhält man durch die **Analyse und Beurteilung von unternehmerischen Problembereichen** z. B. Absenzen oder Fluktuation.

Beispiel

Die Anforderung an Mitarbeiter im Aussendienst, ihr Verhalten im Verkaufsgespräch zu verbessern, entstand aus der Reaktion eines verärgerten Kunden, der sich über die Unfreundlichkeit des Verkäufers aufgeregt und einen Auftrag storniert hatte. Die Bedarfsanalyse ergab, dass 40 Prozent der Verkäufer noch kein Verkaufstrainingsseminar belegt hatten.

Bevor nun einzelne Maßnahmen ergriffen werden, muss man klären, ob dem Entwicklungsbedarf auch ein entsprechendes **Entwicklungspotenzial** bei den Mitarbeitern gegenübersteht. Diese Information ist Voraussetzung für die Festlegung, welche Fähigkeitsmerkmale bei welchen Mitarbeitern entwickelt werden sollen. Das Entwicklungspotenzial wird meist im Gespräch zwischen Vorgesetzten und Mitarbeitern ermittelt. Der Vorgesetzte bringt seine Beurteilung, der Mitarbeiter seine Selbsteinschätzung ein. Eine andere Methode ist die des Assessment-Centers. Man kann sie nicht nur für die Personalauswahl einsetzen; sie gibt auch Hinweise auf das individuelle Entwicklungspotenzial der Mitarbeiter.

Personalentwicklungsziele, Entwicklungsbedarf und -potenzial sind die Ausgangspunkte für die **Maßnahmenplanung.** Dabei müssen Inhalt, Methoden, Lehrkräfte, Teilnehmer, Dauer etc. festgelegt, budgetiert und organisiert werden. Man muss auch entscheiden, ob die Maßnahmen im Unternehmen oder extern durchgeführt werden sollen.

Wir werden diese im Lauf dieses Kapitels noch ausführlicher besprechen.

Da die Personalentwicklung nicht nur wertvoll, sondern auch kostspielig ist, empfiehlt es sich, den **Erfolg zu kontrollieren.** Man prüft, ob die Ziele der Personalentwicklung tatsächlich erreicht wurden und ob Aufwand und Ertrag in einem wirtschaftlichen Verhältnis zueinander stehen.

Es werden folgende Bereiche überprüft:

- **Bildungsinhalt:** Der Lernerfolg wird mit Tests kontrolliert, die Wissen, Kenntnisse und Fähigkeiten überprüfen (internal feedback).
- **Anwendung:** Es wird das Verhalten kontrolliert. Werden die erlernten Kenntnisse und Fähigkeiten in die Praxis umgesetzt und in das eigene Verhalten übernommen? (external feedback)
- **Wirtschaftlicher Erfolg:** Dieser ist oft schwer zu bestimmen. Die Kosten sind zwar bekannt, aber der Nutzen kann oft nicht gemessen werden. Man kann auch von einer Veränderung nach einer Personalentwicklungsmaßnahme nicht zwingend festellen, dass sie wegen der Maßnahme eingetreten ist.
  Beispiel: Nach dem Verkaufstraining gab es deutlich mehr Bestellungen. Da aber gleichzeitig ein neues Produkt am Markt erfolgreich platziert wurde, war es nicht möglich, den Erfolg des Seminars in Geldeinheiten auszudrücken.
- **Gesamterfolg:** Der Erfolg von Bildungsmaßnahmen erschöpft sich nicht in möglichen Umsatzsteigerungen. Höhere berufliche Flexibilität, Förderung des eigenen Nachwuchses und größere Motivation und Zufriedenheit sind qualitative Ergebnisse, die nicht in Zahlen ausgedrückt, aber trotzdem bei der Gesamtbeurteilung der Personalentwicklung berücksichtigt werden müssen.

In der Personalentwicklung soll systematisch vorgegangen werden. Zuerst werden im Rahmen der Personalpolitik die Personalentwicklungsziele bestimmt. Daraus leitet sich der **Personalentwicklungsbedarf** ab. Dieser wird dem **Entwicklungspotenzial** gegenübergestellt und dann in zielgerichtete Entwicklungsmaßnahmen umgesetzt. Nach der Durchführung wird das Ergebnis inhaltlich und wirtschaftlich **überprüft.**

35 Arbeitsstrukturierung

Bei dieser Methode der Personalentwicklung erfolgt die Qualifizierung der Mitarbeiter über die Arbeitsinhalte. Man geht davon aus, dass der Arbeitsinhalt die Mitarbeiter motiviert und ihre Zufriedenheit mit der Arbeit fördert. Der Mitarbeiter strebt heute Lebensqualität an, er will nicht mehr nur Befehlsempfänger sein. Er sieht sich als denkendes, verantwortungsvolles Individuum, das sich bei der Arbeit selbstverwirklichen will. Der Arbeitsprozess soll daher so gestaltet werden, dass die Motivation und Zufriedenheit der Mitarbeiter steigt und dadurch das Leistungsergebnis positiv beeinflusst wird.

Es gibt Maßnahmen auf der individuellen Ebene und solche auf der Gruppenebene.

35.1 Maßnahmen auf der individuellen Ebene

Hier gibt es drei Modelle:

- Job rotation (Aufgabenwechsel)
- Job enlargement (Aufgabenerweiterung)
- Job enrichment (Arbeitsbereicherung)

A Job rotation

Darunter versteht man den Wechsel des Arbeitsplatzes und der Arbeitsaufgaben in geplanter Zeit- oder Reihenfolge. Durch den Wechsel werden Monotonie und einseitige Belastung der Arbeitnehmer reduziert und ihre Flexibilität wird erhöht.

Beispiel

Ein Mitarbeiter montiert während einer Woche nur die Räder am Fließband. In der zweiten Woche arbeitet er in einer anderen Gruppe, die z. B. nur den Motor einbaut usw.

B Job enlargement

Der Arbeiter erhält zusätzlich zu seiner bisherigen Arbeit Aufgaben, die ihn seine Arbeit als sinnvolles Ganzes im Produktionsprozess erleben lassen. Auch mit diesem Modell sollen primär einseitige Belastungen und Monotonie vermindert werden.

TEIL G PERSONALENTWICKLUNG

Beispiel

Eine Sachbearbeiterin führt nicht nur die Debitoren-, sondern auch die Kreditorenbuchhaltung.

C   Job enrichment

Der Mitarbeiter erhält einen größeren Entscheidungs- und Kontrollspielraum. Mehrere, strukturell voneinander verschiedene Aufgaben wie Planen, Ausführen und Kontrollieren werden zu einer größeren Handlungseinheit zusammengefasst. Vom Mitarbeiter werden selbständiges Denken und Verantwortungsübernahme verlangt.

Beispiel

Eine Mitarbeiterin erledigt sämtliche anfallenden Aufgaben vom Einkauf eines Produkts, über administrative Arbeiten bis zum Verkauf.

Diese drei Modelle können in der Praxis nur dann erfolgreich umgesetzt werden, wenn Arbeitnehmer, die über längere Zeit monotone und einseitige Tätigkeiten ausgeführt haben, gründlich vorbereitet werden. Wenn die Mitarbeiter während längerer Zeit gleichförmige Tätigkeiten ausführen, sinkt häufig ihr Anspruchsniveau. Sie müssen aus dieser oft lethargischen Monotonie herausgeführt werden.

35.2   Maßnahmen auf der Gruppenebene

Hier wollen wir zwei Modelle besprechen:

*   Teilautonome Arbeitsgruppen
*   Qualitätszirkel

A   Teilautonome Arbeitsgruppen

Kleine Arbeitsgruppen von drei bis zehn Personen erledigen eine abgeschlossene Aufgabe von Anfang bis Ende ohne einen formellen Vorgesetzten. Der Gruppe wird die Vorbereitung, Planung, Durchführung und Kontrolle der Aufgabe übertragen. Die Gruppe regelt die Aufgabenverteilung auf die einzelnen Gruppenmitglieder selbst. Die Gestaltungsfreiheit wird nur durch Produktionsnormen und durch die ökonomischen Rahmenbedingungen des Unternehmens eingeschränkt. Teilautonome Arbeitsgruppen sollen die Qualität der Arbeit verbessern und die Motivation der Mitarbeiter steigern.

Beispiel

In einem Unternehmen der Autoindustrie wird die gesamte Montage eines Autos von einer teilautonomen Arbeitsgruppe durchgeführt.

B   Qualitätszirkel

Wir haben diese bereits im vorhergehenden Teil über die Personalbetreuung im Kapitel 25.2 besprochen. Sie erinnern sich sicher, dass Qualitätszirkel Gruppen von Mitarbeitern, meist aus dem gleichen Arbeitsbereich, sind. Sie treffen sich regelmäßig und freiwillig zu Arbeitssitzungen, um Probleme aus dem eigenen Arbeitsbereich zu behandeln und in die Praxis umzusetzen. Hauptziel ist die Verbesserung der Leistungsfähigkeit des Unternehmens. Dazu wird neben der Qualität der Arbeitsergebnisse auch die Qualität der Arbeitsverfahren geprüft.

Beispiel:

Bei der neuen Baumaschine, die das Unternehmen gekauft hat, sind Probleme aufgetreten. Fachleute aus verschiedenen Abteilungen treffen sich, um herauszufinden, was die Ursachen der Probleme sind und wie sie behoben werden können. In mehreren Sitzungen werden die Probleme analysiert. Es werden Lösungen entworfen und eingeleitet. Danach wird ihre Durchführung kontrolliert. Sind die Probleme mit der neuen Maschine behoben, kann der Qualitätszirkel aufgehoben werden.

Die Arbeitsstrukturierung ist ein Anwendungsbereich der Personalentwicklung, der auf den Arbeitsinhalt ausgerichtet ist. Durch die Gestaltung des Arbeitsinhalts soll die Zufriedenheit der Arbeitnehmer gesteigert und das Leistungsergebnis verbessert werden. Man erreicht dies durch das Erweitern des Arbeitsinhalts. Auf der Individualebene gibt es die Modelle job rotation, job enlargement und job enrichment. Auf der Gruppenebene kann man teilautonome Arbeitsgruppen und Qualitätszirkel einsetzen.

36 Berufliche Aus- und Weiterbildung

Im Rahmen der gesamten Personalarbeit nimmt die Schulung einen zentralen Platz ein. Sie knüpft direkt an die Ergebnisse der Leistungsbeurteilung an, die den individuellen Schulungsbedarf des einzelnen Mitarbeiters anzeigen; sie hat Querverbindungen zur Personalplanung (z. B. im Nachwuchsbereich) und auch zur Personalrekrutierung und -auswahl.

Man kann die berufliche Aus- und Weiterbildung gliedern in die Berufsausbildung und die Weiterbildung:

[36-1]   Die Bereiche der beruflichen Aus – und Weiterbildung

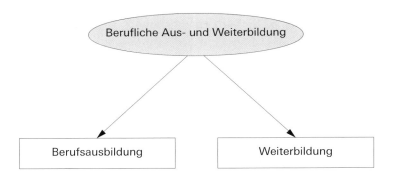

Berufsausbildung

Sie ist auf die Berufsvorbereitung und -einführung ausgerichtet und vermittelt eine berufliche Grundbildung und die für die Ausübung einer qualifizierten Tätigkeit erforderlichen fachlichen Fertigkeiten und Kenntnisse.

Beispiel

Die Berufslehre eines Werkzeugmechanikers beginnt mit einer halbjährigen Einführung in die Metallberufe (= berufliche Grundbildung), die alle Mechanikerlehrlinge absolvieren. Dann folgt ein Jahr allgemeine berufliche Fachbildung als Werkzeugmechaniker und schließlich die bis zum Lehrabschluss dauernde Spezialisierung im Fachgebiet (z. B. Instrumententechnik etc.).

Weiterbildung

Dazu gehören alle Maßnahmen und Tätigkeiten, die die Berufsbildung vertiefen. Wenn sich die Anforderungen am Arbeitsplatz ändern, ist Anpassungsweiterbildung notwendig, bei beruflichem Aufstieg die Aufstiegsweiterbildung.

Zur Weiterbildung gehören auch Maßnahmen, die auf den Wechsel des Berufsfelds abzielen. Man spricht dann von beruflicher Umschulung.

Größere Unternehmen haben **spezielle Schulungsabteilungen,** die für alle Fragen der beruflichen Schulung zuständig sind. In kleinen und mittleren Unternehmen ist die Schulung Sache der **Personalabteilung.** Meist spezialisiert sich hier ein Personalmitarbeiter auf das weitläufige Gebiet. Er benötigt spezielle Kenntnisse, damit er mit den externen Fachreferenten kompetent verhandeln, den Bildungsmarkt beurteilen und die Schulungsbedürfnisse des Unternehmens in wirksame Maßnahmen umsetzen kann.

Die berufliche Aus- und Weiterbildung umfasst alle Maßnahmen, mit denen die Kenntnisse, Fähigkeiten oder das Verhalten der Mitarbeiter geschult werden sollten.

Man unterscheidet die **Berufsausbildung** und die Weiterbildung. Die Berufsausbildung vermittelt die berufliche Grundbildung und die für die Ausübung des Berufs notwendigen Kenntnisse und Fähigkeiten. Bei der **Weiterbildung** wird die Berufsbildung vertieft.

In den folgenden Kapiteln werden wir uns mit der Systematik beschäftigen, mit der sich berufliche Weiterbildung erfolgreich planen und organisieren lässt. Es ist ein Leitfaden, der in der Praxis variiert werden muss, damit Schulung maßgeschneidert wird und wirklich die Bedürfnisse von Unternehmen und Mitarbeitern erfüllt.

Ausgangspunkt für alle konkreten Schritte ist eine Schulungspolitik, in der die übergeordneten Ziele und die Schulungsphilosophie des Unternehmens formuliert sind.

36.1 Das Gesamtkonzept der Schulung

Schulung setzt ein Konzept voraus, das auf die Unternehmenspolitik abgestimmt ist und hinter der die Unternehmensleitung mit Überzeugung, d. h. mit mehr als nur wohlwollender Neutralität steht.

Die Praxis zeigt, dass eine **Planung von oben nach unten** (top down) langfristig deutlich mehr Vorteile bringt als der umgekehrte Weg. Man sollte also nicht mit dem Sammeln von Schulungsbedürfnissen von einzelnen Abteilungen oder Mitarbeitergruppen beginnen, um dann zu versuchen, die Vielfalt der Wünsche auf eine brauchbare Zahl von Kursen umzulegen, sondern zuerst ein **Gesamtkonzept der betrieblichen Schulung erarbeiten,** das die Absichten festlegt und den Rahmen in allgemeiner, aber eindeutiger Form und für mehrere Jahre definiert. Diese Grundsätze sind in einer Schulungspolitik zu dokumentieren. Auf ihr basieren letztlich alle weiteren Entscheidungen und die gesamte weitere Planung bis zur Organisation der einzelnen Schulungsveranstaltungen.

Das Modell, das wir hier für die Planung der betrieblichen Schulung vorstellen, geht von **zwei Ebenen** oder Phasen aus: Am Anfang steht die konzeptionelle Gesamtplanung, dann folgt die Detailplanung einzelner Veranstaltungen.

Die Mitarbeiterschulung ist so komplex und wichtig, dass sie langfristig geplant und in einen Rahmen von verbindlichen Grundsätzen gestellt werden muss. Am Anfang sollte ein Gesamtkonzept stehen, aus dem heraus sich alle weiteren Planungsarbeiten entwickeln lassen.

36.1.1 Die zwei Ebenen der Schulungsplanung

Die Trennung der konzeptionellen Arbeit von den Detailfragen schafft klare Verhältnisse. Die konzeptionellen Entscheidungen stellen die Weichen für die Feinplanung, sie hat sich nach dem Konzept zu richten.

Auf der ersten Ebene werden die **grundlegenden Ziele** der Schulung und ihre Bezüge zur Unternehmenspolitik festgelegt. Das allgemeinste Dokument ist die Schulungspolitik. Es wird weiter konkretisiert zum Schulungskonzept und schließlich zum Jahresplan.

Um den Jahresplan machen zu können, müssen zahlreiche Detailfragen geklärt sein. Diese Feinplanung findet auf der zweiten Ebene statt und fließt mit ihren Ergebnissen dann in den Jahresplan ein. Die zweite Ebene ist also in die erste eingeschoben, sie sind nicht völlig voneinander getrennt.

Kurz noch etwas mehr Information zu den einzelnen Punkten:

- Die **Schulungspolitik** ist Teil der Unternehmenspolitik. Sie formuliert die Grundsätze, nach denen die Schulung für einen Zeitraum von 5–10 Jahren zu gestalten ist. Sie ist eine Absichtserklärung der Unternehmensleitung, die allen Mitarbeitern den Stellenwert klar macht, den die betriebliche Schulung haben soll, und den Ausbildungsverantwortlichen als Planungsgrundlage dient.
- Das **Schulungskonzept** ist konkreter. Es legt für 3–5 Jahre fest, welche Arten von Schulungsmaßnahmen angeboten werden sollten (interne, externe Kurse oder Ausbildung am Arbeitsplatz), deren Dauer (z. B. über mehrere Jahre hinweg), in den großen Zügen die Inhalte (z. B. Führung) und die Zielgruppen (z. B. mittlere Führungsebene).
- Der **Jahresplan** ist das Programm für ein Jahr. Er realisiert und modifiziert (wenn nötig) die Vorgaben des Schulungskonzepts und formuliert, welche Inhalte für welche Teilnehmer in welcher zeitlichen Abfolge angeboten werden.

Schulung, die über Jahre hinweg eine **klare Linie** verfolgt, ist wirkungsvoller als eine improvisierte Schulung mit häufigen Richtungsänderungen. Das **Planen auf zwei Ebenen** – einer konzeptionellen und einer organisatorischen – hat sich bewährt. Es schafft klare Kompetenzen und eine klare Aufgabeneinteilung. Auf der konzeptionellen Ebene wird mit der **Schulungspolitik** und dem **Schulungskonzept** der Rahmen abgesteckt, in den sich dann die **Feinplanung** einfügt.

36.1.2   Die Schulungspolitik

A   Sechs Regeln zum Aufbau einer Schulungspolitik

Regel 1: Die betriebliche Schulung ist in den Rahmen der gesamten Unternehmensentwicklung zu stellen.

Schulung ist für die Unternehmung nur wirksam, wenn sie in den Dienst der Unternehmenspolitik gestellt wird. Die Ausbildungsverantwortlichen müssen also die strategischen Absichten der Unternehmensleitung und die Unternehmenspolitik kennen, denn nur unter dieser Voraussetzung können sie eine unternehmensbezogene und zukunftsgerichtete, innovative Schulung aufbauen.

Regel 2: Bereitschaft der Unternehmensleitung, Schwachstellen in der Unternehmung zu beseitigen und Innovationen mit der Hilfe von Schulung einzuführen.

Die Unterstützung der Unternehmensleitung ist wichtig; ohne sie kann Schulung sogar kontraproduktiv werden, weil sie Schwachstellen z. B. deutlich macht, ohne dass Aussicht auf Besserung besteht.

Beispiel

Die Teilnehmer eines Kurses über Organisation erkennen Schwachstellen in der eigenen Organisation. Sind keine Änderungen möglich, verliert die Schulung ihren Sinn.

Regel 3: Günstige Voraussetzung für die Schulung schaffen.

Die Unternehmensleitung muss klare Akzente setzen (was wollen wir?) und den Ausbildungsverantwortlichen die notwendigen Entscheidungsgrundlagen und Informationen frei zur Verfügung stellen.

Regel 4: Personelle und sachliche Kontinuität gewährleisten.

Einmalige Schulung nützt nichts! Die Schulung in einer bestimmten Thematik muss fortgeführt und vertieft werden (sachliche Kontinuität) und alle maßgeblichen Mitarbeiter erfassen (personelle Kontinuität).

Regel 5: Schulung darf nicht nur Sache der Ausbildungsverantwortlichen sein; auch alle Linienvorgesetzten haben ihren Beitrag zu leisten.

Meist werden die Aufgaben, Kompetenzen und die Verantwortung für die Schulung einem Schulungsleiter und seinen Mitarbeitern übertragen. Diese Lösung ist nicht zweckmäßig. Soll die Schulung wirklich in den Betrieb integriert werden, müssen alle Führungsverantwortlichen Aufgaben in der Schulung übernehmen. Die Vorgesetzten müssen für das Entsenden der Mitarbeiter an für sie wichtige Schulungsveranstaltungen sorgen und bei allen Transfermaßnahmen (dem Umsetzen des Gelernten am Arbeitsplatz) mitwirken. Besonders wirksam wird betriebliche Schulung, wenn die Vorgesetzten selbst als Kursleiter und Referenten wirken.

Regel 6: Die Organisation der Schulung muss sorgsam auf die Bedürfnisse des Unternehmens abgestimmt sein (Maßanzug).

Schulung muss unternehmensspezifisch organisiert werden, d. h. die Schulungspolitik muss den betrieblichen Möglichkeiten (Mitarbeiterzahl, Struktur der Mitarbeiter, Budget für die Schulung, Branche, externe Schulungsmöglichkeiten usw.) Rechnung tragen. Nicht jedes Unternehmen kann eigene Kurse entwickeln und eine großangelegte Schulung organisieren, aber jedes Unternehmen kann seine Mitarbeiter gut schulen, indem es eine klare Politik verfasst, Schulungsbedürfnisse sorgfältig ermittelt und seine Mitarbeiter zu den geeigneten evtl. externen Veranstaltungen schickt, die Erfolge überprüft und auswertet.

B   Wie entwickelt man eine Schulungspolitik?

Die Schulungspolitik gilt langfristig für 5–10 Jahre. Sie wird mit Vorteil in **drei Stufen** entwickelt:

- **Unternehmerische Vorentscheidungen** über den Stellenwert der betrieblichen Weiterbildung, ihre Breite (sollen nur bestimmte oder alle Mitarbeiter geschult werden?), ihre grundsätzliche Gestaltung usw. Diese Entscheidungen sind Sache der Unternehmensleitung.
- Eine **Unternehmensanalyse,** im Prinzip ein Soll-Ist-Vergleich (Ziele der Unternehmenspolitik – Schwächen, die durch Schulung ausgeglichen werden können) zeigt die prinzipielle Stoßrichtung von Schulungsmaßnahmen.
- Die eigentliche **Formulierungsarbeit.**

Erster Schritt: Unternehmerische Vorentscheidungen

Eine Schulungspolitik lässt sich nicht nach einem Schema entwerfen, sondern ist immer eine betriebsspezifische schöpferische Leistung.

Grundsätzliche Vorentscheidungen sind zu den folgenden sechs Fragen zu treffen.

1. Inhaltlicher Umfang, Stellenwert und Ziel der betrieblichen Schulung

Dabei reicht die Skala von der minimalen Schulung für dringliche Probleme bis zur umfassenden Schulung in vielen Bereichen.

Bei der Entscheidung, wie umfangreich die betriebliche Ausbildung sein soll, kann man von folgenden Fragen ausgehen:

- Wie wichtig ist uns Perfektionierung in der gegenwärtigen Arbeit (Schulung also nicht als Mittel der Beförderung in höhere Positionen)?
- Wie wichtig ist für uns Umschulung?
- Wie stark wollen wir Schulung als Mittel der Nachwuchsförderung einsetzen?
- Wie viel Raum geben wir der persönlichen Entwicklung und der allgemeinen Bildung?

2. Auswahl der Mitarbeiter

Hier reicht die Skala von ausgewählten Mitarbeitergruppen bis zu allen Mitarbeitern.

Viele Unternehmen schulen nur bestimmte Mitarbeitergruppen (z. B. nur Führungskräfte, nur junge Facharbeiter). Die meisten verstehen die berufliche Weiterbildung aber als umfassende Aufgabe und entwickeln Weiterbildungsmöglichkeiten für alle Mitarbeitergruppen.

3. Träger der betrieblichen Schulung

- Interne Schulung
- Externe Schulung

Größere und innovativere Unternehmen bauen ihre **eigene Weiterbildung** auf, indem sie spezialisierte Ausbildner einstellen oder eine Stelle schaffen, die sich nur mit Fragen der Schulung befasst. Kleine und mittlere Unternehmen mit wenig Schulungs-Know-how sind stärker auf **externe Angebote** angewiesen. Das Angebot ist groß; die Kunst besteht darin, die wirklich geeigneten Angebote ausfindig zu machen. Kleinere Unternehmen schicken ihre Mitarbeiter zu Seminaren von spezialisierten Instituten, Hochschulen usw. oder übertragen die ganze Aus- und Weiterbildung einem außen stehenden Ausbildungsberater, der die Schulung betriebsintern oder extern durchführt. In vielen Fällen lohnt es sich, interne und externe Schulung zu kombinieren und die Vorteile jeder Form gezielt zu nutzen.

4. Formen der Schulung

Es gibt hier zwei Möglichkeiten:

- Weiterbildung in Kursen und Studiengängen
- Weiterbildung am Arbeitsplatz

Heute finden die meisten Weiterbildungsveranstaltungen in Kursen statt, obwohl man weiß, dass eine gute Ausbildung am Arbeitsplatz höchst effizient sein kann.

5. Beschaffung von Nachwuchsleuten

Auch hier haben wir zwei Möglichkeiten:

- Förderung eigener Leute für Nachwuchspositionen
- Nachwuchsbeschaffung von außen

Je stärker eigene Leute für Nachwuchspositionen gefördert werden sollen, desto mehr Ausbildungsbereiche und -aktivitäten sind dafür vorzusehen.

6. Wahl der Ausbildner

Es gibt zwei Möglichkeiten:

- Interne Ausbildner
- Externe Ausbildner

Im Allgemeinen ist der Einsatz von **internen Ausbildnern** und Linienvorgesetzten sehr sinnvoll, weil die Verknüpfung zwischen Schulung und Unternehmen, zwischen Theorie und Praxis enger gestaltet werden kann. Voraussetzung ist allerdings, dass die Linienvorgesetzten auf ihre Ausbildnertätigkeit vorbereitet werden.

Externe Ausbildner kommen für kleinere Unternehmen in Frage; zur Einführung von Innovationen und zur Abdeckung von Spezialthemen, in denen sie besonders erfahren sind. Sie können als Ergänzung zu den internen Ausbildnern tätig werden. Sie müssen aber über die betrieblichen Gegebenheiten gut informiert sein, um einen Transfer zu ermöglichen.

Zweiter Schritt: Unternehmensanalyse als Grundlage für die Planung der Weiterbildung

Die Vorentscheidungen legen den Rahmen fest. Voraussetzung dazu ist, dass die unternehmerischen Absichten klar sind und dass man den Zustand der Unternehmung kennt. Eine Unternehmensanalyse gibt über beides Aufschluss.

Der Ausgangspunkt für alle Überlegungen ist die **Unternehmenspolitik** mit ihren langfristigen Strategien. Aus ihr gehen die unternehmerischen Absichten hervor, und auf diese Ziele ist die betriebliche Schulung auszurichten. Von besonderer Bedeutung sind dabei geplante Innovationen, die immer zu einem Schulungsbedarf führen, der rechtzeitig zu planen ist.

Beispiel

Ein bisher im Inland tätiges Produktionsunternehmen beschließt, im Rahmen seiner Diversifikationspolitik mit einer Produktgruppe auf dem amerikanischen Markt Fuß zu fassen. Daraus ergibt sich ein neuer Schulungsbedarf u. a. im Bereich Exportmarketing.

Als Nächstes sind die **Schwachstellen des Unternehmens** zu diagnostizieren. Schwächen sind zum Beispiel technisch mangelhafte Qualifizierung der Mitarbeiter oder ein schlechtes Betriebsklima. Wenn die Schwächen durch Schulung beseitigt werden können, muss eine entsprechende Schulung geplant werden. Manchmal zeigt sich aber auch, dass noch andere Maßnahmen zum Beispiel organisatorische Änderungen notwendig sind.

Schließlich muss sich das Unternehmen über seine **soziale Verpflichtung** klar werden. Sie stellt die Weichen für eine Reihe von Entscheidungen, z. B. über den Umfang der Schulung, die zu schulenden Mitarbeiter und die Philosophie der Führung. In gut geführten Unternehmen, die ein soziales Konzept haben, kann man sich auf dieses stützen.

Dritter Schritt: Das Formulieren der Schulungspolitik

Die Absichten und Ziele sind jetzt bekannt, man kann mit der **Formulierungsarbeit** beginnen. Weil es sich dabei um eine schöpferische Arbeit handelt, gibt es dafür keine leicht anzuwendenden Rezepte – jedoch einige nützliche Regeln.

Damit die Schulungspolitik nicht zu einem allzu allgemeinen, nichts sagenden und damit überflüssigen Papier wird, sollte eine Hauptregel beachtete werden: Jeder Satz soll Stellung nehmen, eine Entscheidung ausdrücken, d. h. zu jeder Aussage sollten Alternativen vorstellbar sein und die Verfasser müssen begründen, warum sie sich gerade für ihre Alternative entschieden haben.

Beispiele

«Die Horizonterweiterung in Fragen der Unternehmensführung für alle Mitarbeiter soll ein Schwerpunkt der nächsten Fünf-Jahres-Periode sein.»

«Wenn für Ausbildungsaufgaben keine eigenen Mitarbeiter zur Verfügung stehen, ziehen wir eine überschaubare Zahl externer Berater bei.»

Zum Formulieren selbst: **Klare, überzeugende Formulierungen** sind äußerst wichtig; keine Allgemeinplätze, keine Weitschweifigkeiten! Das Wesentliche ist hervorzuheben und zu begründen. Das Dokument Schulungspolitik richtet sich an einen breiten Leserkreis – an Mitarbeiter, Führungskräfte, an künftige Bewerber, potenzielle Mitarbeiter, eventuell Kunden, Verbände usw. Es muss daher leserbezogen abgefasst sein: präzise, leicht verständlich und aufgeschlossen im Ton.

Wir bringen im Folgenden ein **Beispiel für eine Schulungspolitik:**

Schulungspolitik der X AG

Der wirtschaftliche Erfolg unseres Unternehmens hängt entscheidend vom Vorhandensein bestqualifizierter und leistungsfähiger Führungs- und Fachkräfte ab. Deshalb legen wir großen Wert auf ständige berufliche Perfektionierung aller Mitarbeiter sowie auf die Sicherstellung eines technischen und kaufmännischen Nachwuchses aus den eigenen Reihen.

Die Schulung soll sich darauf konzentrieren, erkannte Schwachstellen zu überwinden.

Die Schulung soll nach Möglichkeit durch Vorgesetzte der eigenen Unternehmung durchgeführt werden. Falls externe Ausbildner eingesetzt werden, ist sicherzustellen, dass die vermittelten Kenntnisse und Fähigkeiten am Arbeitsplatz auch tatsächlich genutzt werden können.

Kurse sind je nach Zielsetzung und Situation auch extern durchzuführen.

Erste Priorität hat die Führungsschulung für sämtliche Ebenen.

In zweiter Priorität, d. h. in einer späteren Phase innerhalb des Planungszeitraums, soll die übrige Schulung stattfinden.

Die Personalabteilung ist verantwortlich für:

- den Entwurf des Ausbildungskonzepts (Dreijahres- und Jahresplan) in Zusammenarbeit mit den Linienstellen sowie für
- die Planung und Durchführung aller Ausbildungsmaßnahmen.

Beim Aufbau einer Schulungspolitik müssen bestimmte **Regeln** eingehalten werden. So muss die betriebliche Schulung in den Rahmen der Unternehmensentwicklung gestellt werden, sie muss von der Unternehmensleitung unterstützt und kontinuierlich durchgeführt werden.

Beim **Entwickeln der Schulungspolitik** kann man in drei Stufen vorgehen:

- Unternehmerische Vorentscheidungen: sie legen den Rahmen fest, in dem man die Schulung durchführen will (welche Mitarbeiter werden geschult, interne oder externe Schulung etc.).
- Die Unternehmensanalyse: zeigt in einem groben Soll-Ist-Vergleich (Ziele/derzeitiger Stand), welche Lücken durch Schulung zu füllen sind und welche Stoßrichtung die betriebliche Schulung haben soll.
- Formulierung

36.1.3 Das Schulungskonzept

Da die Schulungspolitik grundsätzlich und dadurch abstrakt ist, muss sie konkretisiert werden. Das Ergebnis ist ein Schulungskonzept mit vielen, konkreten Anhaltspunkten – gültig für die Dauer von 3–5 Jahren.

A Ziele des Schulungskonzepts

- Es zeigt den Gesamtaufbau der Schulung in einem Unternehmen und ihre Schwerpunkte.
- Es ist die Grundlage für den Jahresplan, den Einsatz der Ausbildner und die Budgetierung.
- Es garantiert eine gewisse Konstanz und
- gibt eine Übersicht über das Angebot für die kommenden Jahre.

B Leitfragen zur Entwicklung eines Schulungskonzepts

Anhand von vier Fragen lässt sich ein Schulungskonzept aufstellen.

1. Wie bilden wir sinnvolle Schulungsgruppen? Soll nach Hierarchiestufen oder nach Funktionen geschult werden? (Adressaten)

Möglichst homogene Gruppen mit möglichst ähnlichen Schulungsbedürfnissen erleichtern die Organisation. Meist geht man bei der Gruppenbildung von den Hierarchiestufen des Organigramms aus oder man gliedert nach Fachbereichen. So entstehen Gruppen von Mitarbeitern mit ähnlichen Aufgaben, z. B. Facharbeiter, Wissenschaftler in der Forschung, Verkäufer und Berater usw. Wichtig ist, dass jede Gruppe durch eine gemeinsame Motivation zusammengehalten wird. Wenn jeder Interesse am Thema hat, können auch Leute aus den verschiedensten Bereichen und Ebenen gut zusammenarbeiten.

2. Welche Schulungsbereiche sind für uns wichtig?

Größere Schulungsbereiche sollen definiert werden, denen dann die verschiedenen Veranstaltungen zugeordnet werden. Wir zählen einige Schulungsbereiche auf:

- **Konzeptionelle Führungsschulung:** Für die Geschäftsleitung und die oberste Führungsebene. Ziel: die Bearbeitung strategischer (grundsätzlicher) Probleme der Gesamtführung einer Unternehmung sowie die Entwicklung der strategischen Richtlinien und Führungspapiere

- **Anwendungsorientierte Führungsschule:** Für Vorgesetzte der unteren Stufen zur Verbesserung ihrer Führungsarbeit. Sie leitet sich aus der konzeptionellen Führungsschule ab
- **Innovationsschulung:** Sie unterstützt die Einführung von Neuerungen aller Art und muss rechtzeitig einsetzen
- **Fachausbildung** in den verschiedensten Bereichen (Technik, Informatik, Marketing usw.)
- **Verkaufsausbildung** für Verkäufer und Verkaufsleiter
- **Persönlichkeitsbildung** zur individuellen Förderung der Persönlichkeit der Mitarbeiter
- **Allgemeine Bildung** in wirtschaftlichen, politischen, kulturellen Fragen oder auch im Bereich der Sprachen

Wenn man mit solchen Begriffen arbeitet, wird die Verständigung einfach. Jeder weiß ungefähr, wovon gesprochen wird und was den einzelnen Bereichen thematisch zugeordnet ist.

Sobald die beiden ersten Fragen – Adressatengruppen und Schulungsbereiche – geklärt sind, lässt sich eine Matrix für das Schulungskonzept aufstellen.

3. Welche Schulungsveranstaltungen planen wir für die einzelnen Bereiche und in welcher Form bieten wir sie an – als Kurs oder als Ausbildung am Arbeitsplatz?

Die Schulungsbereiche sind jetzt klar und aus der Schulungspolitik kennen wir die wesentlichen Themen, die die Schulung aufgreifen soll. Damit lässt sich konkret umschreiben, **welche Schulungsveranstaltungen** zu planen sind und auch, wie diese am besten realisiert werden. Es geht dabei noch nicht um eine detaillierte Planung, sondern nur um die inhaltliche Bezeichnung, die Anzahl der für ein Thema benötigten Tage und deren Verteilung auf die Drei- oder Fünfjahresperiode.

Die Inhalte werden aus der Schulungspolitik und aus der Unternehmensanalyse abgeleitet. Dabei ist immer die Machbarkeit im Auge zu behalten – nicht alles ist mit Schulung allein machbar.

Die **Anzahl der benötigten Tage** ist Erfahrungssache. Wenn die Erfahrung fehlt, ist der Zeitbedarf zu schätzen und wenn nötig später (in der zweiten Planungsphase oder nach der erstmaligen Durchführung) anzupassen. Ein interessanter Erfahrungswert: Man setzt in der Phase der konzeptionellen Planung meist zu viele Tage ein. Kürzen sollte man jedoch erst, wenn das ganze Konzept steht und ein Gesamtüberblick möglich wird, damit man nicht zufällig, sondern gezielt und überlegt kürzt.

Sehr wichtig ist eine ausgewogene Verteilung zwischen Schulung in Kursen und am Arbeitsplatz. Ausbildung am Arbeitsplatz ist aber umso effizienter,

- je praktischer der Ausbildungsbereich ist,
- je weniger geübt im Lernen die Teilnehmer sind und
- je stärker der Ausbildungsinhalt Maschinen und andere Einrichtungen betrifft.

Ungeeignet ist Schulung am Arbeitsplatz aber für

- intellektuell anspruchsvolle Lerninhalte (z. B. Erstellen eines Marketingkonzepts),
- Grundlagenausbildung für Innovationen (z. B. vernetztes Denken lernen als Problemlösetechnik im Projekt-Management),
- Verhaltensänderungen (z. B. Führungsverhalten, Verkaufsverhalten),
- Vermitteln von Gesamteinsichten (z. B. Einsicht in die Kostenstruktur im Unternehmen).

Die praktische Anwendung des in der Grundausbildung Gelernten lässt sich indessen oft besser am Arbeitsplatz schulen.

4. Interne oder externe Kurse?

Grundsätzlich sind vier Varianten möglich:

- **Externe Ausbildung bei einem Anbieter von betrieblicher Aus- und Weiterbildung** (z. B. Hochschulinstitute, private Ausbildungsinstitutionen, Verbände, Ausbildungsberater, Trainer): Die Mitarbeiter besuchen diese Kurse zusammen mit Teilnehmern aus anderen Firmen.
- Das Unternehmen kann auch mit einem **externen Schulungsberater** zusammenarbeiten, der die gesamte Weiterbildung mit internen und externen Spezialisten koordiniert und leitet.
- **Interne Schulung durchgeführt mit externen Ausbildnern:** Die Mitarbeiter des eigenen Unternehmens bleiben unter sich; der Ort der Schulung kann im Haus oder extern sein.
- **Interne Ausbildung mit Ausbildnern und Linienvorgesetzten aus dem eigenen Unternehmen.**

Ob man sich für eine interne oder externe Schulung entscheidet, hängt zum einen von den eigenen Möglichkeiten ab (Größe, personelle und finanzielle Mittel), zum anderen von der Einschätzung der Vor- und Nachteile der internen und der externen Schulung.

Die **Vorteile externer Schulung:**

- Sie wirkt gegen Betriebsblindheit, da nicht auf betriebliche Besonderheiten eingegangen wird.
- Sie regt stärker zur Innovation an, weil ohne Rücksichtnahme auf betriebliche Eigenarten geschult wird.
- Wenn Hochschul- oder Forschungsinstitute Kurse anbieten, besteht gute Gewähr dafür, dass neueste Erkenntnisse angeboten werden.
- Externe Kurse bringen Kontakte mit Mitarbeitern anderer Unternehmungen und damit auch wertvollen Erfahrungsaustausch.

Diesen Vorteilen stehen **Nachteile** gegenüber:
- Die externe Ausbildung kann nicht oder nur in ganz geringem Ausmaß auf die Probleme und die konkreten Ausbildungsbedürfnisse der Unternehmung eingehen.
- Sie bleibt generell, weil nicht mit den spezifischen Grundlagen der einzelnen Unternehmung (Grundstrategie, Führungsrichtlinien usw.) gearbeitet werden kann.
- Die Einflussmöglichkeiten der Unternehmensleitung sind gering.

Der Besuch **externer Kurse** ist wertvoll, wenn wenige Mitarbeiter Schulung in einem Spezialgebiet benötigen oder wenn man neue Impulse sucht (auch auf höchster Ebene, etwa im Bereich der Unternehmensentwicklung).

Interne Kurse empfehlen sich, wenn viele Mitarbeiter im gleichen Bereich zu schulen sind. Durch die gemeinsame Anwendung in der Praxis wird der Lernvorgang intensiviert. Aktuelles Fachwissen und neue Impulse können durch externe Kursleiter hereingebracht werden.

Das Schulungskonzept nimmt durch die Beantwortung der eben dargestellten Leitfragen Gestalt an. Meist entsteht es in einem Prozess, der nicht linear, sondern wiederholt abläuft, d. h., die Beantwortung späterer Fragen kann Rückwirkungen auf Entscheide zu früheren Fragen haben, so dass sich dort erneut Anpassungen ergeben.

Das Schulungskonzept konkretisiert, was in der Schulungspolitik in allgemeiner Form beschlossen wurde.

Es legt in den großen Zügen die **Schulungsmaßnahmen für 3–5 Jahre** fest:

- nach **Schulungsbereichen** (wo sind unsere inhaltlichen Schwerpunkte – in der Fachausbildung, in der Führungsschulung, in der Allgemeinbildung usw.?),
- nach den zu **schulenden Mitarbeitergruppen** (mit ähnlichen Bedürfnissen – gegliedert nach Hierarchiestufen oder Funktionen),
- nach der grundsätzlichen **Art der Durchführung** (am Arbeitsplatz oder in Kursen, in internen oder externen Kursen?).

36.1.4 Der Jahresplan

Der letzte Schritt auf der ersten Planungsebene ist das Erstellen des Jahresplans. Dazu werden aus dem Schulungskonzept jene Bausteine (Kurse, Seminare, Ausbildung am Arbeitsplatz) herausgegriffen, die im betreffenden Jahr realisiert werden sollen. Damit dieser Jahresplan aber aussagekräftig und informativ wird, müssen die **einzelnen Bausteine zunächst in den Details geplant** werden. Das geschieht auf der zweiten Planungsebene. Hier wird untersucht, was die geplanten Adressatengruppen wirklich an Schulung brauchen (Bedarf), der Bedarf wird in Lernziele umgesetzt, die methodisch-didaktische Gestaltung der einzelnen Veranstaltungen wird festgelegt (Vortrag oder Gruppengespräch, welche Art von Übungen usw.), auch die Organisation (Ort, Unterkünfte, Beginn, Anreise usw.) wird bestimmt. Die Ergebnisse dieser Feinplanung werden dann im Jahresprogramm zusammengefasst. Die beiden Planungsebenen greifen also ineinander. Was Inhalt der zweiten Phase ist, dient dem Abschluss der ersten.

Das Erarbeiten des Jahresplans ist Sache der Ausbildungsverantwortlichen, die in dieser Phase eng mit den Ausbildnern und verschiedenen betroffenen Personen (Teilnehmern, Vorgesetzten usw.) zusammenarbeiten.

Der Jahresplan informiert jeden Interessierten über die **Veranstaltungen im kommenden Jahr** – das Thema, das Ziel, die Dauer, die Durchführungsart, den Ort, den Kursleiter, die in Frage kommenden Adressaten usw. Die meisten Unternehmen haben die Darstellung des Jahresplans mehr oder weniger stark formalisiert, besonders was die Beschreibung der Kurse bzw. Seminare betrifft. In größeren Unternehmungen hat er die Form einer oft sehr umfangreichen Broschüre. Er kann aber auch nur wenige Seiten umfassen. Wesentlich ist, dass er klar ist und alle Angaben enthält, die als Entscheidungsgrundlage für den Besuch einer Veranstaltung notwendig sind.

Die folgende Abbildung zeigt nochmals den Zusammenhang zwischen Schulungspolitik, Schulungskonzept und Jahresplan.

[36-2]   Der Zusammenhang zwischen Schulungspolitik, Schulungskonzept und Jahresplan

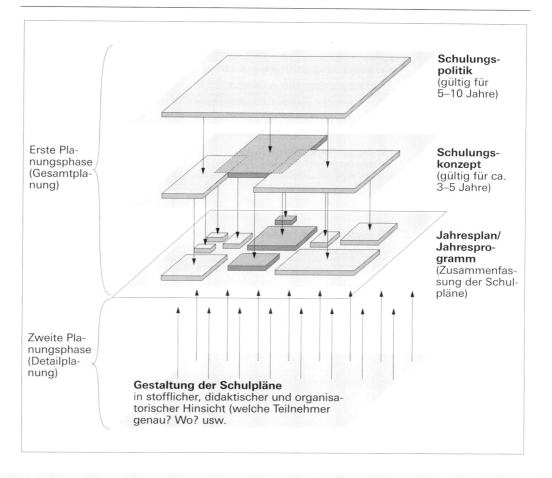

Erste Pla-
nungsphase
(Gesamtpla-
nung)

Schulungs-
politik
(gültig für
5–10 Jahre)

Schulungs-
konzept
(gültig für ca.
3–5 Jahre)

Jahresplan/
Jahrespro-
gramm
(Zusammenfas-
sung der Schul-
pläne)

Zweite Pla-
nungsphase
(Detailpla-
nung)

Gestaltung der Schulpläne
in stofflicher, didaktischer und organisatorischer Hinsicht (welche Teilnehmer
genau? Wo? usw.

Der Jahresplan konkretisiert das Schulungskonzept. Er umfasst alle Schulungsveranstaltungen für ein Jahr. Er informiert über Inhalt, Ziele, Methoden, Adressaten, Ausbildner, Zeit
und Ort der geplanten Veranstaltungen. Der Jahresplan ist die Zusammenfassung der
Ergebnisse der Feinplanung und wird meist in Form einer Broschüre veröffentlicht, die
jedem zugänglich ist.

36.2   Die Feinplanung jeder einzelnen Veranstaltung

Wir behandeln nun die zweite Planungsebene der Schulungsplanung. Dabei werden die im
Jahresplan aufgeführten Veranstaltungen im Detail geplant. Der Jahresplan umfasst das
gesamte Angebot an Schulungsaktivitäten, das gemäß Schulungskonzept in einem Jahr
verwirklicht werden soll. Meist handelt es sich um sehr viele und unterschiedliche, sachlich voneinander unabhängige oder bausteinartig aufeinander aufbauende Veranstaltungen. Jede dieser Veranstaltungen, jeder Baustein, ist in den Einzelheiten vorzubereiten.
Das Ergebnis ist ein Schulungsplan. Die Summe aller Schulungspläne ergibt den Gesamt-
schulungsplan für ein Jahr.

Der **Schulungsplan** ist eine wichtige Arbeitsunterlage für die Ausbildner und eine wichtige
Informationsquelle für die Mitarbeitenden. Er regelt:

- Lernziele
- Lerninhalte
- Zeitlichen Rahmen

- Kursteilnehmer
- Kursleiter
- Daten der Durchführung
- Ort der Veranstaltung
- Evtl. methodische Hinweise

Die **Ausarbeitung des Schulungsplans** kann in sechs Schritten erfolgen:

- Ausgangslage analysieren
- Schulungsbedarf ermitteln
- Bedarf in Lernziele umsetzen (Methodik und Didaktik)
- Schulungsplan redigieren
- Organisatorische Vorbereitung der Schulung
- Erfolgskontrolle

Schauen Sie sich den folgenden Schulungsplan «Führungsmethodik» an. Er beginnt mit einer Überschrift und dem Richtziel, dem groben Lernziel. Dann wird der Inhalt (Sachgebiet und Thema) und das je Thema zu erreichende Lernziel näher umschrieben. Es folgen Angaben über die Unterrichtsdauer je Lernziel und die Art der Stoffvermittlung. Wichtig ist, dass der Schulungsplan den Stoff, die Lernziele, den zeitlichen Rahmen und methodische Hinweise enthält. Angaben über die Kursteilnehmer, Referenten, Daten der Durchführung und Ort der Veranstaltung können hinzugefügt werden.

Fach:	Führungsmethodik			
Richtziel:	Die Teilnehmer (Führungsebene 1–3) sollen anhand von theoretischen Grundlagen und betriebsnahen Beispielen Einsicht in die Notwendigkeit von Führungsinstrumenten im eigenen Betrieb gewinnen und die Zusammenhänge zwischen betriebswirtschaftlichen Führungsinstrumenten und eigener Persönlichkeit erkennen.			
Sachgebiet	**Thema**	**Informationsziele**	**Zeit**	**Methodische Hinweise**
1. Moderne Führungs-instrumente	1.1 Überblick	• Die Teilnehmer sollen Formen und Zweck der modernen Führungsinstrumente für eine Unternehmung analysieren. • Die Notwendigkeit dieser Instrumente aus Beispielen ableiten.	2 h	Theorie verknüpft mit Selbsterfahrung und Anwendung an Fallbeispielen.
	1.2 Delegation	• Formen der Delegation unterscheiden. • Regeln der Delegation anwenden.	2 h	do.
	1.3 Führung und Kontrolle	• Die Bedeutung der Kontrolle bei der Führung beurteilen. • Regeln für sinnvolle Kontrollen ableiten.	2 h	do.
	1.4 Information	• Die Verantwortung des Vorgesetzten für die Information erkennen und Regeln zu guten Informationsabläufen ableiten.	2 h	do.
	1.5 Führungsstil	• Führungsstile unterscheiden. • Verhaltensregeln für den eigenen Führungsstil ableiten.	2 h	do.
2. Die Persönlichkeit des Chefs		• Möglichkeiten und Grenzen der Persönlichkeitsentwicklung beurteilen. • Eigene Stärken und Schwächen als Grundlage einer persönlichen Weiterentwicklung sowie des eigenen Verhaltens und des Verhaltens anderer erkennen.	4 h	Individuelle und Gruppenanalyse

Der Schulungsplan hält für jede einzelne Schulungsveranstaltung fest, was inhaltlich geboten wird, wie methodisch-didaktisch vorzugehen ist und wie die Veranstaltung organisiert wird. Er basiert auf den Vorgaben des Schulungskonzepts und konkretisiert diese bis zur Durchführung.

Viele Angaben daraus werden für den Jahresplan benötigt. Der Schulungsplan ist aber auch die Arbeitsunterlage der Ausbilder. Im Prinzip sollte jede Lerneinheit darin so vorbereitet sein, dass der Ausbilder eine klare Leitlinie für seinen Unterricht hat.

36.2.1 Analyse der Ausgangslage

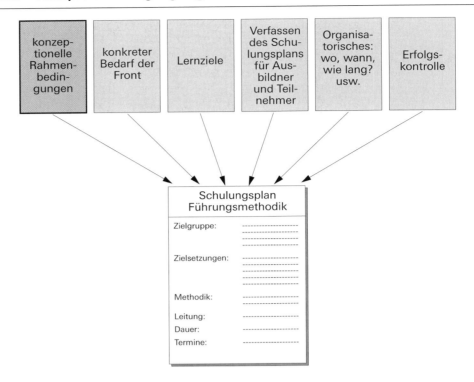

Zunächst ist die Ausgangslage zu klären. Dazu müssen die Vorgaben der Schulungspolitik und des Schulungskonzepts beachtet werden.

A Vorgaben der Schulungspolitik

Welche Bedeutung hat der Schulungsplan im Rahmen der Schulungspolitik? Geht es um ein zentrales Thema? Soll es über einen längeren Zeitraum geführt werden? usw.

B Vorgaben des Schulungskonzepts

- Welche Thematik, welche allgemeinen Zielsetzungen und welche Schwerpunkte sieht das Konzept vor?
- Was wurde festgelegt oder ist noch offen hinsichtlich der Form (Kurse – extern oder intern? Oder Schulung am Arbeitsplatz), des Adressatenkreises (Hierarchiestufen, Funktionsbereiche), der Verantwortlichkeiten (z. B. wer führt die Schulung durch?) und des zeitlichen Rahmens (geplante Zeit insgesamt und innerhalb eines Jahres)?

Enthält das Konzept zu einem Punkt keine Vorgaben, sind Entscheide entweder zu Beginn oder dann während der Planung zu treffen. Letzteres ist sinnvoll, wenn man nur sehr vage Vorstellungen über eine zu planende Schulungsmaßnahme hat oder wenn nur Fragen offen sind, die man auch noch später klären kann z. B. der zeitliche Rahmen.

Die Feinplanung beginnt damit, dass man alles, was in der Schulungspolitik und im Schulungskonzept zu einem Gebiet oder Thema bereits festgelegt wurde, zusammenträgt.

36.2.2 Schulungsbedarf

Im Schulungskonzept sind bestimmte Inhalte aufgrund einer ersten groben Bedarfseinschätzung festgehalten. In der Phase der Detailplanung muss man für jede Adressatengruppe exakt herausarbeiten, was die Teilnehmer genau lernen und nach der Schulung können müssen, um an ihrem Arbeitsplatz effizienter zu sein oder Zusammenhänge besser zu verstehen. Es geht bei der Klärung des Bedarfs um einen möglichst realistischen und konkreten **Soll-Ist-Vergleich.** Was bringt der Mitarbeiter an Fähigkeiten, Wissen usw. mit und was soll er nach der Schulung an Wissen und Können gewonnen haben?

Der Bedarf ist die Abweichung zwischen Soll und Ist. Er muss zuerst konkret aufgespürt und dann in realisierbare Lernziele umgesetzt werden.

[36-3]   Der Schulungsbedarf als Soll-Ist-Differenz

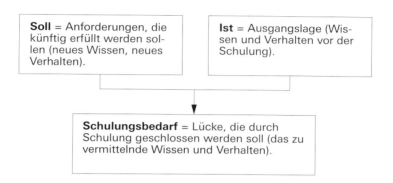

Die Ermittlung des Schulungsbedarfs ist der zweite Schritt beim Aufbau eines Schulungsplans.

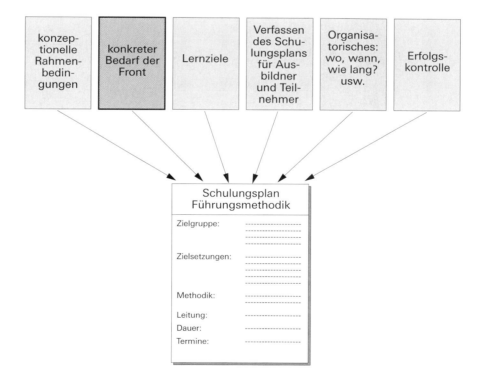

A   Bestimmung des Schulungsbedarfs anhand von drei Suchkategorien

Bestimmungsgröße	Beschreibung	Beispiele
1. Allgemeine Zielvorstellungen	Es geht um Normen, Wertvorstellungen, Ideale, Grundsätze usw.	Generelle Anforderungen an die Mitarbeiter wie: • partizipatives Führungsverhalten, • Identifikation mit den Unternehmenszielen, • hohe berufliche Mobilität.
2. Funktionen a) berufliche Funktionen	Es geht um die Rollen und Tätigkeiten, die der Lernende erfüllen soll: • im Berufsfeld, d. h. alle berufsbezogenen Anforderungen	Spezifische Anforderungen an die Mitarbeiter • die Führungsprinzipien anwenden, • eine Verkaufsstatistik erstellen, • Messgeräte bedienen, • Kontakt mit Behörden und Verbänden pflegen.
b) gesellschaftliche Funktionen	• im außerberuflichen Bereich wie Freizeit, Partnerschaft, Familie, Öffentlichkeit. Es geht um Anforderungen, die mit der beruflichen Tätigkeit direkt nichts zu tun haben, wohl aber mit der «Gesellschaft» als Umwelt der Unternehmung.	Anforderungen an Privatpersonen wie: • Texte aus dem Wirtschaftsteil der Zeitung lesen und verstehen, • Kritisches Konsumverhalten zeigen, • Sich am öffentlichen Leben beteiligen.
3. Wissen in Fachbereichen	Es geht um den gesicherten Stand an Wissen und Fähigkeiten in jenen Fachbereichen, die sich aus den allgemeinen Zielvorstellungen und den Funktionen ergeben.	Inhalte und Zusammenhänge, wie sie in der Fachliteratur dargestellt sind, z. B. in • der Führungslehre, • der Verkaufspsychologie, • der Volkswirtschaftslehre usw.

Die einzelnen Bestimmungsgrößen haben von Fall zu Fall einen **unterschiedlichen Stellenwert:**

- So trägt die Bestimmungsgröße **«Allgemeine Zielvorstellungen»** beim «Arbeiten mit Textverarbeitungssoftware» kaum etwas zur Klärung des Schulungsbedarfs bei. Völlig anders sieht es beim Thema «Führungsmethodik» aus. Die Wertvorstellungen der Unternehmensspitze über das anzustrebende Führungsverhalten sind entscheidend für die Bestimmung des Ausbildungsbedarfs.
- Die Bestimmungsgröße **«Funktionen»** steht in der betrieblichen Schulung meist im Vordergrund. Manche Unternehmen machen aber auch Bildungsangebote, die die Mitarbeiter in ausserberuflichen Bereichen vorwärtsbringen und ihre gesellschaftliche Funktion betreffen (z. B. Einführung in die Politik, Vorbereitung auf das Pensionierungsalter).

Die folgende Übersicht zeigt, wie man mit diesen drei Bestimmungsgrößen einen Soll-Ist-Vergleich durchführt:

	Allgemeine Zielvorstellungen	Funktionen	Wissen in Fachbereichen
Soll	Welche allgemeinen Zielvorstellungen müssen unsere Adressaten nach der Schulung erfüllen	Auf welche Funktionen hin sollen sie geschult werden? Welche Kenntnisse und Verhaltensweisen sind dazu notwendig?	Welche Fachbereiche sind angesprochen? Welche fachlichen Kenntnisse und Einsichten (Begriffe, Strukturen, Konzepte, Regeln, Verfahren, Allgemeingültiges, Besonderheiten usw.) sind nötig, um die Anforderungen zu erfüllen?
	Beispiel: Freude am Formulieren von Texten; keine Hemmungen und Abwehr mehr	Beispiel: Vorgesetzte sollen Berichte in der Hauszeitung oder in der Presse oder Mitteilungen an ihre Mitarbeiter effizient und überzeugend verfassen.	Beispiel: Teil der Grammatik und Stilistik.
Ist	Wie ist die Ausgangslage der Mitarbeiter in Bezug auf die definierten Anforderungen: • Sind bestimmte Kenntnisse und Verhaltensweisen bereits vorhanden? Was ist nur teilweise oder überhaupt nicht vorhanden? Gibt es Wissen und Verhalten, das die Erfüllung der Anforderungen behindert (z. B. negative Einstellungen, alte Gewohnheiten)? • Was trifft dabei auf alle, einen ansehnlichen Teil oder nur auf einzelne Adressaten zu? Beispiel: Fast alle Vorgesetzte haben eine Abneigung gegen Formulierungsarbeit. Bei einigen fehlt es an Grammatikkenntnissen bei den meisten an Stilistikkenntnissen. und bei allen an Übung und Mustern		
Bedarf	Die Lücken zwischen den definierten Anforderungen und der Ausgangslage in jeder Bestimmungsgröße ergibt den Bedarf.		

B Ermittlung des Schulungsbedarfs für bestimmte Adressaten

Es ist wichtig, zu wissen, wer in bestimmten Bereichen geschult werden soll. In der Regel ermittelt man den **Bedarf für eine ganze Gruppe** von Mitarbeitern. Wenn der Schulungsplan erstellt wird, sind vielleicht schon mehr Personen mit Namen bekannt; oft geht man aber von einer **Modellgruppe** aus. Um die Anforderungen an bestimmte Mitarbeiter zu erfassen, kann man

- einen Arbeitsplatz untersuchen, der für eine Gruppe von Personen typisch ist (z. B. Kreditsachbearbeiter, Außendienstmitarbeiter),
- oder/und nach Anforderungen suchen, die für viele Arbeitsplätze gleich sind (z. B. Teile der Führung, Projektmanagement, kundenorientiertes Verhalten).

Die Ausgangslage der potenziellen Schulungsteilnehmer lässt sich ermitteln, wenn man untersucht:

- was die Gruppe typischerweise leistet und
- wie groß die Unterschiede in den Voraussetzungen sind.

Im Ausnahmefall ermittelt man den Ausbildungsbedarf auch für eine einzelne Person, etwa für einen Spezialisten oder den Inhaber einer nur einmal existierenden Position, z. B. in einem Kleinunternehmen. In «Maßarbeit» wird für diesen Mitarbeiter ein Schulungspaket zusammengestellt oder eine maßgeschneiderte Schulungsmaßnahme konzipiert.

C   Informationsquellen und Methoden

Es gibt zwei Quellen für Information über den effektiven Bedarf:

- Dokumente des Unternehmens oder externer Herkunft sowie
- Aussagen von Personen – Mitarbeitern, Vorgesetzten, Kunden usw.

Die Dokumentenanalyse

Dokumente können Aufschluss geben über Soll und Ist.

In jedem Unternehmen gibt es verschiedene Dokumente, die Anhaltspunkte für den Schulungsbedarf enthalten; oft sind auch externe Unterlagen aufschlussreich. Von Bedeutung sind:

- die Unternehmenspolitik, d. h. die Leitbilder und Strategien für das Gesamtunternehmen und die einzelnen Geschäftsbereiche,
- mittel- und langfristige Pläne (über Innovationen, Änderungen usw.), insbesondere die Fertigungsplanung, die Organisations- und die EDV-Planung. Kennt man die Planung, kann man die Mitarbeiter rechtzeitig schulen, so dass sie einsatzbereit sind, wenn die neuen Maschinen oder Techniken eingeführt werden,
- Studien, z. B. Unternehmensanalysen, Gutachten,
- die Führungsrichtlinien,
- Organisationshandbücher,
- Organigramme und Stellenpläne, vor allem die Stellenbeschreibungen,
- die Leistungsbeurteilungen samt den Zielvereinbarungen, die mit dem einzelnen Mitarbeiter getroffen wurden,
- Personalpläne mit Zahlen über den Nachwuchsbedarf, aber auch mit allen qualitativen Angaben,
- der Management Development Plan sowie die
- Auswertungen von Schulungsveranstaltungen,
- ferner betriebliche Kennzahlen, wie erhöhte Fluktuationen im ganzen Unternehmen und in bestimmten Abteilungen, Statistiken über Unfälle, Überstunden, Terminschwierigkeiten usw.,
- Fachliteratur, aus der sich künftige Entwicklungen ableiten lassen,
- bisherige eigene, aber auch externe Schulungspläne, Seminarangebote, Lehrpläne von Fach- und Hochschulen, die auf Entwicklungen aufmerksam machen oder Auskunft über die schulischen Voraussetzungen von bestimmten Mitarbeitern geben.

Die für die Schulung **relevanten Informationen** müssen oft mit einigem Aufwand erarbeitet werden. Die Dokumentenanalyse muss so gründlich sein, dass Klarheit und Übersicht über Soll und Ist sowie über noch vorhandene Lücken in der Bedarfsklärung entsteht.

Dabei ist es sehr wichtig, dass man sich nicht nur an das dokumentarisch Festgelegte hält. Wer mit Schulung zu tun hat, muss auch über die **laufenden Veränderungen** in den verschiedenen Unternehmensbereichen Bescheid wissen.

Befragen und Beobachten von Personen

Personen sind eine wichtige Informationsquelle für die Klärung des Schulungsbedarfs. Sie liefern individuelle und damit subjektive, aber doch immer wertvolle Informationen über Anforderungen (Soll) und Ausgangslage (Ist). Die Auskünfte sind meist sehr konkret und praxisnah. Sie ergänzen die «objektiven» Informationen aus den Dokumenten.

Auskunftspersonen können sein: Mitarbeiter, die geschult werden sollen oder schon geschult wurden, ihre Kollegen, Vorgesetzten, ferner Spezialisten, z. B. Organisatoren, Personalfachleute. Aber auch externe Leute, wie Kunden, Lieferanten, Fachexperten, Referenzpersonen neuer Mitarbeiter usw., können Ansprechpartner sein.

Die **Methoden der Informationsgewinnung** sind:

- **Gespräche** – individuell oder in Gruppen geführt. Sie sollten grob vorstrukturiert werden, damit sie sich auf relevante Fragen beziehen, wie gegenwärtige Aufgaben, künftige Anforderungen, die Einschätzung von Stärken und Schwächen, die Beurteilung von Problemen und Lösungsmöglichkeiten sowie das persönliche Schulungsinteresse. Die Gespräche können informell sein oder offiziell organisiert werden. Eintritts- oder Qualifikationsgespräche oder regelmäßige Mitarbeitersitzungen sind gute Informationsquellen.
- **Schriftliche Befragungen** mit geschlossenen oder offenen Fragen – je nach Bedarf. Befragungen können in kleinstem Rahmen durchgeführt werden und höchst wertvolle Ergebnisse liefern. Wichtig ist, dass man gezielte Fragen stellt oder bewusst die Mitteilungsbereitschaft und Ideenvielfalt der Befragten anregt oder beides kombiniert.
- **Beobachtungen** geben Anhaltspunkte über Soll und Ist. Beobachtet werden Mitarbeiter bei ihrer Arbeit (der Verkäufer im Gespräch mit dem Kunden, die Telefonistin beim Telefonieren, der Vorgesetzte beim Leiten einer Sitzung, der Ausbildner beim Unterrichten). Solche gezielten Beobachtungen können äußerst wichtige Daten über Anforderungen und die Ausgangslage der zu schulenden Mitarbeiter liefern. Wo liegen die besonderen Probleme dieser Mitarbeiter, wie ist ihr Potenzial, ihr intellektuelles Niveau, ihre Motivation?
- Die Beobachtung eignet sich besonders für die mit anderen Verfahren nur schwer vollziehbare Einschätzung des Sozial-, Kommunikations- und Führungsverhaltens, ferner zum Diagnostizieren subtiler und oft verborgener Schwachstellen. Letzteres setzt allerdings sehr genaue Vorkenntnisse und ein scharfes Wahrnehmungsvermögen voraus. Um Einseitigkeiten und Verzerrungen (selektive Wahrnehmung) vorzubeugen, sollten im Voraus zumindest grobe Beobachtungskategorien definiert werden.

D   Merkpunkte für die Bedarfsanalyse

- Konzentrieren Sie sich auf Informationsquellen, die aussagekräftige und maßgebliche Informationen liefern. **Qualität vor Quantität** gilt auch für die Analyse von Dokumenten. Anderseits: Stützen Sie sich nie auf nur eine Informationsquelle. Vergleichen Sie, prüfen Sie kritisch.
- **Setzen Sie die Methoden zweckmäßig ein.** Meist ist eine Kombination von Dokumentenanalyse und Befragung von Personen am erfolgreichsten. Man hat Anhaltspunkte und Vermutungen aus Dokumenten und erhärtet sie durch Gespräche oder gezielte schriftliche Umfragen.
  Beispiel: In einem Werk, in dem elektronische Bauelemente hergestellt werden, ist das Betriebsklima schlecht. Beobachtungen ergeben, dass die Betriebsingenieure durch ihre Führungsaufgaben überfordert sind. Es wird eine Schulung in Mitarbeiterführung und Gesprächsverhalten für alle Betriebsingenieure festgelegt. Zuvor werden aber die Vorschläge durch eine Befragung der Betriebsingenieure über ihre täglichen Probleme abgesichert. Beobachtung und Befragung werden hier kombiniert.
- Die Bedarfsermittlung muss **zukunftsorientiert** sein. Mangelndes Problembewusstsein führt oft dazu, dass der Schulungsbedarf statisch, zu wenig innovativ erfasst wird. Fragen Sie daher regelmäßig: Welche Anforderungen werden sich in absehbarer Zeit stellen und in welcher Ausgangslage werden sich unsere Mitarbeiter dann befinden?
- **Verantwortlich** für die Bedarfsermittlung ist im Wesentlichen der Ausbildungsverantwortliche. Seine Aufgabe besteht vor allem darin, den Bedarf systematisch zu erfassen und durch Einbeziehen der richtigen Dokumente und Personen einen Prozess in Gang zu setzen, der die Motivation für betriebliche Schulung fördert. Mitbestimmung in

TEIL G PERSONALENTWICKLUNG

Schulungsfragen ist sinnvoll – sie öffnet wichtige Informationsquellen und sichert die Motivation.

- Die Analyse des Schulungsbedarfs muss nicht nur ein klares Bild über (künftige) Anforderungen zeichnen, sondern auch die Voraussetzungen der Adressaten klären **(Adressatenanalyse):**
  - Über welches Vorwissen verfügen sie?
  - Wie ist die intellektuelle Kapazität – Bildungsstand, Alter, Intelligenzniveau, Abstraktionsvermögen usw.?
  - Wie ist die Motivation – das Interesse an Neuem, was sind die Erwartungen oder mögliche Vorurteile, Ängste usw.?
- Wie steht es mit der **Mitarbeiter-Seite?** Zunächst gilt, dass der Mitarbeiter in die Planung seiner beruflichen Aus- und Weiterbildung einbezogen werden soll – durch periodische Gespräche mit seinen Vorgesetzten zur Leistungsbeurteilung, aber auch außerhalb, z. B. durch einen individuellen Karriereplan im Rahmen des Management Development; ferner durch Befragungen der Schulungsabteilung (wie besprochen) oder durch Mitarbeiter in Projektgruppen, die Schulungspläne ausarbeiten. Schulung kann nicht erfolgreich sein, wenn sie von oben verschrieben wird; die persönliche Motivation ist von größter Bedeutung. Eine aktive Personalabteilung wird daher viel Energie darauf verwenden, die permanente Weiterbildung als Notwendigkeit und Wert im Bewusstsein aller Mitarbeiter zu verankern. Eine generell hohe Lernbereitschaft ist die beste Grundlage für persönliches Engagement des Einzelnen an Schulungsveranstaltungen.
- Eine weitere Frage zur Mitarbeiter-Seite: Wie sind die ganz **persönlichen Schulungsbedürfnisse** der Mitarbeiter zu behandeln, die keiner betrieblichen Notwendigkeit entsprechen? Ein Mitarbeiter möchte z. B. einen Kurs in Persönlichkeitsschulung besuchen, obwohl er rein ausführend tätig ist. Bei ernsthaftem Interesse und guten Leistungen des Mitarbeiters sollte man dem Wunsch Folge leisten, weil damit seine Leistungsbereitschaft, seine Arbeitszufriedenheit und die Verbundenheit mit dem Unternehmen gestärkt werden. Es handelt sich hier um eine grundsätzliche Frage, die im Rahmen der Schulungspolitik entschieden werden sollte.

Damit die Führungskräfte künftig mit den Führungsinstrumenten arbeiten können, muss ihnen durch Schulung Folgendes vermittelt werden:

- **Motivation:** Die Abneigung gegenüber Vereinheitlichung und theoretischen Grundlagen ist abzubauen, ein Gefühl der Sicherheit aufzubauen und Einsicht in die Notwendigkeit einer gewissen Vereinheitlichung zu gewinnen.
- **Wissen:** Ferner sind grundlegende theoretische Kenntnisse zu erwerben, soweit sie zum Verständnis der Führungsinstrumente und des Führungsverhaltens notwendig sind.
- **Anwenden von Kenntnissen:** Die Führungsinstrumente müssen verstanden, ihre Anwendung geübt werden.
- Es muss **Offenheit** gegenüber den eigenen Stärken und Schwächen entstehen wie auch gegenüber den Stärken und Schwächen der übrigen Führungskräfte, und mit beiden ist im Führungsalltag umzugehen.

Der so ermittelte **Schulungsbedarf** ist genauer als eine Liste von Fachthemen, weil auch die Veränderung von Einstellungen und die Anwendung des Gelernten erfasst sind. Dadurch entsteht eine klare Philosophie – die Grundsätze der Führung werden wirklich in die Praxis übersetzt. Und alle Beteiligten, nicht zuletzt auch die Ausbilder, erkennen klar, dass es um weit mehr geht als um die Vermittlung von Fachwissen. Die drei Kategorien schaffen klare Zuordnungen. Das Fachwissen z. B. hat in diesem Fall nicht Priorität, sondern soll im Geist der allgemeinen Zielvorstellung erworben und angewendet werden.

Schulungspläne müssen sich am realen Bedarf orientieren. Der Bedarf ergibt sich aus der **Differenz zwischen den Anforderungen einer Aufgabe oder eines Arbeitsplatzes, dem Soll, und dem, was der Mitarbeiter an Wissen und Können mitbringt, dem Ist.** Es lohnt sich, den Schulungsbedarf mithilfe **übergeordneter Suchkategorien** zuerst einmal in den wesentlichen Linien festzulegen und diese Kategorien in einer nächsten Stufe dann mit konkreter Information zu füllen. Die Bedarfsermittlung soll exakte Angaben darüber machen, für wen welche Schulungsmaßnahmen gedacht sind. In der Regel wird der Bedarf für eine **Gruppe von Mitarbeitern,** nur im Einzelfall für eine einzelne Person, bestimmt.

Informationen über den konkreten Schulungsbedarf gewinnt man anhand von Informationen aus Dokumenten (Planungsunterlagen usw.), aus persönlichen Gesprächen und Befragungen (von Mitarbeitern oder auch Personen des Umfelds, wie Kunden) und aus unmittelbarer Beobachtung von Arbeitsabläufen und Mitarbeitern bei der Arbeit.

Bei der Bedarfsanalyse muss man immer **Informationen aus verschiedenen Quellen** prüfen und gegeneinander abwägen. Die Bedarfsanalyse muss **zukunftsorientiert** und **kritisch** sein und sollte dem einzelnen Mitarbeiter ein **Mitbestimmungsrecht** einräumen. Sie muss die Anforderungen und die Adressatenvoraussetzungen gleich sorgfältig klären, also Bedarfs- und zugleich **Adressatenanalyse** sein.

36.2.3 Lernziele

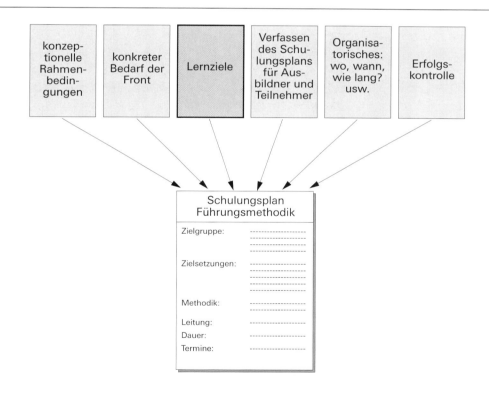

A Was sind Lernziele?

Wir kennen jetzt den Schulungsbedarf. Schulung kann aber nur effektiv durchgeführt werden, wenn die Ausbildner wissen, auf welche Ziele sie sich ausrichten sollen. Der Bedarf muss daher in **Lernziele** übersetzt werden, die klar sagen, was zu lernen ist (Inhalte und Prozesse) und welches Verhalten erreicht werden soll (Wissen, Fähigkeiten, Fertigkeiten, Einstellungen, über die der Lernende verfügen soll).

TEIL G PERSONALENTWICKLUNG

Nehmen wir ein **Beispiel:**

«Der Lernende soll Formen der Delegation unterscheiden können.»

Ein Lernziel besteht immer aus **zwei Aussagen:**

- An welchem **Inhalt** wird gelernt?
  Mit dem Inhalt ist das Thema gemeint (in unserem Beispiel geht es um Formen der Delegation).
- Welche **Prozesse** sollen beim Lernen des betreffenden Inhalts stattfinden?
  Es geht hier um Denk- und Arbeitsvorgänge (z. B. unterscheiden, vergleichen, rechnen, formulieren), um körperliche Bewegungen oder um emotionale Prozesse, z. B. Einstellungsänderungen. Manche dieser Prozesse sind von außen nicht sichtbar, sie schlagen sich aber in einem neuen oder veränderten Verhalten nieder.

Das eigentliche Ziel und die Kunst der Schulung besteht darin, diejenigen Prozesse in Gang zu bringen, die das gewünschte oder notwendige Verhalten in einem bestimmten Bereich (Inhalt) herbeiführen – ob es nun darum geht, betriebswirtschaftliche Zusammenhänge zu verstehen, ein Computerprogramm zu schreiben oder als Vorgesetzter seinen Mitarbeitern besser zuzuhören. In jedem Fall wird **Verhalten verändert oder neu aufgebaut.** Im Lernziel sind das zu erreichende Verhalten und die dazu erforderlichen Prozesse möglichst klar zu umschreiben; damit wird Lernen überprüfbar.

B Drei Feinheitsgrade von Lernzielen

Man unterscheidet Richt- und Informationsziele und schließlich die Vorgaben für jeden Lernschritt.

- Das **Richtziel** umschreibt für einen ganzen Schulungsplan (also einen Kurs oder ein Fach), welches Wissen und Verhalten der Lernende erwerben oder weiterentwickeln soll. Wenn möglich bringt es auch die Werte (Normen, Ideale) klar zum Ausdruck, die dem Schulungsplan zugrunde liegen. Im Richtziel zur Führungsmethodik heißt es z. B., dass Führungsinstrumente als betriebliche Notwendigkeit erkannt werden sollen (Wert).
  Das Richtziel ist relativ allgemein formuliert, es heißt auch «allgemeine Zielsetzung» oder «Leitidee».
- Das **Informationsziel** ist detaillierter. Es umschreibt für ein Thema (eine Lerneinheit), was gelernt werden soll (Wissen) und welche Lernprozesse in Gang gesetzt werden sollten (nur Information aufnehmen oder die eigene Haltung hinterfragen oder Gelerntes anwenden usw.).
  Unter «Thema» verstehen wir einen in sich zusammenhängenden, gut überschaubaren Lernstoff, der in wenigen Stunden vermittelt werden kann.
  Zu jedem Richtziel werden mehrere, oft viele Informationsziele formuliert, die in einem inneren Zusammenhang zueinander stehen und das Richtziel abdecken. Die Informationsziele sind konkret und zeigen jedem Interessierten (Ausbildner, Vorgesetzte, Mitarbeiter), was in jedem Thema erreicht werden soll. Man nennt sie auch Grobziele.
- **Lernschritte:** Dies sind Lernziele von hohem Konkretheitsgrad; man nennt sie auch Feinziele, Teilziele oder Planungsziele. Jeder Lernschritt ist ein konkreter Abschnitt auf dem Weg zum Informationsziel. Alle Lernschritte zusammen ergeben den Prozess, der zum Erreichen des Informationsziels erforderlich ist.

C Lernprozesse

Um etwas Ordnung in die Vielzahl möglicher Prozesse und möglichen Verhaltens zu bringen, ordnet man sie **drei Kategorien** zu:

- Fähigkeiten/Denkprozesse
- Gefühle, Interessen, Einstellungen/emotionale Prozesse
- Bewegungsabläufe/körperliche Prozesse

Die Lernprozesse spielen sich in drei **Bereichen der Persönlichkeit** ab. Die Stichworte sind Kopf, Herz und Hand. Die Lernpsychologie spricht von **kognitiven, affektiven und von psychomotorischen Lernprozessen.** Ideal wäre, wenn immer die ganze Persönlichkeit ins Lernen einbezogen wäre; vielen Ausbildnern gelingt hier auch Erstaunliches. Viele Lernprozesse im betrieblichen Bereich laufen über den Kopf, das Denken. Man muss neue Informationen aufnehmen, Zusammenhänge erfassen, altes Wissen kritisch hinterfragen, neues einbauen usw. Aber selbst wenn der Kopf im Zentrum steht, ist der Lernende immer auch emotional beteiligt. Sein Interesse am Stoff und seine Einstellung dazu spielen eine zentrale Rolle. Ferner beeinflusst Atmosphärisches – die Räumlichkeit, die Persönlichkeit des Ausbildners, sein Verhalten im Unterricht, der Kontakt in der Lerngruppe das Lernen stärker, als man allgemein denkt. Positive Gefühle begünstigen die kognitiven Prozesse, negative können sie ganz entscheidend beeinträchtigen.

Die folgende Übersicht beschreibt näher, was für Lernprozesse in den drei Bereichen ablaufen können.

Kognitiv («Kopf»)	**Erinnern von Inhalten** In gleichartigen Situationen	**Verstehen von Inhalten** Neue Inhalte mit bisherigem Wissen verknüpfen	**Bearbeiten von Problemen** Erworbenes Wissen auf variierte Situationen übertragen, kritisches Beurteilen von Alternativen.
	Begriffe oder Zusammenhänge: • wiedergeben • nennen • nachvollziehen usw.	Zusammenhänge: • beschreiben • erklären interpretieren-, begründen usw.	Probleme: • analysieren • beurteilen • Lösungswege erarbeiten usw.
Affektiv («Herz»)	**Aufmerksamkeit** Etwas Neues: • beachten • anhören • entgegenehmen usw.	**Interesse** Etwas Neues: • aufnehmen wollen • sich damit auseinander setzen wollen, auch wenn Widerstände auftauchen usw.	**Einstellung (Haltung)** • einstehen für etwas • überzeugt sein • sich identifizieren usw.
Psychomotorisch («Hand»)	Einzelne Körperbewegungen z. B. Handgriffe ausführen.		Komplexe Bewegungsabläufe beherrschen

Affektive Lernprozesse sind am schwierigsten in Gang zu setzen. Die Hauptschwierigkeit liegt darin, den Lernenden dazu zu bringen, dass er selbst lernen will. Belehren ist im affektiven Bereich sinnlos!

Für jedes Lernziel muss das **Anspruchsniveau** bestimmt werden, und zwar für jeden Lernbereich. In jedem Lernziel sind nämlich unterschiedlich komplexe Lernprozesse möglich.

Das Anspruchsniveau ergibt sich aus dem Schulungsbedarf. Ein Verkäufer, der tägliche Routinegeschäfte abwickelt, braucht weniger Produktkenntnisse und Verhandlungsfähigkeit als ein Verkäufer, der außergewöhnliche und schwierige Verkaufssituationen selbständig zu bewältigen hat. Wenn Führungskräfte ihre Einstellung zum Mitarbeiter verändern sollen, so sind intensive Prozesse über einen längeren Zeitraum hin notwendig. Und in diese Prozesse müssen Wissen, Denken, Erfahrung und Erleben, ja die gesamte Persönlichkeit einbezogen werden.

D   Wie formuliert man Lernziele?

Inhalt

Das Thema und die Grobstruktur des Inhalts (Wie ist das Thema aufgebaut) müssen konkret, eindeutig und messbar formuliert werden; die Komplexität des Inhalts soll deutlich werden.

Beispiele

Ungünstig: «Der Lernende soll wichtige Grundsätze der Werbung erklären können.»

Besser, weil klarer: «Der Lernende soll die Grundsätze der Werbung (Klarheit, Wahrheit, Wirksamkeit, Wirtschaftlichkeit) erklären können.»

Das erste Lernziel sagt dem Ausbildner nicht, welche Grundsätze der Werbung gemeint sind; er wird dies also selbst entscheiden müssen. Falls mehrere Ausbildner das Thema unterrichten, besteht die Gefahr, dass unterschiedliche Grundsätze vermittelt werden. Im zweiten Beispiel ist diese Gefahr ausgeschlossen.

Prozesse/Verhalten

Welche Prozesse (kognitiv, affektiv, psychomotorisch) sollen in Gang kommen bzw. welches Verhalten soll erreicht werden? Je konkreter die Beschreibung in diesem Bereich ist, desto genauer weiß der Ausbildner, wie er vorgehen soll.

Beispiele

Ungünstig, weil zu produktorientiert: «Der Lernende soll Ziele des Umweltschutzes und wesentliche Merkmale einer Umweltpolitik beschreiben.»

Positiv, aber prozessorientiert: «Der Lernende soll die Beziehungen zwischen dem ökologischen und dem ökonomisch-gesellschaftlichen System durchschauen und daraus Ziele für einen effizienten Umweltschutz ableiten. Mithilfe eines morphologischen Kastens soll er eine ganzheitlich orientierte Umweltpolitik entwerfen können.»

Das erste Beispiel ist ungünstig, weil es das bloße Wiedergeben von Wissen in den Vordergrund stellt; das Lernziel ist zu produktorientiert. Das zweite Beispiel hingegen ist prozessorientiert. Es zeigt dem Ausbildner und den Lernenden, welche Denk- und Arbeitsprozesse anzustreben sind.

Alles sollte überprüfbar sein. Heute steht der Prozess im Vordergrund! Ohne die Bedeutung von Wissen und Lernkontrolle zu verneinen, soll im Lernziel in erster Linie der anzustrebende Lehr-/Lernprozess beschrieben werden.

E   Die Taxonomie der Lernziele

Dr. Benjamin Bloom entwickelte eine Taxonomie, das heißt eine Ordnung der Lernziele.

Er unterscheidet sechs Bereiche:

1. Wissen
2. Verständnis
3. Anwendung
4. Analyse
5. Synthese
6. Beurteilung

Der Grad der Schwierigkeit steigt von Stufe zu Stufe.

Wissen

Hier geht es um das Sich-Erinnern an zuvor Gelerntes, zum Beispiel das Erklären von Begriffen. Auf dieser Stufe kann man mit Multiple Choice – Fragen Wissen abfragen.

Verständnis

Das Gelernte muss verstanden worden sein. Man muss zum Beispiel Prinzipien und Sachverhalte verstehen und Ergebnisse und Folgen vorhersagen können.

Anwendung

Das Gelernte muss in neuen und konkreten Situationen angewendet werden. Es wurde zum Beispiel gelehrt, dass ein Sachbearbeiter in einem Handelsunternehmen eine Telefonnotiz macht. Nun muss diese Methode auf einen Kollegen angewendet werden, der in einer Personalberatungsfirma arbeitet.

Analyse

Die Studierende kann den Stoff in seine Bestandteile zerlegen und zeigen, dass sie die zugrunde liegende Struktur versteht. Sie soll das Muster oder die versteckten Bedeutungen erkennen. Sie soll zum Beispiel die Körpersprache eines Kunden richtig interpretieren und herausfinden, was er will.

Synthese

Teile müssen zu einem neuen Ganzen zusammengefügt werden. Es muss zum Beispiel eine Strategie erstellt oder eine Präsentation vorbereitet werden.

Beurteilung

Der Studierende kann den Wert einer Information für einen gegebenen Zweck beurteilen. Er stützt sich dabei auf eindeutige Kriterien. Er kann zum Beispiel Ideen vergleichen und unterscheiden, wie verschiedene strategische Möglichkeiten im Geschäftsleben, oder Schlüsse ziehen.

Das Lernziel macht eine möglichst gut beobachtbare (d. h. kontrollier- oder nachvollziehbare) **Aussage** darüber,

- mit welchem Inhalt sich der Lernende auseinander setzen soll und
- welche Prozesse dabei in Gang kommen sollen bzw. welches Verhalten er nach dem Lernprozess zeigen soll.

Der Schulungsbedarf wird zuerst in ein **Richtziel** (Schwerpunkte, verhältnismäßig allgemein) übersetzt, das dann durch **Informationsziele** weiter detailliert wird.

Lernzielorientierte Schulungspläne garantieren eine optimale Umsetzung der geplanten Inhalte in konkrete Schulung. Sie gehen über bloße Stoffbeschreibungen hinaus und enthalten Richt-, Informationsziele und Lernschritte. Sie legen den Inhalt und das zu lernende Verhalten fest.

Lernprozesse – ob im kognitiven, affektiven oder motorischen Bereich – können unterschiedlich komplex sein. Das Lernziel soll darüber Auskunft geben, welches Anspruchsniveau angestrebt wird, und damit, wie intensiv und tiefgreifend der Lernende sich mit dem Stoff befassen soll. Das Lernziel soll nicht zu viel und nicht zu wenig verlangen – Richtschnur ist der Schulungsbedarf.

Prozessorientierte Informationsziele sind die besten Garanten für eine zielgerichtete Schulung, weil sie dem Ausbildner sagen, auf welche intellektuellen, emotionalen oder körperlichen Prozesse Wert gelegt wird.

Lernziele können nach der **Taxonomie** von Dr. B. Bloom in folgende **sechs Gruppen** eingeteilt werden:

1. Wissen
2. Verständnis
3. Anwendung
4. Analyse
5. Synthese
6. Beurteilung

Der Schwierigkeitsgrad steigt von Stufe zu Stufe.

36.2.4 Verfassen des Schulungsplans

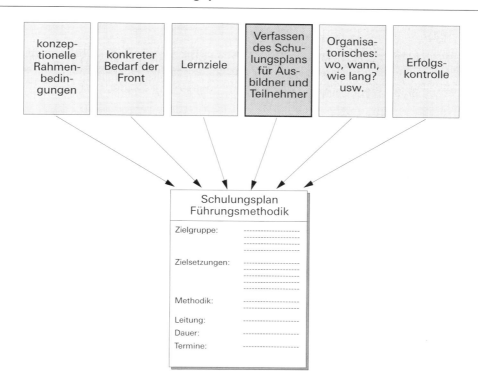

Die Ergebnisse der Feinplanung sind zum Schluss übersichtlich darzustellen – in einem Dokument für die Ausbildner und in einem für die Mitarbeiter. Die Feinplanung ist nicht nur Vorbereitungsarbeit hinter den Kulissen, sie hat auch ein öffentliches Gesicht in der Form des Jahresprogramms. Wir besprechen zuerst den **Schulungsplan für die Ausbildner.** Es geht um hauptsächlich zwei Themen:

- Wie sind die Informationsziele anzuordnen?
- Welche weiteren Informationen sind für den Ausbildner wichtig?

A   Die Reihenfolge der Informationsziele

Wichtig ist nicht nur, was zu lernen ist, sondern auch, in welcher zeitlichen Reihenfolge bestimmte Inhalte zu vermitteln sind. Der Fachausdruck dafür heißt Sequenzierung. Man kann diese Fragen unter einem mehr didaktischen oder mehr organisatorischen Aspekt sehen.

Die **Sequenzierung** kann auf grundsätzlich zwei Arten erfolgen:

- Der Stoff wird nach der **Sachlogik** sequenziert.
  Beispiel:
  In einem Kurs über Mitarbeiterführung wird zuerst die Persönlichkeitstheorie vorgestellt, aus der dann Möglichkeiten der Verhaltensbeeinflussung und Techniken der Führung abgeleitet werden. Bei dieser Sequenzierung richtet man das Schulungsprogramm am Lehrgebäude der «Führungspsychologie» aus und leitet die neuen Erkenntnisse einwandfrei aus der Theorie ab.
- Der andere Weg richtet sich nach der **Lernlogik der Teilnehmer.** Hier steht der Bezug zur Arbeits- und Lebenssituation des Lernenden im Zentrum. Wie wird der Stoff sequenziert, damit der Teilnehmer den größten Nutzen hat? Kriterien für die Sequenzierung sind:
  - die Bedeutung des Problems für die Teilnehmer (was interessiert und was brauchen sie primär, was kommt für sie in zweiter und dritter Linie)?

- die Dringlichkeit einer Problemlösung,
- die Häufigkeit eines Problems am Arbeitsplatz.

Man steigt dann vielleicht ins Thema ein, indem man nach der persönlichen Erfahrung der Teilnehmer fragt oder ein Problem ganz praktisch anpackt (z. B. wie führe ich ein Beurteilungsgespräch durch – typische Mängel statt theoretischer Begründungen). Die **teilnehmerorientierte Sequenzierung** geht auch stärker von den Vorkenntnissen, Erwartungen, Erfahrung und der Motivation sowie vom Lernvermögen der Teilnehmer aus. Bestehendes Wissen wird aktiviert und Neues wird – je nach Fassungsvermögen – in größeren oder kleineren Schritten hinzugefügt. Für Erwachsene, die mehr Know-how in praktischen Belangen brauchen, ist die teilnehmerorientierte Sequenzierung sehr zu empfehlen. – Grundsätzlich ist stets aufgrund der Art des Lernziels und der Adressaten zu entscheiden, ob eine mehr fachwissenschaftliche oder eine mehr problemorientierte Sequenzierung angebracht ist.

B   Ergänzende Hinweise

Der Schulungsplan sollte folgende Merkmale enthalten:

- einen **Titel** z. B. «Gesprächsführung für Meister», «Netzplantechnik», «Wirtschaftsenglisch für Verkäufer»
- Zeitvorgaben oder -empfehlungen pro Sachgebiet oder Thema bzw. Informationsziel
- Inhaltliche und methodische Hinweise (z. B. Fachliteratur, Unterrichtsmedien, Lehrmethoden – Vortrag oder Rollenspiel? – usw.)

Alle diese Informationen sind übersichtlich zusammenzustellen.

Der Schulungsplan in dieser Form ist für die Ausbildner gedacht. Der einzelne **Schulungsteilnehmer** erhält ein **Programm,** das nach etwas anderen Gesichtspunkten gegliedert ist. Es orientiert je Veranstaltung nur kurz über den Inhalt, gibt aber zusätzlich Auskunft über organisatorische Aspekte (Dauer, Referent, Ort, Anmeldung usw.). Beim Inhalt sind meist das Richtziel und die einzelnen Themen erwähnt.

Der Schulungsplan fasst die Ergebnisse der Feinplanung zusammen:

- für Ausbildner in Form einer **Themenüberschrift,** eines Richtziels und sinnvoll angeordneter Informationsziele ergänzt durch Zeitempfehlungen und methodische Hinweise;
- für die Mitarbeiter als **Inhaltsübersicht** mit allgemein verständlichen Lernzielen und Angaben über Lernmethoden, Dauer, Teilnehmer und Ausbildner, evtl. auch den Schulungsort.

Die **Reihenfolgen,** in der Lerninhalte angeboten werden (wann wird was zu einem komplexen Lernziel gebracht), ist für den Lernerfolg sehr ausschlaggebend. Die fachwissenschaftliche Sequenzierung eignet sich für komplexe kognitive Lernstoffe, die problem- und teilnehmerorientierte Sequenzierung kann besser auf die Bedürfnisse der Teilnehmer und spezifische Fragestellungen eingehen.

36.2.5 Organisatorisches

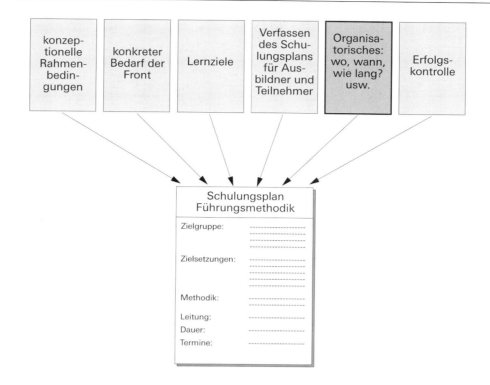

A Die Anmeldung der Kursteilnehmer

Der Teilnehmerkreis ist bereits durch das Schulungskonzept bestimmt. In der Phase der Detailplanung ist aber zu klären, wer genau von einer Schulung profitieren kann, wie viele Teilnehmer zu erwarten sind und wie man sich anmelden soll – vor allem wenn es um Kurse (und nicht um Schulung am Arbeitsplatz) geht. Die sorgfältige Bedarfsuntersuchung zeigt, wer genau zu den möglichen Adressaten gehört. Es können auch neue dazukommen, an die man bei der konzeptionellen Planung nicht gedacht hat.

Wie viele Kursteilnehmer sind zu erwarten?

Eine grobe Schätzung ist oft schon durch einen Blick ins Schulungskonzept möglich. Wenn dort eine Schulung für eine bestimmte Mitarbeiterkategorie (z. B. Führungsstufe zwei) «obligatorisch» vorgesehen ist, so weiß man, um wie viele Leute es geht. Wo viele freiwillige Teilnehmer zu erwarten sind oder wo offen ist, wann die Mitarbeiter teilnehmen werden, kann man eine kleine Umfrage durchführen. Man listet die Kurse auf, die in den nächsten drei Jahren geplant sind, und lässt die Vorgesetzten pro Jahr und Veranstaltung die geschätzte Zahl der Teilnehmer aus ihrer Abteilung oder ihrem Bereich eintragen.

Die Anmeldung der Teilnehmer

Wer entscheidet letztlich, welcher Mitarbeiter zu einer Schulung geht? Zum Teil das Konzept, wenn es z. B. eine Kursreihe für eine bestimmte Mitarbeitergruppe fest vorsieht oder sie eigens für diese plant. Dann aber vor allem der Vorgesetzte in Absprache mit dem einzelnen Mitarbeiter. Je mehr der Mitarbeiter sich für das Thema interessiert und daher aus eigenem Entschluss am Kurs teilnehmen will, desto besser ist seine Motivation und damit die Chance, dass er wirklich etwas lernt. Im Folgenden ist dargestellt, wie eine Anmeldung typischerweise zustande kommt:

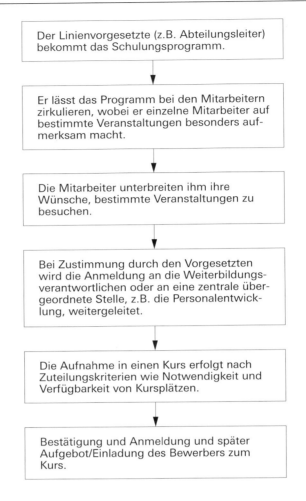

Der Linienvorgesetzte (z.B. Abteilungsleiter) bekommt das Schulungsprogramm.

Er lässt das Programm bei den Mitarbeitern zirkulieren, wobei er einzelne Mitarbeiter auf bestimmte Veranstaltungen besonders aufmerksam macht.

Die Mitarbeiter unterbreiten ihm ihre Wünsche, bestimmte Veranstaltungen zu besuchen.

Bei Zustimmung durch den Vorgesetzten wird die Anmeldung an die Weiterbildungsverantwortlichen oder an eine zentrale übergeordnete Stelle, z.B. die Personalentwicklung, weitergeleitet.

Die Aufnahme in einen Kurs erfolgt nach Zuteilungskriterien wie Notwendigkeit und Verfügbarkeit von Kursplätzen.

Bestätigung und Anmeldung und später Aufgebot/Einladung des Bewerbers zum Kurs.

B   Die Auswahl der Ausbildner

Grundsätzliches dazu steht im Schulungskonzept, – ob unternehmenseigene oder externe Ausbildner/Referenten, vollamtliche Ausbildner oder nebenamtliche Fachreferenten oder Linienvorgesetzte als Ausbildner am Arbeitsplatz eingesetzt werden sollen.

Innerhalb dieser Vorgaben sind die **Personen** jetzt auch **konkret zu bestimmen.** Teilweise wählen die Linienvorgesetzten ihre Referenten selbst, oft ist es aber Sache des Ausbildungsverantwortlichen, bei der Auswahl mitzuwirken oder geeignete Personen selbst zu bestimmen.

Worauf ist bei der **Auswahl** zu achten?

- Ein Ausbildner muss fachlich und methodisch kompetent und zudem kommunikationsbegabt sein. Der beste Fachmann kann ein schlechter Ausbildner sein, wenn er den Kontakt zu den Teilnehmern nicht herstellen und sein Wissen dadurch nicht vermitteln kann.
- Die Auswahlentscheidung muss wenigstens zum Teil auf eigenen Beobachtungen und/oder Referenzen aus dem eigenen Unternehmen oder von verlässlichen externen Stellen beruhen.
- Es ist sinnvoll, die potenziellen oder bereits bestimmten Ausbildner in die Detailplanung einzubeziehen. Sie wissen genau, was hinter jeder Lernzielformulierung steht und welche Vorkenntnisse die Teilnehmer mitbringen. Sie können den Unterricht so gezielt und praxisorientiert durchführen.

C   Die Wahl des Schulungsorts

MEHR FANTASIE BEI DER WAHL DES SEMINARORTES

Bei Ausbildung am Arbeitsplatz und bei internen Kursen ist der Ort bestimmt; sie finden in den unternehmungseigenen Schulungsräumen (Ausbildungszentrum, Filiale usw.) statt. Bei externen Kursen kann man den Schulungsort meist nicht mitbestimmen. Ein geeigneter Schulungsort muss also nur für die internen Kurse gesucht werden, die nicht schon im Voraus auf einen Ort fixiert wurden. Die folgende Tabelle zeigt einige Kriterien, nach denen man den geeigneten Ort bestimmen kann; der Ort und die Räume sollen den speziellen Anforderungen einer Schulung möglichst gut Rechnung tragen.

[36-5]   Für die Schulung wichtige Kriterien und Merkmale des Orts, die miteinander zu optimieren sind

Schulungsorientierte Kriterien	Merkmale des Ortes
Lernziele gemäß Schulungsplan (z. B. kognitives Lernen in kurzen Intervallen oder länger dauerndes Training) Vorgesehene Methoden (z. B. Gruppenarbeit, Arbeiten mit Video) Teilnehmer: • Erwartungen • Anzahl • Geografische Herkunft Finanzielle Mittel	Art und Zahl der Räumlichkeiten Technische Einrichtungen Umgebung: • Unterkunft • Verpflegung • Freizeitmöglichkeiten • Landschaft • Atmosphäre Geografische Lage: • Verkehrstechnisch • Konzentrationsfördernd und entspannend • Neutral

Zur Feinplanung gehören auch erste organisatorische Festlegungen: möglichst exakte Schätzungen der zu erwartenden Teilnehmerzahlen, die Abwicklung ihrer Anmeldung, dann die Auswahl der Ausbildner und die Auswahl des Schulungsorts.

Mit diesen organisatorischen Vorentscheidungen lässt sich der Schulungsplan so weit konkretisieren, dass alle benötigten Daten ins Schulungsprogramm integriert werden können.

36.3 Die Organisation von Schulungsveranstaltungen

Das Kursprogramm auf dem Papier und alle zu diesem Zweck zusammengetragenen Informationen sind ein wesentlicher Teil der Schulungssoftware. Die **Umsetzung** setzt aber einen konkreten Rahmen voraus, für dessen Organisation meist die Personalfachleute zuständig sind. Das Beispiel fasst unter «Seminarorganisation» eine breite Palette von Tätigkeiten zusammen – vom Aufbau des Programms bis zur Gestaltung des Seminarabschlusses. Die Zahl der Merkpunkte ist relativ groß, weil mit dieser Liste auch externe Seminare organisiert werden können. Links außen ist angegeben, welche Arbeiten vor (v), während (w) und nach (n) dem Seminar zu erledigen sind.

[36-6] Beispiel einer Checkliste zur Seminarorganistion

		Termin	Wer	Erledigt			Termin	Wer	Erledigt
	Programm					❏ Lichtverhältnisse überprüfen			
v	❏ Kursort und -lokal bestimmen					❏ Verdunkelung überprüfen			
	❏ Kursdaten festlegen					❏ Dekoration			
	❏ Vororientierung an Teilnehmer					❏ Stromanschlüsse überprüfen			
	❏ Übersetzer verpflichten					❏ Ersatzkabel mit Stecker bereitstellen			
	❏ Zusammenstellung der Kursdokumentation					❏ Telefon ausziehen			
	❏ Übersetzen der Unterlagen					❏ Belüftung überprüfen			
	❏ Dias/Folien vorbereiten					❏ Lärm (z. B. Küche) abschirmen			
	❏ Vorauslektüre bestimmen					❏ Sicherungen bereithalten			
						❏ Ablagemöglichkeiten für Referent			
	Kursteilnehmer					❏ Ablageflächen für Kursmaterial (Unterlagen für die Teilnehmer, Büchersammlung, Verbrauchsmaterial)			
v	❏ Kursprogramm (Einladung) drucken								
	❏ Einladung versenden (ca. 4 Wochen vor Beginn)								
	❏ Prospekt des Konferenzortes beilegen					❏ Wegweiser zum Schulungsraum			
	❏ Hinweise auf Anreise (Fahrplan, Taxidienst, Ortsplan)					❏ Kataloge, Prospekte, Zeitungen bereitlegen			
	❏ Hinweise auf Sportmöglichkeiten					❏ Verstärkeranlage überprüfen			
	❏ Hinweis auf Parkplätze					❏ Aufstellen eines Briefkastens für Fragen			
	❏ Hinweis auf öffentliche Verkehrsmittel (Fahrplan)					❏ Aschenbecher in Pausen leeren			
	❏ Hinweis auf Kleidung					❏ Mineralwasser bereitstellen			
	❏ Namensschilder								
	❏ Ansteckschilder								
	Räume								
v	❏ Plenarraum								
	❏ Sitzordnung festlegen								
	❏ Gruppenräume bezeichnen								

TEIL G PERSONALENTWICKLUNG

		Termin	Wer	Erledigt
	Referent			
v	❏ Auftragserteilung an Referent			
	❏ Auftrag über Ablieferung Seminarunterlage			
	❏ Reservation Hotel für Referent			
	❏ Anreise			
	❏ Kontaktaufnahme mit Referent 2 Tage vor Seminar			
w	❏ Betreuung/Vorstellung des Referenten			
	❏ Werkbesichtigung für Referent			
	❏ Freizeitprogramm, evtl.			
	❏ Programm für Ehefrau			
	❏ Besprechungstermine vereinbaren			
	❏ Erklärung Örtlichkeiten/Geräte			
n	❏ Manöverkritik			
	❏ Schlussbesprechung			
	❏ Honorar			
	❏ Rückreise			
	Hotel			
v	❏ Unterkunft, Verpflegung etc.			
	❏ Verfügbare Zimmer auflisten			
	❏ mit Bad			
	❏ mit Dusche			
	❏ Einer			
	❏ Zweier			
	❏ Raschen Service organisieren			
	❏ Hotelprospekte einholen			
	❏ evtl. Referenzen einholen			
	❏ Teilnehmerliste an Hotel senden			
	❏ Name des für die Teilnehmer zuständigen Hotelangestellten bekanntgeben			
	❏ Parkplätze bestimmen			
	❏ Hin- und Rücktransport der Teilnehmer			
	Finanzielles			
	❏ Offerte einholen			
	❏ Feste Buchung mit Hotel			
	❏ Festhalten, was Firma bezahlt, was nicht			

		Termin	Wer	Erledigt
	Kulinarisches			
	❏ Essenszeiten festlegen			
	❏ Menus auswählen			
	❏ Pausengetränke bestimmen			
	❏ Getränke während Kurs bestimmen			
	Rahmenprogramm			
	❏ Kultur (Besichtigungen usw.)			
	❏ Sport			
	❏ Ausflüge			
	❏ Freizeitmöglichkeiten			
	❏ Öffnungszeiten (Sauna, Schwimmbad)			
	Telefone			
	❏ Regelung treffen für Telefonate			
	❏ Regelung treffen für ausgehende Telefongespräche			
	Unterlagen			
v	❏ Teilnehmerliste			
	❏ Teilnehmerunterlagen			
	❏ Schreibmappe			
	❏ Anschauungsmaterial, Modelle			
	❏ Seminarleiterhandbuch mit Foliensatz			
	❏ Teilnehmerprogramm			
	Hilfsmittel			
v	❏ Hin- und Rücktransport der Hilfsmittel			
	❏ Merkblatt «Organisatorische Hinweise»			
	❏ Notizpapier, Schreibmaterial			
	❏ Weiteres Büromaterial: Filzschreiber, Klebeband, Scheren, Locher usw.			
	❏ Flipchart mit Ersatz in allen Räumen			
	❏ Hellraumprojektor (OHP) mit Folienrolle, Leerfolien, Ersatzlampen			
	❏ Pinnwände mit Moderationsmaterial			

TEIL G PERSONALENTWICKLUNG

	Termin	Wer	Erledigt			Termin	Wer	Erledigt
❏ Diaprojektor, Dias ❏ Tonbildschau ❏ Beamer ❏ Laptop ❏ Filmprojektor, Filme ❏ Video-Gerät, Video-Bänder ❏ Radiorecorder und Kassetten ❏ Mikrophon ❏ Leinwand ❏ Pfeillampe ❏ Funktionskontrolle Geräte ❏ Verlängerungskabel ❏ Doppelstecker ❏ Kopiergerät ❏ Rechner ❏ Computer				n	**Seminarabschluss** ❏ Schlussdiskussion ❏ Abgabe von Fragebogen ❏ Abgabe Zertifikat ❏ Entschädigung Referent ❏ Auswertung Beurteilungsbogen ❏ Abrechnung mit Hotel ❏ Rücktransport Material ❏ Nachfassaktion vorbereiten			

Man kann solche Checklisten beliebig ausweiten und verfeinern. So könnte man zusätzlich die Organisation des Seminarbeginns aufnehmen, vom Begrüßungskaffe oder –aperitif bis zum Willkommensgeschenk im Zimmer. Stellen Sie eine Liste auf, in der die wirklich wichtigen Punkte erfasst sind. Zu viele Punkte erschweren die Arbeit.

Eine gut funktionierende Seminarorganisation sorgt für das Wohlbefinden der Teilnehmer und für reibungsfreie Abläufe.

Nicht nur die Seminarorganisation selbst, auch die Zeitplanung und die Kostenerfassung je Veranstaltung können normiert werden. Dies vereinfacht viele Arbeitsabläufe. Die folgende Übersicht zeigt einen möglichen Weg auf:

[36-7]   Zeitplan zur Seminarorganisation

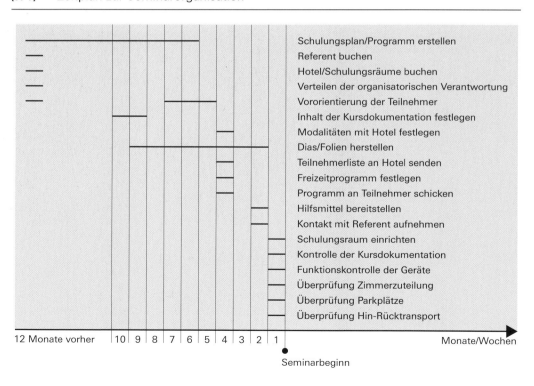

Zur Seminarorganisation gehört alles, was für die angenehme und reibungslose **äußere Abwicklung der Schulung** erforderlich ist: geeignete Schulungsräume, wenn nötig Hilfsmittel, Vorbereitungsmaterial für die Teilnehmer und Referenten, Begleitmaterial für den Unterricht, Unterlagen für den Seminarabschluss, wenn nötig ein Rahmenprogramm (für Freizeit usw.), das Kulinarische.

36.4 Die Vorbereitung und Durchführung einer Unterrichtseinheit

Wie wird ein Seminar oder eine Unterrichtsstunde vorbereitet? Der erfahrene Ausbildner fängt natürlich nicht jedes Mal bei null an, aber es lohnt sich, einmal alle notwendigen Überlegungen zu machen.

Langfristig erfolgreiche Ausbildner verfügen über beides – über fundiertes Fachwissen in ihrem Unterrichtsgebiet und über methodisch-didaktisches Know-how.

36.4.1 Die didaktischen Grundprinzipien

Jede Unterrichtseinheit ist in Phasen zu gliedern. Als Phasen haben sich die in der folgenden Abbildung aufgeführten bewährt.

[36-8]   Phasen des Unterrichts

Einleitung/Motivation:	Hinführung zum Thema. Wecken der Lernbereitschaft (Motivation). Repetieren und Anknüpfen an Bekanntes.
Zielsetzung:	Das Lernziel bekannt machen.
Stoffentwicklung:	Den zu vermittelnden Soff bestimmen, in lernbare Einheiten gliedern (strukturieren) und ihn mittels einer Strategie erarbeiten.
Übung:	Anwendung des Wissens auf Aufgaben, Beispiele, Fälle, die eigene Erfahrung usw.
Lernkontrolle:	Kontrolle, ob das Lernziel erreicht wurde. Rückmeldung und Lernhilfen.
Zusammenfassung:	Abschließendes Festhalten des Wesentlichen.
Aufträge:	Weitere Verarbeitung des Gelernten und eventuell Vorbereitung auf Anschlussthemen.

A   1. Phase: Einstieg und Motivation

Der Einstieg ist sehr wichtig für den ganzen Lernprozess: Der Teilnehmer muss sich auf das Thema einstimmen und es mit Bekanntem verknüpfen können. Konkret bedeutet das, dass man von seinen Erfahrungen und Problemen ausgeht und erst einmal den Boden schafft, auf dem man aufbauen kann.

Die Lernmotivation (= Bereitschaft zu lernen) ist die vielleicht wichtigste Bedingung für Lernerfolge. Motivation ist grob gesagt gleich Interesse. Das Interesse hängt von vielen Faktoren ab. Oft muss es erst geweckt werden.

Der Ausbildner hat viele Möglichkeiten, die Lernmotivation zu stärken. Am wirksamsten ist eine sachorientierte, kooperative Grundhaltung, eine **gute Zusammenarbeit zwischen Ausbildner und Gruppe sowie der Teilnehmer untereinander** und die nicht erlahmende Fähigkeit, Begeisterung für das Thema und den Lernprozess zu wecken.

Möglichkeiten, die Lernmotivation zu stärken:

1. Eine **angenehme Lernumgebung** und ein positives **Lernklima** schaffen. Dazu gehören:

   - gute örtliche/räumliche Arbeitsbedingungen (genügend Arbeitsfläche, kommunikationsfördernde Sitzordnung usw.),
   - ein entspanntes, angstfreies Lernklima. Es entsteht
     - durch ein freundliches, verständnisvolles, hilfreiches, geduldiges, ermutigendes, tolerantes Verhalten des Ausbildners,
     - durch Anregen der Kontakte unter den Lernenden,
     - durch Möglichkeiten, abwechslungsweise individuell und in der Gruppe zu lernen,
     - durch Einbauen von Unterrichtsteilen, die besonders Spaß machen,
     - durch Variation der Methoden,
     - durch Setzen und Einhalten klarer Regeln. Der Ausbildner selbst muss sich an diese Regeln halten und sie bei den Teilnehmern durchsetzen (z. B. eine angekündigte Reihenfolge oder Sprechzeiten einhalten),
     - durch Pausen einlegen und einhalten.
     - Negativ auf das Lernklima wirken sich aus: Manipulation, Unechtheit und mangelndes Engagement des Ausbildners.)

2. **Sachbezogene Anreize** schaffen:

   - inhaltlich ein angemessenes **Anspruchsniveau** anstreben; nicht über-, nicht unterfordern, sondern **herausfordern!**
   - die **Lernziele** bekannt geben,
   - die **Bedeutung des Themas** klar machen, Fragen zum Thema stellen lassen und damit einen persönlichen Bezug dazu schaffen, vorhandene Kenntnisse erfragen, Vorgehen gemeinsam planen,
   - den **Stoff** so darbieten, dass er für die Lernenden neu und **interessant** ist,
   - an Wünsche, Interessen, **Erfahrungen,** Beiträge der Lernenden **anknüpfen,**
   - **nicht zu lange beim gleichen Thema** oder Problem bleiben,
   - immer wieder **Beispiele,** neue Fragestellungen und andere Gesichtspunkte einbringen,
   - das **Denken herausfordern** durch überraschende Feststellungen, durch Widersprüche, die gelöst werden, durch provokative Behauptungen usw.,
   - die Lernenden **aktivieren** und sie zur Selbsttätigkeit anregen,
   - Lernhilfen und **Übungsmöglichkeiten** anbieten.

3. **Sachbezogene Erfolgserlebnisse** vermitteln:

   - rasch und immer wieder **Lernerfolge** herbeiführen und sie bewusst machen,
   - Möglichkeiten schaffen, um Lernleistungen **selbst zu beurteilen,**
   - sachbezogene **Erfolgsrückmeldungen** geben,
   - gelegentlich auch **soziale Anerkennung** (z. B. Lob vor der Gruppe, Lob einer Gruppe) geben,
   - **Wettbewerbe** spielerisch einsetzen, ohne aber Schwächere zu exponieren oder dauernd zu benachteiligen.

4. **Vorsicht** mit dem Androhen von **Sanktionen,** mit Hinweisen auf **Prüfungen** usw., aber auch mit **Belohnungen.** Ihre Wirkung ist problematisch, denn sie können auch demotivieren und lassen in ihrer Wirkung rasch nach – im Gegensatz zu den sachbezogenen Erfolgserlebnissen.

Betriebliche Schulung steht immer vor dem Problem, die primären Interessen des Unternehmens mit den Interessen der Mitarbeiter zu verknüpfen. Der Ausbildner kann die beiden zusammenbringen, indem er entweder das persönliche Interesse der Teilnehmer in der geforderten Richtung mobilisiert und vergrößert oder indem er die Teilnehmer für die Interessen des Unternehmens gewinnt.

B   2. Phase: Das Ziel klar machen

Die Bekanntgabe des Lernziels ist äußerst wichtig für Erwachsene. Sie wollen wissen, wohin sie geführt werden, und schätzen einen ersten groben Überblick. Man kann ihnen z. B. sagen, dass die folgende Lerneinheit einige besonders schwierige Stellen aufweist oder zuerst einmal eine grundlegende Theorie vermittelt, auf der man dann weiterbauen wird. Entscheidend ist, dass am Anfang eine **Perspektive** gegeben wird. Der Lernende kann sich dadurch auf den Stoff einstellen und hat eine Möglichkeit, seinen Lernfortschritt zu verfolgen.

Zu beachten ist:

- Das Lernziel muss für den Lernenden verständlich und attraktiv sein. Es darf nicht zu detailliert sein, es soll eine überblickbare Einheit abdecken, in einer dem Lernenden vertrauten Sprache und in nicht befehlendem Ton formuliert sein.
- Es soll begründet und erläutert werden, wenn es nicht ohne weiteres einsichtig ist.
- Auch während des Unterrichts sollte immer wieder auf das Ziel hingewiesen werden. (Wo befinden wir uns? Was wissen Sie bereits, wie weit ist es noch bis zum Ziel?)

C   3. Phase: Die Stoffentwicklung

Für die Teilnehmer ist das die eigentliche Lernphase. Sie setzen sich mit dem neuen Stoff oder dem zu erlernenden Verhalten auseinander, sie erkennen Zusammenhänge, integrieren sie in ihr Denken oder ihre Einstellung – kurz, sie vollziehen die Lernschritte, die zum Erreichen des Lernziels nötig sind.

An den Ausbildner stellt die Stoffentwicklung hohe Anforderungen; von seinem didaktischen Können hängt es in hohem Maß ab, ob die Teilnehmer wirklich lernen und wie gründlich sie es tun. Worum geht es? Der Ausbildner muss **drei Probleme** lösen:

- Er muss die Inhalte richtig auswählen.
- Er muss sie überzeugend strukturieren, d. h. so gliedern, dass das Auffassen und Verarbeiten des neuen Stoffs maximal unterstützt wird.
- Schließlich muss er die Lernschritte und Lernprozesse planen, die nötig sind, um die gewünschte Struktur aufzubauen. Er muss sich für eine Lehrstrategie entscheiden, d. h., er muss überlegen, wie er den geplanten Stoff vermittelt, wie er ihn am wirkungsvollsten an die Lernenden heranträgt.

Es geht hier um die feinste Form der Lernzielplanung, um die Lernschritte, wie sie im Unterricht dann durchgeführt werden.

Die Stoffauswahl

Welche Fakten, Begriffe, Merkmale, Regeln, Verfahren usw. muss der Teilnehmer kennen, um das Lernziel der Unterrichtseinheit zu erreichen? Und welche sind entbehrlich (eine oft ebenso wichtige Frage)?

Die Stoffstrukturierung

Die zu vermittelnden Inhalte müssen strukturiert, d. h. in sinnvolle Einheiten gegliedert werden.

Komplexe Stoffe sind **logisch** zu gliedern. Oft ist eine rein logische Ordnung aber zu theoretisch. Der Ausbildner ist dann herausgefordert, kreative Lösungen zu finden, die logisch einsichtig sind und zugleich annehmbar für den gesunden Menschenverstand. Eine Stoffgliederung ist gelungen, wenn die einzelnen Lernschritte vom Schwierigkeitsgrad her zu bewältigen sind und wenn sie nach und nach die größeren Zusammenhänge deutlich machen. Der Teilnehmer soll am Ende des Unterrichts über eine für ihn brauchbare Struktur der wichtigen Zusammenhänge verfügen, die ihm das Behalten und Anwenden des Gelernten ermöglichen.

Strukturieren des Stoffs bedeutet das Gliedern in fassbare thematische Einheiten.

Der Stoff ist so zu gliedern:

- dass die konkrete Zielgruppe jeden Teil der Struktur verarbeiten kann, ohne über- oder unterfordert zu sein,
- dass die im Lernziel erwähnten Schwerpunkte zum Zug kommen und
- dass die wesentlichen Zusammenhänge deutlich werden (Überblick, Verstehen).

Der Lernende soll am Ende selbst über eine Wissensstruktur verfügen, die es ihm erlaubt, das Gelernte anzuwenden.

Das Ordnen und Gliedern eines Stoffs ist eine kreative Aufgabe, denn es gibt fast immer verschiedene Wege und Lösungen. Der begabte Ausbildner sucht den Weg, der in einer gegebenen Unterrichtssituation der voraussichtlich erfolgreichste ist.

Es gibt auch Gesetzmäßigkeiten in der Stoffstrukturierung. Jedes **Thema besteht aus Zusammenhängen** und Inhalten, die einander über-, neben- und untergeordnet sind und zusammen thematische oder inhaltliche Strukturen bilden.

Lehrstrategien

Es genügt nicht, dass der Ausbildner weiß, wie der Stoff am besten strukturiert (gegliedert) wird. Er muss auch Wege finden, um die thematischen Strukturen im Unterricht zu erarbeiten. Eine wichtige Frage an jeden Unterricht ist deshalb: Wie wird der Lernprozess gesteuert? Hat der Unterrichtende eine Lehrstrategie (Vorgehensweise), die das Erarbeiten und Vertiefen der thematischen Strukturen fördert? Ist der Lehr-/Lernprozess angemessen intensiv und zweckmäßig, abwechslungsreich, interessant und beweglich, so dass das Lernziel erreicht wird?

Grundsätzlich lassen sich Strukturen induktiv oder deduktiv erarbeiten. Die Abbildung unten charakterisiert die beiden Vorgehensweisen (Lehrstrategien). Das Ziel ist dasselbe, der Weg dazu und die dabei ablaufenden Prozesse sind verschieden.

[36-9] Induktive und deduktive Lehrstrategie

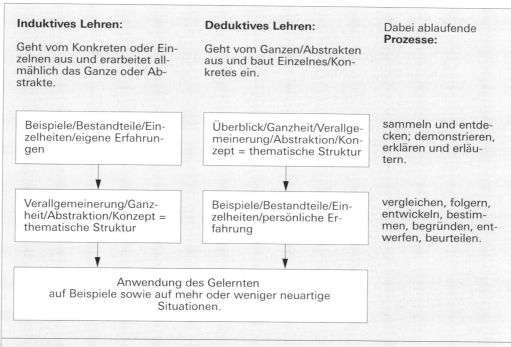

Induktives Lehren:

Geht vom Konkreten oder Einzelnen aus und erarbeitet allmählich das Ganze oder Abstrakte.

| Beispiele/Bestandteile/Einzelheiten/eigene Erfahrungen |

↓

| Verallgemeinerung/Ganzheit/Abstraktion/Konzept = thematische Struktur |

Deduktives Lehren:

Geht vom Ganzen/Abstrakten aus und baut Einzelnes/Konkretes ein.

| Überblick/Ganzheit/Verallgemeinerung/Abstraktion/Konzept = thematische Struktur |

↓

| Beispiele/Bestandteile/Einzelheiten/persönliche Erfahrung |

Dabei ablaufende Prozesse:

sammeln und entdecken; demonstrieren, erklären und erläutern.

vergleichen, folgern, entwickeln, bestimmen, begründen, entwerfen, beurteilen.

| Anwendung des Gelernten auf Beispiele sowie auf mehr oder weniger neuartige Situationen. |

Beispiele:

Induktiv: Betriebswirtschaftliches Denken wird entwickelt, indem man zeigt, wie zwei Freunde ein Unternehmen gründen, das wächst und immer mehr Know-how in Betriebsführung erfordert. Dieses Wissen wird nach und nach – entsprechend dem Bedarf im Beispiel – erarbeitet.

Deduktiv: Man sagt, was die betriebswirtschaftlichen Funktionen sind und erläutert sie anhand von Beispielen.

Das **induktive** und das **deduktive Vorgehen** sind zwei grundsätzlich unterschiedliche Lehrstrategien, die andere Prozesse im Lernenden in Gang setzen. Der induktive Weg ist mehr problemorientiert, der deduktive ist analytisch und eignet sich speziell für die Vermittlung theoretischer Lehrstoffe und komplexer Strukturen. Das induktive Vorgehen setzt auch andere Motivationen voraus, vor allem den starken Wunsch, in engem Kontakt mit der Praxis zu lernen. Die beiden Strategien schließen sich keinesfalls aus! Man kann innerhalb eines deduktiven Gesamtablaufs die Teilnehmer durchaus ein Einzelthema erarbeiten lassen, indem sie ihre Erfahrungen dazu sammeln und dann Schlussfolgerungen ziehen und diese mit dem Gesamtzusammenhang verknüpfen.

Weitere Lehrstrategien, die z. T. induktiv, z. T. deduktiv sind und spezifische Arbeits- und Denkprozesse aktivieren:

- Hypothesen bilden
- Texte interpretieren
- Fälle vergleichen
- Probleme lösen
- Introspektion betreiben (was läuft in mir ab, wenn ich z. B. einem Bewerber gegenüber sitze oder wenn mein Gesprächspartner mich in Frage stellt?)

D   4. Phase: Übung – Lernkontrolle – Zusammenfassung – Aufträge

Üben

Üben spielt bei allen Lernprozessen eine große Rolle. Es dient der Beherrschung der sich wiederholenden Prozesse wie Bewegungsabläufe oder die Aussprache einer fremden Sprache, kurz dem **Erwerb von Fertigkeiten.** Üben durch Variation von Übungsbeispielen schärft den Blick für Anwendungsmöglichkeiten und die Urteilssicherheit. Dies ist im Bereich von Wissen und Fähigkeiten nötig, die nicht automatisch anzuwenden sind, sondern immer wieder neu kombiniert, neu durchdacht und abgewandelt werden müssen (z. B. Problemlösefähigkeiten).

Lernkontrolle

Lernkontrollen geben dem Lernenden eine Rückmeldung über seinen Lernerfolg und dem Ausbildner Hinweise für zusätzliche Lernhilfen. Häufige **Rückmeldungen** und **zusätzliche Lernhilfen** verbessern den Lernerfolg deutlich. Lernkontrollen sind am Ende einer Unterrichtseinheit oder schon während der Stoffentwicklung möglich. Im ersten Fall stellt der Ausbildner während einiger Minuten schriftlich oder mündlich Fragen zum Thema und bespricht die Lösungen. Je nach Ergebnis geht er auf gewisse Schwierigkeiten ein, erklärt gewisse Zusammenhänge nochmals oder zeigt, wie sich die Lernenden mit dem Thema weiter beschäftigen können. Die begleitende Lernkontrolle besteht ebenfalls in Fragen, Aufgaben und Tests: Der Ausbildner kann sich aber auch durch Beobachtung und aktivierende Lehrmethoden (z. B. Lehrgespräch, Gruppenarbeit) Einblick in die Lernfortschritte verschaffen und wo nötig eingreifen. – Feedback und Rückkoppelungen zwischen Ausbildner und Teilnehmer sind nicht nur für die sichere Stofferarbeitung von Bedeutung, sie fördern auch die Motivation. Jeder, der ernsthaft lernt, will wissen, ob er richtig verstanden hat und ob er sich dem Lernziel nähert.

Zusammenfassung

Zusammenfassungen steigern den Lernerfolg, weil man nochmals **alles Wichtige wiederholt und im Überblick sieht.** In der Regel fasst der Ausbildner selbst zusammen (ohne jedoch nochmals zu ausführlichen Erläuterungen auszuholen); man kann aber auch die Lernenden dazu auffordern. Dadurch aktiviert man die Teilnehmer und erhält eine gute Lernkontrolle. Zudem werden die Teilnehmer weiter motiviert, wenn sie sehen, was sie schon alles erreicht haben.

Aufträge erteilen

Aufträge können z. B. sein: Übungsaufgaben lösen, weitere Lektüre oder eigene Beobachtungen sammeln und notieren. Solche Aufträge sind für das Erreichen des Lernziels sehr bedeutsam. Sie dienen der **Vertiefung** einer eben abgeschlossenen Unterrichtseinheit und sie regen zu **neuen und eigenen Aktivitäten** an. Die Aufträge sind idealerweise auf die Ergebnisse der Lernkontrolle abzustimmen. Aufträge können aber auch der Vorbereitung auf die nächste Unterrichtseinheit dienen.

Guter Unterricht beginnt nicht einfach mit der Darstellung des Stoffs, sondern ist in Phasen gegliedert. Die **Einstiegsphase** ist sehr wichtig:

- Sie führt den Teilnehmer zum Thema hin.
- Sie ermöglicht ihm das Sich-Einstellen auf ein überprüfbares Ziel.
- Sie weckt und unterstützt die Lernmotivation, die Grundlage jedes erfolgreichen Lernens ist.

Motivation ist die wichtigste Voraussetzung für erfolgreiches Lernen. Jeder Teilnehmer bringt in der Regel eine gewisse Motivation mit, die aber vertieft und vor allem kontinuierlich gepflegt werden muss durch:

- ein positives Lernklima,
- herausfordernde Leistungserwartungen,
- sachbezogene Erfolgserlebnisse.

Ein **guter Ausbildner** achtet während seines ganzen Unterrichts darauf, das Interesse am Thema wachzuhalten: indem er immer wieder Neugierde weckt, die Teilnehmer aktiviert, von ihren Problemen ausgeht usw.

Die **Bekanntgabe des Lernziels** zeigt dem Lernenden, was er lernen soll, und gibt ihm einen Überblick über den Stoff. Das Strukturieren des Stoffs ist das Gliedern in thematisch fassbare Einheiten. Die gedankliche Struktur ist das Gerüst, in das die neuen Informationen und Zusammenhänge eingebaut werden. Der Teilnehmer bekommt dadurch einen Überblick über ein Thema und weiß auch, wie die einzelnen Faktoren dieses Gebiets miteinander zusammenhängen. Lehrstrategie ist der Weg, auf dem die strukturierten Inhalte mit dem Lernenden erarbeitet werden.

Die **Lehrstrategie bestimmt, wie der Stoff mit dem Lernenden erarbeitet wird.**

Nach der Stoffentwicklung wird das Gelernte durch folgende Mittel **kontrolliert** und verankert:

- Übungen, abgestimmt auf das Thema und die wichtigen Lernprozesse
- Lernkontrollen (Was wurde verstanden? Wo sind zusätzliche Erklärungen notwendig?) und Rückmeldungen (zur Überprüfung des Lernerfolgs und zur Stärkung der Motivation),
- Zusammenfassungen, um die wesentlichen Zusammenhänge zu verankern
- Aufträge zum Üben oder Vorbereiten eines neuen Themas.

36.4.2 Die wichtigsten Lehrmethoden

In jeder Phase soll die bestgeeignete Lehrmethode eingesetzt werden: Die **beste Methode** ist die, die den Lernenden in der Situation, in der er sich gerade befindet, am sichersten und motivierendsten voranbringt.

TEIL G PERSONALENTWICKLUNG

BITTE, HERR KLAMM, ERZÄHLEN SIE UNS DOCH VON IHREM ERLEBNIS MIT DEM FAXGERÄT...

DAS WÖCHENTLICHE GRUPPENGESPRÄCH

Die folgende Tabelle gibt Ihnen einen Überblick über die wichtigsten Lehrmethoden:

Lehrmethode	Vorteil	Nachteil
Vortrag/Referat: Verbale Übermittlung von Wissen und Erkenntnissen zu einem Thema durch den Ausbildner. Die Zuhörer sind passiv.	Man kann in kurzer Zeit neue und komplexe Sachverhalte darstellen, Übersicht vermitteln und viele Informationen geben. Eignet sich für kognitive Lernziele. Er kann maximal aktuell sein (an neuste Entwicklungen anknüpfen).	Kein Kontakt unter den Teilnehmern, Passivität der Teilnehmer. Überfordert oft einen Teil der Teilnehmer (keine flexible Anpassung an die individuellen Unterschiede im Aufnahmevermögen). Fragwürdige Effizienz: Information wird nur gehört, von den meisten nicht verarbeitet; nur ca. 20 % des Gehörten wird behalten (daher Unterstützung durch visuelle und aktive Methoden notwendig).
Lehrgespräch: Strukturiertes und zielgerichtetes Erarbeiten wichtiger Lerninhalte im Gespräch zwischen Ausbildner und Lernenden (Fragen–Antworten).	Die Teilnehmer sind aktiv; sie steuern Tempo und Informationsvolumen; partnerschaftliches Klima; Betonung der Gemeinsamkeit; es wird etwa dreimal mehr behalten als beim Vortrag; der Ausbildner kann exakt bei den Vorkenntnissen der Teilnehmer anknüpfen.	Meist sind nur einige aktiv; stille Teilnehmer werden oft vergessen; der Zeitbedarf zum Entwickeln von Zusammenhängen und Erkenntnissen ist größer als beim Vortrag; der Ausbildner gerät leicht in die Rolle des Allein-Wissenden; die Wirkung hängt vom Lernklima in der Gruppe ab.
Gruppengespräche: Freieres Erarbeiten von Themen sowie Austausch von Meinungen und Erfahrungen in der Gruppe. Der Ausbildner ist Moderator. Hierher gehören: Diskussionen, Rundtischgespräche, aber auch das Brainstorming.		

Lehrmethode	Vorteil	Nachteil
Bei der **freien Diskussion** stellen die Teilnehmer Fragen an den Seminarleiter und andere Teilnehmer.	Fragen, Widersprüche, Probleme werden geklärt, Gefühle können ausgedrückt werden in Form von Befürchtungen, Einwänden, Zustimmung usw. Das Ausdrücken von Emotionen ist wichtig, weil sie dadurch neutralisiert werden und den Lernprozess nicht stören. Ein Problem wird von verschiedenen Seiten angegangen.	
Plenumsdiskussion, meist anschließend an Vortrag zur Klärung von Unklarheiten und Missverständnissen		Meist ist nur eine kleine Minderheit aktiv.
Podiumsdiskussion. Diskussion unter Experten, oder Vertreter verschiedener Gruppen (Befürworter, Gegner) diskutieren auf dem Podium. Meist können Fragen aus dem Plenum gestellt werden. Ähnlicher dem Referat als echter Diskussion.		Die Zuhörer sind mehrheitlich passiv.
Rundtischgespräch, auch als Konferenzmethode. Kommunikation unter Gleichgestellten. Alle äußeren sich zu offenen Fragen oder drücken auch ihre Gefühle aus. Die Teilnehmer gehen aufeinander ein. Der Ausbildner ist Moderator. Dient vorwiegend dem Erfahrungs- und Meinungsaustausch oder der gemeinsamen Problemlösung.		
Brainstorming: Eine Gruppe produziert ungehemmt, d. h. unzensiert Ideen zu einem definierten Problem. Methode zur Entfaltung der Kreativität. Jeder äußert so viele Einfälle zu einem Thema, wie ihm in den Sinn kommen – auch absurde (keine Zensur): Die Einfälle werden zunächst nur protokolliert, erst dann ausgewertet.	Aktiviert die Teilnehmer, bringt Abwechslung und fördert die Kreativität, das nicht streng lineare Denken.	

Lehrmethode	Vorteil	Nachteil
Kurzzeitige Gruppenarbeit: Kurzzeitiges Erarbeiten von eng begrenzten Lerninhalten oder Bearbeiten von einfachen Problemen in Kleingruppen (10 Minuten bis 1 Stunde). Der Ausbildner stellt Aufgaben, die in Gruppen von 2–5 Teilnehmern gelöst werden (2 Teilnehmer = Partnerarbeit). Eignet sich vor allem zum Vertiefen von Gelerntem und setzt Kenntnisse voraus. **Voraussetzungen:** Die Aufgaben dürfen nicht zu komplex, die Gruppen nicht zu groß, die Dauer nicht zu lang sein; die Aufgaben müssen als Lernschritte ins Ganze eingepasst sein; die Ergebnisse sind auszuwerten, weil dies zu wichtigen Erfolgserlebnissen und Rückmeldungen führt (was aber zeitintensiv ist).	Sehr aktive Auseinandersetzung aller Teilnehmer mit dem Gelernten; spornt Motivation an, besonders wenn Wettbewerbsgeist unter den Gruppenmitgliedern herrscht, befriedigt Kontaktbedürfnis, regt Kreativität an. Scheue, die sich in einer großen Gruppen nicht wohl fühlen, kommen zum Zug.	Wenig Steuerung des Lernprozesses durch den Ausbildner; oft aufwändiger Vergleich der Einzelleistungen.
Fallstudien und **Planspiele:** Der Lernende bearbeitet mehr oder weniger komplexe, problemorientierte Situationen, die aus der Praxis stammen oder der Praxis modellhaft nachgebaut sind. Planspiele sind meist noch komplexer als Fallstudien und arbeiten mit Variablen, die sich verändern und in ihren vielschichtigen Auswirkungen erfasst werden müssen.	Die Teilnehmer schärfen ihr Analysevermögen, ihre Urteilsfähigkeit und die Auseinandersetzung mit wichtigen Fragen; sie lernen ihre eigene Arbeitsweise im Vergleich mit der der anderen Teilnehmer kennen. Sie lernen, sensibler auf Bedürfnisse, Ziele und Beurteilungen von anderen zu reagieren. Ständige Aktivität und enge Auseinandersetzung mit anderen (hält den Einzelnen und die Gruppe in Schwung).	

Lehrmethode	Vorteil	Nachteil
Rollenspiele: Zur Schulung des Verhaltens in simulierten, aber wirklichkeitsnahen Situationen (z. B. Beratung am Bankschalter) sowie zum Erleben und Reflektieren von sozialen Beziehungen und Konflikten (Führungssituation). **Voraussetzung:** Neue Varianten des Verhaltens werden vorher erarbeitet, Mängel bewusst gemacht; es wird nicht «gespielt», sondern seriös gelernt. Der Trainer muss fähig sein, ein angstfreies Klima zu schaffen, in dem sich die Teilnehmer frei fühlen; er muss zudem große Erfahrung haben, um die Übersicht zu behalten und Wichtiges von Unwichtigem zu unterscheiden. Immer nur wirksam als Teil einer Unterrichtseinheit, dem andere Methoden und Inhalte vor- und nachgeschaltet sind. Ideal zum Üben sozialer Verhaltensweisen. Wichtig: gute Vorbereitung und Auswertung.	Unmittelbares Erleben von Wirkungen (Wie wirkt mein Chef im Rollenspiel auf mich? Wie fühle ich mich dabei?, aber auch: Wie wirke ich auf die anderen?) und damit verbunden die Möglichkeit, «alte» soziale Gewohnheiten aufzugeben und neue Wege auszuprobieren. «Fehler» fallen nicht ins Gewicht, weil die Situation nicht der Ernstfall ist.	
Demonstrieren und Nachmachen: Unterweisen und Erlernen von Fertigkeiten durch Vorzeigen, Erklären, Mitmachen und Nachmachen (z. B. Bedienen einer neuen Maschine).	Selbständige Erfahrungen, z. B. mit einer Maschine; dadurch entstehen Sicherheit und Selbstvertrauen und oft auch Interesse an den größeren Zusammenhängen.	
Kurzzeitige Einzelarbeit: Selbständiges Erarbeiten von Lerninhalten durch vorgegebene oder selbst gewählte Lernschritte. Dabei können unterschiedliche Medien eingesetzt werden (Bücher, programmierter Unterricht, Lernprogramme am PC usw.).		
Experimente, z. B. in der Physik oder Elektronik.		
Simulationen, z. B. von Planspielen auf dem PC.		
Demonstrationen		

Wann ist welche Lehrmethode angebracht?

Grundsätzlich gilt, dass es die überlegene Lehrmethode nicht gibt, sondern stets abgewogen und ausgewählt werden muss. Die **Entscheidung hängt ab:**

- vom Lernziel (Informationsziel und Lernschritte): Das Lernziel sollte das vorrangige Kriterium für die Wahl der Methode sein. Je anspruchsvoller das Lernziel, umso wichtiger ist es, Methoden einzusetzen, die den Lernenden aktivieren.
- von lernpsychologischen Überlegungen: Der Lernerfolg hängt wesentlich von der Motivation, der Aktivierung, von Rückmeldungen und Lernhilfen ab. Man sollte daher Methoden einsetzen, mit denen die Interaktionen zwischen Ausbildner und Lernenden und auch unter den Lernenden selbst angeregt werden. Ferner ist es wichtig, verschiedene Methoden abzuwechseln.
- von den Lernenden: Die Methodenwahl hängt auch davon ab, welche Erfahrungen die Teilnehmer mit bestimmten Methoden haben und welche sie selbst vorziehen. Ferner entscheidet die Größe der Lerngruppe. Aktivierende, gruppenorientierte Methoden sind in Gruppen bis etwa 25–30 leichter zu realisieren als in größeren Gruppen.
- vom Ausbildner selbst: Jeder Ausbildner hat seine eigenen Erfahrungsschwerpunkte und Neigungen, die bei der Wahl der Methoden eine Rolle spielen.

> Die Lehrmethode ist die Art, wie ein Stoff oder Thema vermittelt und bestimmte Lernprozesse in Gang gesetzt werden. Bei der Auswahl orientiert man sich am Lernziel, an den Voraussetzungen und Erwartungen der Teilnehmer und den Rahmenbedingungen. Die Methoden können auch kombiniert und abgewechselt werden.

36.4.3   Der Einsatz von Hilfsmitteln im Unterricht

Wir besprechen in diesem Kapitel die Hilfsmittel (Medien), mit denen dem Teilnehmer Informationen übermittelt werden.

Welche Hilfsmittel sind nun wann und wo einzusetzen? Wie für die Methodenwahl gilt auch hier, dass nicht nur immer ein Hilfsmittel in Frage kommt, um einen bestimmten Lernprozess zu unterstützen, sondern aus einer Vielzahl auszuwählen ist. Die folgende Tabelle fasst die wichtigsten Hilfsmittel zusammen und erklärt, wozu sie sich besonders eignen.

[36-10] Die Hilfsmittel und ihre Einsatzmöglichkeiten im Unterricht

Übersicht: Hilfsmittel und wie sie eingesetzt werden können	
Hilfsmittel	**Einsatzmöglichkeiten**
1. Standardhilfsmittel zur Visualisierung mit relativ geringem technischem Aufwand; sprechen vor allem das Auge an	
• Wandtafel	• Festhalten inhaltlicher Strukturen im Unterricht- Ideenspeicher
• Hellraumprojektor und Folien	• Demonstration inhaltlicher Strukturen und Übersichten bei deduktiver Stofferarbeitung; induktives Erarbeiten nicht allzu umfangreicher Strukturen (begrenzte Arbeitsfläche); die Übersichten können fertig vorbereitet oder während des Referats entwickelt werden: Illustration (z. B. Bilder, Grafiken, Formulare); Notieren von Merksätzen; Ausfüllen von Arbeitsblättern zusammen mit den Lernenden; Zusammenfassungen oder Grafiken als Antworten auf Fragen der Teilnehmer.
• Flipchart	• Alternative zur Wandtafel (aber geringere Arbeitsfläche und geringere Sichtdistanz); als Ideenspeicher oder «Notizblock» für Gruppenarbeiten.
• Pinnwand (Stellwände mit Packpapier und Papierkärtchen, die an die Wand geheftet («gepinnt») werden (auch Metaplantechnik genannt)	• Erarbeiten und Gliedern von Ideen, Vorschlägen usw. der Teilnehmer.
• Plakat, Schaubild	• Schematische Übersichten, z. B. eines komplexen Seminarthemas; die Teilnehmer können sich, ohne zu blättern, laufend über den Standort im Stoff orientieren.
• Beamer, Laptop	• Visualisieren von Texten und Grafiken
• Anschauungsmaterial (Formulare, Geräte, Modelle)	• Vermittlung praxisgerechter Anschaulichkeit.
2. Audiovisuelle Medien (Auge und Ohr)	
• Tonband, Kassettenrecorder	• Vermitteln von Szenen und Stimmungsbildern usw. über das Ohr. Musik zum Aktivieren innerer Bilder, Fördern der Konzentration und Entspannung (z. B. Suggestopädie).
• Diaprojektion • Filmprojektion • Tonbildschau • Videofilme	• Veranschaulichung – meist komplexer – Sachverhalte und (bei Film und Video) von Bewegungen und Verhalten in Situationen (z. B. Verkaufsgespräch). • Demonstration von Ausschnitten aus der Realität. • Stärkeres Ansprechen des Erlebnis- und Gefühlsbereichs (affektive Lernziele) und damit der Motivation.
• Videoaufzeichnungen	• Festhalten und Erforschen von Verhalten in Übungssituationen (z. B. Kommunkationssituationen).

3. Schriftliche Unterlagen für die Lernenden	
• **Lehrbücher/Fachartikel/Lernprogramme/ Lehrbriefe**	• Die Selbständigkeit der Teilnehmer im und außerhalb des Unterrichts wird gefördert; der Unterrichtsablauf kann unterstützt werden durch zusätzliche Informationen, Beispiele, Übungen. Vorteil: Prägnante Informationen zu einem Thema,.
• (zusammenfassende) **Texte/Skripte**	• Der Unterricht kann damit vorbereitet werden. Schriftliches Begleitmaterial ist ferner wichtig als Zugabe zu allen Medien: Zusammenfassen der wesentlichen Fakten und Zusammenhänge. Auch wichtige Grafiken sollen enthalten sein. Das Begleitmaterial soll dem Teilnehmer ermöglichen, den Stoff jederzeit zu repetieren. Es ist so aufzubauen, dass eigene Notizen eingefügt werden können. Vorteil: Lassen sich mit wenig technischem Aufwand aktualisieren und neuen Bedürfnissen anpassen.
• **Arbeitsblätter**	• Zur Unterstützung ungünstig strukturierter Lehrbuchteile, Aufgabenstellungen für Gruppenarbeiten usw.
• **Originale von Mustern** (z. B. Verträge, Formulare)	• Demonstration der Realität; «Muster» für den Lernenden greifbar machen.
4. Computer (evtl. kombiniert mit Video)	
	• Einsatz im computerunterstützten Unterricht (Visualisieren, Übungsprogramme – Drill and Practice -, Simulation, Unternehmungsspiele, Lehrbuchersatz).
	• E-Learning: Lernprogramme via Internet oder CD-Rom, Training an Computersimulatoren, CBT (Computer based Training). Entscheidend ist der Stand der Programme, die Software.

Dem Ausbildner stehen heute verschiedene Hilfsmittel zur Verfügung, die er didaktisch richtig einsetzen muss. Sie unterstützen den Unterricht, sollten ihn aber nicht dominieren. Es gibt **vier Gruppen** von Hilfsmitteln:

- Standardhilfsmittel wie Wandtafel oder Flipchart
- Audiovisuelle Medien wie Diaprojektionen oder Videofilme
- Schriftliche Unterlagen wie Lehrbücher oder Lernprogramme
- Computer z. B. zur Unterstützung des Unterrichts oder in Form von Lernprogrammen

36.4.4　Die Zeitplanung

Bei der Planung von Unterrichtseinheiten spielt der Zeitfaktor eine große Rolle. Der Zeitaufwand ist umso größer:

- je anspruchsvoller die Lernziele (Inhalte und Prozesse) und je geringer die Voraussetzungen der Lernenden sind,
- je mehr aktivierende Lehrmethoden eingesetzt werden,
- je intensiver und aktivierender mit Hilfsmitteln gearbeitet wird und
- je umfangreicher die einzelnen Unterrichtsphasen sind.

Die sorgfältige Auswertung eines Rollenspiels ist viel zeitaufwändiger als ein Referat über häufige Verhaltensfehler. Wichtig ist, Medien und Methoden so einzusetzen, dass der grö-

TEIL G PERSONALENTWICKLUNG

ßere Zeitaufwand auch mehr bringt – an Einsicht, bleibendem Wissen usw. Der Ausbildnern muss genügend Zeit für die einzelnen Unterrichtseinheiten einplanen.

Gute Ausbildner haben eine klare Zeitplanung, die auf das Thema und die Teilnehmer abgestimmt ist. Wichtige Grundsätze:

- Genügend Zeit zum Diskutieren geben. Alle Beiträge, die Fragen offen lassen (Gruppenübungen, Referate, Lernprogramme usw.) und emotionale Reaktionen auslösen, müssen von Diskussionsphasen gefolgt sein.
- Genügend Zeit für Pausen einplanen. Pausen sind wichtig zur Erholung und sie strukturieren Themen äußerlich – sie machen frei für ein neues Thema.

Zusammenfassung «didaktisch-methodische Prinzipien»

Am Ablauf des Unterrichts können Sie erkennen, ob ein Ausbildnerden Unterricht in Phasen gliedert und der Motivation genügend Aufmerksamkeit schenkt,

- die Inhalte lernziel- und adressatengerecht ausgewählt und sie verständlich strukturiert hat,
- die richtige Lehrstrategie zur Vermittlung wählt und den Stoff mit den Lernenden wirklich erarbeitet,
- das Erreichte durch Übung, Lernkontrolle und Zusammenfassung verankert,
- motivierende und aktivierende Lehrmethoden einsetzt und die Methoden so variiert, dass Abwechslung entsteht,
- Hilfsmittel zur effizienten Erarbeitung des Stoffs, zur Veranschaulichung und zur schriftlichen Absicherung klug einsetzt und
- für die einzelnen Phasen des Unterrichts genügend Zeit vorsieht.

36.4.5 Verhalten und Persönlichkeit des Ausbildners

Didaktisches und methodisches Fachwissen können ihre Wirkung nur voll entfalten, wenn der Ausbildner durch sein **persönliches Verhalten** überzeugt.

Heute steht die **partnerschaftliche Zusammenarbeit** im Zentrum. Der Ausbildner wird so vom überlegenen Wissenden zum Manager oder Moderator von Ausbildungssituationen – zum Lernpartner. Ebenso wichtig wie die reine Stoffvermittlung ist sein waches **Beobachten der Lerngruppe und der Prozesse,** die im Einzelnen und in der Gruppe ablaufen. Er gestaltet den Unterricht flexibel, gibt zusätzliche Lernhilfen, wenn er spürt, dass sie gebraucht werden, aktiviert die Gruppe, wenn der Energiespiegel absinkt und geht auf die Erfahrungen der Teilnehmer ein.

Die folgende Checkliste kann Ihnen helfen, das Verhalten von Ausbildnern systematisch und sachlich zu beobachten und so an die Ausbildner Rückmeldungen zu geben, mit denen sich weiterarbeiten lässt.

---

1. Auftreten und Kontakt

Verhält sich der Ausbildner gegenüber allen

- freundlich,
- verständnisvoll,
- interessiert,
- aufmerksam?

Bemüht er sich um den Kontakt zu allen Teilnehmern?

- Blickkontakt,
- Gesprächskontakte vor, während und nach dem Unterricht?

Benimmt er sich in Auftreten, Haltung, Gestik, Mimik usw. situationsgerecht, d. h,

- natürlich und abwechslungsreich,
- ohne extreme oder monotone und damit die Konzentration und Befindlichkeit der Teilnehmer störende Verhaltensweisen,
- auch den Rahmenbedingungen entsprechend (z. B. je nach Größe und Zusammensetzung der Gruppe, Größe des Unterrichtsraumes, allgemein übliche Umgangsformen)?

2. Verbales Verhalten

Sind seine Erklärungen, Hinweise, Aufträge usw.

- klar und verständlich,
- gut strukturiert und einprägsam,
- angemessen anschaulich bzw. angemessen abstrakt,
- mit Bekanntem verknüpft?

Spricht er

- flüssig,
- interessant,
- nicht monoton,
- einfach und prägnant, nicht langatmig,
- angemessen schnell und laut?

Formuliert er Fragen/Impulse

- klar und verständlich,
- knüpft er an Vorwissen der Lernenden an,
- sind die Fragen angemessen anspruchsvoll, so dass die Teilnehmer motiviert sind, sich am Gespräch zu beteiligen (tendenziell eher offene Fragen, die mehrere Antworten, Stellungsnahme, Ideen usw. zulassen; keine suggestiven Fragen; Fragen nach Begründung bei Entscheidungsfragen)?

3. Aktivieren der Teilnehmer

Beachtet der Ausbildner bei den verschiedenen aktivierenden Lehrmethoden (Lehrgespräch, Diskussion, Brainstorming, Auswertung von Falllösungen und Gruppenarbeiten) die folgenden Grundsätze:

- Fragen in der Regel an alle richten,
- Einzelne Teilnehmer nur ansprechen, wenn eine Antwort aufgrund eines vorangegangenen Auftrags (z. B. Präsentation einer Gruppenarbeit) oder aufgrund der persönlichen Erfahrung erwartet werden kann,
- Teilnehmer durch Fragen auf keinen Fall bloßstellen, evtl. bei der Formulierung helfen,
- Teilnehmer zu Fragen und Stellungnahmen ermuntern; ihre Meinung ernst nehmen und darauf eingehen, sie nicht gegeneinander ausspielen; jede Aussage in sich würdigen,
- alle Wortmeldungen beachten und entgegennehmen, aber nicht zu jeder Wortmeldung sofort Stellung beziehen, nicht jeden Beitrag sofort auswerten,
- das Gespräch fließen lassen, auch Interaktionen zwischen den Teilnehmern fördern,
- auf den «roten Faden» achten, immer wieder zum Thema zurückführen, das Gespräch durch Impulse, Rückfragen, Zusammenfassungen strukturieren.

4. Erfolgserlebnisse vermitteln

Zeigt der Ausbildner, besonders in den aktivierenden Unterrichtsphasen, grundsätzlich positive Reaktionen (verbal und nicht verbal):

- aufmerksames Zuhören und Ernstnehmen sowie Lob, Anerkennung und Bestätigung, ohne dabei überheblich oder von oben herab zu wirken,
- greift er Ideen und Vorschläge der Teilnehmer auf,
- hört er interessiert zu und geht er mit Verständnis auf Beiträge ein,
- lässt er Spott, Sarkasmus, Tadel und Missbilligung gar nicht aufkommen,
- versucht er im Fall teilweiser falscher Beiträge den «richtigen» Kern herauszuholen und darauf weiterzubauen,
- weist er falsche Antworten nicht einfach zurück, sondern geht den Ursachen nach und gibt entsprechende Lernhilfen?

5. Transfer anregen

Der Ausbildner fühlt sich mitverantwortlich für die Anwendung des Gelernten (Transfer):

- er zeigt, wo häufige Schwierigkeiten auftreten und wie man ihnen begegnen kann,
- er steht den Teilnehmern auch nach der Veranstaltung zur Verfügung,
- er bereitet sich auf Probleme im Transfer vor durch Aufgaben, Hinweise,
- er ermutigt zum Transfer,
- er regt den Zusammenschluss von Teilnehmern zu Erfahrungsgruppen an, die ihre Erlebnisse austauschen und gemeinsam nach Lösungen suchen.

6. Führung der Lerngruppe

Hat der Ausbildner die Übersicht über das Geschehen? Erkennt er Reaktionen und auffällige Verhaltensweisen der Teilnehmer:

- Wortmeldungen,
- Gespräche zwischen den Teilnehmern,
- Ermüdung, Langeweile, Inaktivität,
- Dominanz einzelner Teilnehmer und andere gruppendynamische Prozesse?

Geht er auf «Störungen» angemessen ein, z. B. durch:

- Übersehen geringer Störungen,
- Unterbrechen des geplanten Ablaufs bei größeren Störungen und Ansprechen der Probleme individuell oder in der Gruppe,
- kann er die Ursachen von Störungen aufdecken und hat er den Mut und das Geschick, Störungen mit den Teilnehmern zusammen zu bearbeiten,
- fährt er im Stoff erst fort, wenn Störungen behoben sind, weil er weiß, dass die Energie der Teilnehmer sich nur dann wieder voll der Sache zuwenden kann?

Ist der Ausbildner flexibel?

- Zieht er sein Programm nicht stur, ohne Rücksicht auf das Befinden der Teilnehmer und ihre Reaktionen durch?
- Verliert er sich aber auch nicht in den vielfältig ablaufenden Prozessen oder lässt sich gar durch die Lerngruppe bestimmen? Erreicht er eine sichere Balance zwischen Lernzielen und Gruppenprozessen, zwischen seinen Anliegen und den Bedürfnissen der Gruppe, zwischen Inhalts- und Kommunikationsebene?
- Pulsiert sein Verhalten situationsgerecht zwischen den Polen «direktiv» und «nicht-direktiv»?
  Direktiv: Er trifft Entscheidungen selbst (sinnvoll bei Anfängern, zur Informationsvermittlung, bei Zeitknappheit).
  Nicht-direktiv: Er bezieht die Teilnehmer in Entscheidungen ein, berät z. B. mit ihnen, wie sie im Weiteren vorgehen möchten, welche Übungen sie besonders wichtig finden oder wo sie weitere Informationen benötigen (sinnvoll bei Teilnehmern, die über ein Grundwissen und Erfahrung verfügen).

7. Anwendung von Hilfsmitteln

Setzt er die Hilfsmittel didaktisch richtig ein? Gewinnt der Unterricht dadurch oder werden die Teilnehmer nur verwirrt?

Da viel von den Fähigkeiten und der Person des Ausbildners abhängt, wählen Unternehmen externe Ausbildner sehr sorgfältig aus und überprüfen ihren Unterricht. Bauen sie einen Stab von internen Ausbildnern aus, ist der Schulung dieser Leute besondere Aufmerksamkeit zu schenken.

In vielen Unternehmen sind **vollamtliche Ausbildner** tätig; meist gibt es aber auch nebenamtliche (Linienvorgesetzte, Sachbearbeiter). Die Schulung muss jedem Unternehmen ein Anliegen sein.

TEIL G PERSONALENTWICKLUNG

Ausbildner sind heute weit mehr als Wissen- und Stoffvermittler. Ihr Verhalten auf der Kontaktebene, den Teilnehmern und der Lerngruppe gegenüber, ist von zentraler Bedeutung. Lernen wird mehr und mehr zum **partnerschaftlichen Erarbeiten** von neuen Fähigkeiten oder Verhaltensweisen.

Der Ausbildner ist verantwortlich für das **Lernklima,** die Aktivierung der Gruppe und die Lernmotivation. Er fördert diese durch Klarheit in den fachlichen Ausführungen, durch Einbeziehen der Teilnehmer, durch Erfolgserlebnisse und eine gute Führung der Lerngruppe (flexibel auf Bedürfnisse eingehen, Störungen bearbeiten, Balance zwischen Sach- und Beziehungsebene).

Ein **partnerschaftlicher Unterrichtsstil** entsteht durch Einfühlungsvermögen, Offenheit und Vertrauen in die Fähigkeiten der Teilnehmer, positiv und selbständig mitzuwirken.

36.5   Bildungscontrolling

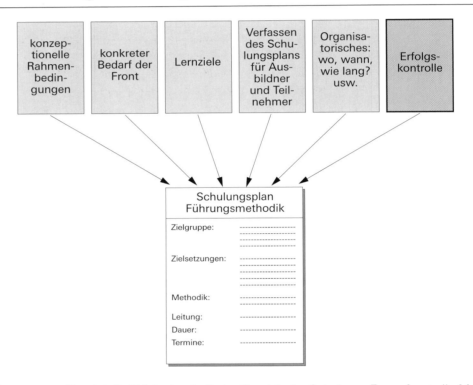

Bildungscontrolling ist die Erfolgskontrolle im Bereich der Schulung. Es umfasst alle Maßnahmen der professionellen, qualitativen und quantitativen Erhebung, Analyse, Bewertung und Präsentation von Kenndaten in der Weiterbildung.

36.5.1   Warum kontrollieren?

Die **Gründe** für eine Erfolgskontrolle sind:

- Schulung ist eine Investition, durch die finanzielle und personelle Kapazitäten gebunden werden, der daher ein Gegenwert gegenüberstehen muss.
- Erfolgskontrollen zeigen, wie Schulungsmaßnahmen künftig verbessert oder neu konzipiert werden können.
- Erfolgskontrollen vermitteln den Teilnehmern Erfolgserlebnisse, was für das Lernen und die Motivation, künftig an Schulung teilzunehmen, wichtig ist.

- Sichtbare Erfolge motivieren Vorgesetzte, Teilnehmer, Ausbildner usw., bestimmte Bildungsmaßnahmen weiterhin durchzuführen.
- Erfolgskontrollen erleichtern den Entscheid, wenn zwischen verschiedenen Maßnahmen (z. B. verschiedene Referenten, verschiedenen Kurskonzepten) auszuwählen ist.

Es gibt aber auch berechtigte **Einwände** gegen Erfolgskontrollen:

- Der Aufwand für eine wirklich verlässliche Kontrolle ist unverhältnismäßig hoch. Schwächen in der Beurteilung, wie Sie sie aus der Schulzeit oder von der Leistungsbeurteilung her kennen, gelten auch hier.
- Besonders problematisch ist die Kontrolle des Transfers in die Praxis. Oft wird dieser Transfer durch Umstände verhindert (z. B. ungünstiges Vorgesetztenverhalten), für die der Lernende nicht verantwortlich ist.
- Der Erfolg einer einzelnen Bildungsmaßnahme ist oft schwer nachzuweisen, weil andere Einflussgrößen (z. B. Vorgesetztenverhalten, organisatorische und wirtschaftliche Veränderungen) abschwächend oder verstärkend wirken können.
  Beispiel:
  Umsatzsteigerungen sind durch Verkaufsschulung möglich; wenn gleichzeitig Produktverbesserungen vorgenommen werden, könnten auch diese den Erfolg verursachen.
- Der ökonomische Erfolg, d. h. der Kosten/Nutzen-Vergleich ist nur so weit ermittelbar, als sich der Lernerfolg auch in Geldeinheiten messen lässt (z. B. Schulung einer neuen Arbeitstechnik verringert Zeitaufwand und Ausschuss). In vielen Bereichen, z. B. in der Führungsschulung, ist dies nicht so direkt möglich.

Trotz berechtigter Einwände ist die Überprüfung der Wirkung von Schulungsmaßnahmen für alle Beteiligten so bedeutsam, dass ein Unternehmen auf Erfolgskontrollen keinesfalls verzichten sollte.

36.5.2   Die Formen der Erfolgskontrolle im Überblick

Bei der Erfolgskontrolle kann man von verschiedenen Faktoren ausgehen:

- von den Eindrücken der Teilnehmer am Ende einer Veranstaltung,
- von dem, was wirklich gelernt wurde (z. B. vom überprüfbaren Wissen),
- vom Erfolg am Arbeitsplatz,
- vom ökonomischen Erfolg der Schulung.

Alle Aspekte sind wichtig und sollten berücksichtigt werden.

36.5.3   Erfolgskontrolle im Lernfeld

Sie ist die unmittelbarste Form, weil sie während oder unmittelbar nach dem Lernprozess stattfindet. Zwei Aspekte sind dabei wichtig:

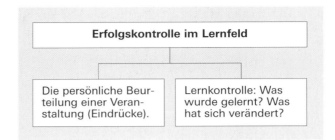

A Persönliche Beurteilung einer Veranstaltung

Im Zentrum stehen die **subjektiven Eindrücke der Teilnehmer.** Wie beurteilen sie persönlich den Inhalt und seine Praxisrelevanz, die Darstellung, den Ausbildner, die Organisation? Kennt man die Meinung der Teilnehmer, sind

- Anpassungen/Verbesserungen von Inhalten und Methoden einer laufenden Veranstaltung möglich, so dass die befragten Teilnehmer selbst noch profitieren können,
- oder sind Verbesserungen in künftigen Veranstaltungen möglich, und zwar in organisatorischer, didaktischer oder konzeptioneller Hinsicht (z. B. Fortsetzung und Ausbau oder Streichung bestimmter Schulungsmaßnahmen) sowie auch Veränderungen im Ausbildnerverhalten (wenn nötig).

Persönliche Beurteilungen im Lernfeld geben wichtige Hinweise über das Befinden der Teilnehmer und über das **Lernklima,** das ein Ausbildner schaffen kann. Wie erfährt man, wie die Teilnehmer sich fühlen?

- Indem man die Teilnehmer zu einer **freien Beurteilung** auffordert, die mit Vorteil schriftlich sein sollte, weil dadurch die gegenseitige Beeinflussung geringer ist und man erfährt, wie jeder Einzelne sich fühlt. Gespräche können dann folgen und bestimmte Eindrücke vertiefen oder durch die Gruppendiskussion auch korrigieren.
- Die Alternative ist eine **schriftliche Befragung** mit offenen oder strukturierten Fragen. Offene Fragen setzen eine gewisse Wortgewandtheit voraus. Bei den strukturierten Fragen ist in bestimmter Form zu antworten, je nachdem, ob Schätzskalen mit Zahlen (1, 2, 3, 4, 5), Adjektiven (z. B. sehr gut, gut, mittelmäßig, eher schlecht, schlecht), Zeichnungen oder Kombinationen davon verwendet werden. Die Fragen müssen möglichst eindeutig und spezifisch sein, d. h. sich auf ein einzelnes Merkmal oder bestimmte Verhaltensweisen beziehen; sie dürfen nicht suggestiv sein und sollen sich nicht überschneiden. Strukturierte Fragen führen zu vergleichbaren Antworten. Ihr Aussagegehalt hängt aber von der Differenziertheit der Fragen ab.

Man sollte sich bei der Befragung auf Aspekte konzentrieren, die für den Lernerfolg maßgebend sind:

- die fachliche Kompetenz des Ausbildners,
- seine Grundhaltung den Teilnehmern gegenüber: Wertschätzung, Einfühlungsvermögen, Offenheit und Partnerschaftlichkeit,
- die Klarheit seiner Stoffdarstellung,
- das Maß der Aktivierung und
- der Erfolgserlebnisse, die er vermittelt,
- Rückmeldungen und Lernhilfen,
- Führung im Unterricht.

Mit Vorteil fügt man Fragen zur Organisation an; sie vermitteln ein realistisches Bild der Schwachstellen und künftigen Verbesserungsmöglichkeiten.

Schriftliche Befragungen sollten **anonym** oder höchstens mit **freiwilliger Namensangabe** durchgeführt werden. Beurteilungen können mehrmals im Verlauf einer Veranstaltung durchgeführt werden, falls sie mehrere Tage dauert. Diese Prozessanalyse ist meist kurz und soll vor allem die momentane Stimmung aufzeigen. Sie ist ein Blick auf den zurückgelegten Weg und den momentanen Standort. Sie kann mündlich und in freier Form als Gespräch durchgeführt werden, oder man kann am Ende eines Tages einen kleinen Fragebogen vorlegen, der schriftlich zu beantworten ist. Der Seminarleiter empfängt daraus wichtige Signale für die Arbeit an den folgenden Tagen.

Auch einige Zeit nach der Veranstaltung sollte eine Befragung der Teilnehmer stattfinden, die erste Praxiserfahrungen einbezieht. Die **Nachkontrolle** ergibt oft ein anderes Bild als die Beurteilung unmittelbar nach der Veranstaltung, die meist durch die momentanen Eindrücke und die in der Lerngruppe herrschende Dynamik beeinflusst ist.

B   Beurteilung der Lernzielerreichung (Lernkontrolle)

Wir haben die persönliche Beurteilung einer Veranstaltung besprochen. Die zweite Form der Erfolgskontrolle im Lernfeld ist die des kurzfristigen Lernerfolgs der Teilnehmer.

Man unterscheidet hier **zwei Arten** von Lernkontrollen:

- formative, die das Lernen/Lehren begleiten oder
- summative, die einen Lernprozess abschließen und den Lernerfolg bewerten

Formative (gestaltende) Lernkontrolle

Lernprozesse lassen sich am besten steuern, wenn die Ausbildner den Lernerfolg der Lernenden in regelmäßigen Abständen überprüfen. Rückmeldungen («Diese Zusammenhänge scheinen Sie zu beherrschen» oder «Das müssen wir nochmals üben») an die Lernenden können so in präziser Form und rechtzeitig erfolgen. Erfolge regen das weitere Lernen an und Lernschwierigkeiten können frühzeitig behoben werden. Die Lernkontrollen können

- prozessorientiert sein – wie gut läuft der Lernprozess ab? oder
- produktorientiert – wie ist das Lernergebnis?

Formative Lernkontrollen geben nicht nur dem Lernenden wertvolle **Rückmeldungen** und Hilfen, auch die Ausbildner bekommen wichtige Rückmeldungen für die Gestaltung ihres Unterrichts (z. B. bessere Strukturierung der Inhalte, andere Lehrmethoden).

Summative (abschließende) Lernkontrollen

Summative Lernkontrollen sind Tests, Prüfungen, Frage- und Aufgabensammlungen, die zeigen, was der Teilnehmer gelernt hat. Sie müssen **lernzielorientiert** sein und dem entsprechen, was im Unterricht gelehrt und geübt wurde. Es können Aufgaben sein, die der Teilnehmer selbständig löst oder Aufgaben mit Antwortvorgaben, aus denen die richtige Lösung auszuwählen ist (Multiple Choice).

Summative Lernkontrollen sind eine **Bilanz des Lernerfolgs** am Ende einer Schulungsveranstaltung: Was wurde erreicht?

- Die Lernenden bekommen eine abschließende Rückmeldung über das Geleistete. Im positiven Fall fühlen sie sich bestätigt; gibt es jedoch Lücken und Mängel, ist es zu spät, noch Lernhilfen zu geben und sie umzusetzen.
- Auch die Ausbilder bekommen eine Rückmeldung über ihren Unterrichtserfolg. Daraus können sie Verbesserungen für kommende Veranstaltungen ableiten; die betroffenen Teilnehmer profitieren aber nicht mehr.
- Summative Lernkontrollen werden oft auch eingesetzt, um die Lernleistung zu qualifizieren. Solche Bewertungen werden dann nicht nur den Teilnehmern mitgeteilt, sondern auch an die Vorgesetzten weitergeleitet. Sie sind Teil der betrieblichen Qualifikation. Diese Form der Lernkontrolle ist problematisch, weil sie das positive Lernklima gefährdet und weil Ängste und Konkurrenzdruck in der Lerngruppe entstehen können. Zudem sind die guten Schüler nicht immer auch die begabten Anwender des Gelernten. Bewertete Schlusskontrollen sind daher nur berechtigt, wenn eine Schulungsmaßnahme eine wirklich wichtige und aussagekräftige Voraussetzung für eine betriebliche Beförderung ist oder wenn aus Sicherheitsgründen festgestellt werden muss, wer bestimmte Anforderungen erfüllt und wer nicht (z. B. Pilotenausbildung).

Zum **Unterschied** der formativen und summativen Lernkontrollen:

Bei den **formativen Lernkontrollen** geht es um die Fragen:

- Welche Teilziele haben wir wie gut erreicht?
- Genügt der Grad der Zielerreichung, um mit dem Unterricht fortzufahren?
- Wo sind typische Fehler und Lücken?
- Welche grundsätzlichen Lernschwierigkeiten lassen sich erkennen (z. B. Begriffsverständnis, Anwendung von Regeln auf praktische Beispiele, Transfer)?
- Wo liegen die Ursachen dieser Schwierigkeiten (z. B. Unterrichtszeit, Methodik, Motivation der Lernenden)?
- Welche Lernhilfen sind sinnvoll (z. B. zusätzliche Zeit, nochmalige methodisch variierte Erklärungen, weitere Übungsbeispiele)?

Bei den **summativen Lernkontrollen** interessiert:

- Wie gut sind die Leistungen des Einzelnen gemessen an den Lernzielen?
- Wie gut sind sie gemessen an den Leistungen der anderen?
- Welche Bewertung (Qualifikation in Form von Noten – Ziffern, Buchstaben, Wörtern oder Beschreibungen) soll erteilt werden? (Dabei empfiehlt sich, die Bewertung in erster Linie an sachlichen Anforderungen und nicht ranglistenartig an der Leistung einer Gruppe zu orientierten.)

Noch etwas zur Form. Die schriftliche Durchführung eignet sich zur Prüfung kognitiver Lernziele, die mündliche Form ist günstiger, um kommunikative Fähigkeiten zu überprüfen (besonders auch in prozessorientierten, formativen Lernkontrollen). Praktische Lernkontrollen sind erforderlich, wenn psychomotorische Tätigkeiten (z. B. Bedienung von Geräten) oder komplexe Verhaltensweisen im zwischenmenschlichen Bereich zu überprüfen sind (z. B. Verkaufsgespräche, Qualifikationsgespräche, Ausbildnerverhalten).

Beurteilungen im Lernfeld geben in erster Linie Aufschluss über das subjektive Befinden der Teilnehmer; oft lassen sich daraus wertvolle Hinweise für Verbesserungen der Kursgestaltung ableiten.

Die einfachste Form der Erfolgskontrolle ist die **persönliche Beurteilung einer Veranstaltung** durch die Teilnehmer. Die Beurteilung kann in freier Form oder durch Fragebogen erfolgen. Die Beurteilungen sollten mehrmals auch während einer Veranstaltung und auch einige Zeit nach Kursabschluss durchgeführt werden.

Lernkontrollen überprüfen den vorläufigen oder abschließenden Lernerfolg. Wenn sie während des Unterrichts durchgeführt werden, zeigen sie dem Ausbildner, wie er den Unterricht weitergestalten soll; sie geben aber auch den Teilnehmern wertvolle Rückmeldungen über Erreichtes (Erfolgserlebnisse) und Lücken. Weil diese Art der Lernkontrolle den Unterrichtsprozess laufend steuert, nennt man sie **formativ.**

Lernkontrollen am Ende einer Schulung haben Test- und Prüfungscharakter. Sie eröffnen den Zutritt zu weiterer Schulung oder zu neuen Aufgaben. Da sie prüfen, was insgesamt gelernt wurde, heißen sie **summativ.** Sie sind lernzielorientiert zu formulieren und dürfen den Teilnehmer weder über-, noch unterfordern.

36.5.4 Erfolgskontrolle im Arbeitsfeld

A Das Transferproblem

Der **Transfer** ist die Umsetzung des Gelernten in die Praxis. Ein wesentliches Ziel der betrieblichen Schulung ist mehr Effizienz am Arbeitsplatz durch den Transfer. Transfer ist aber keineswegs selbstverständlich. Sehr vieles, was in Seminaren vermittelt wird, kommt nie zur Anwendung – es wird vergessen, oft fehlt der Mut, neue Weg zu gehen, oder man hat nicht die Kraft, gegen Hindernisse anzugehen. Gute Schulung zeichnet sich u. a. dadurch aus, dass sie den Transfer vorbereitet.

Es gibt Faktoren, die den Transfer fördern, und solche, die ihn hemmen.

Transferhemmende Faktoren

Mängel in der Schulung

- Beispiele und Übungen im Unterricht sind zu weit weg von der Wirklichkeit im Arbeitsfeld.
- Es wird zu wenig oder einseitig geübt (z. B. nur Einstudieren bestimmter Fertigkeiten und zu wenig Variationsfähigkeit in verschiedenen Situationen).
- Die Ausbildung berücksichtigt die Erfahrungen der Teilnehmer zu wenig.
- Die Lerninhalte werden zu wenig verallgemeinert, die verschiedenen Anwendungsmöglichkeiten nicht herausgearbeitet.

Mängel beim Lernenden

- Die Teilnehmer sind wenig daran interessiert, das Gelernte auch anzuwenden – weil dies zusätzlichen Einsatz erfordert oder weil sie durch das Neue verunsichert sind oder weil sie die ganze Schulung unter Zwang absolviert haben.
- Sie sind unselbständig, können die neuen Kenntnisse ohne Hilfe schlecht anwenden.

Mängel im Arbeitsfeld

- Vorgesetzte verhalten sich innovationsfeindlich; sie glauben nicht an den Nutzen neuer Vorgehensweisen und wollen keine Veränderungen.
- Der Teilnehmer erhält keine Unterstützung durch die Kollegen am Arbeitsplatz, meist weil sie nicht dieselbe Aus- oder Weiterbildung erhalten haben.
- Es besteht keine Gelegenheit zur Anwendung, weil sich die Einführung einer Neuerung verzögert und das Gelernte vergessen wird oder weil die Unternehmungsorganisation Neuerungen grundsätzlich erschwert.

Transferfördernde Maßnahmen

Die Mängelliste zeigt, wie man den Transfer ins Arbeitsfeld unterstützen kann:

- Schulungsinhalte sind sorgfältig an den Bedürfnissen, Erwartungen, Vorkenntnissen und Problemen der Lernenden auszurichten – von der Bedarfsermittlung an bis zur Unterrichtsvorbereitung mit dem Ausbildner.
- Die Teilnehmer sind in die Gestaltung des Unterrichts einzubeziehen. Was ist für sie wichtig? Wo liegen ihre Probleme, ihre größten Schwierigkeiten, ihre Vorbehalte, Widerstände usw.? Nur wenn man darauf eingeht, wird Schulung effektiv.
- Die Motivation der Teilnehmer ist mit allen Mitteln zu fördern. Die Ausbildungsziele sind mit den persönlichen Zielen und Nutzenerwartungen der Teilnehmer in Übereinstimmung zu bringen.
- Inhalte, Beispiele und Übungen sollen praxisnah sein, d. h. dem Arbeitsfeld, auf das vorbereitet wird, entsprechen. Die Schulung kann dabei durchaus zukunftsorientiert sein.
- Die Transfermöglichkeiten und –grenzen sollen zum Thema gemacht werden, indem darüber diskutiert wird. Der Ausbildner muss auf Probleme der Anwendung, auf typische Hindernisse und Enttäuschungen aufmerksam machen, Beispiele geben, praxisgerechte Übungen anregen und den Erfahrungsaustausch fördern.
- Die Teilnehmer sollen ihre persönlichen Chancen und Grenzen zum Transfer schon im Unterricht analysieren, sich also die eigenen Stärken und Schwächen sowie die Bedingungen am Arbeitsplatz bewusst machen.
- Sie sollen den Transfer im Unterricht planen, indem sie Erkenntnisse über mögliche Probleme bei der Anwendung des Gelernten sammeln, Vorsätze zum Transfer fassen und formulieren und Aktionen planen (z. B. Überzeugen der Vorgesetzen, Informieren der Mitarbeiter). Methodisch geeignet dazu sind z. B. Rollenspiele.
- Die Transferpartner im Arbeitsfeld (Vorgesetzte, Mitarbeiter, Kollegen) und im weiteren Umfeld (z. B. Familie) sollen den Transfer unterstützen. Dazu sind Informationen und evtl. Ausbildung der Betroffenen zu fördern.
- Der Erfahrungsaustausch nach ersten Anwendungen im Arbeitsfeld ist zu fördern, und zwar sowohl zwischen den Teilnehmern einer Schulung als auch zwischen den Teilnehmern und den Ausbildungsverantwortlichen, Vorgesetzten und Mitarbeitern.

Methoden zur Messung

Der Transfer lässt sich mit folgenden Methoden messen:

- Befragung
- Prüfung/Test
- Mitarbeiterbeurteilung
- Zielvereinbarung/Zielüberprüfung
- Kennziffern und Indikatoren

B Möglichkeiten der Erfolgskontrolle im Arbeitsfeld

Wie lässt sich der tatsächliche Lernerfolg im Arbeitsfeld messen?

Methodische Ansätze

Es gibt drei unterschiedlich anspruchsvolle Ansätze:

- Im einfachsten Fall wird **nach der Schulung** geprüft, wie gut die angestrebten Leistungen oder Verhaltensweisen am Arbeitsplatz sind. Man weiß aber nicht genau, wie gut sie vor der Schulung waren, welche Veränderung die Schulung also gebracht hat, und welche anderen, schulungsunabhängigen Größen die neuen Leistungen und Verhaltensweisen beeinflussen

- Präziser ist es, Leistung und Verhalten der Teilnehmer **vor und nach der Schulung** zu erfassen. Die Differenz gibt dann Hinweise auf den Lernerfolg. Die Frage bleibt allerdings auch hier offen, wie weit nicht auch noch andere Faktoren eine Rolle spielen.

- Wenn man auch diese Fragen in den Griff bekommen will, muss man mit einer Kontrollgruppe arbeiten, die keine Schulung bekam. Die Schwierigkeit besteht allerdings darin, eine vergleichbare Kontrollgruppe zu bilden. Oft ist es gar nicht möglich, bestimmte Personen nur zu Untersuchungszwecken von einer Bildungsmaßnahme auszuschließen.

In der Praxis findet man meist nur die erste Variante, weil die beiden anderen zu aufwändig sind.

Kennziffern als Maßstab des Schulungserfolgs

Die durch Schulung geförderten Leistungen lassen sich oft durch relativ objektive Daten, Kennziffern, ausdrücken. Einige Beispiele:

- Zeitersparnis (z. B. beim Erstellen von Schriftstücken nach einem Textverarbeitungskurs)
- Umsatzzunahme nach einer Verkaufsschulung
- Höhere Produktion und weniger Ausschuss nach maschinentechnischer Schulung am Arbeitsplatz
- Weniger Betriebsstörungen und Unfälle nach einem Kurs über Unfallverhütung
- Rückgang der Beschwerden nach einem Kurs für Kundenservice
- Anzahl Beförderungen nach einem Kurs für Nachwuchskräfte
- Reduktion der Personalfluktuation nach Führungskursen

Bei vielen Schulungsmaßnahmen geht es um die Verbesserung solcher Kennziffern. Meist lässt sich zwar nicht ohne weiteres nachweisen, welchen Anteil an der Veränderung die Schulung hat. Gründliche Beobachtungen des betrieblichen Geschehens samt seiner Umwelt (Organisation, Technik, Produkte, Markt usw.) können jedoch ein realistisches Bild vermitteln.

Verhaltensänderungen als Maßstab des Schulungserfolgs

Die Kontrolle von Verhaltensveränderungen ist schwierig, aber wesentlich, weil viele Schulungsmaßnahmen Verhalten verbessern wollen (Kommunikation, Führung, Verkauf usw.). **Mögliche Kontrollen** sind:

- Beobachtung der Teilnehmer (z. B. Verkaufspersonal bei der Behandlung von Beschwerden oder Vorgesetzte in einer Sitzung) – möglichst vor und nach der Schulung.
- Befragen von Kontaktpersonen der Teilnehmer (Vorgesetzte äußern sich zur Arbeitstechnik ihrer Mitarbeiter, Mitarbeiter werden darüber befragt, wie ihre Vorgesetzten ein Qualifikationsgespräch führen, Kunden werden über die Freundlichkeit und Kompetenz des Schalterpersonals befragt, Kollegen beurteilen das Verhalten eines Mitarbeiters in Kreativitätssitzungen) – idealerweise wieder vor und nach der Schulung.

In der Praxis wird diese Art von Erfolgskontrolle meist nur bei neuen Schulungsmaßnahmen eingesetzt (Pilotversuche) und darauf verzichtet, wenn man aus der Erfahrung im eigenen Unternehmen oder aus Vergleichen mit anderen Unternehmungen, Bildungsinstitutionen usw. weiß, dass die Erfolge verlässlich sind. Der Grund dafür ist, dass solche Kontrollen aufwändig sind.

Der **Transfer** ist die Umsetzung des Gelernten in die Praxis der täglichen Arbeit. Er kommt nicht automatisch zustande, sondern muss vorbereitet, eingeübt und geprobt werden. Transferfördernd sind ein praxisnaher Unterricht, hohe Motivation und Einbeziehen der Vorgesetzten, Mitarbeiter usw. in Neuerungen.

Kontrollen des Schulungserfolgs im Arbeitsfeld sind anspruchsvoll und aufwändig. Meist muss man sich auf ein Überprüfen von Veränderungen nach der Schulung beschränken und damit in Kauf nehmen, nie genau zwischen Schulungserfolg und anderen Einflüssen unterscheiden zu können. Veränderungen drücken sich in Kennziffern verschiedener Leistungsaspekte aus (z. B. Umsatz, Ausschuss) sowie in Verhaltensänderungen (in der Führung, Kommunikation usw.).

36.5.5 Die Kontrolle des ökonomischen Erfolgs

Für das Unternehmen ist die Frage nach den Kosten und dem Nutzen von betrieblicher Schulung in Geldeinheiten wichtig. Wir stellen einige Verfahren für diese betriebswirtschaftliche Kontrolle vor.

A Kennziffern für den inner- und überbetrieblichen Vergleich

Recht aufschlussreich für die Effizienz einer Schulungsorganisation und ihre Stellung im Unternehmen sind Vergleichswerte mit den Kosten und Kennziffern anderer Bereiche im eigenen Unternehmen oder mit ähnlichen Unternehmen.

Dabei kann man folgende Werte vergleichen:

- Ausbildungskosten pro geleistete Arbeitsstunde
- Ausbildungskosten pro Schulungsteilnehmer und pro Mitarbeiter
- Ausbildungskosten in Prozent aller Investitionen, des Umsatzes, der Lohnsumme und der gesamten Personalkosten
- Ausfallzeiten durch Bildungsmaßnahmen in Prozent der Gesamtkapazität
- Verhältnis Werbeausgaben und Schulungskosten
- Verhältnis allgemeine Repräsentationskosten, Forschungs- und Entwicklungsaufwand, Fluktuationskosten und Schulungskosten

B Rentabilitätsrechnungen

Eine Beziehung zwischen Schulung und Gewinn lässt sich meist nicht herstellen, da der Gewinn vielen unkontrollierbaren Einflüssen unterliegt. Als Bezugsgröße kommt eher der

Deckungsbeitrag in Frage. Man klärt ab, ob Schulung zu einer Mehrleistung führt, die sich in einem zusätzlichen Deckungsbeitrag oder in Kostensenkung niederschlägt.

Gerechnet wird wie folgt:

$$\text{Schulungsrendite} = \frac{\text{durch Schulung erzielter Deckungbeitrag (bzw. Kostensenkung)} \cdot 100}{\text{Kosten der Schulung (Investitionen)}}$$

Diese Art der Erfolgsbeurteilung lässt sich im Produktions- und im Verkaufsbereich gut, in der Führungsschulung nur schwierig durchführen.

C   Kostenvergleiche ähnlicher Schulungsmaßnahmen

Oft ist es auch wichtig zu wissen, ob sich inhaltlich ähnliche, aber unterschiedlich gestaltete Schulungsmaßnahmen kostenmäßig voneinander unterscheiden (z. B. ein bisheriger Kurs im Vergleich zu einem neuen). Man vergleicht dazu die je Schulungsmaßnahme anfallenden Kosten pro Tag und Schulungsteilnehmer. Die Grenze dieses Vergleichs wird aber gleich deutlich: Er orientiert sich nur an den Kosten und lässt die Qualität außer Acht.

D   Kosten/Nutzen-Analyse

Hier werden nicht nur die Kosten ähnlicher Schulungsmaßnahmen, sondern auch deren «Erlöse» verglichen.

Dieses Verfahren ist sehr aufwändig, weil es schwierig ist, sowohl die Schulungskosten als auch die Erlöse exakt zu ermitteln.

E   Unternehmungserfolg und Schulung

Sie haben gesehen, dass die ökonomische Erfolgskontrolle sehr schwer zu realisieren ist, sobald sie über Kennziffern auf der Kostenseite hinausgeht. Die anspruchsvolleren Verfahren sind routinemäßig nicht durchzuführen, sondern nur für ausgesuchte, besonders bedeutsame Schulungen vorzusehen. Und auch da wird man sich meist mit Näherungswerten begnügen müssen.

Man darf Schulung nicht zu eng unter dem reinen Kosten/Nutzen-Gesichtspunkt sehen, sondern umfassend – als wirkungsvolles Mittel der Zukunftssicherung. Die Aufwendungen dafür sind konsequenterweise als Bildungsinvestitionen zu sehen. Man muss sich dann überlegen, welches die «Kosten» für die Unternehmung wären, wenn auf diese Investition verzichtet würde.

Der ökonomische Erfolg der Schulung kann mit Kennziffern durchgeführt werden. Auch betriebswirtschaftliche Kosten/Nutzen-Überlegungen sind nützlich. Inner- und überbetriebliche Kostenvergleiche für ähnliche Leistungen oder vergleichbare Schulungsmaßnahmen können Schwachstellen und mögliche Effizienzsteigerungen aufzeigen. Aussagekräftige Rentabilitätsrechnungen und Kosten/Nutzen-Analysen sind aber sehr aufwändig.

TEIL G PERSONALENTWICKLUNG

37 Laufbahnplanung

37.1 Mitarbeiterentwicklung

In den periodischen Mitarbeiter-Beurteilungen werden Lücken im Wissen und Können des Mitarbeiters, aber auch ungenutztes Potenzial und Wünsche nach Weiterentwicklung festgestellt. Die Maßnahmen, die sich daraus ableiten, sind unterschiedlich. Im einen Fall genügt eine gezielte Schulung, um eine Lücke zu füllen, im anderen wird langfristig geplant, z. B. wenn ein Mitarbeiter über brachliegende Fähigkeiten verfügt, das Unternehmen **Nachwuchskräfte** in einem bestimmten Bereich benötigt und der Mitarbeiter daran interessiert ist, sich längerfristig auf eine neue, erweiterte Aufgabe vorzubereiten. **Nachwuchsförderung** ist eine zentrale Aufgabe des Unternehmens. Es arbeitet mit seinen Mitarbeitern **Laufbahn- oder Förderpläne** aus, die sich über mehrere Jahre erstrecken können. Sie umfassen verschiedene Maßnahmen und Etappen, die durch regelmäßige Rückkoppelungen, d. h. Gespräche über Soll und Ist, über das Erreichte und das nächste Teilziel überprüft werden.

Dadurch ist eine feine Abstimmung möglich: Schulungsmaßnahmen, die stets ein wichtiger Teil von Laufbahnplänen sind, können angepasst und revidiert werden – vielleicht braucht es an einer unvorhergesehenen Stelle Vertiefung, an anderer Stelle erweist sich eine bereits geplante Schulung als überflüssig; aber auch die Ziele können periodisch überprüft und bei Bedarf revidiert werden; vielleicht kann nur ein Teilziel und nicht das anvisierte Endziel erreicht werden; vielleicht zeigen sich neue Fähigkeiten und Bedürfnisse, die der Laufbahn eine neue Richtung geben.

Manche Unternehmen bieten ihren Mitarbeitern **standardisierte Laufbahnpläne** an. Sie haben den Vorteil, dass sie jedem Mitarbeiter eine Perspektive geben. Meist werden typische Laufbahnen für die verschiedenen Fachbereiche entwickelt: für das Marketing, die Fertigung, das Rechnungswesen und den Personalbereich. Laufbahnpläne zeigen, welche Stellen der Reihe nach in einem Unternehmen eingenommen werden können.

Beispiel

Ein Verkäufer kann bei Eignung zum ersten Verkäufer, zum Stellvertreter des Abteilungsleiters, zum Abteilungsleiter und schließlich zum Geschäftsleiter aufsteigen. Voraussetzung ist, dass er über das notwendige Wissen und Können für die Aufgaben verfügt.

Jedes Unternehmen sollte als Teil der Personal- und Schulungspolitik auch eine **Entwicklungspolitik** festlegen, die für jeden Mitarbeiter klarlegt, wie viel Wert das Unternehmen auf die Förderung seiner Mitarbeiter legt, wie es dabei vorgeht, welche Methoden es verwendet (Stellenwert der internen Schulung, externe Weiterbildung, individuelle Laufbahnplanung usw.), wie es grundsätzlich die Nachfolgeplanung konzipiert und wie wichtig ihm die Ausrichtung auf persönliche Wünsche des Mitarbeiters ist.

Die Laufbahnplanung im Einzelfall ist ein Prozess, in dem Unternehmensinteressen und Mitarbeiterinteressen, Fähigkeiten des Mitarbeiters und Möglichkeiten des Unternehmens miteinander in Einklang zu bringen sind:

[37-1]   Der Ablauf der Mitarbeiterentwicklung

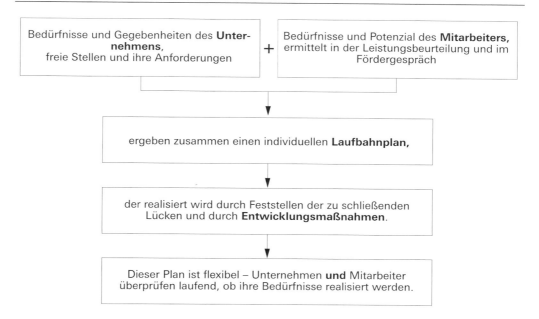

Unternehmen mit einer **systematischen Personalentwicklung** haben klare Vorteile:

- Sie sichern ihre personelle Zukunft, indem sie einen qualifizierten Mitarbeiterstamm nachziehen. Der Aufbau von Führungskräften und Spezialisten braucht Zeit und muss daher geplant werden. Die Planung zahlt sich aber durch die Verfügbarkeit sorgfältig vorbereiteter Mitarbeiter aus.
- Gute Mitarbeiter können im Unternehmen gehalten werden. Klare Aufstiegs- und Erfolgschancen motivieren – zur Weiterbildung und hohem Arbeitseinsatz.
- Der Einzelne mobilisiert mehr Energie für Schulung. Schulung wird dadurch effizienter (sie wird nicht nur konsumiert). Oft ergeben sich aus dem stärkeren Engagement auch Impulse für eine besonders praxis- und lernzielorientierte Schulung (durch Rückmeldungen an Ausbildner, Schulungsverantwortliche usw.).
- Laufbahnpläne sind verbindlich. Der Mitarbeiter übernimmt damit auch selbst Verantwortung für seine berufliche Entwicklung.

Die Laufbahnplanung umfasst alle Maßnahmen, mit denen **Ausbildungslücken** beim Mitarbeiter beseitigt und **ungenütztes Potenzial** und Wünsche der Mitarbeiter genutzt werden.

Sie ist besonders effizient, wenn die Schulung eng mit den individuellen Fähigkeiten und Entwicklungswünschen des Mitarbeiters und der betrieblichen Personalplanung verbunden wird. Es lohnt sich, **Laufbahnpläne** mit den beruflichen Entwicklungs- und Aufstiegsmöglichkeiten für Mitarbeitergruppen oder einzelne Mitarbeiter auszuarbeiten. Sie geben dem Mitarbeiter eine Perspektive und dem Unternehmen Gewähr, auch in Zukunft über einen **qualifizierten Mitarbeiterstamm** zu verfügen.

Die Mitarbeiterentwicklung ist ein weites Feld, das manche Unternehmen noch zu wenig bearbeiten und das sich auf ganz unterschiedliche Weise anpacken lässt. Wir greifen im Folgenden zwei Aspekte heraus, die von Bedeutung sind: die Gestaltung von Laufbahnplänen und eine besondere Methode der Personalentwicklung, das Coaching.

37.2 Standardisierte Laufbahnmodelle und individuelle Planung

Große Unternehmen mit vielen ähnlichen Stellen und Funktionen (z. B. Banken, Detailhandelsunternehmen) arbeiten Standardmodelle für die berufliche Entwicklung ihrer Mitarbeiter aus. Jeder neue Mitarbeiter kann damit abschätzen, wie er sich theoretisch entfalten kann.

Jede Laufbahnstufe umfasst neue Aufgaben, neue Verantwortung und oft auch einen speziellen Titel. Die Stufen werden zeitlich grob vorgeplant, aber dieser Standard kann individuell variiert werden.

Standardisierte Laufbahnmodelle sind **konfektionierte Angebote.** Sie können selten ohne Änderung in eine individuelle Laufbahn umgesetzt werden. Sie können aber Zielrichtung und Wegweiser für die individuelle Planung sein, die Grundstruktur, die auf die individuelle Situation eines entwicklungsfähigen Mitarbeiters abgestimmt wird. Die Abstimmung und individuelle Planung ist Inhalt der Entwicklung- oder Laufbahngespräche.

Standardisierte Laufbahnmodelle sind besonders in Großunternehmen verbreitet, aber auch mittlere Unternehmen können von ihrem Motivationswert profitieren. Selbst wenn sie nur einige Standard-Laufbahnen anbieten können, bringt das Vorteile. Allein die Diskussion im Unternehmen über mögliche Entwicklungs- und Aufstiegsmöglichkeiten schafft ein Bewusstsein dafür, was man für die Mitarbeiter tun kann, wie man Nachfolgefragen lösen will und wie man Schulung einsetzt. Und den vorhandenen, vor allem aber den neu hinzukommenden Mitarbeitern lässt sich zeigen, wie sie sich entfalten können – das motiviert, einmal durch die Tatsache der realen Entwicklungsmöglichkeit, dann aber auch durch die vermutete Mitarbeiterbezogenheit der Personalorganisation.

> **Standardisierte Laufbahnmodelle** sind Grundstrukturen für berufliche Entwicklungen in einem Unternehmen. Die **individuelle Laufbahnplanung** soll sich darauf stützen, aber gleichzeitig die persönliche Situation des entwicklungsfähigen Mitarbeiters einbeziehen.

37.3 Die Entwicklung von Laufbahnmodellen

Grundsätzlich kann jede Stelle im Unternehmen ein Entwicklungsziel sein. Die meisten Laufbahnen führen von einer tieferen (oft der ausführenden) Ebene über mehrere Führungsebenen hinauf in Positionen mit umfassender Verantwortung. Kleine Unternehmen, Unternehmen mit begrenztem Wachstum und geringer Führungsmannschaft sind hier benachteiligt – sie können keine steil aufsteigenden Karrieren in Aussicht stellen.

Für sie, aber auch für große Unternehmen, ist jedoch zu bedenken, dass **berufliche Entwicklung** nicht nur **vertikal** verlaufen muss; auch **horizontale Entwicklungen** können attraktiv sein: Aufgabenbereicherung, Aufgabenerweiterung, job rotation, autonome Arbeitsgruppen mit wechselnden Aufgaben, Arbeit in Projektteams. Interessantere Arbeitsinhalte mit mehr Selbständigkeit, höheren Anforderungen und mehr Abwechslung können für die Mitarbeiter ähnlich attraktiv sein wie Beförderungen.

Die meisten typischen Laufbahnen haben zum Endziel aber wichtige, auch sichtbare Schaltstellen im Unternehmen: Meister, Ausbildungsleiter, Filialleiter, Bereichsleiter. Das Endziel muss attraktiv sein und den Mitarbeiter nachhaltig dazu herausfordern, sich dafür einzusetzen. Er muss es ja oft über mehrere Teilziele erreichen.

Man unterscheidet Führungslaufbahnen und Fachlaufbahnen. Eine **Führungslaufbahn** im Verkauf könnte so aussehen:

[37-2]   Beispiel einer Führungslaufbahn

Auch Fachleute und Spezialisten sind an Entwicklungs- und Aufstiegsmöglichkeiten interessiert und können durch eine systematische Personalentwicklung nachhaltig motiviert und entscheidend weiterqualifiziert werden.

Eine **Fachlaufbahn** im Marketing wäre zum Beispiel:

[37-3]   Beispiel einer Fachlaufbahn

Die Fach- und Führungslaufbahnen sollten gleichwertig sein, d. h. die erreichbaren Ränge sollten sich entsprechen.

Das Entwickeln von Laufbahnmodellen setzt voraus, dass Tätigkeitskataloge von Positionen, Stellenbeschreibungen und Anforderungsprofile miteinander verglichen, eventuell bereinigt und in eine Rangfolge zueinander gebracht werden. Meist ist dieser Prozess äußerst klärend – für die Führungsverantwortlichen des Unternehmens und die Mitarbeiter.

Laufbahnpläne müssen unbedingt auch Stellen enthalten, die **Lernmöglichkeiten** bieten, d. h. noch nicht einen voll funktionsfähigen Stelleninhaber voraussetzen. Das Lernen und die Vorbereitung auf neue Stellen kann nicht allein der Schulung übertragen werden. Die Erprobung im Unternehmen, im Alltag, ist meist unerlässlich. Sie ist möglich:

* durch Übernahme weiterer Aufgaben im bisherigen Aufgabengebiet,
* als Assistent oder Stellvertreter eines Vorgesetzten, in dessen Aufgaben man hineinwächst,
* in speziellen Ausbildungspositionen (z. B. im Ausland mit neuen oder zusätzlichen fachlichen Aufgaben),

- durch Mitarbeiter in einem Projektteam oder durch Übernahme von Spezialaufgaben.

Man kann auch eigentliche **Entwicklungspositionen** schaffen, Positionen, die besonders betreut werden. Der neue Mann in dieser Position ist nicht voll auf sich gestellt, sondern wird durch einen erfahrenen Vorgesetzten oder Fachmann beraten und unterstützt. Solche Entwicklungs- oder Ausbildungspositionen sollten fest in die Laufbahnplanung aufgenommen werden.

Auch **job rotation** ist ein hervorragendes Mittel der Mitarbeiterentwicklung. Sie wissen bereits, dass beide job rotation die Mitarbeiter in verschiedene Arbeitsbereiche, evtl. Abteilungen versetzt werden, um sich so für die Übernahme einer neuen Aufgaben zu qualifizieren. Führungskräfte z. B. sollen ihren späteren Führungsbereich aus der Optik verschiedener Stellen kennen. **Horizontale** job rotation erweitert den Erfahrungsbereich, hilft Abteilungsegoismus überwinden und fördert die Zusammenarbeit zwischen Abteilungen. Beim **vertikalen Stellenaustausch** erhält der Mitarbeiter Gelegenheit, die Probleme seines bisherigen Arbeitsplatzes von einer höheren Warte aus zu sehen. Er erhält Einblick in das Zusammenspiel unterschiedlicher Hierarchiestufen. Rotationsprogramme können auch auf überbetrieblicher Ebene durchgeführt werden. Man spricht dann von Farmouts. **Farmouts** haben besondere Bedeutung in der Laufbahn der Unternehmernachfolge. Die Mitarbeiter werden in fremden Unternehmen einer härteren Bewährung unterzogen als im eigenen Unternehmen.

Job rotation fördert die Kooperationsbereitschaft. Die dem Stellentausch unterworfenen Mitarbeiter gelangen sehr schnell zu der Erkenntnis, dass sie vor allem in der Einarbeitungszeit auf ihre neuen Mitarbeiter angewiesen sind.

Mittlere und kleine Unternehmen sind in ihren Möglichkeiten eingeschränkt; sie haben nicht so viele Stellenangebote wie Großunternehmen mit z. B. vielen Filialen auch im Ausland. Oft gibt es aber auch für kleine Unternehmen interessante Lösungen, indem ein Mitarbeiter z. B. das Unternehmen verlässt, um sich gezielt weiterzubilden – und dann in eine verantwortungsvolle Position zurückkehrt. Durch Ansprechen dieser Frage entsteht auf alle Fälle eine Offenheit, die entweder zu kreativen Lösungen führt oder im Fall von ganz eingeschränkten Möglichkeiten zumindest klare Verhältnisse schafft und Frustrationen minimiert.

Gute **Laufbahnmodelle** bieten den Mitarbeitern attraktive Entwicklungsmöglichkeiten in hierarchisch höher gestellte oder inhaltlich interessantere Stellen an. Nicht nur vertikale, auch horizontale Entwicklungsziele sind dabei attraktiv zu gestalten. Neben den **Führungslaufbahnen** sollte jedes Unternehmen auch an die Gestaltung von **Fachlaufbahnen** denken.

Jede Position in einem Laufbahnplan muss definiert und vergleichbar sein. Es sollten darin auch Entwicklungspositionen vorkommen, in denen wichtige neue Qualifikationen erprobt werden können.

37.4   Das Entwicklungs- oder Laufbahngespräch

Es steht am Anfang jeder Laufbahnplanung bei der Entscheidung, welche Laufbahn eingeschlagen werden soll, und es begleitet den gesamten Laufbahnprozess. Daran beteiligt sind der Mitarbeiter, sein Vorgesetzter, eventuell nächsthöhere Vorgesetzte und ein Mitarbeiter der Personalabteilung.

Bei der Entscheidung geht es darum zu klären, **welche Laufbahn für einen bestimmten Mitarbeiter am besten geeignet** ist. Man kann dabei von den Standardmodellen ausgehen und überlegen, welches Modell in Frage kommt, wie es zu modifizieren ist, welche Stufen für den Mitarbeiter von Interesse sind. Erfolgreiche Laufbahnentscheidungen orientieren sich letztlich aber immer an den Erfahrungen des Mitarbeiters und sie berücksichtigen in möglichst großem Umfang seine Neigungen und persönlichen Ziele.

Grundlagen für die Entscheidung über die Laufbahn:

- Periodische **Leistungsbeurteilung**
- Durch zusätzliche Informationen, z. B. aus einem Assessment Center. Für den einzelnen Mitarbeiter selbst kann die **Assessment-Methode** sehr aufschlussreich sein. Sie gibt ihm Einblick in Stärken und Schwächen und ist eine Rückmeldung anderer Art als die Rückmeldungen aus dem Alltag.
- **Fragebogen**, in denen sich die Mitarbeiter über ihre Entwicklungswünsche, ihre Interessen für konkrete Funktionen, Überlegungen zur eigenen Laufbahnentwicklung, ihren Schulungsbedarf und die Einschätzung ihrer Qualitäten in regelmäßigen Zeitabständen (z. B. alle 3–5 Jahre) äußern.

Auch wenn die Grundentscheidung sehr sorgfältig getroffen wurde, müssen **weitere Gespräche**, eventuell gefolgt von neuen Weichenstellungen, die Entwicklung begleiten. Die Praxis zeigt, dass eine längerfristige provisorische Planung zwar sinnvoll ist, vor allem für die Motivation, dass sich konkrete Ziele aber meist nur für einen Zeitraum von **zwei bis drei Jahren** verlässlich planen lassen. Für einen solchen überschaubaren Zeitraum lassen sich Maßnahmen treffen, überwachen und anpassen. Die periodischen Entwicklungsgespräche sollen dem Mitarbeiter und seinen Vorgesetzten Aufschluss darüber geben, ob das vorgesehene Teilziel erreicht wurde, wie man die Gesamtplanung beurteilt und wie man weiter vorgehen will (weitere Maßnahmen, z. B. Schulung oder Bewährung in der Praxis durch Übernahme neuer Aufgaben), wo der Mitarbeiter ganz persönlich Mankos erlebt, wo er sich stärker einsetzen möchte, wo er noch ungenutztes Potenzial erlebt oder an seine Grenzen stößt.

Solche Gespräche müssen **in offener Atmosphäre geführt und gut vorbereitet** werden. Alle Beteiligten müssen sich über den momentanen Stand informieren und sich dann frei über weitere Maßnahmen, Ideen und Einwände äußern. Auch Pannen und unbefriedigende Ergebnisse in der Verfolgung des Laufbahnplanziels sind zu besprechen. Vorgesetzte müssen den Mut haben, sie anzusprechen, und sie müssen dem Mitarbeiter in jedem Fall Gelegenheit geben, sich dazu zu äußern. Wie sieht er die Sache, wie erklärt er die Gründe? Gemeinsames Suchen nach Ursachen und Lösungen schafft Vertrauen und fördert damit den gesamten Entwicklungsprozess.

Laufbahngespräche sind eine sehr **persönliche** Angelegenheit; sie sollen daher nur im Kreis der unmittelbar Beteiligten geführt werden.

Dabei sollte man **unvorhergesehene Entwicklungen zulassen** und sie nicht als ein Durchkreuzen des Geplanten interpretieren. Die Laufbahnplanung als Prozess darf nicht starr sein, sondern soll sich den wechselnden Verhältnissen anpassen. Im Unternehmen können sich ganz unvorhergesehene Entwicklungen ergeben (Expansion, Stagnation, organisatorische Veränderungen, veränderter Personalbedarf), aber auch beim Mitarbeiter (neue private Situation, Erleben eigener Grenzen usw.). Eine lebendige Personalentwicklung trägt solchen Veränderungen Rechnung, u. U. durch Revision ganz wesentlicher Ziele. Im Prinzip sollten auch Rückstufungen ein Thema der Laufbahnplanung sein.

In der Tabelle haben wir einige Punkte aufgeführt, die bei Laufbahngesprächen beachtet werden sollten.

TEIL G PERSONALENTWICKLUNG

Sachbezogen	Von Beobachtungen und Ergebnissen ausgehen, nicht Person des Mitarbeiters kritisieren, d. h. nicht ironisch, verletzend, abweisend oder abwertend sein.
Rechtzeitig	Warnsignalen nicht ausweichen, sondern früh darauf reagieren, d. h. den Mitarbeiter daraufhin ansprechen.
Angemessen	Nicht übertreiben, nicht kleinlich reagieren, kein Vorhalten von früheren Fehlern. Mängel und Zweifel ansprechen und gleichzeitig offen sein für Vorschläge und Lösungen.
Konkret	Klare Aussagen; keine allgemeinen Zweifel, sondern auf Beobachtungen gestützte Hinweise. Klarheit ist die Grundlage für gemeinsame Lösungen.
Ruhig	Nicht erregt, nicht gereizt, nicht im Vorbeigehen, sondern sachlich und begründet.

Laufbahngespräche sind zu **protokollieren,** damit sie verbindlich sind.

Laufbahngespräche sind notwendig für die Grundsatzentscheidung, welche Laufbahn für einen Mitarbeiter zu planen ist.

An solchen Gesprächen sollten teilnehmen: der Mitarbeiter, sein Vorgesetzter, bei Bedarf einer der nächsthöheren Vorgesetzten und ein Fachmann aus dem Personalwesen.

Die Gespräche sollten in ruhiger Atmosphäre, sachbezogen, rechtzeitig, angemessen, konkret und ruhig durchgeführt werden.

37.5   Coaching

Das Wort «coach» stammt aus dem Englischen und bedeutet Trainer und Berater (im Sport), aber auch Privatlehrer. Coaching ist arbeitsbegleitendes Lernen. Es zielt auf eine sehr persönliche Förderung eines Einzelnen oder einer Gruppe, z. B. eines Projektteams, indem es die Lernenden eng begleitet und ihnen Lernimpulse vermittelt, die gemeinsam erprobt und dann weiterverarbeitet werden.

37.5.1 Ziele und Einsatzmöglichkeiten

Coaching ist eine individuelle Form des Lernens. Es besteht in der Lernbegleitung durch einen Berater über einen längeren Zeitraum hinweg. Der Berater kann der direkte Vorgesetzte sein oder ein erfahrener Mitarbeiter der Firma, z. B. aus dem Weiterbildungsbereich, oder ein externer Mann. Damit der Lernprozess zustande kommt, muss das Coaching von beiden Partnern gewollt sein. Beide müssen über eine hohe Motivation zur ehrlichen Zusammenarbeit verfügen und beide müssen bereit sein, die dafür erforderliche Zeit aufzuwenden. Der Zeitaufwand ist meist erheblich.

Mit dem Coaching will man folgende **Ziele** erreichen:

- Störendes Verhalten oder ungünstige Eigenschaften sollen erkannt, bewusst gemacht und verändert werden.
- Die Fähigkeit zur Zusammenarbeit und Kommunikation soll gestärkt werden.
- Die Leistungen der Mitarbeiter, die dem zu coachenden Vorgesetzten unterstellt sind, sollen verbessert werden.
- Schwierige Arbeitssituationen sollen bewältigt werden.

Coaching eignet sich für **Führungskräfte aller Ebenen** – für altgediente Meister, die organisatorische Veränderungen so leichter realisieren oder ihr Führungsverhalten neuen Anforderungen besser anpassen können, wie für jüngere Leute der oberen Stufen, ja sogar der Geschäftsleitung, die auf diese Weise ihr Arbeits- und Führungsverhalten effizienter gestalten können.

Das Coaching konkurriert mit Kursen und Seminaren, die oft ähnliche Zielsetzungen verfolgen. Was unterscheidet es von diesen? Nach Kursen und Seminaren kommen die Teilnehmer meist mit viel Energie und guten Vorsätzen an ihre Arbeitsplätze, fallen aber oft schnell wieder in den betrieblichen Alltag zurück, ohne etwas zu ändern. In den mit dem Coaching verbundenen Einzelgesprächen zwischen dem zu schulenden Mitarbeiter und seinem Berater (alle 1–3 Wochen) gibt es mehr und intensivere Erlebnisse, die den Lern- und Veränderungsprozess beschleunigen und so ein Gefühl des stetigen Aufwärtsgehens und Besserwerdens vermitteln. Coaching eignet sich speziell für die **individuelle Umsetzung und Anwendung von Erlerntem**. Es eignet sich aber auch für die Vertiefung von Lernprozessen und für die Verankerung von theoretisch Erkanntem im Verhalten und Denken eines Mitarbeiters.

Beispiele für den Einsatz von Coaching

- Vorgesetzte, die auf sehr anspruchs- und verantwortungsvolle Positionen vorbereitet werden
- Betreuung und Unterstützung der obersten Führungsebene bei grundlegenden Veränderungen, z. B. in der Unternehmenskultur und/oder der Organisationskultur
- Gruppen, die wichtige Projekte bearbeiten und in eine Krise geraten sind. Das Aufarbeiten der Konflikte kann die Gruppe wieder leistungsfähig machen (Gruppenentwicklung).
- Vorbereitung von Einzelnen oder Gruppen auf komplexe Herausforderungen. Das Coaching schafft Selbstvertrauen durch Erarbeiten klarer Strategien.

37.5.2 Grundsätze der Durchführung

A Vorbereitungsphase

Bevor mit dem Coaching begonnen werden kann, ist zwischen Coach und «Schüler» ein Höchstmaß an **gegenseitigem Vertrauen** zu erarbeiten. Respekt und persönliche Wertschätzung füreinander sind eine grundlegende Voraussetzung für das Gelingen der gemeinsamen Lernarbeit. Man kann sie durch intensive Vorgespräche über Ausbildung, Erfahrung, Liebhabereien, Abneigungen, Stärken, persönliche Schwächen usw. erreichen. Manchmal hat man auch schon Vertrauen durch frühere Zusammenarbeit.

Als Nächstes sind die **Rahmenbedingungen** zu klären. Wie lang soll das Coaching insgesamt dauern, wie werden die Gespräche organisiert (Intervalle), wie ist der Coach erreichbar, wird er freigestellt usw.? Und schließlich sind die inhaltlichen Schwerpunkte und ein Zeitplan festzulegen. Beides ist regelmäßig neu zu besprechen, um das bisher Erreichte mit den ursprünglichen Sollvorstellungen zu vergleichen und evtl. neue oder abgewandelte Schwerpunkte zu setzen. Der Formulierung der Ziele ist besondere Aufmerksamkeit zu schenken. Sie sind die Messlatte, an der die Forschritte und Erfolge (und auch Misserfolge) des Lernprozesses abgelesen werden können.

Es lohnt sich, **vor Beginn des Coachingprozesses** Folgendes festzulegen:

- Die Aufgaben und Ziele: Was soll der zu Coachende nach der gemeinsamen Arbeit um wie viel besser können?
- Lern- und Arbeitssituationen sind zu arrangieren, die dem «Schüler» zeigen, wie er die zu verbessernden Verhaltensweisen und Fähigkeiten bewusst erleben und neue, auch überraschende Erfahrungen mit sich machen kann.
- Die zu verändernden Fähigkeiten und Verhaltensweisen sollen genau umschrieben werden. Nur so sind neue Erfahrungen möglich, die zu neuem Wissen und Können führen.
- Erarbeiten einer Dramaturgie, die ein Lernen durch innovatives Handeln, entdeckendes Erfahren und auch Begeisterung möglich machen.

B   Realisierungs- und Evaluierungsphase

Selbst wenn der Coachende gut vorbereitet in den Lernprozess einsteigt, kann es zu erheblichen Schwierigkeiten und Widerständen kommen. Typische Widerstände äußern sich etwa so: «Es ist schwierig», «Das geht bei mir doch nicht», «Was werden die anderen von mir denken, wenn ich das so mache?» Hier setzt die Hauptarbeit des Coach ein; seine Aufgabe ist es, seinem Partner beim Bearbeiten von Schwierigkeiten zu helfen und seinen Glauben an sich selbst und an seine Fähigkeiten aufrechtzuerhalten.

Wie hilft der Coach bei der **Bewältigung von Widerständen und Schwierigkeiten?** Im Mittelpunkt steht das Gespräch mit dem zu Coachenden. In diesem Gespräch gehen die beiden Partner folgende Prozesse durch:

- Was wurde erfolgreich umgesetzt, was nicht; worin besteht die Schwierigkeit, das Hindernis?
- Wo und wann ist das Hindernis eingetreten?
- Was sind die Ursachen, Gründe?
- Welche sachlichen, organisatorischen oder Beziehungsaspekte spielen dabei eine Rolle?
- Wie lerne ich, aus der Schwierigkeit/Krise/Niederlage herauszukommen?
- Was ist die optimale Lösung?
- Was geschieht in Zukunft?

Oft ist es sinnvoll, im Gespräch den **Problemlösungsprozess** in allen Details systematisch durchzugehen:

- Was ist das Ziel?
- Wie könnte es erreicht werden?
- Welche Alternativen gibt es?
- Welche äußeren und inneren Rahmenbedingungen sind zu berücksichtigen?

- Welche Alternative eignet sich bei der derzeitigen Situation am besten?
- Welche Risiken enthält sie?
- Wie können wir diesen begegnen?
- Wie sehen die einzelnen Realisierungsschritte aus?
- Wann bzw. bei welchen Gelegenheiten sind sie zu verwirklichen?

Besonders wichtig in einem solchen Gespräch ist, dass der Coach durch geschicktes Fragen beim Partner Einsichten herbeiführt und ihn zu **Vorsätzen und zum Handeln motiviert**. Die Frage des «Wie» bekommt hier eine besondere Bedeutung. Sie ist der Schlüssel zur Entwicklung einer positiven Suchhaltung. Bei allen Widerwärtigkeiten gilt es stets zu fragen: «Wie kann ich bzw. der zu Coachende die Aufgaben und Probleme angehen?», «Wie können wir das Gewollte erreichen?», «Wie kann die Soll-Ist-Abweichung bereinigt werden?» Mit solchen Fragen kann der Coach seinen Schüler zum Entwickeln eigener Ideen anregen. Wichtig ist dabei, dass Coach und Schüler sich ganz auf die Arbeitssituation und das Lernziel konzentrieren. «Wie gehen wir in dieser speziellen Situation vor?», also keine generellen philosophischen Überlegungen.

Coach und Schüler gelangen zum Ziel, wenn sie einander konzentriert zuhören und dem anderen stets das eigene starke Interesse an der Lösung des Problems übermitteln. Der Coach muss dabei eine Vielzahl von Rollen übernehmen können. Er ist je nach Bedarf: Diagnostiker, analytischer und kreativer Methodiker, Therapeut und Problemlöser, Feedbackgeber, Verhaltenspartner sowie Motivierer und Verhaltenstrainer.

C   Vorteile

Die besonderen Vorteile des Coaching liegen in der **gemeinsamen Konzentration** eines Erfahrenen und eines Lernenden **auf reale Probleme** und ihre Lösung, in der Unabhängigkeit des Coach (besonders wenn er ein externer Mann ist) und in den Rahmenbedingungen, die ein ganz individuelles Eingehen auf die Schwierigkeiten des Lernenden erlauben. Der relativ unbefangene Coach kann seinem Schüler sehr offen begegnen. Er kann unkonventionelle Fragen stellen, Tabuthemen ansprechen (z. B. private Schwierigkeiten, Alkohol, verdeckte Ängste). Probleme kommen so rascher, direkter, präziser, ehrlicher und tiefer zur Sprache als etwa in einem Seminar. Auch innerste Unsicherheiten, Befürchtungen und unterdrückte Fragen können an die Oberfläche gelangen, was zur Entspannung, zum Aufgeben bisheriger Haltungen und damit zu neuen Sichtweisen, im Extremfall zu einer totalen Hinterfragung und Neuorganisation des bisherigen beruflichen und privaten Handelns führen kann.

Coaching ist nicht notwendig, wo Mitarbeiter bereits Klarheit über die zu erreichenden Ziele haben und nur noch die Fertigkeiten benötigen, um diese zu erreichen.

Coaching ist eine ganz auf ein Individuum (oder eine Gruppe) bezogene Weise des Lernens unter der Führung eines Kenners einer bestimmten Materie. Er begleitet die von ihm Betreuten in ihrer Arbeit, initiiert neue Erfahrungen und verarbeitet sie mit ihnen.

Coaching ist auch eine effiziente **Transfermethode** zum Umsetzen von Lerninhalten, und es ist die vielleicht sicherste Methode, individuelle Lernprozesse in Gang zu setzen und Verhaltensänderungen herbeizuführen.

Coaching ist zeitintensiv und relativ teuer. Es wird daher eingesetzt, um Mitarbeiter in Schlüsselpositionen zu fördern.

Coaching ist ein Miteinander-Arbeiten an anspruchsvollen Problemen zwischen einem Schüler und einem Coach. Coaching lässt sich einsetzen:

- zum Vermitteln und Entdecken neuer Fähigkeiten und Verhaltensweisen,
- zum Bewältigen herausfordernder Ausnahmesituationen,
- zum Gewinn neuer Motivation in Krisen- und Chaos-Situationen,
- zur Verankerung von theoretisch Gelerntem im persönlichen Verhalten (Transfer).

Der Coach betreut und bestärkt seine Schüler in der Realisierung neuer Vorgehensweisen,

- Er berät ihn durch Mitdenken beim Erkennen von Ursachen und beim Finden von Lösungen, die unbefriedigende Situationen auf der Sach- und Beziehungsebene lösen.
- Er unterstützt ihn in der Führung, indem er ihm hilft, exakte Zielformulierungen zu erarbeiten, Realisierungsschritte zu planen, die Resultate zu kontrollieren und Feedback in Form von Anerkennung wie auch Kritik zu geben.
- Er steht ihm bei der Bewältigung von schwierigen Situationen, persönlichen Niederlagen und Krisen bei.

Coaching ist eine Methode, mit der sich Schwachstellen bei Mitarbeitern gezielt verbessern lassen. Der wesentliche Beitrag ist die offene, konstruktive Grundeinstellung und die konkrete Unterstützung, wodurch eine Entwicklung des zu coachenden Mitarbeiters angestrebt wird.

Teil H   Personalabbau

38   Einleitung

Rationalisierungen, strukturelle und konjunkturelle Veränderungen der Marktlage können verantwortlich sein für saisonale Beschäftigungsschwankungen, Standortverlegungen oder gar Unternehmensstilllegungen. Dies kann Personalabbau notwendig machen.

Ziel jeden Personalabbaus ist es, die **personelle Überdeckung quantitativ, qualitativ, zeitgerecht und am richtigen Ort zu korrigieren.**

Dabei müssen die **sozialen und ökonomischen Überlegungen** gegeneinander abgewogen werden. Während ein Unternehmen oft nur durch eine rasche Senkung der Personalkosten wirtschaftlich gesunden kann, stehen für die Mitarbeiter die Arbeitsplatz- und Leistungssicherung im Vordergrund. Die Belastungen für das betroffene Personal sind unter Ausschöpfung der zur Verfügung stehenden Möglichkeiten so lange zu minimieren, als die unternehmerische Existenz langfristig nicht gefährdet ist.

Die Personalabbau gliedert sich wie die Personalbeschaffung in **interne** und externe Personalabbaumaßnahmen.

[38-1]   Die verschiedenen Personalabbaumaßnahmen

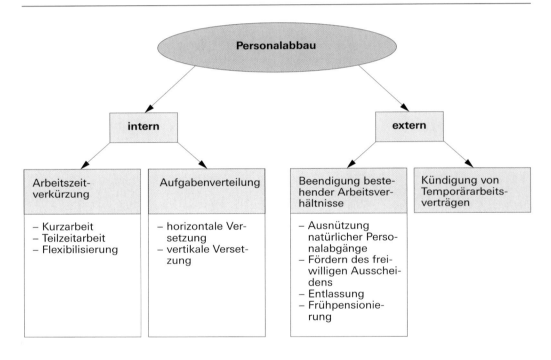

TEIL H PERSONALABBAU

39 Interne Maßnahmen

Arbeitszeitverkürzungen eignen sich nur bei temporärem Personalüberhang zum Abbau von Überkapazitäten. Mit einer Senkung der Personalkosten verbunden ist insbesondere die Einführung von **Kurzarbeit**. Der Verdienstausfall für die Arbeitnehmer wird zudem durch Versicherungsleistungen teilweise aufgefangen. Die Einführung von Kurzarbeit darf allerdings nicht linear für das Gesamtunternehmen erfolgen, da die Auslastung in der Regel von Abteilung zu Abteilung verschieden ist.

Man spricht von **Flexibilisierung der Arbeitszeit**, wenn die tägliche, wöchentliche, monatliche oder jährliche Arbeitszeit nicht immer das gleiche Stundenvolumen aufweist, aber im Durchschnitt die vereinbarte Arbeitszeit pro Zeitabschnitt erreicht.

Versetzungen in Reorganisationsphasen sind oft problematisch und führen zu steigender Unzufriedenheit im Unternehmen, weil sie die bestehenden sozialen Strukturen gefährden.

40 Externe Maßnahmen

A Ausnutzung der natürlichen Personalabgänge

Sie ist meist begleitet von einem Personalstopp und internen Versetzungen.

B Freiwilliges Ausscheiden

Es kann durch verschiedene **finanzielle Anreize** (z. B. Abgangsentschädigungen, Früh-pensionierungen mit Flexibilisierung der Altersgrenze) und **nichtmonetäre Maßnahmen** (Stellenvermittlungen, Outplacementaktivitäten für ältere Mitarbeiter etc.) zusätzlich geför-dert werden. Sie erinnern sich sicher noch an unsere Ausführungen über das **Outplace-ment** im Teil E über die Personalbetreuung.

C Kündigungen

Die Kündigung ist eine einseitige, empfangsbedürftige Willenserklärung. Durch diese löst der Arbeitnehmer oder der Arbeitgeber das Arbeitsverhältnis mit Ablauf der Kündigungs-frist auf. Da eine Kündigung, vor allem wenn sie von der Unternehmung ausgesprochen wird, immer zu zwischenmenschlichen Spannungen führt, sollte man sich bemühen, die Trennung fair und konstruktiv zu vollziehen. Arbeit trägt zum seelischen Gleichgewicht bei und ist deshalb über die existenzielle Sicherung hinweg sehr bedeutend. Der Verlust einer Arbeitsstelle kann mit Verlust der Selbstachtung und des Selbstwertgefühls einhergehen. Begleiten Sie deshalb den Gekündigten intensiv in der verbleibenden Zeit und versuchen Sie, ihn bei der Suche nach einer neuen Herausforderung zu unterstützen. Sie nehmen damit nicht nur eine soziale Verantwortung wahr, sondern sichern sich auch positive PR, wenn Sie mit Rat und Tat zur Seite stehen. Vielleicht ist der Gekündigte in naher oder ferner Zukunft ein neuer Kunde, findet eine Anstellung bei einem Lieferanten oder ist vielleicht in ein paar Jahren Ihr Vorgesetzter.

Es gibt folgende **Arten der Kündigung:**

- Ordentliche
- Missbräuchliche
- Fristlose
- Änderungskündigung (gleichzeitig mit der Kündigung wird ein neuer Arbeitsvertrag unterbreitet, der jedoch nicht angenommen wird)

Kündigungen aus wirtschaftlichen Gründen sollten immer begleitet sein von Anstrengun-gen zur Wiedereingliederung in den Arbeitsprozess.

Dazu zählt bei Stilllegungen von Unternehmen oder Betriebsteilen ein Sozialplan. Zu einem **Sozialplan** können folgende Maßnahmen gehören:

- Abfindungszahlungen (= «Abgangsentschädigung»),
- Freistellung zur Suche eines neuen Arbeitsplatzes,
- Übernahme von Kosten der Arbeitsplatzsuche,
- Bezahlung von Umzugskosten,
- Verlängerung von Mietverträgen für unternehmenseigene Wohnungen,
- Weitergewährung betrieblicher Darlehen.

Mit Vorteil benützen Sie bei einem Personalaustritt eine **Checkliste**, damit Sie nichts vergessen. Hier einige Vorschläge:

[40-1]   Checkliste für den Austritt von Mitarbeitern

Checkliste für den Austritt von Mitarbeitern

- Information an
  - Mitarbeiter ☐
  - Kunden ☐
  - Lieferanten ☐
- Schlüssel/Badge ☐
- Bank- und Kreditkarten ☐
- Fahrzeug/Werkzeug ☐
- Notebook ☐
- Zeichnungsberechtigung im Handelsregister löschen ☐
- Rückgabe von Leihgegenständen ☐
- Ferienanspruch
  - Berechnen ☐
  - Abgelten ☐
  - Auszahlen ☐
- Telefon (bei Zentrale abmelden, streichen von Telefonliste) ☐
- Verpflichtungen
  - Rückzahlung von Darlehen ☐
  - Rückzahlung von Vorschüssen ☐
- Arbeitszeugnis (allenfalls Arbeitsbestätigung) schreiben und besprechen ☐
- Mitarbeiter informieren betr. Versicherungsschutz (NBU, BVG) ☐
- Andere Austrittsformalitäten erledigen ☐
- Bereinigen von Personaldossier ☐

Der Personalabbau gehört zu den anspruchsvollsten Aufgaben des Personalmanagements, weil hier die **ökonomischen und sozialen Interessen** von Arbeitgebern und Beschäftigten besonders konfliktträchtig sind. **Kündigungen** dürfen nur im Ausnahmefall ausgesprochen werden. Ihre Auswirkungen sind, besonders wenn sie aus wirtschaftlichen Gründen erfolgen, durch angemessene Maßnahmen zu mildern.

41   Austrittsgespräch

Führen Sie unbedingt ein Austrittsgespräch, unabhängig davon ob das Unternehmen oder der Arbeitnehmer selbst gekündigt hat. Sie haben die Möglichkeit, wertvolle Informationen zu erhalten. Fragen Sie sachlich und hören Sie zu. Versuchen Sie Stärken und Schwächen des Unternehmens, der Abteilung, des Teams und des Arbeitsplatzes im Gespräch herauszufinden.

Folgende **Themen** könnten im Austrittsgespräch besprochen werden:

Entwicklungsmöglichkeiten, Führung, Nebenleistungen, Kommunikation und Information, Aus- und Weiterbildungsmöglichkeiten, Arbeitsgestaltung, Verhältnis zu Teammitgliedern und Vorgesetzten, Beurteilung (Arbeitszeugnis), Mitsprachemöglichkeit bei Entscheidungen, die den Arbeitsplatz betreffen, Gehalt, Ferienregelung, Betriebsklima, Gesamtbewertung.

Informieren Sie die gekündigte Person über die Weiterführung der Versicherungen und die rechtlichen Folgen der Kündigung. Zum Schluss danken Sie für die Mitarbeit und verabschieden Sie sich mit guten Wünschen für die Zukunft.

Das Gespräch mit den austretenden Mitarbeitern bietet die Möglichkeit, **wertvolle Informationen** zu bekommen. Es sollte sachlich geführt werden. Im Mittelpunkt sollten die **Stärken und Schwächen des Unternehmens** stehen.

42 Rechte des Arbeitnehmers beim Austritt

A Zeugnis

Wenn ein Mitarbeiter das Unternehmen verlässt, hat er Anspruch auf ein Zeugnis. Auf sein Verlangen kann es durch eine Arbeitsbestätigung, die keine qualifizierende Aussagen enthält, ersetzt werden.

Das Zeugnis muss folgende **Angaben** enthalten:

Personalien, Dauer des Arbeitsverhältnisses von/bis, Berufsbezeichnung/Aufgabenbereich, Qualifikation von Leistung und Verhalten, evtl. subjektive Bewertung, evtl. Austrittsgrund, Ort/Datum/Unterschrift des Ausstellers.

B Ferientageabrechnung/Anteiliger 13. Monatslohn oder Gratifikation

Die Bezeichnung 13. Monatslohn deutet auf einen Lohnbestandteil hin, die Bezeichnung Gratifikation wird für unregelmäßige, nicht garantierte Zulagen verwendet.

- Bei Austritt unter dem Jahr werden die bezogenen **Ferientage** mit dem Pro-rata-Anspruch verglichen. Zu viel oder nicht bezogene Ferien werden mit dem letzten Lohn ausgeglichen.
- Besteht nach schriftlichem Vertrag oder bisheriger Usanz (regelmäßig in der Höhe eines Monatslohns ausbezahlt) ein Anspruch, so muss pro geleisteten Monat 1/12 des **13. Monatsgehalts** beim Austritt ausbezahlt werden.
- Wurde bisher regelmäßig und ohne Vorbehalte eine **Gratifikation** ausgerichtet, so hat zumindest der Mitarbeiter, der im Dezember in gekündigter Stellung ist, einen teilweisen Anspruch. Viele Arbeitsgerichte tolerieren aber einen Abzug von ca. 1/3, da die Gratifikation auch einen Ansporn-Charakter aufweist, der hier wegfällt. Bei Austritt unter dem Jahr ist ein Pro-rata-Anspruch auf Gratifikation meistens nicht gegeben.

C Abmeldung BVG/FAK

- Die **BVG-Stiftung** stellt ein Austrittsformular zur Verfügung, das durch Arbeitgeber und Arbeitnehmerin gemeinsam auszufüllen und zu unterzeichnen ist.
- Hat die Arbeitnehmerin **Familienzulagen** erhalten, so ist der Austritt ebenfalls der Ausgleichskasse zu melden.
- Bei den **anderen Sozialversicherungen** ist keine Austrittsmeldung nötig.

D UVG, BVG (+ evtl. Kollektiv-Krankentaggeld-Versicherung)

Diese Informationen müssen vor dem Austritt der Arbeitnehmerin, am besten schriftlich, abgegeben werden, da für allfällige Maßnahmen Fristen (normalerweise 30 Tage nach Austritt) gelten!

- **UVG**: Der Arbeitgeber ist verpflichtet, den Mitarbeiter auf den Wegfall der Versicherungsdeckung aufmerksam zu machen und ihn über die 30-tägige Karenzfrist und die Möglichkeiten einer Fortführung zu informieren.
- **BVG**: Hier besteht eine Deckung von 30 Tagen über das Ende der Anstellung hinaus, wenn die Arbeitnehmerin nicht innert dieser Frist in eine neue Vorsorgestiftung eintritt.
- **Krankentaggeld-Versicherung**: Viele Verträge enthalten ein Freizügigkeitsrecht auf Fortführung einer Einzelversicherung in besonderen Situationen. Zum Beispiel wenn der Mitarbeiter nach dem Austritt eine selbständige Erwerbstätigkeit aufnimmt oder arbeitslos wird und bereits eine angeschlagene Gesundheit hat.

E Lohnausweis für die Steuern

Zu den Arbeitgeberpflichten gehört, dass der Mitarbeiter pro Steuerperiode einen Lohnausweis erhält. Dies kann entweder direkt beim Austritt oder – zusammen mit denjenigen der anderen Mitarbeiter – zum Zeitpunkt der nächsten Steuererklärung geschehen.

Jeder Arbeitnehmer hat Anspruch auf ein **Zeugnis** oder auf Wunsch auf eine Arbeitsbestätigung. Das Zeugnis muss bestimmte Angaben enthalten und Formen erfüllen. Am Ende eines Arbeitsverhältnisses erfolgt die **Abrechnung der Ferientage** des **13.Monatslohns** und der **Gratifikation**. Der Austritt des Arbeitnehmers muss der **BVG-Stiftung** und der **Ausgleichskasse** gemeldet werden, wenn der Arbeitnehmer Familienzulagen erhält. Der Arbeitgeber muss den austretenden Mitarbeiter auf die wegfallende Unfallversicherungsdeckung, die begrenzte BVG-Deckung und auf das Freizügigkeitsrecht bei der Krankentaggeldversicherung aufmerksam machen. Er erhält einen **Lohnausweis** für die Steuerperiode.

Teil I   Anhang

Stichwortverzeichnis

T

U

V

W

Z

Personal und Führung – eine weitere Reihe bei Compendio Bildungsmedien

In der Reihe «Personal und Führung» ist bei Compendio Bildungsmedien bisher folgender Titel erschienen:

Psychologie am Arbeitsplatz

Theorie und Beispiele aus der Praxis – zahlreiche Repetitionsfragen mit Lösungen

Beschreibung

Dieses Buch richtet sich an alle, die im Berufsleben mit Menschen zu tun haben. Es vermittelt Kenntnisse auf folgenden Gebieten: allgemeine Psychologie, Arbeits- und Betriebspsychologie, Führungslehre, Motivation und Kommunikation. Viele Beispiele und Übungen veranschaulichen das theoretische Wissen und stellen den Bezug zur Praxis her.

Die Autoren

Marita Knecht, Graphologin und Betriebsausbildnerin IAP, war viele Jahre als Personalleiterin in mittelgrossen Unternehmen und als Ausbildnerin und Dozentin an verschiedenen Fachschulen tätig. Durch ihre langjährige Praxis hat sie sich ein grosses Wissen und eine reiche Erfahrung in der Personalarbeit erworben. Sie setzt ihre Kenntnisse heute vorwiegend im Bereich der Schulung, Beratung und der Karriereförderung für das mittlere Kader ein.

Clarisse Pifko, lic. oec., war nach dem Studium als Journalistin, später als Chefredaktorin einer betriebswirtschaftlichen Fachzeitschrift tätig. 1991 wechselte sie zum AKAD Verlag und arbeitete sich in die komplexe Materie der Lehrmitteldidaktik ein. Sie ist für die Produktion von praxisorientierten und leserfreundlichen Lehrmitteln verantwortlich.

Zielgruppen

- Studierende an einer Fachhochschule
- Studierende, die sich auf eine höhere Berufsprüfung vorbereiten
- Fachbuch für Praktiker in Wirtschaft und Verwaltung

Aus dem Inhalt

Die Grundlagen der Psychologie; die Entwicklungsgeschichte des Menschen; das Individuum in der Gruppe; der Betrieb als soziales System; Führungslehre – Vom Umgang mit den Mitarbeitern; die Motivationslehre; die Kommunikation.

216 Seiten, A4 broschiert; 2. überarbeitete Auflage; ISBN 3-7155-9026-2; Preis CHF 59.00

Bestellung

Das Lehrmittel können Sie per Post, E-Mail, Fax oder Telefon direkt bei uns bestellen:

Compendio Bildungsmedien AG, Hotzestrasse 33, Postfach, 8042 Zürich
Telefon ++41 (0)1 368 21 14, Fax ++41 (0)1 368 21 70
E-Mail: bestellungen@compendio.ch, www.compendio.ch

Compendio-Reihe: Lernwelt «Wirtschaft & Gesellschaft»

Die Lernwelt «W&G» von Compendio Bildungsmedien ist ein Netzwerk von Lehr- und Lerninstrumenten für die kaufmännische Grundausbildung. Ausgerichtet auf den Reform-lehrplan der kaufmännischen Grundausbildung (RKG) bilden die drei Komponenten Lehr-buch, Toolbox sowie Lehr- und Lernserver ein fein aufeinanderabgestimmtes Ganzes; die einzelnen Medien können aber auch unabhängig voneinander eingesetzt werden. Genaue Informationen zur Lernwelt «W&G», zum Beispiel alle Inhaltsverzeichnisse und ausge-wählte Kapitel aus den Lehrbüchern, finden Sie im Internet unter www.compendio.ch.

Im Rahmen der Lernwelt «Wirtschaft & Gesellschaft» sind bei Compendio Bildungsmedien folgende Titel erschienen:

Rechnungswesen 1

Grundlagen (Theorie und Beispiele) und Repetitionsfragen mit Lösungen

Aus dem Inhalt: Buchhaltung und Rechnungswesen: Warum? Wozu?; Inventar und Inventur; Die Bilanz; Veränderung der Bilanz durch Geschäftsfälle; Bilanzkonten; Die Erfolgsrechnung; Erfolgskonten; Das System der doppelten Buchhaltung; Kontenplan und Kontenrahmen; Der Zahlungsverkehr; Der Kreditverkehr; Die Offenposten-Buchhaltung; Die Verbuchung des Waren-verkehrs; Analyse der Warenkonten; Allgemeines zur Mehrwertsteuer (MWST); Die Mehrwert-steuer in der Buchhaltung

216 Seiten, A4, broschiert; 1. Auflage 2002; ISBN 3-7155-9033-5; Preis CHF 45.00
Toolbox: 188 Seiten, A4, broschiert; 1. Auflage 2002; ISBN 3-7155-9034-3; Preis CHF 39.00

Rechnungswesen 2

Grundlagen (Theorie und Beispiele) und Repetitionsfragen mit Lösungen

Aus dem Inhalt: Personalaufwand; Wertschriftenverkehr; Fremdwährungen; Mobile Sachanla-gen und Abschreibungen; Debitorenverluste und Delkredere; Rechnungsabgrenzungen mit tran-sitorischen Posten; Bewertung; Stille Reserven; Rückstellungen; Abschluss der Einzelunterneh-mung; Abschluss der Aktiengesellschaft; Bilanz- und Erfolgsanalyse; Nutzschwellen-Analyse (Break-even-Analyse) im Warenhandel; Vorräte im Industrieunternehmen; Kostenrechnung; Kal-kulation

232 Seiten, A4, broschiert; 1. Auflage 2002; ISBN 3-7155-9035-1; Preis CHF 45.00
Toolbox: 188 Seiten, A4, broschiert; 1. Auflage 2002; ISBN 3-7155-9036-X; Preis CHF 39.00

Betriebskunde

Grundlagen (Theorie und Beispiele) und Repetitionsfragen mit Lösungen

Aus dem Inhalt: Bedürfnisse als Motor der Wirtschaft; Vom Bedürfnis zur Nachfrage; Das Ange-bot, die Antwort auf die Nachfrage; Haushalte und Betriebe; Der Markt: Angebot und Nachfrage; Der Wirtschaftskreislauf; Die Betriebswirtschaftslehre; Die Sphären der Unternehmens-Umwelt; Die wichtigsten Anspruchsgruppen im Unternehmensumfeld; Die Funktionsbereiche des Unter-nehmens; Ethik im Unternehmen; Organisation; Die Entwicklung einer Marketingstrategie; Marktforschung; Die Marketinginstrumente; Präsentation

212 Seiten, A4, broschiert; 1. Auflage 2002; ISBN 3-7155-9028-9; Preis CHF 39.00
Toolbox: 112 Seiten, A4, broschiert; 1. Auflage 2002; ISBN 3-7155-9029-7; Preis CHF 29.00

Schweizer Staatskunde

Grundlagen und Repetitionsfragen mit Lösungen

Aus dem Inhalt: Aufbau und Aufgaben des Staates; Der Aufbau der Schweiz; Gemeinden; Kantone; Die Aufgabenteilung zwischen Bund und Kantonen; Bund; Die Schweizerische Staatspolitik; Rechte und Pflichten des Einzelnen; Die Menschenrechte; Die Grundrechte (= Persönliche Freiheitsrechte); Staatsbürgerliche Rechte; Die politischen Rechte; Die Staatsbürgerlichen Pflichten; Die Träger der politischen Willensbildung; Die Parteien; Die Verbände; Die Massenmedien

144 Seiten, A4, broschiert; 1. Auflage 2002; ISBN 3-7155-9040-8; Preis CHF 29.00

Rechtskunde

Grundlagen (Theorie und Beispiele) und Repetitionsfragen mit Lösungen

Aus dem Inhalt: Was ist Recht?; Vertrag, Unerlaubte Handlung und ungerechtfertigte Bereicherung lassen Obligationen entstehen; Von der Entstehung von Verträgen; Die Erfüllung von Verträgen; Der Allgemeine und der Besondere Teil des OR – Ein Überblick; Der Kaufvertrag; Der Mietvertrag; Der Arbeitsvertrag; Das Unternehmens- und das Gesellschaftsrecht; Recht haben und Recht bekommen – Das Verfahrensrecht; Das Eherecht und das Erbrecht – zwei wichtige Themen aus dem ZGB

272 Seiten, A4, broschiert; 1. Auflage 2002; ISBN 3-7155-9031-9; Preis CHF 39.00
Toolbox: 156 Seiten, A4, broschiert; 1. Auflage 2002; ISBN 3-7155-9032-7; Preis CHF 29.00

Volkswirtschaftslehre

Grundlagen (Theorie und Beispiele) und Repetitionsfragen mit Lösungen

Aus dem Inhalt: Wirtschaften heisst Knappheit überwinden; Märkte; Steuern; Geld; Gesamtwirtschaftliche Daten; Konjunkturschwankungen; Antizyklische Konjunkturpolitik; Externe Effekte – Umweltpolitik und öffentliche Güter; Sozialpolitik; Die Staatstätigkeit im Überblick; Globalisierung und internationaler Handel; Wechselkurse; Internationale Organisationen

204 Seiten, A4, broschiert; 1. Auflage 2002; ISBN 3-7155-9037-8; Preis CHF 34.00
Toolbox: 144 Seiten, A4, broschiert; 1. Auflage 2002; ISBN 3-7155-9038-6; Preis CHF 22.00

Fachwörterbuch «Wirtschaft & Gesellschaft»

Schlüsselbegriffe zu Recht, Betriebswirtschaftslehre, Volkswirtschaftslehre und Rechnungswesen

Dieses Fachwörterbuch gibt Ihnen einen Überblick über das grundlegende Fachvokabular in den Bereichen Recht, Betriebswirtschaft, Volkswirtschaft, Staatskunde und Rechnungswesen.

172 Seiten, 170 x 240 mm, broschiert; 1. Auflage 2002; ISBN 3-7155-9030-0; Preis CHF 29.00

Bestellung

Alle hier aufgeführten Lehrmittel können Sie per Post, E-Mail, Fax oder Telefon direkt bei uns bestellen:

Compendio Bildungsmedien AG, Hotzestrasse 33, Postfach, 8042 Zürich
Telefon ++41 (0)1 368 21 14, Fax ++41 (0)1 368 21 70
E-Mail: bestellungen@compendio.ch, www.compendio.ch